GÉRARD DE CORTANZE

VIVA FRIDA

Tradução
Ana Maria Fiorini

Planeta

Título original: *Viva Frida*

Preparação: Thayslane Ferreira
Revisão: Mariana Rimoli e Caroline Silva
Projeto gráfico e diagramação: Negrito Produção Editorial
Capa: Companía
Imagem de capa: Vintage_Space / Alamy / Fotoarena
Adaptação de capa: Sandra Fava

Dados Internacionais de Catalogação na Publicação (CIP)
Angélica Ilacqua CRB-8/7057

Cortanze, Gérard de
Viva Frida / Gérard de Cortanze ; tradução de Ana Maria Fiorini. – São Paulo : Planeta do Brasil, 2025.
464 p.

Bibliografia
ISBN 978-85-422-3741-2
Título original: Vida Frida

1. Kahlo, Frida, 1907-1954 – Biografia 2. Pintoras – México – Biografia I. Título II. Fiorini, Maria

25-2992 CDD 927.5

Índice para catálogo sistemático:
1. Pintoras – México – Biografia

MISTO
Papel | Apoiando o manejo florestal responsável
FSC® C019498
FSC www.fsc.org

Ao escolher este livro, você está apoiando o manejo responsável das florestas do mundo

2025
Todos os direitos desta edição reservados à
EDITORA PLANETA DO BRASIL LTDA.
Rua Bela Cintra, 986, 4º andar – Consolação
São Paulo – SP – 01415-002
www.planetadelivros.com.br
atendimento@editoraplaneta.com.br

Acreditamos nos livros

Este livro foi composto em Corundum Text Book e impresso pela Geográfica para a Editora Planeta do Brasil em julho de 2025.

"Viver é o objetivo central da minha vida."

Frida Kahlo

Sumário

Frida Kahlo só pinta o que vive

Tenho vinte anos. Moro na periferia. Todos os dias venho a Paris, onde discuto longamente sobre o mundo na companhia de meus amigos.

Que mundo! A América do Sul, um continente, que agora chamamos de *America Latina* – aquela das lutas contra as ditaduras, da literatura barroca e do fantástico, do sincretismo religioso, das civilizações pré-colombianas, da *yerba mate* que bebemos durante horas.

Que amigos! Mario Vargas Llosa, o peruano, autor de *A casa verde* e de *Conversa na Catedral.* Julio Cortázar, o argentino: *O jogo da amarelinha*, *62 Modelo para armar*, *O livro de Manuel* são referências de escrita. E Juan José Saer, e Alfredo Bryce Echenique, e Eduardo Mendoza, e Antonio Saura, e Adolfo Bioy Casares, o duplo de Jorge Luis Borges, e José Emilio Pacheco, de quem cada carta é um romance, e Severo Sarduy, cubano dançarino das palavras, que morrerá de aids. Não posso citá-los todos. Escritor francês de origem italiana, minha terceira pátria, minha terceira língua, meu terceiro universo, é essa *America Latina*, tão distante e tão próxima, e, no coração desta última: o México. Aquele deste outro amigo: Carlos Fuentes.

Nesses anos de fogo, Carlos já publicou cerca de dez livros, entre os quais *A morte de Artemio Cruz* e *Zona sagrada*. Fundador, com Octavio Paz, da *Revista Mexicana de Literatura*, ex-embaixador do México na França, professor em Harvard e em Cambridge, ele é para mim uma espécie de mentor. Ele me inicia. Ele me abre as portas. Ele me fala do México, de seu México, de sua cultura, de sua língua, de sua comida, de seus ritos e de seus costumes, de sua essência, de sua profundeza insondável, de suas lendas. Uma tarde, ele me coloca em contato com aquela que ele diz ser como Coatlicue, a Deusa-Mãe, ou Tlazoltéotl, a deusa da pureza e da impureza, ou a Terra-Mãe espanhola, ou a Dama de Elche: Frida Kahlo.

"Eu só a vi uma vez, pouco antes de sua morte, por ocasião de um concerto no Palácio das Belas-artes do México. Você não a conhece?

— Não.

— Você deveria..."

Hoje, eu teria pego meu iPhone e procurado "Frida Kahlo" no Google. Mas, naquele tempo, quem não possuía em sua biblioteca um livro sobre Frida Kahlo não teria a menor possibilidade de ver suas telas, nem sequer a menor delas. Na França, só existe uma, invisível: *The Frame*, ou *A moldura*. Um autorretrato de 28,5 × 20,7 cm, pintado em 1938 e adquirido pelo Louvre durante a exposição "Mexique", organizada na galeria Renou & Colle, em março de 1939, por André Breton. Seria necessário aguardar a criação do Centro Pompidou para que esse pequeno autorretrato, muito colorido, muito vivo, no qual vemos Frida Kahlo com uma trança entremeada com uma fita verde e enfeitada com três grandes flores amarelas, saia dos porões do palácio na Rue de Rivoli e seja pendurado na parede do escritório de seu presidente, antes de terminar sendo exposto no "Nível 5 – Travessa 6 – Surrealismo" do Centro Nacional de Arte e de Cultura Georges-Pompidou (CNAC).

Alguns meses depois da conversa com Carlos, Fernando del Paso – poeta e diplomata mexicano – me deu um catálogo do museu Frida Kahlo, editado em 1958 pelo comitê técnico da Fundação Diego Rivera, ocasião em que pude conhecer, finalmente, a obra – certas reproduções – daquela que alguns chamam de "Madame Rivera". O choque foi imediato: "Tinta, sangue, odor? Eu não sei qual tinta usar, qual marca quer sobreviver".[1]

A partir desse momento, Frida nunca mais saiu da minha vida. Mas eu jamais havia sido confrontado com a realidade de uma de suas telas. Precisei esperar 1992, quando a loja de departamentos Printemps

1 Frida Kahlo, em *Frida Kahlo Confidences*. Trad. Pascal Warejka e Frédéric Mancier. Éditions du Chêne, 2008.

Haussmann, escolhendo homenagear o México, "no momento em que todo o mundo comemora o quinto centenário da descoberta dos mundos", apresentou, por ocasião da exposição "Viva Americas", diversas telas de Frida Kahlo, entre as quais o *Autorretrato com macaquinho*, um óleo sobre aglomerado de madeira de 60,5 × 41 cm, pintado em 1945.

Estamos agora em 2022, trinta anos depois. Até hoje, publiquei quatro livros sobre Frida Kahlo, traduzidos para doze idiomas, escrevi uma peça de teatro e uma peça para o rádio, redigi artigos, prefaciei catálogos de exposição, dei dezenas de entrevistas e palestras, na França e em todo o mundo... Então, por que voltar mais uma vez a Frida? Sem dúvida porque me parece que ainda tenho coisas a dizer; me parece que essa convivência de uma vida inteira ainda não chegou ao fim e, sem dúvida, jamais chegará.

Viva Frida não é mais uma biografia, nem um ensaio, nem um romance. É tudo isso ao mesmo tempo, pois me era necessário inaugurar uma nova maneira de ver Frida, de me aproximar dela, de tentar capturar sua realidade. A primeira imagem que me vem à mente é a de um conjunto de "quadros vivos". Cada capítulo de meu livro, cujos títulos recuperam as próprias palavras de Frida – lidas e relidas no seu diário, em suas correspondências, nas legendas de suas telas, em entrevistas e declarações –, pois estas são tão importantes para compreendê-la quanto suas pinturas, coloca em cena uma mulher artista enamorada pela liberdade, surpreendida na intimidade de sua vida. Aqui, ela é uma criança, uma aluna da Preparatória, uma apaixonada por Trótski, uma militante próxima de Tina Modotti. Escolhemos com ela suas roupas, suas joias, assistimos às suas sessões de fotografia. Nós a escutamos cantar as glórias do arroz tricolor, dos *chiles en nogada*, do odor das ruas e dos mercados de Coyoacán, das *Posadas* e dos banquetes do Sol e da Lua. Nós a seguimos a Paris, a acompanhamos a Nova York, estamos lá quando ela encontra Diego, quando ela fustiga Breton e os surrealistas, quando ela ensina sua arte aos "Fridos" de La Esmeralda. Sofremos e rimos ao seu lado. Nós a ouvimos xingar, a ouvimos cantar *Adiós mi chaparrita*, a ouvimos inventar palavras, diminutivos: *chingada*, *pelona*, *Fridita*, *Dieguito*... Ela nos fala de sua pintura, de suas dúvidas. Nos leva consigo em sua imensa alegria de viver, para a cama de seus e de suas amantes. Ela nos confia seus segredos sobre a amizade, o amor, os animais, a natureza. Nós a vemos pintar a *Árvore da esperança, mantenha-se firme*, *A coluna partida*, *Minha ama e eu*... Ela nos diz, em tom de confiança, o que representa para ela a Revolução Mexicana, o sangue, o hospital, a religião, a morte. E, acima de tudo, nos faz entrar, de maneira muito concreta, precisa, tátil, sensual, terrível – como o é sua "beleza terrível" –, em seu universo: "Meu único talento é a pintura, nada mais".[2] Desse mosaico de ideias, de sons, de cores, de sensações, de emoções, nasce uma imagem, inteiramente renovada, de uma mulher pintora que se tornou um verdadeiro mito.

Desejei para este livro-viagem uma escrita o mais simples, o mais clara, o mais narrativa possível. Pois se trata de contar histórias, as quais, se imbricando umas às outras, formam um quebra-cabeça pelo qual cada um poderá passear como bem entender. No final da viagem, nenhum dos aspectos da vida de Frida e de sua pintura terá sido ignorado. Cada quadro corresponde a um momento preciso da vida de Frida. É o ponto de vista central deste livro: Frida Kahlo só pinta o que vive. Jorge Luis Borges tem razão. Em *O autor e outros textos*, ele evoca um pintor cujo projeto é desenhar o mundo e que passa anos povoando sua obra de imagens, de paisagens, de províncias, de reinos. Pinta golfos, navios, ilhas, instrumentos, cavalos, lugares. Pouco antes de morrer, "ele percebe que esse paciente labirinto de formas não é outra coisa senão seu retrato".[3] *Viva Frida* é isto: na tentativa de juntar todas as peças do mundo de Frida, constato que esse paciente labirinto não é outra coisa senão seu retrato.

GÉRARD DE CORTANZE

2 *Ibid.*

3 Jorge Luis Borges, *L'Auteur et autres textes*. Trad. Roger Caillois. Gallimard, 1965.

Infância

"Pequena, os anos me pareciam séculos."[1]

Meus avós, meus pais e eu, hoje em exposição no New York Museum of Modern Art, foi pintado por Frida Kahlo em 1936. Inspirado na foto de casamento de seus pais, ele nos parece, à primeira vista, copiar o aspecto ultrapassado e um pouco rígido das fotografias tiradas bem no final do século XIX. Rauda Jamis sugere que esse quadro genealógico está lá para estabelecer um contrapeso à então turbulenta vida afetiva e familiar da artista.[2]

O que nos diz essa tela? Que Frida decidiu reconstruir para si uma existência através da pintura. De modo bastante lógico, ela decidiu representar suas origens, isto é, retornar às suas raízes familiares garantidoras de segurança. Já que Diego Rivera não podia figurar nelas, como fazê-lo entrar, de uma maneira ou outra, em seu universo?

1 Todas as citações usadas como subtítulos dos capítulos são extraídas de cartas escritas ou falas de Frida Kahlo, publicadas em *Frida Kahlo par Frida Kahlo*, Christian Bourgois, 2007; *Frida Kahlo Confidences*, Éditions du Chêne, 2008; *Journal de Frida Kahlo*, Éditions du Chêne, 1995. Exceto pelo capítulo intitulado "Attirances", cuja citação foi retirada de uma carta a Alejandro Finisterre, citada por Xosé Ameixeiras em *La voz de Galicia*, de 8 nov. 2020, e pelo capítulo intitulado "Lesbos", cuja frase foi extraída de "Un testimonio valiente y valioso de mi propria existencia", entrevista de Frida Kahlo a Raquel Tibol em *Novedades*, 27 mar. 1954.

2 Rauda Jamis, *Frida Kahlo*, Actes Sud, Babel, 2000.

Nada poderia ser mais simples. Nesse diálogo fecundo entre pintores, ela apresenta seus "parentes" como o poderoso muralista poderia ter feito, ou, para retomar a expressão de Patrick Marnham: em uma saga mexicano-europeia.[3] Mas, ao mesmo tempo, querendo se afastar da influência daquele que é seu marido há sete anos, desenvolve uma técnica que lhe é própria e que lembra a dos ex-votos.

Frida se representa na tela com os traços de uma menina, nua, no pátio de uma Casa Azul afastada de qualquer ambiente urbano. A seus pés, uma pequena cadeira. Em uma das mãos, ela segura a fita que prende sua árvore genealógica, como um balão. O retrato dos pais flutua no ar, assim como o dos avós, que emerge de uma almofada de nuvens – anjos no céu. Acima de sua mãe, Matilde Calderón y González, os avós maternos: Antonio Calderón, o Índio, e Isabel González y González, a *gachupina* de origem espanhola. Acima do pai, Guillermo Kahlo, o casal europeu Jakob Heinrich Kahlo e Henriette, Kaufmann de nascença, judeus húngaros de origem romena, instalados na Alemanha. Notamos no vestido de casamento da mãe um feto já bem desenvolvido – essa criança que vai nascer é Frida. Abaixo do feto, um enorme espermatozoide, seguido por concorrentes, se apressa para fecundar um óvulo – também é Frida, dessa vez no momento de sua concepção. Por fim, na esquerda do quadro, uma outra cena de fecundação: uma flor de cacto que se abre para receber o pólen carregado pelo vento. Frida adorava repetir que tinha os olhos de seu pai e o corpo de sua mãe. Ela também herdou as sobrancelhas de sua *bisabuela paterna*, sua bisavó paterna.

Os dois personagens principais desse quadro são, incontestavelmente, entronizados em majestade no centro dele, o pai e a mãe de Frida.

Na parte inferior de um quadro pintado em 1951, *Retrato do meu pai*, Frida descreve este último como um homem de caráter generoso, "inteligente e fino, valente porque padeceu durante sessenta anos de epilepsia, mas jamais deixou de trabalhar e lutou contra Hitler com adoração". A filha nos oferece do pai uma imagem muito pessoal. De nome verdadeiro Wilhelm Kahlo, ele nasceu em Baden-Baden, em

3 Patrick Marnham, *Diego Rivera, Le rêveur éveillé*, Éditions du Seuil, 2000.

1872. Orelhas de abano, espessa cabeleira negra, boca sensual encimada por um bigode bem aparado, magro, flexível, elegante. Em sua contribuição ao catálogo[4] da grande exposição "Frida Kahlo", organizada em 1977 no Palácio das Belas-artes do México, Alejandro Gómez Arias, "noivo" de Frida quando ela conta apenas dezesseis anos, o vê como um homem "grande, magro, seco, silencioso, de saúde ruim, sobrevivente tendo vivido uma grande catástrofe, de coração pesado por lembranças amargas". Ateu convicto, grande leitor de Schopenhauer, que considerava seu mentor intelectual, ele chegou ao México com vinte anos, trazendo nos bolsos um pouco de dinheiro que logo foi gasto. Após trabalhar como caixa e vendedor de livros, ele trabalha como vendedor em uma loja de joias, a renomada La Perla. Ele se casa, tem duas filhas – Maria e Luisa – e fica viúvo em 1898, com apenas 27 anos.

A sequência de sua história é estranha. Na noite em que sua esposa morre, ele leva à La Perla uma colega por quem está secretamente apaixonado, Matilde, acompanhada da mãe, *doña* Isabel. Ele se declara, quer se casar com ela. A mais velha de doze irmãos, Matilde é bonita, vaidosa, espontânea. Lábios carnudos, grandes olhos escuros, "uma sineta de Oaxaca", dirá mais tarde Frida Kahlo. Em suas veias corre sangue indígena. Ela tem 24 anos, é muito católica – até mesmo tomada por um verdadeiro fervor religioso – e não sabe nem ler nem escrever. Há quem não hesite em afirmar que ela é a força tranquila que mantém a casa em pé. Seu casamento imediato – pouco mais de três meses após a morte da primeira esposa de Guillermo – une um homem alquebrado e frágil e uma mulher desconfiada que se revelará autoritária. Matilde sabe o que quer para seu marido: um trabalho estável, que pague bem – chega de bicos. O marido de *doña* Isabel, Antonio Calderon, é fotógrafo. Após tirar inúmeras fotografias de monumentos pré-colombianos e abrir seu primeiro estúdio na avenida 16 de Septiembre, na Cidade do México, Guillermo, um técnico meticuloso, preciso, confiável, com grande domínio da arte do daguerreótipo, logo ocupa o cargo de fotógrafo oficial do patrimônio mexicano e colonial do governo de Porfirio Díaz.

4 Frida Kahlo, Exposición Nacional de Homenaje, Palacio de Bellas Artes, México D.F., set.-nov. 1977.

Muitos observadores afirmaram que Guillermo, ansioso para encontrar uma nova mãe para as filhas, pediu a mão de Matilde em casamento sem se preocupar em cortejá-la. Outros relataram que Matilde, ainda em choque após a trágica morte de seu primeiro amor, um jovem alemão que se suicidou diante de seus olhos, viu em Guillermo um bom partido que a tiraria da tristeza e de sua vida infeliz. Isso não importa, todo casal repousa sobre um acordo, tácito ou não, um entendimento, cada um apoiando o outro à sua maneira. Assim, quando esse jovem fotógrafo com um futuro brilhante perde o emprego, quando eclode a Revolução Mexicana, Matilde, que é extremamente econômica, é quem sabe como manter a jovem família no azul. Ela foi criticada por só saber contar e economizar dinheiro. Mas o que ela deveria fazer diante de um marido misantropo e taciturno, propenso a profundas ondas de desespero? Como lidar com o infortúnio quando precisou hipotecar a casa, vender os belos móveis franceses e postergar o pagamento das faturas ligadas à compra de materiais fotográficos?

Entre 1947 e 1950, Olga Campos, estudante de psicologia na Universidade do México, questionou Frida Kahlo por ocasião de suas pesquisas sobre o processo criativo. As duas mulheres ficaram amigas. Não demorou para as confidências tomarem o lugar da teoria. Frida falou sobre sua infância e sobre os pais. Que emoção ler essas páginas. Frida está lá, perto de nós. Ela fala à nossa orelha sobre o pai e a mãe: "Eu me lembro da cor da pele do meu pai – que não me agradava. Da corpulência da minha mãe, também desagradável. Eu ficava impressionada com as mãos do meu pai; com os olhos e as sobrancelhas da minha mãe. As lembranças mais antigas que guardo do meu pai são uma crise de epilepsia e o som da sua voz; da minha mãe, é dela na cadeira de balanço, comigo no colo. Eu me lembro de como eles eram: meu pai era bondoso e severo, bem violento, mas muito bom; minha mãe, gentil [...]. Meu pai me dava tapas afetuosos na cabeça, mas não me envergonhava nunca. Minha mãe era muito afetuosa, física e moralmente: ela me chamava de 'minha magricela', 'minha pequena Friducha'... Eu admirava muito meu pai por sua vontade. Não minha mãe. Meu pai não era forte, mas era resistente. Ela não era forte. Via com frequência meu pai doente; minha mãe, mais raramente, mas quando ela ficava doente, não era pela metade [...]. Eu amava meu pai porque ele era bondoso comigo, porque ele me ajudava; minha mãe, eu a amava porque a via sofrer muito. Nunca tive medo do meu pai; da minha mãe sim, por causa das suas reprimendas. Jamais tive medo de que me batessem".[5]

Voltemos ao jovem casal. O tempo passou muito rapidamente. Duas crianças nasceram: Matilde e Adriana. Um filho morreu prematuramente de pneumonia em 1906. Mais uma vez grávida, a jovem mulher dá à luz uma menininha, em 6 de julho de 1907, às 8h30 da manhã. Ela recebe dois nomes católicos, Magdalena e Carmen, para poder ser batizada na igreja. Seu terceiro nome, que significa "paz" em alemão, será soletrado "Frieda" até o final da década de 1930, quando então, diante do surgimento do nazismo na Alemanha, se tornará "Frida". Ao contrário do que ela repetiu muitas vezes, Frida não nasceu na casa de seus pais, a famosa Casa Azul, situada no número 247 da rua de Londres, mas a alguns metros de distância, no número 1 dessa mesma rua, onde mora sua avó materna. Pelo menos é isso que atesta sua certidão de nascimento. Diz-se aos murmúrios que os sucessivos administradores da Casa Azul, que hoje é um museu, jamais restabeleceram a verdade, temendo que o local perca interesse aos olhos dos muitos visitantes. Nas paredes de um dos quartos, podemos ler a seguinte inscrição: "Aqui nasceu Frida Kahlo, em 7 de julho de 1910". O lugar é falso, mas também a data – voltaremos a isso.

Em 1939, quando Frida está em Paris, o etnólogo e militante de esquerda Michel Petitjean pendura na parede da galeria Renou & Colle, onde aconteceria a exposição "Mexique" (México), organizada por Breton, uma tela de Frida Kahlo. O papa do surrealismo, ao que parece, se surpreende com a crueza desta última, perturbado por seu realismo. O título da tela é: *Nascimento* ou *Meu nascimento* (1932). Frida Kahlo pintou o parto de sua mãe. Esse pequeno óleo sobre metal o representa como um trauma. Matilde, com a cabeça coberta por um pano que é uma mortalha, tem ares de cadáver, a cabeça da criança que sai por entre suas pernas está banhada de sangue. Frida mescla as duas culturas. Católica, pois essa mulher que dá à luz é uma Virgem representada como *Mater Dolorosa*, mas também asteca, pois ela se inspira em uma

5 *Frida Kahlo Confidences*, prefácio de Salomon Grimberg, falas recolhidas por Olga Campos, Éditions du Chêne, 2008.

escultura que representa Tlazoltéotl, a deusa das Coisas Imundas que dá à luz, agachada, a Centéotl, o deus do milho. Isso significa que o nascimento de Frida ocorreu em meio à dor e ao sangue? Nem mais nem menos que o de qualquer outra pessoa. No entanto, *Meu nascimento* expõe uma verdadeira contradição: querendo retratar a vida, ela exibe a morte. Como sempre em Frida, a vida e a criação estão intimamente mescladas, como o quebra-cabeça do tempo, o real e o imaginário – assim se constrói sua autobiografia pictórica. Em julho de 1932, ela é internada no Hospital Henry Ford, vítima de mais um aborto espontâneo. Em setembro, ela fica ao lado da mãe doente, que acaba morrendo aos 59 anos após uma cirurgia na vesícula biliar. Esses são os elementos biográficos que concorrem para a realização dessa tela. Não os conhecer é passar ao largo do verdadeiro sentido de *Meu nascimento*.

Os quadros que evocam a primeira infância de Frida são raros. *Minha ama e eu* ou *Eu mamo*, pintado em 1937, mais uma vez faz referência a um evento autobiográfico. Marcada pela morte prematura do filho, Matilde tem dificuldade em aceitar a pequena Frida, que em nada pode "substituí-lo". Entregue a uma terrível depressão, ela se recusa até mesmo a amamentá-la. Guillermo, em desespero, contrata uma ama indígena. É curioso notar sob a pluma de alguns comentaristas que esta, encarregando-se da criança desde o seu nascimento, a teria criado com uma ternura infinita, chegando ao ponto de mimá-la com guloseimas e canções – ao menos é isso que sugere Francisco G. Haghenbeck.[6] A questão não é tão simples quanto parece. Dois meses após o nascimento de Frida, Matilde engravida de novo, o que interrompe imediatamente a descida do leite. Ocupada com a nova gestação, Matilde abandonou Frida. Em 7 de julho de 1908, nasce Cristina. O quadro, pintado mais de trinta anos após os fatos, mostra até que ponto Frida é obcecada por esse momento crucial de sua infância.

Observemos esse quadro. Nele vemos Frida, com um corpo de recém-nascido e uma cabeça de adulto, mamar no seio de uma ama, cujo rosto está coberto por uma máscara de Teotihuacan. Claramente a ama indígena tem peitos generosos, e o seio esquerdo assume a forma de um arbusto ardente. Claramente, Frida mama a seiva ancestral do

6 Francisco G. Haghenbeck, *Le Jour des morts*, L'Herne, 2012.

povo mexicano, representando aqui de maneira muito forte e simbólica sua relação com a terra e com o México. Mas olhemos com mais atenção. A ama é bastante ausente. Onde está a "ternura infinita" de que falávamos? A ama indígena não alimenta a criança, o leite se espalha sobre seu corpo – em pura perda. Em suma, trata-se de uma versão invertida da representação tradicional da Virgem com o menino. Não é o amor que está representado, e sim a indiferença. Mal sabemos se a criança que mama está morta ou viva. Por quê? Descrevendo seu quadro, Frida dirá que a menina representada aqui era tão forte e tão plena de proteção que lhe dava vontade de dormir.[7] Essa adulta-criança, justamente, não dorme. Tampouco está, de forma alguma, em estado de abandono, enrolada contra um seio protetor e nutritivo, maternal. Ela está em alerta, como se estivesse em guarda. A história tem uma conclusão: Matilde precisou de um ano para descobrir que a mulher indígena, alcoólatra, não estava alimentando Frida. É essa lembrança assustadora que Frida pinta e que encontramos na folha de datura que surge da vegetação que cerca Frida e sua ama. No canto da pintura, uma lagarta simbolicamente dá origem a uma borboleta, um símbolo de morte e renascimento, mas também é preciso lembrar que a datura é uma planta conhecida por causar estados de euforia e alucinações semelhantes à embriaguez.

Realizada cinco anos após *Nascimento* ou *Meu nascimento*, *Minha ama e eu* ou *Eu mamo* era considerada por Frida uma compensação àquele primeiro quadro, revelando, assim, até que ponto o passado a assombrava. Bem no final de seu diário, ela volta à sua infância, insistindo, a todo custo, com uma caligrafia insegura, em contar sua história, lembrando que nasceu em Coyoacán, à uma hora da manhã, que teve "uma infância maravilhosa" e que sua família era mais importante do que qualquer outra coisa.[8] Em 1950, isto é, quatro anos antes de sua morte, passou nove meses em um hospital inglês, onde foi submetida a sete operações na coluna e teve de enfrentar uma grave infecção contraída durante enxertos ósseos. Quando se sente forte o suficiente, e com a permissão dos médicos, volta a pintar. Deitada de costas, graças

7 *Frida Kahlo Confidences*, *op. cit.*
8 *Journal de Frida Kahlo*, *op. cit.*

a um cavalete especialmente projetado para ser acoplado à sua cama, ela pinta aquelas que seriam suas últimas telas, às vezes quatro ou cinco horas por dia. Entre elas uma pintura, iniciada muitos anos antes e que ela retoma: *Retrato da família de Frida*. Bem diferente do pintado em 1936. A menina pequena nua na cadeira, segurando uma estranha bola, protegida pelas paredes da Casa Azul, cresceu. Ela continua lá, agora uma mulher e uma pintora conhecida, cercada por seus pais e avós, dessa vez verdadeiramente "no céu", e acrescentou suas irmãs, sua sobrinha e seu sobrinho. Ferida pelas cirurgias, doente, diminuída, Frida atribui aos seus laços genealógicos uma função consoladora e ao ato de pintar a possibilidade de renovação. Se eu pinto, eu existo. Se eu pinto, estou viva. E ela proclama que, agora que poderá enfim sair hospital, realizará três grandes projetos: pintar, pintar, pintar! *Retrato da família de Frida*, em quadro que ficou inacabado, hoje está pendurado na parede de um dos cômodos da Casa Azul.

Casa Azul

"Quando é que você vem à cidade ver minha casa?"

No alvorecer do século XX, a Cidade do México, que hoje conta 13 milhões de habitantes, possui apenas 400 mil almas. É uma cidade bonita, toda vermelha, decorada por igrejas barrocas, palácios coloniais, residências luxuosas como as que vemos na Europa e, acrescenta Carlos Fuentes, dotada "de avenidas largas e de ruas escuras, de construções de dois andares ornamentadas com grandes vestíbulos pintados e balcões em ferro forjado, esplêndidos parques desordenados onde passeiam os amantes em silêncio, mas sobretudo de um ar puro como o cristal".[1]

Nessa época, o centro do México é cercado de pequenas cidades às quais se chega às vezes com dificuldade, pois os transportes públicos e a rede rodoviária inexistem ou têm problemas. Uma dessas cidades, Coyoacán – que tem só uma rua de paralelepípedos, a avenida de Xicoténcatl, que a atravessa de uma ponta à outra –, hoje um bairro residencial no sudoeste da Cidade do México, abriga, na esquina da rua Allende e da rua de Londres, uma casa de um azul surpreendentemente vivo, o *azul añil*, azul-cobalto utilizado nas residências mexicanas para – é o que se diz – espantar o mau-olhado. Transformada desde 12 de julho de 1958 no museu Frida Kahlo, ela está aberta aos visitantes como esteve aberta aos amigos durante sua vida, e colocada sob a proteção

1 Prefácio ao *Journal de Frida Kahlo*, *op. cit.*

de uma urna, contendo as cinzas de Frida, que representa uma "mulher redonda e desprovida de cabeça, sobre a qual está exposta uma máscara mortuária de bronze sobre um pedestal".[2]

Uma vez atravessada a porta de entrada, protegida por dois imensos judas em papel machê, andar por esse museu é mergulhar em um universo que atrai como um amante, um pouco como a Finca Vigía, em Havana, onde a todo momento esperamos cruzar com o fantasma de Ernest Hemingway. Vemos uma cozinha amarela e azul, máscaras usadas durantes *fiestas*, uma coleção de estatuetas em terracota, fronhas bordadas à mão, uma colcha feita de crochê, o quarto de Frida, que dá para um jardim, para que ela possa contemplar as árvores e as flores, os pássaros, a sombra e a luz. Nessa casa, onde um conjunto de vasos de terracota soletra os nomes de *Frida* e de *Diego*, a vida palpita nos estofados, tecidos, móveis, plantas tropicais, estátuas, mas sobretudo na lembrança quase palpável daquela que foi a senhora do lugar.

Um museu paralisa, transforma, substitui em perspectivas estranhas. Aqui, aprendemos que nesse barracão guardavam-se as ferramentas de jardinagem; que ali, quando Trótski morou nessa casa, dormia seu segurança armado. Há muito tempo, ficava naquele outro cômodo a coleção de ídolos pré-colombianos tão cara a Diego. Tal quarto era reservado aos amigos de passagem, aquele outro, a Diego, quando precisava chegar tarde ou sair muito cedo. Quem descansou as mãos sobre essa mesa? Quem guardou com cuidado aquele prato no louceiro? Essa cama: era nela que dormia a enfermeira que cuidou de Frida no fim de sua vida? E eis o quarto que abriga a cama de dossel na qual Frida morre, seu cavalete, seus tubos de tinta, os objetos misturados, artesanatos decorativos. Sim, tudo vive, tudo respira, tudo se recorda. É nesse cômodo que Frida fazia suas refeições, quando se sentia bem, quando conseguia caminhar, subir e descer a pequena escada. Esse espelho: ela adorava se olhar nele. Últimos retoques na maquiagem antes de receber aquele ou aquela amante. Esse banheiro: é aquele que ficou fechado durante muito tempo após a morte de Frida, após a morte de Diego, e que guardava os tesouros hoje expostos nas vitrines. Por "tesouros" deve-se entender os pobres pequenos objetos do cotidiano,

2 Hayden Herrera, *Frida, Une biographie de Frida Kahlo*, reed. Flammarion, 2013.

tão comoventes: pequenos calções, calçados ortopédicos, anéis, broches, estojo de maquiagem, luvas, roupas, escova de dentes, frasco de perfume Emir de Dana, óculos de sol, esmalte Revlon, creme para o rosto Coty, trazido de Nova York, esponja de pó, *lapiz para las cejas*, escova de cabelo, onde repousa ainda um cabelo de anjo. O fotógrafo japonês Ishiuchi Miyako fez em 2013 um livro pleno de uma emoção vibrante, *Frida by Ishiuchi* (Frida por Ishiuchi): "Capturei as coisas que ela deixou para trás tal como as encontrei, acompanhando-a em minhas fotos – essa outra forma da eternidade".[3] O que resta de uma vida no fim da vida? Uma noite de verão, algumas notas musicais, um sorriso trocado, uma página de um livro, um poema, uma confissão, um remorso? Hoje, é nesse museu que a história dessa casa, a Casa Azul, continua. Mas como ela começou?

Estamos em 1904. Guillermo Kahlo, casado pela segunda vez há seis anos, constrói com suas próprias mãos essa casa de tipo colonial em um lote de terra – oitocentos metros quadrados – adquiridos após a venda da *hacienda* El Carmen. Coyoacán é um subúrbio afastado da Cidade do México; em uma carta enviada em janeiro de 1924 a seu amigo Miguel N. Lira, diz Chong Lee, Frida confidencia: "Por mais que eu feche os olhos para não ver as planícies e nada além das planícies de minha vila, não há nada a se fazer".[4] A igreja São João Batista não é muito longe, uma praça principal, ruas estreitas, em chão batido ou coberto com seixos, não muito distante um parque florestal e um córrego. É uma casa familiar térrea, em forma de U, com um longo corredor que leva a diversos cômodos; no telhado, um terraço. Para a pequena família, são tempos felizes: Guillermo é um fotógrafo reconhecido, e, embora não seja rico, o casal desfruta de um certo conforto material. Matilde se ocupa dos cuidados da casa, da educação de suas filhas. É a primeira etapa dessa história: agradável, calma, sem conflitos.

O primeiro infortúnio é a morte prematura do bebê do sexo masculino nascido em 1906. Matilde jamais se recuperará. O segundo drama é, sem nenhuma dúvida, a Revolução de 1910. Frida tem três anos. Guillermo perde o emprego, e, quinze anos mais tarde, quando Frida

3 Ishiuchi Miyako Photographs, *Frida by Ishiuchi*, First Edition, 2013.

4 *Frida Kahlo par Frida Kahlo, op. cit.*

sofre seu terrível acidente, seus pais não têm dinheiro nem mesmo para pagar uma radiografia, que, no entanto, é indispensável. Visitas de médicos, medicamentos, compras de coletes, dispendiosos cuidados diversos. A família, numa situação material de dificuldade, começa a vender seus móveis, e até mesmo modestos bibelôs, a um antiquário da rua Bolívar. Evidentemente, não cuidar de Frida está fora de questão. Única saída: hipotecar a casa.

Os anos passam. Em 1928, a fotógrafa italiana Tina Modotti apresenta à jovem Frida o grande Diego Rivera. A paixão é recíproca. Ela o convida para ver suas telas, na casa dela, no número 127 da rua de Londres. Ela espera, pendurada em uma laranjeira. O casamento do sapo com a pomba acontece menos de um ano depois, em 21 de agosto de 1929. Como tranquilizar os pais? Diego, generosamente, liquida a hipoteca da casa. A casa que ainda não chamamos de Casa Azul inicia sua segunda vida. Isolda P. Kahlo, sobrinha de Frida, confirma: "O casamento de Frida teve como consequência secundária o fim dos problemas financeiros da família. Fomos todos morar na rua Allende, com exceção de minha tia Matilde, que tinha se casado".[5]

Figurando bem visível em uma parede do museu Frida Kahlo há um painel de visão um pouco idealizada que dá a entender que Diego e Frida moraram ali de 1929 a 1954 – *Frida y Diego vivieron en esta casa 1929-1954* –, mas a sequência da história demonstra o contrário. Pouco tempo após o casamento, o casal vai morar em um tipo de apartamento comunitário, antes de acabar em Cuernavaca após partir para uma longa estadia nos Estados Unidos. Assim, de 1934 a 1939, eles viveram intermitentemente entre a Casa Azul e a casa modernista que Diego mandou construir no bairro residencial de San Ángel, não muito distante de Coyoacán. Sem esquecer a vinda de Trótski e de sua esposa Natalia, que ocuparam a casa da rua Allende, até que um desentendimento sentimental-político forçou o pai do Exército Vermelho a ir morar em outro lugar. Frida e Diego preferem viver cada um do seu lado: dificuldades da vida em comum, anos de separação, divórcio e recasamento. Decididamente, Diego e Frida não viveram de 1929 a 1954 nesse refúgio embelezado pela lenda...

5 Isolda P. Kahlo, *Frida íntima*, *op. cit.*

O verdadeiro retorno de Frida ao número 127 da rua Allende, após aquele de 1939, ocorreu em dezembro de 1941, depois de seu recasamento e alguns meses após a morte de seu pai. Elemento essencial: ela arca com metade das despesas da casa. É o contrato que firma com Diego. A casa de San Ángel então é usada apenas como ateliê, onde os dois casados-divorciados-recasados, cada um em seu espaço, constroem sua obra pictórica. Frida pintando – ainda os autorretratos, mas também naturezas-mortas que ela chama de *naturalezas vivas* –, Diego se lançando em um projeto faraônico: erguer à maneira dos astecas um tipo de tumba-museu em sua própria homenagem e em homenagem aos 60 mil objetos de arte pré-colombiana que ele coleciona há mais de vinte anos.

É nessa época que ela pinta as paredes de azul-cobalto; que remodela completamente a cozinha, recobrindo-a de azulejos amarelos, azuis e brancos; que monta um quarto para Diego, ornamentado com almofadas e decorado com flores todas as manhãs por ela mesma. Esse quarto comporta uma cama de madeira escura grande o bastante para que ele durma com conforto, um mancebo para que ele pendure suas roupas e não as jogue no chão como costuma fazer, prateleiras para abrigar seus ídolos pré-colombianos, uma mesa para que ele possa escrever e até mesmo uma cômoda feita sob medida para guardar suas imensas camisas. Frida retoma posse dos lugares. Um novo período se abre para a casa de sua infância, que então se torna verdadeiramente a Casa Azul. Frida renasce, brinca de dona de casa, vai ao mercado, cozinha. Tomam café juntos; juntos abrem a correspondência, leem os jornais, comentam, tiram sarro: que alegria reencontrada!

Agora, a Casa Azul vive uma outra vida. A dos amigos, das personalidades do mundo artístico ou político que vêm jantar. A das discussões apaixonadas, das canções, dos ataques de riso enquanto circulam bebidas fortes e travessas em faiança repletas de frutas. A dos animais que vivem em liberdade no pátio – veado, peru, papagaios e periquitos, cachorros pelados-mexicanos de uma cor indescritível, gatos cinza de pelos longos, macaco (o célebre Fulang Chang) – entre as plantas, as flores, os *abuelbetes* que florescem à sombra das magnólias e do jacarandá, e buquês de flores do campo e de girassóis enfeitam inúmeros vasos de terracota. Aquela dos pobres que Frida e Diego sempre acolhem com bondade e compaixão. É dessa época que data a visita do fotógrafo

Leo Matiz, que tira uma série magnífica de fotos de Frida descendo as escadas de seu jardim, conversando com um vendedor de tecidos, com as mãos nos quadris ou unidas. O pano de fundo: a parede azul-cobalto da Casa Azul.

Sim, a partir dessa data, podemos dizer que Diego e Frida reinvestem na Casa Azul. Diego constrói até mesmo uma nova ala na casa, e Frida monta seu ateliê no andar de cima. Um ano mais tarde, em 1942, Frida começa a escrever seu diário, e podemos quase dizer "começa a pintar" seu diário. Ela não deixará mais nem o México nem a Casa Azul, exceto por breves incursões, sempre retornando à *su casa*, a esse universo fechado, familiar, onde ela pode encontrar o mundo todo, que agora vem até aquela que não precisa mais partir em busca dele. Mundo interior, acabado, dentro do qual ela passeia, tal como Emily Dickinson em sua casa em Amherst.

Entre o fim da primavera e o início do verão de 1951, Lola Álvarez Bravo vem filmar Frida em sua casa em Coyoacán, tomada por uma certa apreensão. Ela nunca viu de perto o que chama com ternura de os dois "monstros sagrados". A descrição que faz da Casa Azul é apaixonante: "Só agora entendo com espanto que a Casa Azul era uma obra, uma invenção, um produto da cultura, a essência de uma casa mexicana: cadeiras com assentos de folhas de palmeira trançadas ou de couro, guarda-roupas com portas de vidro, estantes cheias de uma série de esculturas, caçarolas esmaltadas, mesas trabalhadas com arte, ex-votos pintados sobre placas de metal, descendo as paredes como borboletas, *petates*, tapetes trançados de folhas de palmeira, no chão cachorrinhos *itzcuintli*, alguns macacos-aranhas e como pano de fundo um grande pátio interno: árvores das quais descem orquídeas e um tipo de pirâmide indígena com samambaias e antigas estátuas de argila nas plataformas. Compreendi que a casa era uma realidade artificial, uma tese nacionalista, um credo para um México sem dúvida multicolorido, mas não sem profundidade, e, inversamente, compreendi tudo isso penetrando na penumbra do quarto de dormir de Frida, onde vi a famosa cama recoberta por uma colcha de crochê branca, assim como o espelho de corpo inteiro fixado na parte superior do dossel. A casa no seu conjunto não era agradável, não. Ela era mais do que isso, ela era bonita, mas de uma beleza obscena, desbotada, indefinida, ameaçadora – talvez em razão das alusões à revolução que um dia devastaria o mundo – e de uma beleza tão solene quanto certos edifícios religiosos da época dos vice-reis, perto dos quais sentimos o fim dos tempos, em suma, como todos os lugares excepcionais, saturados de história”.[6]

A Casa Azul foi um lugar onde Frida sofreu muito. Ela acabou precisando se deslocar com a ajuda de bengalas ou cadeira de rodas. Nos últimos anos de sua vida, seu cotidiano se articula essencialmente ao redor dessa casa. Casa de festas privadas, mas também de cuidados e de convalescência, nela Frida acolhe amigos e médicos. Casa de trabalho também, até o fim, até o último minuto. Em 1952, ela pinta nessa casa *Congresso dos povos pela paz* e outras naturezas-mortas, uma delas intitulada *Natureza viva*; em 1953 duas aquarelas *Fruto da vida* e duas naturezas-mortas; em 1954, enfim, ano de sua morte, nada menos que sete quadros, alguns dos quais ficarão inacabados, assim como uma natureza-morta hoje célebre: *Viva a Vida*.

Após a morte de Frida, Diego não volta mais a morar na Casa Azul. Também não queria que ela virasse um museu, um santuário, um local de peregrinação. Queria um espaço aberto a todos, onde todos viriam se impregnar dos odores, dos perfumes, de toda a intimidade de Frida, de sua presença em todas as coisas. Um tipo de lugar vivo onde encontrá-la, onde cruzar com ela. Voltamos então ao nosso ponto de partida: o museu. É necessário parar no pátio, onde Frida adorava fumar seus cigarros de maconha e fazer passeios curtos. Diz-se que, nos tempos de Frida, era impossível sair no pátio sem ficar coberto de *corucos*, os parasitas que vivem sob as penas das pombas que faziam seu ninho nos vasos de terracota. Hoje, não há mais pombas. Esse pátio, que hoje circunda o museu, já existia quando Frida era pequena: seus pais fizeram uma espécie de sala de jantar externa e nela organizavam festas. Abra bem os ouvidos. Os que sabem escutar ouvirão a voz de Frida: “Esta casa é pequena demais para conter todas as feridas de uma vida, você não acha?”.[7]

6 Citada por Jorge Hernández Campos, em *Frida Kahlo la Casa Azul*, catálogo da exposição Frida Kahlo, ocorrida de 28 de setembro a 21 de novembro de 1993 no Museum Paleis Lange Voorhout, Den Haag, Foundation Europalia, 1993.

7 Rauda Jamis, *Frida Kahlo*, *op. cit.*

Revolução Mexicana

"Fui testemunha ocular da luta camponesa de Zapata contra as tropas de Carranza."

Quando a República Federal do México entra no século XX, o general Porfirio Díaz, cujo lema é "pouca política, muita administração", está no poder há catorze anos. Sob sua presidência, a modernização do país se tornou uma realidade, e a economia do país cresce a uma taxa sem precedentes. Esse crescimento econômico e essa evolução técnica, no entanto, favorecem apenas um pequeno grupo de novos-ricos e de investidores estrangeiros. No campo, os trabalhadores agrícolas são explorados; nas minas e nas fábricas, os proletários são humilhados; nas cidades, as desigualdades sociais são cada vez maiores – todos os ingredientes necessários para uma explosão social estão reunidos.

Em 1910, quando os dignitários do regime se preparam para comemorar o centenário da Independência, o povo, ao chamado do democrata Francisco Madero, se insurge. Eleito dois anos depois para a presidência da República, Madero é assassinado após alguns meses pelo general Victoriano Huerta. Eclode então o que Frida chamará de uma "guerra breve e furiosa".[1] Ela é dirigida por dois chefes, Emiliano Zapata, herói popular à frente de um exército de camponeses com facões, sombreiros e broches da Virgem de Guadalupe na lapela. Apelidado de "Átila do Sul", o homem, que luta "pela terra e pela liberdade", é des-

1 *Journal de Frida Kahlo, op. cit.*

crito nestes termos pela antropóloga Anita Brenner: "Alto, magro, em suas roupas pretas sem originalidade, com um lenço vermelho-sangue em volta do pescoço; seu rosto ossudo, de ângulos atenuados pela pele, é construído em um triângulo invertido, cuja ponta é o queixo; seus olhos cinza, seu olhar dissimulado, distante, ficam à sombra do muro de sua testa; sua boca firme, silenciosa, com um desenho sensual, é encimada por um enorme bigode cujas pontas caem como as de um mandarim chinês".[2] Ao seu lado, Pancho Francisco Villa, vaqueiro convertido em general da "Divisão do Norte", carismático, unificador, cuja lenda começa quando ele tem quinze anos e mata o contramestre da *hacienda* onde trabalha, ao surpreendê-lo estuprando sua irmã. John Reed, em *México insurgente*, escreve: "É o homem mais natural que já conheci. Natural, no sentido de que está o mais próximo do animal selvagem".[3]

Os confrontos entre esses dois grupos rebeldes e o exército regular se estenderão por dez anos, mergulhando o país em um banho de sangue – fala-se em 1 milhão de mortos! –, e terminarão apenas em novembro de 1920, com a chegada de Álvaro Obregón à frente do Estado. Ignacio Ramírez, cujo pseudônimo é *El Nigromente* (O Necromante), grande defensor dos indígenas e membro da geração romântica dos "liberais mexicanos", enuncia em *Poesías*:

Guerra sem trégua e sem descanso, guerra
a nossos inimigos, até o dia em que
sua raça detestável, ímpia,
não encontre nem mesmo túmulo
na terra indignada

Nessa revolução, mais nacionalista que ideológica, os mexicanos redescobrem suas raízes e suas tradições, não para as reproduzir, mas sim, como diz Octavio Paz, "a fim de marcar o início de uma outra história",[4] e entram nos tempos modernos.

2 Anita Brenner, *Idols behind altars*, Dover Publications, 2002.

3 John Reed, *Le Mexique insurgé*, Le Seuil, 1996.

4 Octavio Paz, *Le Labyrinthe de la solitude*, Gallimard, 1990.

Frida vem desse México que recuperou o ímpeto nacional. Nele, ela ocupa seu lugar de direito e – junto a inúmeros intelectuais e artistas, políticos e trabalhadores – se engaja nos trabalhos de reconstrução da nação. Como muitas mulheres e homens de sua geração, Frida é "revelada" para si mesma por essa revolução e encontra nela uma maneira de afirmar sua mexicanidade. Ao longo de toda a sua existência, ela voltará com frequência a esse acontecimento, desrespeitando até mesmo a cronologia, não hesitando em fornecer uma data de nascimento falsa para fazê-la coincidir com as primeiras agitações da Revolução. Assim, ela afirma em seu diário: "1910 – Nasci em um quarto na esquina das ruas Londres e Allende em Coyoacán. À uma hora da manhã".[5]

Na verdade, Frida, que tem três anos no momento do chamado de Madero, mal tem a vida perturbada pelos eventos do México. É verdade que as de seus pais se encontram de ponta-cabeça, pois Guillermo perde o emprego como fotógrafo oficial, o que mergulha toda a família em um período de angustiante incerteza, mas Frida demonstra um agudo senso romanesco ao afirmar ter assistido aos eventos que estremecem a capital: "Eu me lembro que tinha quatro anos durante a Década Trágica. Fui testemunha ocular da luta camponesa de Zapata contra as tropas de Carranza. Minha posição era muito clara. Minha mãe, abrindo as varandas que davam para a rua Allende, liberava o acesso à 'sala' para os zapatistas feridos e famintos. Ela cuidava deles e lhes oferecia bolinhos de milho, único alimento que conseguíamos encontrar então em Coyoacán. Em 1914, as balas não param de assoviar. Ainda ouço seu som extraordinário. No mercado de Coyoacán, fazíamos propaganda para Zapata com os *corridos* editados por Posada. Às sextas-feiras, eles eram vendidos por um centavo, e Cristi e eu os cantávamos escondidas em um grande guarda-roupa que cheirava a nogueira, enquanto minha mãe e meu pai cuidavam para que não caíssemos nas mãos dos guerrilheiros".[6] Ela se lembra até mesmo de um carrancista ferido que rumou para o rio e de um rebelde zapatista, também ele baleado, que tentava calçar o sapato. Acrescentando o lápis à caneta, ela desenha os dois homens que se debatem com o medo e a morte.

5 *Journal de Frida Kahlo, op. cit.*

6 *Ibid.*

Esse longo período revolucionário foi determinante na história do México. Uma vez as armas guardadas em seus estojos, a Revolução chega ao fim como luta armada e recomeça como luta ideológica. Inicia-se então um período de institucionalização e de construção do mito da Revolução, mas também um verdadeiro renascimento cultural que se instala de maneira duradoura. Entre todas as proposições inovadoras que surgem desse caos, a do muralismo, fundada nos valores nacionais, voltada decididamente para o passado pré-colombiano do México e de sua arte popular, foi a mais interessante. Assentando sua biografia na história do país, Frida dá uma coerência à sua jovem existência, a orienta, lembrando, de passagem, que o elo que une sua obra ao contexto que a viu nascer é incontestável. É a essa conclusão que chega Rachel Viné-Krupa em *Frida Kahlo: portrait d'une identité* (Frida Kahlo: retrato de uma identidade) –, e eu faço dela minha: "O caráter egocêntrico da obra de Frida Kahlo provém de um questionamento identitário que se coaduna com as preocupações de seus contemporâneos. Com efeito, embora essa abordagem artística esteja submetida a motivações pessoais, determinadas por eventos próprios à sua biografia, ela também se inscreve em uma dinâmica mais ampla de definição da mexicanidade".[7]

A questão, portanto, é saber como a pintura de Frida se inscreve no projeto revolucionário e como se afasta dele. Um total paradoxo. É isso que confere ao seu projeto toda a sua originalidade e força. É verdade que Frida se inscreve plenamente nessa revolução coletiva, mas também entra em contradição total com a ideologia preconizada pelo governo resultante da Revolução e as teses defendidas por seu ministro da Educação, o escritor e filósofo José Vasconselos: forjar para o país uma nova identidade, ao mesmo tempo patriótica e universal. Frida, ao contrário dos muralistas, retoma uma pintura de cavalete – que alguns consideram burguesa, individualista, decadente, contrarrevolucionário. No fundo, o que ela faz senão praticar uma arte da expressão de si, do narcisismo melancólico, da exposição de sua dor? José Vasconselos não afirma que não se deve "jamais deixar o artista sozinho, pois ele escapa e, no melhor dos casos, se distancia de um plano coerente.

7 Rachel Viné-Krupa, *Frida Kahlo 1907-1954, Portrait d'une identité*, Hermann, 2013.

Sendo o mais provável que, na falta de um plano, ele se ponha a buscar a si mesmo e caia então nas tolices de seu tempo"?[8] Frida Kahlo, em seu desejo de uma pintura autobiográfica, é uma exceção à regra e um "cavaleiro solitário", como se costuma dizer. Sua expressão individual se opõe frontalmente à onipotente Escola Mexicana, que se apoia em grupos e sindicatos, lança manifestos e declarações, recobre as paredes com mais de mil e quinhentos afrescos narrativos, todos encomendados pelo Estado.

Entretanto, a história mexicana está sempre presente nas pinturas de Frida. A história: sim. E a Revolução? Sem contar a presença, em segundo plano, em *Quatro habitantes da Cidade do México*, uma tela pintada em 1938, de um Pancho Villa em miniatura montado em um burro de palha, ela só aparece em duas telas, e mesmo assim de modo indireto e oblíquo.

A primeira é intitulada *Pancho Villa e Adelita*. Pintada em 1927, é uma das primeiras telas que Frida mostra a Diego, preocupada, se não em ganhar a aprovação do muralista, ao menos em obter a opinião dele sobre sua obra. Ela contém um diálogo consciente, aberto e muito pessoal com a Revolução Mexicana. Em sua parte inferior, vemos três personagens sentados a uma mesa. À esquerda, um homem sem rosto, de costas. No canto oposto, um outro homem, também sem rosto. O primeiro está vestido de preto, o segundo, de cinza. Entre os dois, uma mulher jovem, elegante, vestida à moda europeia, com os ombros desnudos. Quem é ela? As sobrancelhas unidas não deixam nenhuma dúvida: trata-se de Frida. Na parte de cima do quadro, três imagens independentes emolduradas contra um fundo verde-oliva. À direita, uma construção com formas geométricas angulosas. Linhas oblíquas, arestas vivas. É a época da vanguarda que ganha no México o nome de estridentismo. No centro, um retrato: o de Pancho Villa, dotado de todos os atributos que as fotografias da época lhe conferem – chapéu, bigode, gravata, camisa branca etc. À esquerda, por fim, seis camponeses sentados no teto e no interior de um vagão de mercadorias. Estes são dois marcadores fundamentais da iconografia revolucionária mexicana: os

8 José Vasconselos, *Obras completas, T.2*, éd. Libreros mexicanos unidos, 1958.

rebeldes que compõem a Divisão do Norte (cartucheiras, camisas brancas, sombreiros) e o trem que transporta homens, munições, víveres etc.

Um elemento particular deve deter nossa atenção. Acompanhando os soldados-camponeses, quatro mulheres, envolvidas em cobertas de cores vivas; duas delas têm filhos. Lembremo-nos: o quadro se chama *Pancho Villa e Adelita*. Durante os conflitos revolucionários, muitas mulheres acompanharam os homens com os quais dividiam a existência, casados ou não. Cuidando dos doentes e feridos, preparando as refeições, muito frequentemente lutando ao lado deles, a tal ponto que um movimento feminista embrionário chegou a tomar forma durante esses anos de luta. Essas mulheres foram chamadas de *soldaderas*, mas também de *adelitas*. Elena Poniatowska, que lhes dedicou um livro, afirma que sem elas não teria havido Revolução Mexicana. Que foram elas que mantiveram a Revolução "viva e fértil como a terra".[9] Enviadas como batedoras para coletar madeira e acender o fogo, elas o mantiveram aceso durante toda a guerra. A conclusão da grande romancista mexicana não poderia ser mais clara: sem as *soldaderas*, os homens teriam desertado. Quando a guerra terminou, o presidente Venustiano Carranza distribuiu pensões para os "veteranos de guerra". Poucas mulheres, é claro, tiveram direito a elas. Quanto à sua representação nas telas pintadas pelos artistas da Revolução Mexicana, elas geralmente apareciam como fúrias grosseiras e vulgares! Mas o movimento foi lançado por essas mulheres que eram um pouco como as representações modernas das mulheres fortes do Antigo Testamento. Como Rute, Ester, Judite e Dalila, as *adelitas* fazem de tudo para defender seu povo.[10] Não há limite para seu sacrifício e ninguém que possa enfraquecer sua determinação. Depois de terminada a guerra, outras mulheres assumirão o controle, a fim de dar às mulheres um outro lugar na sociedade e no cenário cultural e político. Seus nomes são María Asúnsolo, Pita Amor, Guadalupe Marín, Dolores Olmedo, Nahuí Olín, Tina Modotti e, é claro, Frida Kahlo.

9 Elena Poniatowska, *Las soldaderas*, Ed. Era, 1999.

10 Agustín Arteaga, "Mexique des Renaissances", em *Mexique 1900-1950, Diego Rivera, Frida Kahlo, José Clemente Orozco et les avant-gardes*, Réunion des musées nationaux, 2016. Catálogo da exposição ocorrida no Grand Palais, de 5 de outubro de 2016 a 23 de janeiro de 2017.

Em suma, podemos dizer que há um deslocamento de significado: a "Adelita" seria, portanto, Frida Kahlo, que se tornaria a mulher arquetípica da insurreição? Acho que não. O que é provável, no entanto, é que Frida, nessa pintura, expresse todas as contradições que tinha na época quanto à sua relação com o muralismo, a Revolução e sua ascendência indígena ainda não assumida – basta ver como, nesse autorretrato, ela acentua deliberadamente o caráter caucasiano de suas feições. Mas, assim como outras mulheres que exibem suas próprias ideias e um espírito livre e moderno, Frida assumirá posições políticas e estéticas radicais ao longo de toda a sua vida, usando seu corpo livremente, demonstrando a autonomia que aplicará a todas as áreas de sua vida – a começar por sua arte.

Mencionei uma segunda pintura em que há uma referência à Revolução: chama-se *O ônibus*. Nela, Frida pinta a sociedade mexicana tal como a vê em 1929, dez anos após o fim do processo revolucionário. Sentados no banco do *Caminhão*, título original do quadro, diversos estereótipos são retratados. Em ordem de aparição na cena: uma dona de casa carregando uma cesta de compras; um trabalhador de macacão azul, com uma chave inglesa na mão; uma índia descalça, que, como uma madona, amamenta seu filho, envolvido em um *rebozo* amarelo; um menino de boné olhando pela janela a paisagem que passa; um homem com uma certa idade – chapéu, gravata-borboleta, terno, sapatos de couro – segurando uma bolsa cheia de moedas (a própria imagem do capitalista, do *gringo*); e, finalmente, na extrema direita: uma jovem discreta, usando os acessórios simbólicos de sua classe (a burguesia): sapatos finos de salto, vestido bem cortado, lenço, bolsa no colo. Ao fundo: uma estrada arborizada, uma fábrica com chaminés envoltas em fumaça, uma *pulquería*, ironicamente chamada *la risa* (o riso, a zombaria). Alguns veem nessa pintura a influência de Rivera. É verdade que as pinturas anteriores a essa, especialmente os retratos, demonstram maior sofisticação, mas, quando Rivera aborda a hierarquia social, ele o faz por meio da política, do dogmatismo, do discurso ideológico. Esse nunca é o caso de Frida. Suas armas são a ironia e o humor. É como se de repente ela nos dissesse: tantas mortes, tanta turbulência para que as barreiras sociais continuem existindo – de um lado os trabalhadores, do outro os burgueses; de um lado a pobreza, do outro o dinheiro. Dez anos após a Revolução, suas conquistas em educação, saúde, cultura e comunicação não disfarçam a corrupção e o autoritarismo político. Diversos romances e filmes desse período ilustram esse estado de degeneração, e os artistas de circo, os *carpas*, perambulam pelos vilarejos e bairros, levando consigo uma agitação social vingativa. Nesse mundo em transformação, a tragédia convive com a comédia. Nas *cantinas* e *pulquerías* evocadas em *O ônibus*, proletários e camponeses se encontram, trocam ideias, e o Partido Comunista Mexicano, que em 1929 tem dez anos, recruta. "Nessas pousadas", escreve Camilo Racana, "Frida vai ao encontro do *corrido* e da *ranchera*,[11] deixando a nova sociedade mexicana se identificar na penumbra com as alegorias do bolero, que acabava de abandonar suas raízes negras".[12]

À medida que o tempo passa e 1910 vai ficando para trás, o México passa a viver cada vez mais ao ritmo do Partido Revolucionário Nacional, que, em nome das conquistas da Revolução, exige unidade e submissão. É preciso lutar contra as oposições internas (dos católicos e dos grandes proprietários de terras) e externas (Estados Unidos e multinacionais). Frida jamais deixa de observar, de ficar na defensiva. Ela sabe muito bem disso, e escreve em uma carta endereçada ao dr. Eloesser, datada de 15 de março de 1941: "Para viver no México, é preciso sempre estar em alerta, ou você é esmagado como uma mosca. É preciso redobrar os esforços para se preservar de todos os desgraçados, mais do que na *Gringolândia*, simplesmente porque lá as pessoas são frouxas e mais maleáveis, enquanto aqui elas se estapeiam para subir na vida e ferrar o próximo".[13]

É claro que os tempos não são mais, como canta o grande pintor muralista José Clemente Orozco, de golpes de fuzil em ruas escuras, de gritos, de blasfêmias, de injúrias, de vitrines quebradas, de queixas. O sangue foi substituído pelos ritos, os mitos, as imagens populares. Como a que é utilizada durante o mês de setembro – mês por excelência da memória patriótica, no qual, desde a primeira semana, Frida

11 *Corrido* e *ranchera* são composições musicais populares típicas do México. (N.T.)

12 Camilo Racana, "Atavios", em *Frida Kahlo/Leo Matiz, un regard sur le Mexique des années 40*, Paris-Musées, 2003.

13 *Frida Kahlo par Frida Kahlo, op. cit.*

compra pequenas bandeirinhas nas cores nacionais, verde, branco, vermelho, e cobre com elas todos os cômodos da Casa Azul. Ela as espeta nas frutas servidas à mesa, apresentadas em grandes travessas com cores cintilantes, nos vasos de flores nos corredores e no jardim, nas naturezas-mortas. Duas em 1951: *Natureza-morta com papagaio e bandeira*; *Olhares – Natureza-morta – Os cocos*. Duas em 1952: *Natureza-morta I*; *Natureza-morta II*. Uma em 1953-1954: *Natureza-morta com 'Viva la Vida'*.

Alfonso Reyes, o grande escritor e diplomata, afirma que a Revolução Mexicana irrompeu de um impulso, muito mais que de uma ideia: "Ela não foi planejada. Não se trata da aplicação de uma série de princípios, mas de um crescimento natural".[14] É a esse movimento, a esse "crescimento" que Frida se une. Nascida com a Revolução, cresceu com ela e de um certo modo participou dela à sua maneira, na medida em que se impregnou, se alimentou dela. Jean-Marie G. Le Clézio afirma que Frida a leva consigo, em sua carne, em seus sentimentos.[15] É verdade. Frida é moldada por essas novas ideias que irromperam entre 1910 e 1920, que tomaram corpo nos anos seguintes, transformadas, amassadas, deformadas. Sua força é poder, em sua pintura, que é sua vida, unir sua convicção revolucionária ao seu amor pelo México. Mas ela compreendeu muito bem: a Revolução Mexicana se assemelha a Saturno devorando os próprios filhos. Além disso, quando considera a política, ela o faz com os olhos de Diego: o príncipe-sapo, o estranho comunista que glorifica o indígena, o camponês explorado, que não hesita em cantar as caixas-fortes dos bancos norte-americanos. Os comunistas o tratam como um submarino do capitalismo, e os capitalistas como cúmplice do comunismo. Frida passa por cima disso. Marx, Lênin, Stálin figuram em sua iconografia com a mesma intensidade que o Cristo, a Virgem e os santos. Por quê? Porque sua arte se situa em outro lugar, para além da Revolução e da realidade. Frida Kahlo inventa uma outra realidade, não paralela, mas complementar à primeira, movida por uma única exigência, romântica, exaltada: a da paixão resistente. É por isso que, em *Pancho Villa e Adelita*, ela ocupa o centro do

14 Alfonso Reyes, *Evolución política del pueblo mexicano*, La Casa de España, 1940.

15 Jean-Marie G. Le Clézio, *Diego et Frida*, Stock, 1993.

quadro, relegando Pancho Villa ao segundo plano, atrás das mulheres soldadas, que ela representa – pois a verdadeira revolução, a que ela deseja, será feita pelas mulheres. É por isso que, em *O ônibus*, ela talvez represente a si mesma como jovem burguesa disfarçada de europeia, como que para mostrar todo o caminho que ainda lhe resta a percorrer para se tornar uma verdadeira mexicana que mergulha suas raízes no passado asteca, numa indigenidade profunda. Sua calma é uma calma de fachada, água plácida, mas traiçoeira – "como é maravilhosa a vida com Frida",[16] ela escreve sobre uma folha de papel radiográfico.

16 *Frida Kahlo par Frida Kahlo, op. cit.*

Frida "*Pata de palo*"

"Nenhuma parte de meu corpo é perfeita, muito menos a perna direita. E quando caminho, é pior."

Em 1913, Frida tem seis anos. A família está completa. São seis filhas: María Luisa e Margarita, do primeiro casamento de Guillermo Kahlo; e as três irmãs de Frida: Matilde, Adriana e Cristina. Diz-se que o ambiente não é muito alegre – Frida, posteriormente, afirmará o contrário. Matilde, a mãe, é melancólica. As más línguas a declaram obcecada com a vida doméstica. Guillermo, o pai, passa as horas em seu escritório, trancado, tocando piano ou lendo. Os dois sofrem de ataques frequentes de epilepsia e brigam sem parar. Em uma palavra, o contexto familiar é complexo: a Revolução, o desemprego do pai, o irmãozinho que morreu pouco depois de nascer, a coabitação com as meias-irmãs, que nem sempre é uma coisa fácil. Às vezes, os anos parecem séculos. Devemos, por tudo isso, falar em uma primeira infância infeliz? Não.

Muito já se escreveu sobre o tipo de relação que Frida tinha com os pais. É o jogo das biografias, das memórias truncadas, dos pequenos arranjos autobiográficos, dos acertos de contas, dos remorsos. Eis minha análise.

Ao contrário do que já se escreveu aqui ou ali, estou convicto de que Frida não tinha uma relação difícil com sua mãe. Havia entre elas uma cumplicidade real, uma ternura verdadeira. Podemos dizer que uma jovem de 25 anos que escreve à mãe, de Detroit, em janeiro de 1932, "Minha querida mamãezinha, sinto saudades de você a um ponto que você não pode imaginar... Cuide-se bem, pense em mim e me escreva sempre que puder... Eu lhe envio todo meu coração. Sua Frieducha",[1] não é próxima dela? E o que pensar de uma mãe que, pouco antes de morrer, após chamar a filha de "criança maravilhosa", acrescenta: "Receba, minha querida filha, todos os tipos de bênçãos da sua mãe que a adora"?[2]

Quanto ao pai, Guillermo, Frida é para ele sua filhinha querida, *sua "Frida, liebe Frida"*. E, quando perde o cargo de fotógrafo oficial e é obrigado a abandonar definitivamente a fotografia arquitetônica para se dedicar aos retratos de estúdio, mais lucrativos, ela o ajuda no trabalho. O homem de sua vida, durante essa primeira infância, é ele. E esse amor é recíproco. Guillermo repete sem parar: Frida é a mais inteligente de suas filhas, a que mais se parece com ele. Quando ela cresce, ele escolhe para ela livros de sua biblioteca, conversa com ela sobre seu amor pelos insetos, as pedras, as flores, as conchas, faz com que ela compartilhe seu interesse pela arte e pela arqueologia do México, e, evidentemente, pela fotografia. Em 1951, dez anos após a morte dele, Frida pinta *Retrato do meu pai*. Guillermo parece pouco à vontade, estático, uma fotografia em tons de sépia.

É, então, uma infância nem mais feliz nem mais triste que qualquer outra, entremeada de pequenos dramas, de pequenas maldades, como estas palavras cortantes de sua meia-irmã María Luisa, que, furiosa por ter sido derrubada de seu penico por Frida, lhe diz: "Você não é filha do meu papai e da sua mamãe. Você, nós encontramos você numa lixeira!".[3] Frida diz, mais tarde, que essa fala a fez se recolher, conduzindo-a a um tipo de introversão. Não é impossível. Às vezes é necessário um certo tempo para que o paraíso da infância, mesmo relativo, desapareça. Uma série de fatos, um acumulado. Não vemos o tempo passar e, de repente, o que existia não existe mais, objetos deslocados, sentimentos diferentes, basta às vezes uma pequena rachadura, um evento formativo, ou destrutivo.

1 *Frida Kahlo par Frida Kahlo*, *op. cit.*

2 Citado por Wilbert Torre no artigo publicado em 8 de julho de 2007 no jornal da Cidade do México *El Universal*.

3 *Frida Kahlo Confidences*, *op. cit.*

Nesse primeiro período, Frida elabora um mundo que é só seu. Um pouco à margem, um pouco longe: ela se deixa levar por seus sonhos. Em 1938, ela pinta essa infância solitária em *Quatro habitantes da Cidade do México*. Ela está lá, sentada em meio a quatro personagens inquietantes: um imenso judas bigodudo, de papel machê, seu macacão azul decorado de guirlandas com pavios de explosivos; uma estátua pré-colombiana em terracota, nua, de pés quebrados, cabeça arrancada e colada sobre o busto; um esqueleto, encarnação carrancuda da morte que no México é considerada uma "brincadeira"; e, por fim, atrás desse primeiro grupo, um homem sobre um burro de palha, menor, afastado, como um brinquedo infantil: um Pancho Villa em miniatura, dotado de uma cinta de cartuchos e de um chapéu. É estranho, a pequena Frida fez do México e do mundo dos adultos uma imagem bastante curiosa: feita de papel machê, de palha, de terracota, portadora de uma guirlanda de explosivos.

É o primeiro estágio, que termina com uma situação engraçada na qual Frida tem um papel primordial. Matilde, com quinze anos de idade, decide não empreender uma simples fuga, mas abandonar a casa da família para partir com seu noivo. Não a veremos durante muitos anos. Todo mundo compreende: foi Frida que permitiu a fuga, abrindo a janela da varanda e fechando-a em seguida, de modo que seus pais nada percebem. Sua mãe demora muito tempo para perdoar a filha.

O segundo estágio chega bem rápido. Estamos novamente em 1913, Frida tem seis anos. Essa data é comprovada por María Guadalupe López Elizalde y Gallegos LL. em *Frida íntima*, o livro que Isolda P. Kahlo dedica em 2004 à sua tia. Os biógrafos não estão de acordo: alguns dizem 1914, outros 1915, até 1918! Do que se trata? Certa tarde, durante um passeio na floresta de Chapultepec, Frida prende os pés nas raízes de uma árvore, cai e se machuca feio, episódio que ela relata em seu diário: "Na manhã seguinte, quando quis me levantar, tive a impressão de que mil flechas atravessavam minha coxa e minha perna direitas. Não sei que relação pode ser estabelecida entre minha queda e o que vivi depois. O que é certo é que, naquele dia, a dor entrou em meu corpo pela primeira vez".[4]

4 *Journal de Frida Kahlo, op. cit.*

O histórico médico de Frida Kahlo, redigido por Henriette Beguin, afirma os seguintes fatos: "Traumatismo no pé direito após um golpe recebido de um tronco. Consequências: leve atrofia da perna direita com leve encurtamento e pé defletido para fora. Alguns médicos diagnosticam poliomielite, outros, um 'tumor-branco'. Tratamento: banhos de sol e cálcio".[5]

O que o relatório não especifica é a duração da convalescença – nove meses, durante os quais sua mãe e suas irmãs se revezam para colocar-lhe sobre a perna panos quentes embebidos em água de nozes e banhá-la em uma pequena banheira, o que atenua apenas levemente a dor. Como a vacina contra a pólio não existe ainda (seria preciso esperar até 1955), única saída para o doente: repousar. A pequena Frida sofre esse martírio. E embora as dores sejam muito fortes, há um outro sofrimento que ela não suporta: a solidão. Então, para matar o tempo que passa tão lentamente em Coyoacán, ela inventa uma amiga imaginária.

O processo, repetitivo, lembra aquele de *Alice no País das Maravilhas*. Atrás das vidraças de sua casa, ela nota, do outro lado da rua, a placa de uma leiteria: "Pinzón". Ela cobre o "o" de vapor e desenha em torno dele, com o dedo, uma janela. Ao abri-la – são suas próprias palavras –, ela viaja ao centro da Terra, onde encontra sua amiga, com quem dança e se diverte: "Eu não me lembro da casa de minha amiga. Ela mesma não tinha nome. Ela tinha a mesma idade que eu, mas não o mesmo rosto. De fato, para ser mais exata, eu não me lembro se ela tinha ou não um rosto. Ela era cheia de vida. Eu seria incapaz de descrevê-la. Às vezes, eu me sentava nos pequenos degraus que dão para o pátio com calçamento de pedras. Havia um forno de pão na frente da cozinha, e eu fazia como se visse saírem do forno meninos e meninas bem pequenos e vestidos de rosa. Eles saíam aos montes e depois sumiam na natureza. Isso me agradava muito. Aconteceu mais de uma vez. Toda vez que eu olhava para o forno, eles saíam correndo de lá, sempre vestidos de rosa".[6] Que maravilha essa amiga, que, além

5 *Frida Kahlo Confidences, op. cit.*
6 *Ibid.*

de salvá-la do tédio, escancara as portas da imaginação e da fantasia e a ajuda a transfigurar a realidade. Sem dúvida, o autorretrato *As duas Fridas* tem origem nessa recordação de infância.

Uma vez terminada a convalescência de sua filha, Guillermo e Matilde a incentivam fortemente a seguir as recomendações médicas: se exercitar para recuperar a saúde. Não é preciso dizer duas vezes. Ela sobe nas árvores, se remexe como uma diabinha. É verdade que ficou mais difícil dançar ou correr, mas isso não importa, a pequena lutadora acaba adquirindo uma habilidade surpreendente e pratica diversos esportes: natação, futebol, bicicleta e até mesmo boxe – atividades bastante inoportunas para uma menina. Daí a pensar que a pequena Frida é uma moleca, basta um passo.

É um fato: uma nova Frida nasce dessa adversidade. Ela, que era uma menininha levada, um pouco gordinha, um pouco rechonchuda, muito viva, muito arteira, com suas fitas nos cabelos, suas saias barulhentas, suas rendas, se torna uma coisa alta e magricela, taciturna e retraída. Uma foto, tirada naquela época, mostra-a afastada do grupo no qual todas e todos estão reunidos, como se surgisse de um tipo de bosque atrás do qual ela parece se esconder. No México, luta-se contra a morte, a pobreza e a adversidade por meio do humor ácido. Virtude que, quando se volta contra os outros, se torna zombaria feroz. Frida sempre conversa sobre isso com sua amiga imaginária. A conclusão delas é óbvia: a luta de Frida pela vida acaba de começar.

Assim que volta para a escola, ela precisa enfrentar todo tipo de chacota. É chamada de "pata louca", "a manca", "Frida perna de pau". Durante uma apresentação da peça *O pássaro azul*, de Maeterlinck, uma professora pede que ela vista uma saia longa para "esconder sua perna magra demais". Como superar esse sentimento de não ser desejada, de ser diferente, estranha, feia, inadequada, rejeitada? Como transformar essa lama em ouro? Ela usa várias meias sobrepostas para que a perna mais fina do que a outra fique menos perceptível, usa botas, segue escrupulosamente os conselhos do médico – amarrar direito os sapatos para que os pés fiquem bem firmes –, aumenta em exuberância, em energia, em vitalidade, corre e dança muito mais do que os outros, age com mais audácia, é mais engraçada. Sua amiga de infância Aurora

Reyes se recorda: "Quando ela andava, dava pequenos saltos, e então parecia voar como um pássaro".[7]

A partir dessa dupla experiência – a da poliomielite e a da rejeição que se seguiu –, Frida entende que a doença e a solidão a acompanharão por toda a vida. Também entende que a doença é uma forma de conseguir o amor que não lhe era dado. A começar por seus pais, que não podem deixar de amar essa pequena "Frida perna de pau" da qual todo mundo ri. Por fim, ela acaba se tornando a "favorita" deles: "Meu pai e minha mãe começaram a me mimar muito e a me amar mais".[8]

Mas ela entendeu bem: sempre terá de fazer mais para ser aceita, ser amada. Valendo-se de ternura e vulgaridade, sexo e compromisso social, provocação – expressa em sua atitude ou na maneira como se veste e se apresenta. Para não morrer, ela, que é permanentemente exposta, avançará mascarada. É por isso que o conselho de Salomon Grimberg é observar atentamente o autorretrato intitulado *Autorretrato desenhando*, de 1937.[9] Nele vemos Frida observando a si mesma. Cinco braços saem de seu ombro direito. A primeira mão segura uma folha de papel que repousa em seu colo, sobre a qual ela escreve com a mão esquerda, empunhando um lápis. Enquanto duas mãos penteiam seus cabelos, a quarta está lá, balançando junto ao vestido. É a quinta mão que nos interessa: ela segura o rosto de Frida, como se fosse uma máscara mortuária destinada a esconder o verdadeiro rosto da verdadeira Frida. Que sina singular tem essa menina, que vai usar esse destino difícil para construir o seu próprio, à sua maneira, para se reinventar de uma forma tão pouco convencional. Foi a poliomielite e as sequelas dessa doença, que naquela época ainda fazia muitas vítimas, que lhe permitiram se tornar uma mulher única, fora do comum, que, contra tudo e todos, abraçará suas diferenças. Não nos esqueçamos de que a sociedade mexicana daqueles anos nega e reprime tanto a liberdade individual como o desejo feminino.

7 Carla Stellweg, "La séductrice de l'objectif" em *Frida Kahlo, Un portrait photographique*, Arthaud, 1992.

8 *Frida Kahlo Confidences*, *op. cit.*

9 Salomon Grimberg, em *Frida Kahlo Confidences*, *op. cit.*

Muito tempo se passaria até que Frida pintasse um quadro de sua perna ferida pela poliomielite. Seria necessário aguardar 1932, e ainda assim não em uma tela, mas em uma litografia, e em uma obra cujo tema está inteiramente contido em seu título: *Hospital Henry Ford (O aborto)*. Realizada pouco após sua saída do hospital, essa obra, inspirada em um livro de histologia, é nada menos que uma representação precisa de uma gravidez que não chega a termo. A perna rígida, mais magra que a outra, fraca, está na parte escura da litografia, a que representa a morte e o sofrimento.

Por toda a sua vida, Frida vai se enxergar como uma pessoa "incompleta", quebrada, que precisa se esconder atrás de uma máscara, dominada por suas emoções. Durante uma avaliação psicológica, os médicos a submetem ao teste de Rorschach. Ela só vê figuras que, como ela, são "incompletas": cariátides sem cabeça, personagens com uma perna só, pernas sem pés, pedaços de anjos quebrados, elefantes sem presas, mulheres sem braços...

Em 1946, mais de trinta anos após esses fatos, Frida escreveu uma carta a Ella e Bertram D. Wolfe, membros fundadores do Partido Comunista Americano e amigos muito próximos, pedindo a eles que a coloquem em contato com um médico que ela desejava consultar – o dr. Wilson –, especificando: "Acima de tudo, explique a ele que tipo de barata selvagem é sua amiga Frida Perna de Pau".[10] São inúmeros os exemplos em que ela se refere a esse fato fundador de sua infância. O testemunho de sua sobrinha-neta Isolda, que afirma que, durante boa parte da vida de sua tia, o fato de ela claudicar não a impedia em nada de andar, e a grande maioria das pessoas que cruzavam com ela nem mesmo sabiam que ela tinha uma perna mais curta do que a outra,[11] nada muda: Frida está convencida de que todos têm os olhos fixos em sua *pata de palo*. Como poderia ser diferente? Não foi esse sofrimento indescritível, enterrado em seu âmago, que a uniu para sempre com Diego Rivera, em quem ela reconheceu uma espécie de irmão na adversidade? Ambos foram confrontados muito jovens com a morte, o

10 *Frida Kahlo par Frida Kahlo*, *op. cit.*
11 Isolda P. Kahlo, *Frida íntima*, *op. cit.*

infortúnio, o desespero. Ambos escolheram a radicalidade: sobreviver a todo custo. Mesmo que a vida se encarregasse de lembrá-los com regularidade de que a morte lhes havia concedido um indulto, mas estava sempre lá, pronta para atacar sua presa.

Preparatória

"Foi o único período feliz da minha vida."

Criada em 1868, sob o governo de Benito Juárez, a Escola Nacional Preparatória, conhecida como *La Preparatoria*, era então considerada a melhor escola de ensino médio do México, proporcionando a seus alunos uma formação sólida, fundada no ideal positivista da busca pelo conhecimento. Querendo-a independente dos poderes da Igreja católica e dos poderosos círculos conservadores, Benito Juárez, símbolo indiscutível do nacionalismo mexicano e de sua resistência à intervenção estrangeira, fez dela um estabelecimento dedicado aos princípios liberais da República. Dessa forma, a escola funcionaria como garantidora de uma certa revolução ideológica em uma época dominada pela lógica escolástica e pelo poder colonial.[1]

O que resta de todos esses princípios, meio século e uma revolução depois? O sistema educacional estabelecido entre 1921 e 1924 por José Vasconcelos, secretário da Educação Pública sob a presidência de Álvaro Obregón, tem um papel primordial na propagação das novas ideias. A fim de romper com a propensão do regime anterior a sempre olhar para a América do Norte e para a Europa, chegando às vezes até a imitá-las, a nova ordem fixa para si como objetivo a instrução das massas, associada a uma cultura nacional forte. Serão promovidas,

1 Ariadna Castellarnau, *Frida Kahlo*, RBA Coleccionables S.A.U., 2020.

portanto, as raízes astecas do México e a mestiçagem, tomadas por uma narrativa "ideológica e romântica da Independência e da Revolução". *La Preparatoria* só pode ser a ponta de lança desse novo México, um dos principais centros para o surgimento de uma consciência nacional mexicana. Já se foram os dias em que a cultura popular era rejeitada, em que as tradições indígenas eram desprezadas, em que o próprio chefe de Estado, Porfirio Díaz, costumava empoar o rosto para que as pessoas se esquecessem de uma tez que ele achava acobreada demais. Nesse país, que está no processo de recobrar sua memória, valorizar suas riquezas e louvar os méritos redescobertos de seus idiomas, músicas, ciências e literatura, a Preparatória tem o dever de oferecer uma educação totalmente inovadora, até mesmo revolucionária. Lá ensinarão os melhores professores, vindos dos quatro cantos do país; lá estudarão os melhores alunos, destinados a formar a futura elite de um México resolutamente voltado para o seu futuro. Andrés Iduarte, testemunha desse período, atesta: "Nós tivemos sorte, nós, os jovens, as crianças, os meninos daquela época: nossa vitalidade correspondia à do México e nosso espírito crescia paralelamente à moral de nosso país".[2] A Preparatória era a maneira ideal de se capacitar, em cinco anos, para o ingresso na universidade, e a instituição contava, na época, com dois mil alunos, dos quais trinta e cinco eram meninas. Dizer que o exame de admissão era "seletivo" seria um eufemismo.

Frida foi aprovada com louvor. Após a escola primária e depois de sua passagem pela Escola Normal para Professores, ela entra na Escola Nacional Preparatória em fevereiro de 1922. Seu objetivo: preparar-se para o exame de admissão da Faculdade de Medicina. Lá ela estuda várias matérias: Espanhol, Inglês, Álgebra, Anatomia e Fisiologia Humanas, Cosmografia, Teoria e Prática do Ensino, Música, Desenho, Costura e Educação Física. Que reviravolta em sua vida! Situada bem no coração do bairro histórico da Cidade do México, a poucos passos da praça Zócalo, da catedral metropolitana e das ruínas do Templo Mayor, a Preparatória reflete esse centro movimentado, tão distante das ruas tranquilas de Coyoacán: inesperado, fervilhante, imprevisível; um convite permanente a todos os conhecimentos, a todas as aventuras.

2 Rachel Viné-Krupa, *Frida Kahlo 1907-1954, Portrait d'une identité*, *op. cit.*

É uma nova sociedade, um novo modo de ser que se coloca diante dela, exigindo que ela se redefina, que abra por sua própria conta e risco portas para as quais ela não tem a chave.

Aos quinze anos, Frida não é mais a menininha que aparece em algumas fotos tiradas por seu pai Guillermo. É uma jovem elegante e esbelta, cuja graça é elogiada. Sua franjinha de criança foi substituída por um penteado chanel que a faz parecer às vezes triste, às vezes melancólica, mas inegavelmente encantadora. Frida nota isso todos os dias: muitos homens a olham. Sim, ela é bonita. Alguns descrevem sua beleza como "sóbria, mas selvagem". De qualquer forma, muito distante de todo coquetismo e outras afetações típicas das meninas de sua idade. Quinze anos é uma idade crucial para as mulheres da América Latina, onde a "festa de quinze anos" se reveste de um caráter especial: batismo religioso para os crentes, batismo secular para os outros – aos quinze anos é que a vida de mulher começa.

Nunca se deve acreditar nas aparências. Especialmente quando se trata de Frida. Assim, ela começa seus estudos usando o uniforme de uma aluna bem-comportada, mas sua emancipação é real. Frida é uma adolescente com um temperamento enérgico e uma vontade feroz e declarada que não passa despercebida. Ela se dá conta muito rapidamente: reina na Preparatória uma verdadeira disputa, uma forma superior de ativismo, um belo entusiasmo.

O que ela acha de seus primeiros passos sob as arcadas do antigo colégio jesuíta San Ildefonso, que agora abriga a prestigiosa escola? Isto é o que ela diz, quase trinta anos depois, em uma entrevista a Olga Campos: "No começo eu não gostava, mas depois passei a gostar. Foi o único período feliz da minha vida. O problema era o uso do tempo: era necessário subir as escadas para ir à aula com o grupo de meninas, e eu não gostava nada disso".[3] O resultado: ela faltava às aulas.

A diversidade nessa escola é bem recente e... bem relativa. A nova sociedade mexicana, nascida da Revolução, não estava convencida da necessidade de as mulheres cursarem o ensino superior. Frida e suas colegas não tiveram aulas de costura? As meninas, confinadas em uma das alas do segundo andar, não têm permissão para socializar com os

3 *Frida Kahlo Confidences*, *op. cit.*

meninos durante o intervalo. No entanto, Frida desce as escadas que levam ao grande pátio onde eles se reúnem e participa das discussões, que imaginamos animadas, repletas do ambiente elétrico que circula entre os membros dessa juventude muito viva.

Em 1983, o Museu Nacional de Arte da Cidade do México organizou uma exposição que reuniu Frida Kahlo e Tina Modotti. O catálogo continha um certo número de contribuições, uma das quais me interessa especialmente. Ela foi escrita por um homem que teve um papel importante na vida de Frida e que foi um dos participantes ativos dessas reuniões no pátio reservado aos meninos da Preparatória. Ele menciona uma jovem que ainda usava o uniforme da *Oberrealschule* – um colégio alemão –, cujo estilo de vestimenta ela havia adotado, embora jamais a tivesse frequentado: blusa branca, gravata preta, saia plissada azul-marinho, meias brancas, botas pretas. Continuando sua descrição, ele acrescenta: "Ágil, apesar de uma perna levemente encurtada pela poliomielite, com cabelos curtos, olhos brilhantes cravejados no arco perfeito das sobrancelhas, ela levava na bolsa todo um pequeno mundo: cadernos, cadernetas de desenho, borboletas, flores secas, lápis de cor e livros estranhos, impressos em misteriosos caracteres góticos emprestados da biblioteca de seu pai".[4]

Com o passar do tempo, Frida vai se afirmando. Começamos a reconhecer nela a jovem original que regularmente foge das aulas de seus professores para se juntar aos meninos. Ela é realmente destemida. Suas aparições não deixam ninguém indiferente. Com as mãos nos bolsos, um olhar zombeteiro, ela provoca, procura briga. Algumas pessoas até relutam em enfrentar essa mulher original, que retruca rápido, vingativa. É melhor não procurá-la. Ela domina a arte de ridicularizar seus oponentes em poucas palavras. Ela afirma, aliás, que não está lá para perder tempo. Não é à toa que ela tem a firme intenção de estudar medicina: ela quer seguir os passos de Matilde Petra Montoya-Lafragua, a parteira, depois cirurgiã e obstetra, que se tornou, em 1887, a primeira mulher médica do México.

4 Alejandro Gómez Arias, "Un testimonio sobre Frida Kahlo", em *Frida Kahlo Tina Modotti*. Catálogo publicado por ocasião da Exposição Frida Kahlo – Tina Modotti, organizada de junho a agosto de 1983 pelo Museo Nacional de Arte de México. MUNAL/INBA, 1983.

Seus amigos observam suas rápidas mudanças. Em apenas alguns meses, ela não é mais a mesma pessoa. Foi-se o medo de não estar à altura, foi-se o ar anêmico que a tornava quase patética, foi-se a falta de confiança em si mesma. Agora, ela xinga como um carroceiro, entremeia suas palavras com *leperadas* (palavrões), distorce sem pudor as músicas mexicanas populares e os *corridos*. Que prazer chocar os sensatos, isto é, os burgueses e os estudantes mais conservadores que convivem com ela! É preciso dizer que ela possui uma voz distinta, profunda, rebelde, entrecortada por *carcajadas* – ataques de riso. Mas isso não é suficiente. Sabemos quanta importância dá à sua aparência. Ela deixa para trás o traje germânico comportado, com seu ridículo chapeuzinho de palha cujas longas fitas caíam pelas costas, sério demais, burguês demais. Agora ela usa macacões, ternos masculinos ou veste roupas extravagantes que compra em mercados de pulgas. Joias, ornamentos e acessórios, tudo serve para se fazer notar e chamar a atenção. Mas um elemento de sua personalidade permaneceu e permanecerá. Ao menos é isto que Agustín Olmedo afirma: "Há uma coisa em Frida que não mudou: criança ela era, criança ela continuou. Sempre na lua, sempre com um ar distante, mudando de ideia como mudava de camisa".[5]

Cabulando as aulas, Frida começa a conviver com um grupo de alunos desordeiros. Sósias do aluno Dargelos,[6] como diria Jean Cocteau, *enfants terribles*, galos do pátio do recreio, pequenos padrinhos brilhantes, cultos, eruditos, que se expressam bem, têm as referências e os códigos certos, mas sabem jogar tudo isso fora quando a ocasião se apresenta. Mais tarde vão entrar na linha, quando sua juventude acabar. E, como a juventude deles está apenas começando, eles se entregam de todo o coração. Frida é imediatamente adotada. Esse grupo turbulento, original e anticonformista é chamado *Las Cachuchas*, isto é, "Os Bonés". Foi um deles, um menino chamado Gómez Robleda, que fez para eles seu sinal de reunião: uma espécie de chapéu que era parte boné e parte boina, cortado em tecido xadrez marrom.

5 Agustín Olmedo, em *Frida Kahlo, la Casa Azul, op. cit.*

6 Personagem do romance *Les Enfants terribles* (As crianças terríveis), de Jean Cocteau, publicado em 1929. Dargelos é um aluno preguiçoso, colecionador de venenos e de armas, e foi inspirado na primeira desilusão amorosa do autor. (N.T.)

Sete rapazes compõem essa pequena sociedade atrevida: Alejandro Gómez Arias; José Gómez Robleda; Manuel González Ramírez; Augustin Líra; Miguel N. Lira, conhecido como Chong Lee; Jesús Ríos y Valles, apelidado de Chucho Paysages; Alfonso Villa. Eles são preguiçosos, iconoclastas e aceitam apenas duas garotas em seu círculo muito fechado: uma certa Carmen Jaime, uma "filósofa" apelidada de "a vampira", que se vestia como homem e usava uma impressionante capa preta, e Frida. Ambas são moças que não têm nada a ver com as outras "pirralhas sem interesse". Em seu *Recuerdos de un preparatoriano de siempre*, Manuel González Ramírez, que mais tarde se tornaria advogado, descreve seu "programa": "Nós, os Cachuchas, éramos anarquicamente alegres e usávamos nossa engenhosidade para fazer versos, explodir petardos e estudar à nossa maneira".[7]

Sejamos mais precisos. Praticando um absenteísmo comedido, os Cachuchas passam a maior parte de seu tempo nos cafés do centro da cidade, debatendo o futuro do México, a não ser quando se reúnem na Biblioteca Ibero-americana, instalada – o símbolo é evidente – na antiga igreja do Convento da Encarnação. Mas isso não é tudo: eles são os reis dos quatrocentos truques. Um dia, eles "pegam emprestado" um bonde e circulam pela Cidade do México à noite. Outro dia, passeiam com um burro pelos corredores da escola. Frida não ficava devendo. Certa tarde, um professor quer expulsá-la de sua aula. Ela corre para reclamar com o diretor, que imediatamente convoca o professor: "Se você não consegue manter a ordem em sua aula porque uma menina de dezesseis anos a está perturbando, tudo que lhe resta a fazer é mudar de emprego!".

Mas o que os une é sua (relativa) rejeição aos pintores muralistas que cobrem as paredes dos principais edifícios da Cidade do México com afrescos gigantescos que glorificam a cultura indígena e as vitórias do proletariado e do campesinato sobre o mundo capitalista. Na realidade, não se trata tanto de uma oposição ideológica, mas da necessidade de fazer brincadeiras de mau gosto com esses artistas que trabalham em troca de um salário de pintor de casas. Como Diego Rivera, por exemplo: os Cachuchas zombam abertamente de suas muitas

7 Manuel González Ramírez, *Recuerdos de un preparatoriano de siempre*, UNAM, 1982.

conquistas femininas, roubam sua lancheira, ensaboam as escadas que levam a seus afrescos. O humor ácido dos Cachuchas, que chegam a botar fogo nos andaimes, não agrada a alguns pintores, que passam a ir trabalhar armados até os dentes. Provocação – mais uma – ou não, Frida anuncia que um dia ela terá um filho com Diego Rivera...

Frida reconhece: durante seus quatro anos de estudos, ela não fez nada. Em vez de assistir às aulas, estava presente naquelas dadas aos Cachuchas. Ela não guardou nada, nem das primeiras, nem das segundas. Assim, mal passa nos exames, ou então cola para tirar notas melhores. Mas o aprendizado estava lá, e vem de outro lugar: dos livros que os membros da pequena falange a aconselham a ler – "é a eles que devo meu interesse pela literatura, todos os gêneros combinados".[8] Ela descobre Dumas, Verne, Schwob, Hegel, Kant – a lista continua, de Tolstói a Gogol, passando por Puchkin e Hugo.

Mas o mais importante, nessa vida jovem, é a descoberta do amor. O líder da gangue dos Cachuchas se chama Alejandro Gómez Arias, filho de um deputado de Sonora, um dos trinta e um estados do México. Ele é estudante de direito e jornalista. Foi ele quem elogiou seus "olhos brilhantes cravejados no arco perfeito das sobrancelhas". O jovem é bonito, inteligente, bem-humorado e entusiasmado, um orador nato, um líder de homens, respeitado e temido. No início, eles caminham de mãos dadas pelos parques da cidade, bebem, fumam, dissertam sobre o mundo, os amigos, os professores, é um flerte leve como tantos outros. Como não se apaixonar por um tal cavaleiro andante, carinhoso, atencioso, que dá flores e manda recadinhos doces? Frida fala dos primeiros instantes desse idílio nascente: "Eu me apaixonei por Gómez Arias e ele por mim. Todos os outros me respeitavam como a uma irmã, me chamavam de 'irmãzinha'. Se alguém me falava algo errado ou me irritava, ele dava um chute no traseiro. Gómez e eu estávamos noivos, mas Alejandro também estava apaixonado por Chucho Paysages, com quem tinha tido um caso. Chucho e eu falávamos abertamente sobre nossa paixão por Gómez Arias e dávamos conselhos um ao outro. Eu não tinha nenhum problema com o fato de Gómez Arias estar com

8 *Frida Kahlo Confidences*, *op. cit.*

Chucho. Nunca conheci ninguém que amasse a mim e a ninguém mais. Sempre compartilhei o amor com uma outra pessoa".[9]

Para Frida, isso parece simples. Ela chama Alejandro de seu *novio*, se autodenomina sua "mulher" e até mesmo sua *escuincla* (sua cadela). E, enquanto o enche de cartas de amor, muitas vezes com duplo sentido, ela passa facilmente ao ato. Sem medo da sexualidade, ela acrescenta em tom provocante: chegar virgem ao casamento, que bobagem! "Alex, escreva para mim com frequência e longamente, quanto mais longo, melhor...", "receba muitos beijos em todos os lugares e todo o meu amor", "eu lhe envio 1.000.000.000.000 de beijos".[10]

Como prova de seu amor total por Alejandro, Frida oferece a ele seu primeiro autorretrato, o do vestido de veludo. Nele, ela usa um vestido de veludo cor de vinho com punhos e gola bordados, mas, acima de tudo, com um decote profundo. Uma roupa muito ousada para uma jovem mexicana. É um desafio, uma oferta amorosa. Frida, que ainda corteja Alejandro assiduamente, aqui se dá literalmente a ele. O que Frida não quer enxergar é que esse amor não é correspondido. Talvez o chefe dos Cachuchas não seja tão aventureiro quanto se pensa. Sem dúvida está assustado com essa jovem e seu eu terrivelmente instável, em constante reformulação. Ele mesmo não a achava "tão contraditória, tão múltipla que se poderia dizer que sua personalidade era composta de várias Fridas"?[11] Não há loucura, não há paixão em Alejandro, que com o tempo, apesar de sua postura vanguardista, acaba acusando Frida de leviandade. Ele, que defende uma certa liberdade no casamento, que vê no casamento uma cerimônia obsoleta, não suporta que ela beije outros homens. Ela lhe escreve: "Embora eu tenha dito 'amo você' a muitos outros, e tenha saído com eles e os tenha beijado, no fundo nunca amei ninguém além de você", [12] mas é em vão. Enquanto Frida já pensa em partir com ele para os Estados Unidos – "Temos que fazer algo com nossas vidas, você não acha? Não vamos passar nosso tempo como idiotas no México. Para mim, nada é mais bonito do que

9 *Ibid.*
10 *Frida Kahlo par Frida Kahlo*, *op. cit.*
11 *Frida Kahlo Confidences*, *op. cit.*
12 *Frida Kahlo par Frida Kahlo*, *op. cit.*

viajar",[13] ela escreve a ele –, ele a vê apenas como uma "amiga íntima", uma "jovem amante". Em suma, para ele, ela não passa de sua "*niña de la Preparatoria*", como ela mesma se chamava.

Alguns meses depois dessa carta, em 17 de setembro de 1925, o ônibus em que ela viajava com Alejandro é atingido por um bonde. Seu sonho fica paralisado. Tudo fica paralisado. Alejandro deixa a Cidade do México. Ele a abandona, a esquece, retorna. Eles continuarão amigos.

A história da Preparatória não termina aí. Em 1927, quando Frida está começando a pintar retratos, ela pinta uma obra fortemente influenciada pelo expressionismo alemão e pelo movimento Neue Sachlichkeit (Nova Objetividade), divulgado no México pelos pintores estridentistas. Seu título: *Retrato de Miguel N. Lira*. Da esquerda para a direita, de cima para baixo, vemos Alejandro Gómez Arias, carregando uma bomba artesanal nas mãos, com Miguel N. Lira ao seu lado, brandindo um carretel, uma imagem de seu apoio à arte popular. À direita, de pé e avançando em direção à mesa onde estão reunidos os amigos, os *cuates*, *cuatachos*, *cuatezones*, para usar uma derivação linguística asteca muito comum no México: Octavio Bustamente, autor de um poema inspirado na canção revolucionária mexicana *Si Adelita se fuera con otro*, cuja partitura aparece acima de sua cabeça. No centro, Frida Kahlo, sentada, voltada para o espectador da pintura. À sua esquerda, Ángel Salas, que lhe ensinou como pintar uma superfície lisa, toca piano. Na parte inferior da pintura, Ruth Quintanilla, lançando um olhar indiscreto. Por fim, Carmen Jaime, vista de costas, de frente para o grupo. Uma despedida em forma de tela de uma juventude feliz, despreocupada, que acabou.

13 *Ibid.*

Lesbos

"Quando se trata de satisfazer desejos e sentir prazer, não faço distinção entre homens e mulheres."

Frida, menina pequena, aguarda o presente que tanto desejou: uma miniatura de avião. Mas ganha uma fantasia de anjo – vestido branco, asas em palha. "Nem é preciso dizer", afirma a mãe, "ela já é 'moleca' demais desse jeito!" Imaginamos a tristeza e a decepção da criança.

"Moleca", eis uma palavra que vai perseguir Frida durante um pedaço de sua vida, ela que a poliomielite, como vimos anteriormente, obriga a praticar esportes de modo intensivo. No ensino médio, Frida experimenta por sua professora de ginástica aquilo que sua mãe considera um amor obsessivo. A jovem mulher se chama Sara Zenil. Quando Matilde descobre cartas que julga serem comprometedoras, decide trocar a filha de escola. Salomon Grimberg descreve exatamente o problema quando conjectura que, se a orientação sexual de Frida é uma preocupação para sua mãe, não o é para a própria Frida.[1] O desejo insaciável de Frida por ser reconhecida e amada a levará a ter amantes homens e mulheres ao longo de toda a sua vida.

Acrescentemos um terceiro elemento: a provocação. Durante a adolescência, abandonando bem rapidamente os vestidinhos comportados,

1 Salomon Grimberg, em *Frida Kahlo Confidences*, *op. cit.*

Frida adora se exibir em trajes masculinos: macacão azul, calças, peliça de couro, jaqueta masculina, botas pretas, gravata. Na Preparatória, como indiquei no capítulo anterior, ela usa até mesmo o famoso boné marrom dos Cachuchas.

Avancemos no tempo. Frida tem dezenove anos. A foto foi tirada por seu pai. Estamos em 1926, um ano após seu terrível acidente. É uma foto de família, com sua irmã Cristina e a mãe. Frida veste um terno de três peças – o que, para a época, é nada menos que um escândalo. A atitude está de acordo com o escândalo anunciado: uma indiferença provocante, não só no olhar, zombeteiro, irônico, mas também na mão enfiada no bolso, como um homem faria.

E isso não é tudo: seus cabelos grossos, densos, de uma saúde insolente, são cortados tão curtos que as mães de seus colegas de classe, e a vizinhança de modo mais amplo, a olham torto: "*Que niña tan fea!*".

Para a sociedade ponderada da época, todos esses indícios comprovam uma evidente homossexualidade. Na realidade, Frida não é lésbica, mas sim o que hoje chamaríamos de pansexual. Isso significa que ela se sente atraída física, sexual, afetiva ou romanticamente por homens *e* por mulheres, e até mesmo que não adere necessariamente à ideia de que o gênero é unicamente masculino ou feminino, de modo que pode se sentir atraída por uma pessoa cujo gênero é "fluido", neutro ou outro.

Embora sua primeira experiência homossexual real date de seu último ano na Preparatória – procurando emprego, ela teria sido iniciada de maneira traumática no safismo por uma funcionária muito ousada da biblioteca do ministério –, é evidente que sua atração foi totalmente legitimada a partir do momento em que passa a frequentar Diego Rivera e entra para um círculo boêmio, no qual as relações lésbicas são, se não encorajadas, ao menos frequentes e toleradas. Nós a vemos, então, em um terno masculino com uma rosa na lapela, cigarro na boca, arriscando-se até mesmo a experimentar alguns charutos cubanos, com os cabelos ainda bem curtos.

O comprimento dos cabelos de Frida são um marcador. Sempre ligado a uma provocação, a uma necessidade de se afirmar – provocação e necessidade que, evidentemente, vão aparecer em sua pintura. Isolda, sua sobrinha, relembra com exatidão: "A cada vez que Frida inicia uma nova aventura, ela corta os cabelos e pinta um autorretrato. Dessa maneira, ela se certifica de não se esquecer da ocasião".[2]

Em janeiro de 1935, o relacionamento com Diego se desfaz, e ela decide subitamente romper, abandona San Ángel com seu macaquinho-aranha e se muda para um apartamento na avenida Insurgentes. Gesto libertador: ela abandona os trajes indígenas que tanto agradavam a Diego, volta a usar as roupas de homem de sua adolescência e corta os cabelos. Um pequeno óleo sobre estanho atesta esse "momento de ruptura": *Autorretrato com cabelos cacheados*. Ela usa colar e grandes brincos, mas se mostra tal como é, isto é, sem tentar se embelezar, acentuando até mesmo suas feições menos harmoniosas, as que menos coadunam com os cânones da beleza feminina: grandes sobrancelhas negras espessas que se unem, feições marcadas, "quase símias",[3] como dizem alguns, penugem recobrindo a parte de cima de seu lábio superior, parecendo um bigode masculino. É uma mulher com um olhar corajoso, provocador, que não se deixa conter. Decidindo responder às infidelidades de Diego com uma liberdade sexual assumida, ela inicia um relacionamento com o escultor Isamu Noguchi. No verão, parte para Nova York, se desfaz do nome Frida Kahlo de Rivera e pede que seja chamada de Carmen. Sua amiga Lucienne Bloch a fotografa. Uma dessas fotos servirá de base para a obra que Frida pinta em 1937: *Memória* ou *O coração*. Vemos uma Frida de cabelos curtos, vestida em estilo contemporâneo e cosmopolita, da vida fervilhante nova-iorquina. As lágrimas que correm por seu rosto atestam a dupla traição, a de sua irmã Cristina e a de Diego, que acabam de dormir juntos.

Alguns anos depois, em 6 de dezembro de 1939, a sentença de divórcio com Diego é lida. Frida volta a morar na Casa Azul. É um ano terrível. Depressão, abuso de medicamentos e de álcool – ela bebe uma garrafa de conhaque por dia. Abandona novamente os trajes de tehuana e, mais uma vez, corta os cabelos. Orgulhosa do gesto, ela escreve a Nickolas Muray: "Preciso lhe dar uma má notícia: eu cortei os cabelos,

2 Isolda P. Kahlo, *Frida íntima*, *op. cit.*

3 Ariadna Castellarnau, *Frida Kahlo*, *op. cit.*

estou parecendo um marinheiro. Bom, eles vão acabar crescendo, ou pelo menos assim espero!".[4]

Início de 1940, em plena estação fria e seca, ela pinta *Autorretrato com cabelos cortados*. Essa é uma de suas telas mais famosas. Sentada em uma cadeira de madeira de cor amarela, vestida em trajes de homem cinza-escuros e uma camisa carmim, Frida segura uma tesoura. É a arma do crime: mechas de cabelo recobrem a cadeira e forram o chão – uma carnificina. De um lado, a obra revela uma mulher libertada dos grilhões da feminilidade e do casamento, uma mulher que reivindica uma independência recém-conquistada, mas, de outro, mostra uma mulher machucada por essa história de amor que se acabou. A liberdade tem esse preço. Na parte de cima do quadro, como é frequente em Frida, uma inscrição, semelhante àquelas que figuram nos ex-votos, e que fornece a chave para o enigma: "Olha, se eu te amei, foi por teus cabelos, agora que estás careca, eu não te amo mais". É uma declaração de guerra – como Diego adora a cabeleira negra de sua mulher e gosta de vê-la vestida de tehuana, ela então faz o contrário. Assim, ela se torna mais livre, mais forte. Nada mais será como antes. Único vestígio de sua feminilidade de ontem: os brincos, única joia que usa.

A passagem da moleca, de cabelos curtos e roupas masculinas, para uma sexualidade voltada às mulheres não implica para Frida um abandono de sua atração pelos rapazes. "Eu adoro os genitais masculinos", ela afirma, acrescentando imediatamente: "Nas mulheres, os seios são estéticos. Quando são bonitos, gosto muito deles. Desde que os mamilos não sejam rosa. Quando faço amor, meus seios têm um papel importante. Eles são muito sensíveis ao toque, mesmo com algumas mulheres. A homossexualidade é uma coisa certa, é uma coisa muito boa".[5]

Na verdade, em Frida existe algo de natural ao passar do amor pelos homens ao amor pelas mulheres. Ela não vê nenhum problema nisso. Deixa-se guiar por seus pendores, seus desejos: "O importante é que, quando faço amor, sei que estou viva".[6] Seu diário, que nada fala sobre seus casos com outros homens – alguns acreditam que, como

4 *Frida Kahlo par Frida Kahlo*, *op. cit.*

5 *Frida Kahlo Confidences*, *op. cit.*

6 Citado por Xosé Ameixeiras em seu artigo em *La voz de Galicia* de 8 de novembro de 2020.

Diego o lê, ela prefere se calar sobre o assunto –, contém inúmeras referências à atração que outras mulheres exercem sobre ela. É preciso dizer que, como bom machista, Diego, que se enfurece com a ideia de que ela possa fazer amor com outros homens, não vê nenhum inconveniente em ela ter relações sexuais com mulheres, chegando até mesmo ao ponto de narrar os feitos homossexuais de sua esposa em público. Jean Van Heijenoort, secretário e segurança de Trótski, que teve com Frida um breve relacionamento após ela terminar com o antigo chefe do Exército Vermelho, oferece um ponto de vista interessante: "Frida tinha várias namoradas e amigas lésbicas. Sua homossexualidade, no entanto, não a tornava masculina. Ela era um tipo de efebo, parecida com um rapazinho e ao mesmo tempo extremamente feminina".[7]

É inútil e impossível fazer uma lista das aventuras lésbicas de Frida. Mesmo assim, é interessante observar os encontros importantes – aqueles dos quais ela mesma falou, aqueles sobre os quais não paira nenhuma dúvida. O primeiro deles ocorreu pouco depois do casamento de Frida e Diego, com Lucile Blanch, apaixonada pela pintura, e instalada, com seu marido Arnold, no mesmo bairro de artistas que o jovem casal, em São Francisco.

Não demora para que uma outra mulher entre na constelação amorosa de Frida. Ela se chama Cristina Hastings. Casada com John Hastings, futuro conde de Huntingdon, simpatizante comunista e assistente de Diego, Cristina é uma jovem italiana, viva, bonita, que Frida revê de tempos em tempos. Ela também mora em São Francisco, no mesmo bairro boêmio onde a moral sexual não é a maior das preocupações. Embora Frida passe bastante tempo com Lucile e com Nickolas Muray, o fotógrafo húngaro com quem tem uma aventura, sua amante "principal" continua sendo Cristina Hastings. Contam-se algumas anedotas, delicadas. Quando Frida quer se corresponder com Cristina, coloca no envelope que Diego endereça a John uma carta cuidadosamente selada com uma pequena frase – "Não se esqueça de mim, querida" –, com a marca de seu batom e seis X, ou seja, beijos à maneira americana. Em 1935, quando Diego vai expor na Tate Gallery em Londres, ele escreve

7 Jean Van Heijenoort, *Sept ans auprès de Léon Trotski*, Maurice Nadeau/Les Lettres nouvelles, 1978.

a John Hastings que Frida quer muito ir a Londres para rever aquela que chama de "Cristina fofa, para viajar com ela por toda a Europa".[8]

Depois de São Francisco: Nova York, 1931, *vernissage* na galeria Stieglitz. Frida cruza com Georgia O'Keeffe, uma pintora reconhecida, esbelta, sedutora, muito misteriosa, na casa dos quarenta anos. Francisco G. Haghenbeck imagina o encontro: "Georgia O'Keeffe estava vestida com pantalonas pretas e uma camisa de seda transparente, que lhe dava ares de uma amazona transportada ao centro dessa cidade. Suas pintas brilhavam como diamantes sobre seu corpo queimado do sol do Novo México. Frida era consumida pelo desejo ao vê-la caminhar: uma verdadeira guerreira apache, ao mesmo tempo com uma imponência masculina e uma delicadeza de cristal".[9] Diego observa, com ciúme, e diz a Lucienne Bloch, com quem Frida tem uma amizade amorosa: "Você sabe que Frida é homossexual, não é?".[10]

O relacionamento, episódico, repetitivo, apaixonado, se estende por muitos anos. Frida estende a consciência que tem de seu próprio corpo à sua libido e desejos sexuais. Não se proíbe nada. É curiosa, aventureira. Em 1933, escreve a Georgia: "Pensei muito em você e nunca me esqueço das suas maravilhosas mãos e da cor dos seus olhos. Logo nos veremos. Eu ficaria muito feliz se você me escrevesse, nem que seja para dizer duas palavras. Amo muito você, Georgia".[11] Quando por fim ela volta a ver Georgia, esta acaba de passar três meses hospitalizada. Frida escreve ao amigo Clifford Wight: "Georgia não fez amor comigo durante esse tempo, acho que porque estava fraca demais. Uma pena!".[12]

Continuemos nossa viagem. Depois de ter cruzado uma primeira vez com Jacqueline Lamba, durante a estadia desta no México na companhia de seu marido, André Breton, em 1938, Frida vai a Paris no ano seguinte. Eles ficam hospedados lá, na rua Fontaine. Ela não gosta do papa do surrealismo, a quem acha pretensioso e condescendente.

8 Patrick Marnham, *Diego Rivera, Le rêveur éveillé*, *op. cit.*
9 Francisco G. Haghenbeck, *Le Jour des morts*, *op. cit.*
10 Patrick Marnham, *Diego Rivera, Le rêveur éveillé*, *op. cit.*
11 *Frida Kahlo par Frida Kahlo*, *op. cit.*
12 *Ibid.*

E, além do mais, ela se lembra dolorosamente das discussões entre os homens – Trótski, Breton, Diego – excluindo as duas mulheres; política, teoria literária: nada disso é para elas. Em contrapartida, ela gosta muito de Jacqueline. Durante seus passeios pelo interior do México, Frida nota o corpo de liana de Jacqueline, seus gestos de dançarina, seu humor, sua alegria de viver. Lá nasceu uma cumplicidade, uma doce proximidade, que ela encontra intacta. Frida gosta de tudo na amiga. O idílio das duas dura os meses que o casal passa em Paris, composto de visitas, passeios, idas ao mercado de pulgas, à Place des Vosges etc., noites de amor, beijos furtivos, sessões em que provam e tiram roupas, às quais Breton, *voyeur*, às vezes assiste. De volta ao México, Frida endereça uma carta a uma "amiga parisiense" que não é outra senão Jacqueline, a qual ela recopia parcialmente em seu diário: "Desde que você me escreveu, naquele dia tão claro e longínquo, eu quis lhe explicar que não posso deixar os dias para trás, nem voltar no tempo para outra época. Não me esqueci de você – as noites são longas e difíceis. A água. O barco e o cais e a partida que gradualmente tornava você pequena aos meus olhos, prisioneira daquela vigia redonda para a qual você olhava para me manter em seu coração. [...] Minhas saias com babados de renda e a velha blusa que eu usava continuam formando o retrato ausente de uma única pessoa. Mas a cor de sua pele, de seus olhos e de seu cabelo muda com o vento da Cidade do México".[13] Frida fala também da "distância que as separa" e conclui, melancólica: "Continuarei sempre a lhe escrever com meus olhos".

Tal como ocorre com todos os outros aspectos de sua vida privada, a homossexualidade de Frida está presente em sua obra, mas em pequenos toques, em sugestões sutis, quase invisíveis ao olhar menos atento. *Dois nus na floresta* ou *A própria terra*, pintado em 1939, na volta do período parisiense, lembra – para quem sabe olhar essas duas amantes indolentes, uma apoiada na outra – a relação que ela acaba de ter com Jacqueline. Já *O que eu vi na água* ou *O que a água me deu*, tela de grande formato – 95 × 75 cm – pintada em 1938, comporta diversas cenas: em uma delas se destacam duas silhuetas femininas enlaçadas, uma de

13 *Journal de Frida Kahlo, op. cit.*

pele morena e outra de pele clara. Frida dá essa tela à sua amante, a atriz Dolores del Río.

Entre as amigas próximas de Frida, com as quais ela pode ter amizades amorosas, se encontra, por exemplo, a célebre Concha Michel. Lésbica militante, ela luta pelos direitos das mulheres, entoa durante as manifestações canções cuja letra ela mesma escreve e reivindica, em nome das mulheres, o que Carlos Monsiváis chama "a dupla identidade teológica":[14] Deus é também uma Deusa! A Revolução Mexicana, sempre a Revolução: se os homossexuais podem começar a existir em uma sociedade mexicana que não acredita na existência deles, é porque a Revolução passou por lá. O caminho é longo, cheio de emboscadas, mas está aberto. Os grandes poetas do momento, todos homossexuais – Salvador Novo, Xavier Villaurrutia, Carlos Pellicer – fazem de Frida sua porta-bandeira e não hesitam em cantá-la em seus poemas.

No poema "Frida Kahlo", portanto, que Salvador Novo compõe em 1935, ele a compara, "quando os pincéis são pinças e as possibilidades do ventre um Vulcano cheio de gasolina", a "um foguete, uma granada, um vidro quebrado, uma notícia, um telegrama sangrento".[15] Carlos Pellicer dedica a ela três sonetos. Este trecho de um deles diz:

> Você, como um jardim pisoteado por uma noite sem céu. Você, como uma janela açoitada pela tempestade. Você, como um pano encharcado de sangue. Você, como uma mariposa cheia de lágrimas, como um dia esmagado e quebrado, como uma lágrima em um mar de lágrimas; araucária cantora, vitoriosa: raio de luz no caminho de todo mundo...[16]

É interessante notar que muitas das relações lésbicas de Frida são com mulheres que, como ela, fazem amor com homens. É o caso de María Félix, a quem ela escreve: "Você se esconde nas cortinas da noite

14 Carlos Monsiváis, "Frida et ses amis", em *Frida Kahlo la Casa Azul*. Catálogo da Exposição Frida Kahlo, ocorrida de 28 de setembro a 21 de novembro de 1993 no Museum Paleis Lange Voorhout, Den Haag, Foundation Europalia, 1993.

15 Salvador Novo, *Nuevo amor y otras poésias, Lecturas Méxicanas*, Fondo de Cultura Económica, 1984.

16 Carlos Pellicer, *Poemas*, Promociones Editoriales Mexicanas, 1979.

quando a lua lhe empurra para mim",[17] e de Dolores del Río, ambas figuras míticas do cinema mexicano e... amantes de Diego.

Mas a lista ainda não acabou. Podemos nomear também Teresa Proenza, com quem ela compartilha uma "paixão e um amor sem limites",[18] Elena Vásquez Gómez, conhecida como Elineta, que ela "tentou desenhar enquanto seu sangue fervia",[19] ou a pintora Machila Armida, a quem Frida dedica um desenho erótico representando uma vulva perseguida por espermatozoides gigantes dotados de cabeças com grandes olhos saltados, com a seguinte legenda: "Eu desenhei seu corpo de memória".[20] Um fato narrado por Hayden Herrera nos faz pensar: parece que Diego, levando suas amigas a se aproximarem de Frida, as incentivava de bom grado a passar a noite com ela. O que algumas delas fizeram, enquanto outras reagiram violentamente quando Frida as beijava gulosamente na boca ou se tornava mais ousada, até mesmo agressiva. Raquel Tibol, que não gostava de Frida, afirma até mesmo que a irmã mais nova de um mecenas de Frida, que poderíamos chamar de instável, vendo que não conseguiria ter uma relação física com a artista, se envenenou diante dela. Verdade ou lenda? Ninguém sabe.

O que é certo, em contrapartida, é que, até o fim de sua vida, Frida testou seus charmes e deu livre curso às suas pulsões. Uma de suas últimas enfermeiras, Judith Ferreto, grande e bela mulher morena que adorava usar botas de cano longo pretas, dormia muito frequentemente com ela, o que, é preciso reconhecer, é pouco usual.

Em 1951, alguns anos antes de sua morte, tendo se tornado uma pessoa com deficiência, mas se recusando a admitir isso, e embora vivendo um dos períodos mais trágicos de sua existência, Frida vive uma paixão de enorme intensidade com Chavela Vargas, que havia conhecido alguns anos antes, atraída por suas "pupilas vítreas" e suas "lágrimas de água que inundam sua solidão e lhe dão vida".[21] A jovem cantora, doze anos mais nova que ela, que não esconde sua homossexualidade e até

17 *Lettre à Finisterre*, citada por Xosé Ameixeiras em seu artigo em *La voz de Galicia* de 8 de novembro de 2020.

18 *Ibid.*

19 *Ibid.*

20 *Ibid.*

21 *Ibid.*

mesmo a exibe, ama Frida a tal ponto que vai morar por algum tempo na Casa Azul. Ela escreve a Carlos Pellicer: "Ela é assim como a desejo sexualmente. Não sei se ela sente o mesmo que eu, mas tenho a impressão de que é uma mulher livre o suficiente para me pedir para ficar nua na frente dela, e sem hesitação eu o farei".[22] Por sua vez, Frida Kahlo escreveu para a jovem: "Eu vivo para Diego e para você. Nada mais".[23]

Em seu livro sobre Frida Kahlo, Ariadna Castellarnau transcreve uma entrevista com Chavela Vargas. Frida já morreu há muito tempo, a cantora se tornou uma figura importante da música *ranchera* e um verdadeiro monumento nacional: "Nós pensávamos a mesma coisa e queríamos que o mundo fosse como o imaginávamos. Ela era forte; eu também era forte. Ela parecia um pônei, como eu, uma daquelas éguas que são difíceis de domar, uma daquelas que nunca são domadas. Ela estava acamada ou em sua cadeira de rodas, mas não quero falar sobre isso, o que quero dizer é que era impossível quebrar seu espírito".[24]

Nos documentos encontrados em 2017 na pasta do galego Alejandro Finisterre, há uma lista elaborada por Frida Kahlo dos amantes que tiveram mais importância em sua vida. Ela não menciona Lucile Blanch, Cristina Hastings, Georgia O'Keeffe, nem Concha Michel, nem Dolores del Río, nem Pita Amor, nem mesmo Tina Modotti, com quem, é verdade, rompe para sempre após o assassinato de Trótski. A lista inclui oito mulheres, quatro das quais já mencionamos: María Félix, Chavela Vargas, Machila Armida e Judith Ferreto.

Outras quatro são citadas. A cantora e atriz Lucha Reyes, chamada de "mãe da música *ranchera*"; Isabel "Chabela" Villaseñor, escultora em madeira e metal, uma das duas únicas artistas mulheres representadas na célebre exposição do Metropolitan Museum of Art de Nova York "Mexican Arts" (Artes mexicanas); Martita, que aparece na lista na décima sétima posição; e finalmente Marina Aedo. Mais conhecida pelo pseudônimo de Graciela Olmos – é com esse nome que ela aparece na lista de Frida –, ela é uma personagem muito importante no imaginário mexicano. *Soldadera* durante a Revolução Mexicana,

22 Citado por Ariadna Castellarnau, *Frida Kahlo*, *op. cit.*

23 *Frida Kahlo par Frida Kahlo*, *op. cit.*

24 Citada por Ariadna Castellarnau, *Frida Kahlo*, *op. cit.*

prostituta, cafetina, autora de *corridos* famosos, ela inspirou toda uma gama de filmes, romances e outras séries televisivas. Graciela, apelidada de *Bandida*, doze anos mais velha que Frida, inicia com esta última uma relação efêmera e tórrida, daquelas que Frida qualifica como "sem freio, plena de luxúria e perversão": "Bela entre as belas, pele cor de trigo que numa noite de sorte eu fiz minha com brutalidade... brancura macia, assustadora, pronta a ser consumida entre meus braços".[25]

É um fato: a obra de Frida Kahlo se dirige primeiro às mulheres, ao próprio corpo das mulheres, e nenhuma teoria é necessária para compreendê-la, basta imergir nela. É uma mulher que fala com mulheres: abortos, decepções amorosas, partos, dificuldades de existir em um mundo de homens, todos temas que alimentam sua pintura. Daí a dizer, como Raquel Tibol, que sua pintura é uma pintura lésbica é algo tão falso quanto afirmar que Frida viveu uma parte de sua vida sob o domínio das drogas. Sem eliminar a parte masculina de sua pintura, especialmente nos autorretratos da segunda parte de sua vida, é uma obra que contém uma dose muito grande de feminilidade. É nisso que repousa toda a sua força, toda a sua complexidade, e foi isso que permitiu a ela conservar uma grande modernidade. A obra de Frida Kahlo é, antes de mais nada, a de uma mulher que mantém com seu ente físico e seus sentimentos uma relação ao mesmo tempo estreita e extrovertida. Só me resta concordar com o que escreveu Rauda Jamis: "Uma mulher olha uma obra de Frida: qualquer que seja sua vivência própria, ela conhece o que Frida divulga – ou exibe; se acontecer de ela confessar que não aceita ou não gosta da forma como aquilo está sendo expresso, ela não pode, entretanto, afirmar que o não compreendeu".[26]

Não espanta então que, nos anos 1980, a corrente chamada "neomexicanista", com artistas como Nahum B. Zenil ou Julio Galán, veja em Frida um modelo e uma possibilidade de afirmar sua identidade mexicana em face do domínio cultural norte-americano. Também não espanta que Frida seja ao mesmo tempo um ícone gay e lésbico. Paulina Bravo Villareal vai mais longe ainda, acabando por se perguntar se uma das contribuições mais essenciais de Frida Kahlo não foi ter aberto

25 Citado por Xosé Ameixeiras em seu artigo em *La voz de Galicia*, *op. cit.*
26 Rauda Jamis, *Frida Kahlo*, *op. cit.*

caminho para os questionamentos sobre a noção de gênero.[27] Falando sobre o quadro *Autorretrato com cabelos cortados*, ela sugere que Frida toma seu corpo como campo de debate, nada mais fazendo senão exprimir sua posição como mulher e como artista sobre sua época, sobre os questionamentos de seu tempo. Frida apresenta a si mesma no processo de cortar os cabelos, com a tesoura na mão. Seu ato é premeditado, político. É verdade que ocorre durante um dos muitos episódios de conflito que a opõem a Diego, mas talvez não esteja aí o essencial. Frida é uma mulher que se posiciona: é uma mulher que briga pelas mulheres. E, por extensão, pelo reconhecimento de algumas "minorias", lésbicas, gays, trans. Sabemos que ela era particularmente sensível aos seres híbridos – especialmente as criaturas hermafroditas. Em *Os dançarinos mascarados*, figuras centrais das ilustrações 40 e 41 de seu diário, ela pinta uma cabeça de touro com ares de Jano, deus romano "de duas faces", um tipo de Minotauro que transforma o feminino em masculino e o masculino em feminino. O círculo se completa: Frida, ora homem, ora mulher, bissexuada – mais feminina do que nunca e moleca.

27 Paulina Bravo Villareal, "Artistes femmes, femmes puissantes", em *Mexique 1900-1950*, *op. cit.*

Mexicanidade

"Antes de mais nada, somos mexicanos, e não deixaremos ninguém pôr as mãos na cultura do México."

Na passagem do século XIX para o XX, a pintura mexicana adora representar os rituais, as cores, as festas, as fantasias, mas sempre colocadas sob o signo da burguesia. Nenhum camponês, nenhum operário, nenhum indígena. As jovens casadouras, vestidas com rendas e plumas, são acompanhadas de mulatas e negras; todas as mulheres têm uma tez de porcelana. Retratos de família, velórios, cenas campestres helenísticas, paisagens bucólicas constituem o tempo forte de uma pintura voltada para a Europa. A Revolução, que varre tudo ao passar, vai redistribuir as cartas. Em conformidade com os grandes ideais desta última, o novo ministro da Educação, José Vasconcelos, propõe um projeto humanista, baseado na mestiçagem e que concilia três temas: o multiculturalismo racial e linguístico, as ideias liberais e a herança pré-colombiana espanhola. A ponta de lança dessa propaganda é uma comunidade de pintores, reunidos sob o termo genérico de *muralistas*. Sua grande obra: pintar, nos edifícios públicos colocados à sua disposição, a epopeia histórica do México.

Reunidos em torno de um "Sindicato dos Trabalhadores Técnicos, Pintores e Escultores", dirigido por David Alfaro Siqueiros, eles editam um manifesto fixando o objetivo a ser atingido: "Uma arte nacional, pública e monumental, destinada ao povo, a fim de orientá-lo, educá-lo e levá-lo à luta; uma arte socializada e politizada; uma arte que considera o indígena e a cultura indígena uma fonte única de criatividade nacional; uma arte que rejeita a pintura de cavalete e o individualismo".[1] O projeto é, portanto, nacionalista e destinado a forjar uma nova pátria, reunida em torno do conceito de mexicanidade. Como Sylvia Navarrete Bouzard resume perfeitamente, nos anos 1920 e 1930, o tema principal da pintura é "o próprio México, matriz potente de toda elaboração simbólica que envolve dados geográficos, humanos, sociais, históricos e estéticos".[2]

Dessas palavras de ordem decorre o que o pintor José Clemente Orozco vê como os anos durante os quais, em paralelo a uma "arte social e proletária", explode um "esplendor da estética indígena". A arte popular é lucrativa. O México se recobre de vasos em terracota, tapetes trançados, sandálias de couro, ponches de todas as cores, *rebozos* –longos lenços ornamentados com motivos e franjas –, e os dançarinos de Chalma, dança ritual, manifestação do sincretismo dos cultos ameríndios e da religião católica, florescem nos quatro cantos das ruas. Estão na moda as viagens arqueológicas. Redescobrem-se as raízes nativas, as festas populares, procura-se redefinir uma estética do corpo na qual o tom acobreado assume um lugar importante. Um método de desenho, inventado por Adolfo Best Maugard, chamado de "desenho mexicano", estabelece um alfabeto plástico que, ao mesmo tempo que revaloriza elementos da arte popular, propõe um conceito segundo o qual os objetos, desviados de sua função utilitária e de suas origens geográficas, são expostos e integrados às obras criadas pelos artistas. Vistos como um aspecto a mais do nacionalismo cultural aplicado às artes, ele deve "cultivar nas massas o interesse por uma pintura figurativa, realista, que torne visíveis os aspectos da vida nacional, incluindo seus aspectos históricos".[3]

1 Guillermo Sheridan, "Indices de Contemporáneos", em *Revista mexicana de cultura* (1928-31), 1988.

2 Sylvia Navarrete Bouzard, "Les peintres 'francs-coureurs' de l'école mexicaine", em *Mexique 1900-1950, Diego Rivera, Frida Kahlo, José Clemente Orozco et les avant-gardes*, *op. cit.*

3 Arturo López Rodríguez, "Apparences du corps dans l'art", em *L'Art Mexicain 1920-1960 éloge du corps*. Catálogo da exposição ocorrida de 30 de junho a 6 de outubro de 2013 no Bellevue, em Biarritz, Ediciones El Viso, 2013.

Será que a jovem Frida é sensível àquilo que o pintor e historiador da arte Jean Charlot, testemunha e ator do muralismo, chama de um "renascimento que merece ser contado tanto quanto a erupção de um vulcão"?[4] Ela toma parte desse entusiasmo? Como se inscreve nele? Quais são as repercussões dessas teorias estéticas sobre sua pintura?

Voltemos à infância. Sabemos que o ambiente familiar tem um papel primordial. Frida vem de duas gerações de fotógrafos: seu avô materno, Antonio Calderón, e seu pai, Guillermo, que durante muito tempo fotografou monumentos pré-colombianos antes de se lançar, contra a sua vontade, na arte do retrato. Frida teve aulas de desenho e de modelagem em argila, muito acadêmicas, na Preparatória. Aliás, não é verdade que, durante um tempo, ela pensou em ganhar a vida como ilustradora de livros de medicina? Alguns amigos se lembram de seu interesse pela arte em geral. Alguns afirmam que ela tinha uma "natureza de artista" e que recobria seus cadernos de arabescos e linhas que se entrecruzavam. E o muralismo? Difícil não se envolver. Mas ela faz dele uma religião? Isso é uma outra coisa.

Em 1924, para ajudar financeiramente seus pais, que passam por dificuldades financeiras, Frida trabalha com um gravurista publicitário: Fernando Fernández. É ele que permite que ela se familiarize com o desenho e a gravura. De quebra, eles têm uma relação efêmera. Ela acaba de completar dezessete anos. Dedicada, ela faz esboços a tinta e carvão. Seu modelo: o pintor sueco Anders Zorn, conhecido por suas pinturas do interior da Suécia, seus retratos e seus nus, além de suas representações da água. Aqui nos afastamos do muralismo e da cultura popular. Os ex-votos nos aproximam. Assim como os Judas de papel machê que explodem no céu para então serem reduzidos a cinzas a cada Sexta-Feira Santa, todos os anos na Páscoa o ex-voto faz parte da vida cotidiana mexicana.

Embora se deva ver uma impregnação da cultura popular mexicana na obra de Frida Kahlo, não há necessidade de recorrer às teorias do muralismo, às suas palavras de ordem, aos seus lemas. Basta olhar um ex-voto, pequenas pinturas em metal, madeira, cera ou marfim ofertadas a Deus, à Virgem ou às divindades locais – a Virgem de Zapopan,

4 Jean Charlot, *El Renacimiento del muralismo mexicano 1920-1925*, Ed. Domés, 1985.

o Elefante Sagrado de Atocha –, pintadas por mãos anônimas e humildes como agradecimento por milagres, para compreender. Uma parede inteira da Casa Azul é dedicada aos ex-votos colecionados por Frida durante sua vida inteira.

Um dos quadros de Frida que retomam mais abertamente o caráter vital do ex-voto, no sentido de que atesta um agradecimento que implica a cura de uma enfermidade, é *Autorretrato com o retrato do dr. Farill* ou *Autorretrato com o dr. Juan Farill*, pintado em 1951. Ela se representa nele, sentada em uma cadeira de rodas, diante de um cavalete sobre o qual repousa um retrato do dr. Farill, que tinha acabado de realizar uma série de enxertos ósseos na coluna vertebral de Frida, "salvando-a", de certa maneira. É a função exata do ex-voto: pintado em sinal de agradecimento.

Sem dúvida, a outra impregnação são os cartazes do artista gráfico José Guadalupe Posada, que desenha, em contrastes de preto e branco, grandes e pequenos eventos da vida: assassinatos violentos, suicídios, brigas nos cafés ou nas ruas. É a morte no cotidiano, em meio a caveiras de açúcar, de Judas e da *Calavera Catrina*. Os desenhos de atualidades de José Guadalupe Posada têm o poder das gravuras de Goya, das telas de Bruegel, das pinturas de Hieronymus Bosch.

As fontes do trabalho de Frida são múltiplas, mas, se o núcleo é eminentemente mexicano, ele é composto de uma interpretação altamente pessoal deste último. Ex-voto, José Guadalupe Posada, festas populares dos Judas, o ritual de fotografar crianças mortas na Festa dos Mortos – esse é o tema de sua tela de 1937 intitulada *O falecido Dimas Rosas, morto aos três anos de idade* –, sem esquecer as possíveis referências a canções. É especialmente o caso de um quadro muito famoso, *Árvore da esperança, mantenha-se firme*, pintado em 1946, que retoma o primeiro verso de uma canção de Veracruz, "árvore da esperança, seja sólida", que Frida gostava de cantarolar, e que continua com estes versos: "Que seus olhos não chorem quando eu lhe disser até logo".

Após retornar de uma longa e formativa estadia na Europa, Diego Rivera só começará a expressar plenamente sua mexicanidade em 1923, quando é encarregado de pintar uma série de afrescos no Ministério da Educação nacional. Frida o conhece em 1928 na casa da fotógrafa Tina Modotti, sua amiga, e se casa com ele menos de um ano depois, em agosto de 1929. É evidente que essa união tornou Frida, que já era receptiva aos costumes e às artes populares mexicanas, ainda mais sensível ao universo mexicanista de seu marido. Há quem afirme que Frida abandona então seus trajes de antes – rigorosos e severos, influência de Tina Modotti, membra ativa do Partido Comunista Mexicano: saia curta, blusa, gravata – para se vestir como uma tehuana para agradar a Diego, chegando a emprestar uma saia, uma blusa e um xale da empregada indígena de seus pais. Uma teoria que nos parece questionável, mas que em nada diminui a virada decisiva que Diego a faz tomar em sua arte. Em contrapartida, vários testemunhos apontam que, no século XIX, com o objetivo de exibir suas origens espanholas, as mulheres da burguesia mexicana nada faziam para depilar as axilas ou eliminar a penugem que às vezes crescia acima do lábio superior... O que Diego proíbe Frida de fazer: o indígena – homem ou mulher – não tem barba!

Se o casamento em Tehuana é um primeiro passo em direção ao mundo indígena "ideal" veiculado pelos afrescos de Diego, a viagem que o casal faz a Cuernavaca, em outubro do mesmo ano, é o segundo: Diego vai a Cuernavaca a convite do embaixador americano no México Dwight W. Morrow, para decorar uma lógia do Palácio de Cortés. Filha da pequena burguesia urbana, Frida nada sabe sobre o interior, os campos a perder de vista, as *haciendas*, os mercados, as mulheres carregando seus bebês em grandes *rebozos*. Essa descoberta a fascina. Sem dúvida, ela a usará um dia em suas telas. Não se trata mais de uma teoria sobre a mexicanidade, mas de uma experiência cotidiana. A partir de então, o mundo indígena torna-se parte integrante do mundo de Frida. Ela, que tentou sem sucesso introduzir a paleta europeia em suas primeiras telas, consegue se livrar dela quando a grande inundação da paleta mexicana toma conta de seus quadros.

Uma infinidade de historietas nos lembra que a mexicanidade de Frida não era fingida, mas real. Carla Stellweg observa, por exemplo, que as grandes estrelas do cinema mexicano da época, Dolores del Río e María Félix, só usam roupas mexicanas nos filmes, mas fora deles preferem os vestidos comprados nos maiores costureiros parisienses.[5]

5 Carla Stellweg, "La séductrice de l'objectif", em *Frida Kahlo, Un portrait photographique*, Arthaud, 1992.

Quando Frida passeia pelas ruas de Nova York ou Paris, ela veste trajes de tehuana, originários de sua cultura matriarcal da região de Oaxaca, fazendo as pessoas se virarem para vê-la passar.

Ao final de seus quatro anos quase ininterruptos nos Estados Unidos, ela só tem um desejo: reencontrar seu México. Como ela escreve para sua amiga Isabel Campos: "Aquele das festas de *pulque* e das *quesadillas* feitas com flores de abóbora".[6] O que lhe faz falta é o mundo dos cheiros e dos humores, do sabor das *enchiladas* e dos feijões fritos, da doçura de Coyoacán, das árvores, das pessoas. Na "Cidade do Mundo", ela se sente desenraizada, uma índia longe de sua terra natal. Ela exprime esse sentimento de desconforto, essa falta do México, em um quadro pintado em 1932, *Autorretrato na fronteira entre o México e os Estados Unidos*. Frida está de pé no centro da composição, com a bandeira mexicana na mão, na fronteira entre os dois países. À direita, os Estados Unidos; à esquerda, o México. Sem dúvida, como um lembrete de sua mexicanidade, ela assina a obra com seu primeiro nome e o sobrenome de seu marido: Carmen Rivera.

Mais provas? Aqui estão. Quando volta a morar na Casa Azul, e em duas ocasiões – quando retorna dos Estados Unidos em 1931 e depois quando decide deixar a casa do marido em San Ángel em 1939 –, ela incorpora ao seu ambiente doméstico elementos das artes decorativas populares e indígenas, e modifica radicalmente a decoração no sentido de uma mexicanidade mais acentuada: cozinha com azulejos azuis, brancos e amarelos, como em todas as casas tradicionais; sala de jantar decorada com pinturas *naïf*, máscaras e objetos artesanais, até o piso, que é recoberto com uma tinta amarela típica chamada *polco de congo*. Quanto à iluminação, como em toda fazenda pobre de respeito, ela consiste em lâmpadas elétricas nuas que caem do teto. Não é preciso dizer que os cômodos da Casa Azul estão repletos de estátuas pré-colombianas e objetos de arte popular que Frida coleciona meticulosamente, a começar pelos monumentais judas de papel machê que ela vê como a personificação da criatividade de artistas populares anônimos. Quanto ao jardim, ao pátio, Diego adora mostrar a seus amigos sua coleção de objetos arqueológicos, montada em um pequeno templo à sombra de

6 *Frida Kahlo par Frida Kahlo, op. cit.*

um cipreste. A peça central: uma escultura de Xilonen, a deusa do milho. Frida, a guardiã do templo, renova regularmente suas oferendas de flores. Hoje, os visitantes da Casa Azul podem constatar essa presença mexicana, até mesmo nas vitrines de madeira e vidro que guardam as joias pré-colombianas que Diego deu a Frida, bem como sua coleção de brinquedos populares, retábulos votivos e contas de vidro de todos os tamanhos e cores.

O que é menos conhecido, mas confirmado por Isolda P. Kahlo, é que Diego e Frida passaram vários meses aprendendo o náuatle e que o "falavam bem". Mas isso não é tudo. Isolda P. Kahlo acrescenta isto: "Minha tia aprendeu algumas expressões e orações em idiomas nativos, como um sinal de seu interesse por todas as coisas que tinham a ver com a mexicanidade e de profundo respeito por nossos costumes ancestrais".[7]

As constantes referências espalhadas por seu diário são mais uma prova do apego de Frida à cultura vasta, intacta e generosa do México, na qual, como escreve Carlos Fuentes, "o passado está sempre presente".[8] Ao lado de certas flores que se assemelham aos órgãos femininos, Frida evoca os grãos do cacau, planta nativa do Novo Mundo da qual é extraído o famoso *xocoatl*, as criaturas que povoam diversos mitos pré-colombianos, as pirâmides astecas, a lua e o sol inerentes às mudanças cíclicas das estações e, é claro, todo um simbolismo nacional de cores: o marrom-escuro do chocolate usado em um famoso molho picante (*mole*); o magenta *solferino*, que lembra o sangue, da pera espinhosa; o suco verde da flor de nopal. Toda essa mexicanidade aparece triunfante em *O abraço amoroso do Universo, da Terra (o México), eu, Diego e o Señor Xolotl*. Nessa tela de 1949, Frida pintou, como de costume, tudo que compõe sua vida – em particular Diego como um bebê andrógino (com o olho da ciência na testa e a chama do coração arrancada) – mas também, e acima de tudo, tudo que compunha seu México: "A ama indígena com o corpo vegetal, a força do yin e do yang, ou a divindade asteca da dualidade, a tehuana e, enrolado aos pés de sua dona, o senhor Xolotl, o cão cor de cacau que, de acordo com o mito dos antigos

7 Isolda P. Kahlo, *Frida íntima*, *op. cit.*
8 Carlos Fuentes, "Introduction" ao *Journal de Frida Kahlo*, *op. cit.*

mexicanos, deve um dia ajudá-la a atravessar o rio da morte para chegar à casa do Sol".[9]

Por fim, vamos dar uma olhada nesse evento singular ocorrido em 1948. Os gerentes do Hotel Del Prado, escandalizados com o afresco que haviam encomendado a Diego Rivera para decorar a sala de jantar do hotel, decidiram cobri-lo com tábuas de madeira. Ele representa um episódio controverso da vida de Ignacio Ramírez, conhecido como "O Necromante", um momento importante na história do México que não é do gosto de algumas pessoas, a começar pelo arcebispo da Cidade do México. Irritada, Frida escreve para o presidente da República, Miguel Alemán Valdés – um antigo amigo de Frida da Preparatória. Seus argumentos destacam os grandes valores do México: "Escrevo para lembrá-lo de que somos, antes de tudo, mexicanos e que não permitiremos que ninguém, muito menos os hoteleiros versão ianque, ponha as mãos na cultura do México, a raiz essencial da vida do país, denegrindo e desprezando os valores nacionais que são essenciais para o mundo inteiro, transformando uma pintura mural de significado universal em uma pulga de terno (*Mexican curious*)".[10]

Essa mexicanidade exacerbada está em ação na pintura de Frida? É claro que sim. Mas de uma maneira muito pessoal, única. Ela surge bem cedo, em 1929, no *Autorretrato "O tempo voa"*, uma pintura que marca uma mudança significativa em seu estilo pictórico. A jovem dos primeiros autorretratos, sofisticada, vestida em estilo europeu, exibe uma blusa curta de algodão branco, destacando o colar pré-colombiano que ela usa no pescoço. Ela agora tem a pele morena, um nariz mais afilado, sobrancelhas muito proeminentes. É uma mexicana de seu tempo que assume sua ascendência indígena.

Seguem-se vários quadros, entre os quais *Nascimento* ou *Meu nascimento* (1932), em que Frida se inspira em uma escultura asteca de Tlazoltéotl, a divindade associada aos partos. Em *Minha ama e eu* ou *Eu mamo* (1937), a enorme ama de leite negra que a segura nos braços é o símbolo de uma terra mexicana que a nutre, o sinal do elo carnal que a liga ao mundo indígena. Em 1938-1939, ela pinta *O suicídio de*

9 Jean-Marie G. Le Clézio, *Diego et Frida*, *op. cit.*
10 *Frida Kahlo par Frida Kahlo*, *op. cit.*

Dorothy Hale. Não se trata mais de uma referência ao espaço indígena, mas aos quadros votivos, os quais, nas belas palavras de Victor Fosado, são "aliados de Frida".[11] Ela aparece não apenas como a santa a quem o retábulo é dirigido, mas também como sua principal beneficiária. A mulher que se suicida atirando-se de um arranha-céu nova-iorquino é observada por uma outra mulher (Frida), que faz de si a narradora do evento e assina seu gesto: "Em sua memória, este retábulo foi executado por Frida Kahlo". Um texto figura na parte inferior da pintura, como tradicionalmente em todos os retábulos, seguindo uma fórmula consagrada: "*dedicado el presente retablo a* [...]".

A lista de quadros em que a mexicanidade de Frida e seu emprego altamente pessoal da arte popular mexicana são exaltados seria interminável. Na minha opinião, um pequeno desenho de seu diário resume sua relação carnal com o México. Ele data de 1949 e tem como subtítulo: *O Céu, a Terra, Eu e Diego*. Nesse desenho monocromático, um esboço de *O abraço amoroso do Universo, da Terra (o México), eu, Diego e o Señor Xolotl*, Frida está sentada no colo do México, personificado por uma mulher, e carrega Diego, um bebê, deitado em seu colo. Quanto ao muralismo, a ponta de lança da tomada de consciência mexicana, ela só foi tocada por ele de forma indireta, quando, como professora da La Esmeralda – apelido dado pelos alunos à Escola de Pintura e Escultura do Ministério da Educação Pública –, dedicou algumas aulas à arte do afresco. Como aplicação imediata de seus ensinamentos, ela obtém a autorização do governo para decorar as paredes de uma *pulquería*, La Rosita, localizada a poucos passos de sua casa, na esquina das ruas Londres e Aguayo. Seus alunos, carinhosamente chamados de Fridos, puderam dar livre curso à imaginação, misturando alegremente o realismo de certos afrescos muralistas com o primitivismo ingênuo das pinturas que tradicionalmente ornamentavam as paredes desses tipos de tabernas, locais de bebedeiras e fermentação social que as autoridades governamentais costumavam enxergar como ameaças à ordem social. A experiência tem vida curta, mas demonstra mais uma vez a tênue ligação existente entre tudo que o tem a ver com a mexicanidade

11 Victor Fosado, "Les tableaux votifs – les alliés de Frida", em *Frida Kahlo la Casa Azul*, *op. cit.*

mais profunda, a mais imediata e a mais cotidiana e a arte de Frida. Para inaugurar o afresco coletivo, foi dada uma alegre festa. Discursos, músicas, álcool, e Frida foi vista dançando, apesar das dores. Um jornal local noticiou o evento: "Há realmente neste momento uma tendência muito clara de querer ressuscitar a alma mexicana, e cada um está fazendo isso à sua maneira".

Diego Rivera, que havia sugerido a Frida que pintasse em metal para tornar suas telas mais parecidas com retábulos, para assumir o estilo, o tema e a escala do ex-voto, definiu esse vínculo com muita precisão: "Vários críticos, em diferentes países, consideram a pintura de Frida a mais impressionante e a mais próxima da arte popular mexicana de hoje. Essa é também minha opinião. Entre todos os artistas nacionais de primeira linha, Frida Kahlo é a única a se unir totalmente e sem hipocrisia nem preconceitos estéticos, mas sem segundas intenções – por assim dizer – a arte popular".[12]

Das 23 naturezas vivas vegetais pintadas por Frida no final de sua vida, dezoito são dedicadas ao que poderíamos chamar de "produção frutífera mexicana". Rachel Viné-Krupa tem razão ao afirmar que um dos objetivos de Frida era, sem dúvida, demonstrar a capacidade do subsolo mexicano de gerar vida.[13] É um gesto de envergadura nacionalista. Para acentuar seu significado, Frida planta nas frutas de *Olhares – Natureza-morta – Os cocos* (1951) e de *Natureza-morta com papagaio e bandeira* (1951) a mesma bandeirinha nas cores mexicanas que segurava em *Autorretrato na fronteira entre o México e os Estados Unidos*. O círculo se completa: o de uma arte que, para exaltar um certo fervor nacionalista, deve rejeitar toda influência externa. Isso tampouco significa se voltar para si mesma, mas se concentrar novamente nos valores fundamentais, na própria essência do México. Sua posição particular, fonte de complexidade e profundidade, vem do fato de que ela assume, como em *Meus avós, meus pais e eu* (1936), *Minha ama e eu* ou *Eu mamo* (1937), *Dois nus na floresta* (1939) e *As duas Fridas* (1939), sua dupla ascendência: europeia e indígena do México.

12 Diego Rivera, *Mi Arte, mi Vida*, Editorial Herrero S.A., 1963.
13 *Ibid.*

O principal marcador dessa dupla ascendência se materializa no uso particular do traje de tehuana por Frida. Já mencionei as razões, diversas, que a fazem passar da Europa para o México quando aceita usar esse símbolo muito forte da mexicanidade e incorporá-lo à sua arte. O traje de tehuana aparece em vinte de suas composições, desde *Meu vestido está pendurado lá* ou *New York* (1933), passando por *Cachorro Itzcuintli comigo* (1938), até *Lucha María, menina tehuacana* ou *Sol e Lua* (1942). No autorretrato duplo *As duas Fridas* (1939), ela se mostra, de um lado, com a pele morena, em um *huipil*[14] azul e amarelo e uma saia com babados brancos e, do outro, com a pele clara, em um vestido branco rendado com uma saia de baixo bordada com rosas vermelhas. *Memória* ou *O coração* (1937) resume, para mim, o percurso de Frida. Três trajes para três vidas. À esquerda, a infância, de blusa branca e saia azul – uniforme de colegial. No centro, a vida do momento: cabelo curto, jaqueta de couro, blusa e saia brancas. À direita: a roupa que ela adotou para sempre, aquela com a qual se sente bem – *huipil* vermelho decorado com motivos geométricos dourados, saia verde com babados brancos, sua roupa de tehuana.

Volto então à minha primeira pergunta. Frida não veste os trajes de tehuana para agradar a Diego. É claro que esse é, sem dúvida, o gatilho que vai convidá-la a usá-lo, mas, com o passar de sua vida e a evolução de sua criação artística, Frida faz dele uma parte integrante de si mesma. Ela faz de seu corpo, em traje de tehuana, o território de seus ancestrais mexicanos. Um corpo ferido, um corpo pintado e fotografado que incorpora toda a problemática da mexicanidade. É uma verdadeira ética, um estilo, um ato político, uma defesa e ilustração da arte popular. Alguns meses antes de morrer, em 27 de abril de 1954, Frida escreve em seu diário: "Obrigada ao povo mexicano, especialmente ao de Coyoacán, onde nasceu minha primeira célula, concebida em Oaxaca, no ventre de minha mãe".[15]

14 *Huipil* é o traje tradicional mais comumente usado pelas mulheres indígenas desde o centro do México até a América Central. (N.T.)

15 Rachel Viné-Krupa, *Frida Kahlo 1907-1954, Portrait d'une identité*, *op. cit.*

O acidente

"O choque nos projetou para a frente, e um dos corrimãos do ônibus me atravessou como a lança atravessa um touro."

Em 23 de fevereiro de 1925, a situação econômica de Matilde e Guillermo Kahlo é desastrosa, e Frida precisa participar financeiramente da economia familiar e conseguir um emprego – ela vira caixa de uma farmácia e contadora em uma serraria. Além disso, ela envia uma correspondência ao ministro da Educação a fim de obter uma autorização para fazer o curso noturno na Preparatória, que lhe permitiria se preparar para o ingresso na universidade. Uma vez concedida a autorização, ela é contratada como aprendiz de gravação no ateliê de um amigo de seu pai, o impressor Fernando Fernández. Uma nova vida se organiza: trabalho durante o dia, estudos à noite.

Um semestre mais tarde, em 17 de setembro, quando o México acaba de comemorar o aniversário de sua Independência, Frida e seu "noivo" Alejandro Gómez Arias sobem em um ônibus lotado e acabam encontrando dois lugares bem no fundo do veículo. Para ser mais exato, após subirem em um primeiro veículo, eles acabam descendo porque Frida esqueceu uma sombrinha. Tudo bem, não faz mal: eles tomam o ônibus seguinte. Cai uma chuva fina sobre a cidade, molhando os sapatos e recobrindo com uma camada de umidade triste e suja os imóveis que ladeiam o Zócalo, a famosa praça da Cidade do México onde passa o ônibus de Coyoacán. Um veículo novinho, brilhante, como todos aqueles que a companhia responsável pelo tráfego entre a Cidade do

México e sua periferia acaba de receber. Correm boatos de que os motoristas, que têm o hábito de costurar entre os carros com uma destreza incomum, não têm pleno controle sobre essas novas máquinas. E o motorista que está ao volante parece um pouco nervoso. Mais uma vez, isso não tem importância. Frida está conseguindo equilibrar trabalho e estudos, é louca por Alejandro e está lá, bem juntinho da pessoa que ama, com quem pensa até mesmo em partir para os Estados Unidos. A vida se abre para ela. Ela acaba de completar dezoito anos.

De repente, na esquina da rua Cuauhtemotzín e da avenida Cinco de Mayo, bem em frente ao mercado San Juan, quando o ônibus ia entrar na Tlalpan, um bonde vindo de Xochimilco tomba lentamente sobre ele. Como que em câmera lenta. Como que num pesadelo. Os passageiros veem paralisados cair sobre eles aquela enorme montanha de ferragem. Aliás, "cair" não é uma boa palavra; "deslizar" seria melhor. Como um enorme navio desenfreado, sem nada que o detenha. A colisão é inevitável. O bonde, ao virar, esmaga o ônibus contra um muro. Frida conta: "Eu era naquela época uma moça inteligente, mas inexperiente, apesar da liberdade que eu tinha conquistado. Talvez por causa disso, não compreendi a situação, não me dei conta do tipo de ferimento que tinha sofrido. A primeira coisa em que pensei foi em um bonito bilboquê colorido que eu tinha comprado e estava levando comigo. Tentei encontrá-lo, acreditando que esse acidente não teria grandes consequências.

"Não é verdade que a gente se dá conta do choque, não é verdade que a gente chora. Eu não tinha lágrimas. O choque nos projetou para a frente, e um dos corrimãos do ônibus me atravessou como a lança atravessa um touro. Um passante, vendo que eu tinha uma terrível hemorragia, me tirou de lá e me colocou sobre uma mesa de bilhar, onde a Cruz Vermelha cuidou de mim.

"Foi assim que perdi minha virgindade. Meu rim ficou machucado, eu não conseguia mais urinar, mas o que mais me fazia sofrer era a coluna. Ninguém parecia preocupado. E depois, não se faziam radiografias. Eu me sentei como pude e pedi ao pessoal da Cruz Vermelha chamar minha família".[1]

1 *Frida Kahlo par Frida Kahlo, op. cit.*

A aparente calma do testemunho de Frida nada nos diz do horror da cena. Com a força do choque, Alejandro passou por debaixo do bonde. Ileso. Conseguiu se levantar e procurar Frida. Arremessada do ônibus, lá estava ela, deitada no chão, inteiramente nua, com o corpo coberto de sangue e de um pó dourado que escapou de um pote de tinta que um pedreiro levava consigo. Um círculo se formou ao seu redor. Os espectadores, apavorados, gritam: "*La bailarina! La bailarina!*". Alejandro por fim consegue pegá-la nos braços. Frida está viva. Muitos anos depois, ele se lembra: "Naquele momento, percebi com horror que ela tinha um pedaço de ferro no corpo. Um homem disse: 'É preciso retirá-lo!'. Ele apoiou o joelho no corpo de Frida e gritou: 'Vamos!'. Quando ele o retirou, Frida berrou tão alto que, quando a ambulância da Cruz Vermelha chegou, seus berros ainda cobriam o barulho da sirene. Antes da chegada da ambulância, levei Frida para uma sala de bilhar e a coloquei na vitrine. Tirei meu casaco e a cobri. Eu tinha certeza de que ela ia morrer. Duas ou três pessoas morreram durante o acidente, e mais outras depois".[2]

Transportada ao hospital da Cruz Vermelha, os médicos constatam a extensão do estrago. Diagnosticam fraturas importantes na terceira e quarta vértebras lombares, três outras na altura do quadril e onze no pé direito. A jovem apresenta também um ferimento profundo no abdome e na vagina: órgãos perfurados durante o choque pelo corrimão que a atravessou de um lado ao outro; após penetrar pelas costas, este saiu pela vagina. Era certeza, ela não poderia mais ter filhos. Pior ainda, o prognóstico é de risco de vida. Ferimentos profundos, sequelas irreversíveis, traumatismo absoluto. Como ela poderia se recuperar depois de um tal acidente? É preciso operá-la? Sim, sem nenhuma dúvida. Ela corre o risco de morrer durante a intervenção? É provável. Seu estado é, assim, desesperador. É preciso alertar sua família imediatamente.

Isolda P. Kahlo relata um fato perturbador. Sua avó Matilde tinha, ela garante, um sexto sentido para tudo aquilo que dizia respeito aos perigos e outros riscos. Ela tinha o costume de ficar na varanda esperando o retorno da filha. Em 17 de setembro, estava morta de medo, em um estado febril incomum, e não parava de repetir: "Algo terrível

2 Citado por Hayden Herrera, em *Frida, Une biographie de Frida Kahlo*, *op. cit.*

aconteceu com Frida! Tenho certeza de que algo terrível aconteceu com Frida!".[3]

O que acontece a seguir é espantoso. Mal acorda da intervenção cirúrgica, Frida, evidentemente, pede para ver os pais. Eles levarão várias semanas para atender a esse pedido. Por quê? Ao saber do acidente, Adriana, sua irmã, desmaia; seu pai cai gravemente doente e precisa ficar de repouso; já sua mãe fica paralisada na poltrona em que está sentada. Estátua de sal, muda, em estado de choque. Francisco G. Haghenbeck imagina a cena: "Tivemos de arrancar seu bordado e lutar para colocar suas mãos de volta sobre as pernas. Ela permanece nessa posição, atordoada e muda, por semanas. Suas filhas tentam em vão fazê-la comer, preparando caldos revigorantes que ela mal prova".[4]

Durante o mês que Frida passa no hospital, os moradores da Casa Azul vestem-se de luto. Devem se preparar para sua morte. A única pessoa que a visita é sua irmã mais velha, Matilde, que ela apelidou de Matita, e que, com extrema vitalidade, lhe dá calor, conforto e alegria de viver. Afinal de contas, não foi Frida quem a ajudou a fugir quando, alguns anos antes, ela quis deixar a casa da família para se juntar ao homem com quem viria a se casar em segredo? Ela se posta todos os dias na cabeceira de Frida, traz-lhe notícias lá de fora, deixa-lhe roupas limpas, livros, e faz bolos para ela porque a comida do hospital é horrível e insuficiente: "Era Matita que levantava minha moral: ela me contava histórias engraçadas. Ela era gorda e bem feia, mas tinha um grande senso de humor que fazia todos no quarto rirem. Fazia tricô e ajudava a enfermeira a cuidar dos doentes".[5] Também vão visitá-la alguns amigos da família e, especialmente, os Cachuchas da Preparatória, que a cobrem de presentinhos, de desenhos, levam-lhe jornais e expressões carinhosas de afeto.

Os dias são longos. O sofrimento, cotidiano. Frida jamais se sentiu tão impotente, tão inútil. Não há enfermeiras suficientes – uma para cada 25 pacientes. E depois, embora ela ainda esteja viva, salva da morte, os médicos gradualmente a fazem compreender que jamais

3 Isolda P. Kahlo, *Frida íntima*, *op. cit.*

4 Francisco G. Haghenbeck, *Le Jour des morts*, *op. cit.*

5 *Frida Kahlo par Frida Kahlo*, *op. cit.*

recuperará o uso das pernas. Às vezes, à noite, ela ouve a morte dançando ao seu lado.

E Alejandro? Também está ausente. Está em casa, com uma lesão na perna que dificulta sua locomoção. Os dois amantes trocam cartas, o que já é alguma coisa. Mesmo que Frida visivelmente se preocupe mais com a saúde dele do que ele com a dela: "Você não sabe o quanto chorei por você, meu Alex".[6] Ela também confidencia: "Minha mãe só veio duas vezes desde que cheguei, ou seja, há 25 dias, incluindo hoje, mas tenho a impressão de que parecem mil anos; e meu pai só uma vez".[7]

Durante esses dias dolorosos, Frida descobre em si uma força que ainda não conhecia. Recusa-se a desistir. A se deixar derrotar. Ela não vai ser médica, como desejava, mas vai encontrar outra profissão. Não importa qual seja, mas ela encontrará uma! O colete de gesso no qual sua coluna está firmemente envolvida lhe causa uma dor excruciante. Mas ela precisa resistir, buscar em si uma nova vitalidade. Não se deixar desestabilizar pelos efeitos colaterais dos poderosos sedativos, que toma diariamente. Logo sua batalha foi vencida. E ela nunca se imaginou tão forte, tão resistente. Menos de um mês após o acidente, em 10 de outubro, ela está de volta em casa! É verdade que deve usar um novo colete, que levou quatro horas para ser colocado, mas isso não importa, pois ela estabeleceu uma meta para si: voltar a andar antes do final do ano e pegar um ônibus para o centro da Cidade do México. Único problema: Coyoacán é tão longe da Preparatória que os Cachuchas quase não vêm mais vê-la...

E Alejandro? Continua invisível. Ela lhe envia cartas desesperadas: "Se você não vem, é porque não me ama mais, não é? Enquanto aguardo, escreva-me e receba todo o amor de sua irmã que o adora", "Se você não me ama mais, diga-me, Alex, eu o amo, mesmo que você não me ame mais do que a uma pulga", "Se você não tem nada a me dizer, mande-me duas páginas em branco ou repita para mim a mesma coisa cinquenta vezes, porque isso pelo menos me provará que você pensa

6 *Ibid.*
7 *Ibid.*

em mim".[8] As cartas se sucedem e são parecidas: "Você não tem ideia de quanto sofro, cada impulso libera lágrimas aos litros...".[9] Frida não consegue ficar de pé nem se sentar, muito menos andar. Só uma posição lhe é permitida: deitada na cama. No início de dezembro de 1925, ela escreve a Alejandro: "Preciso me resignar, começo a me acostumar com o sofrimento".[10] Devemos concluir disso, como sugere Salomon Grimberg, que ela está no processo de entender que esse sofrimento vai permitir que ela seja amada por todos, preenchendo seu profundo sentimento de carência afetiva?[11] Acho que não. Uma nova Frida nasce desse sofrimento infinito. Uma Frida autônoma que vai transformando esse desastre em uma vitória. Que talvez possa até agradecer ao horror do acidente por permitir que ela cresça e se encontre. Um obstáculo necessário, um marco a ser transposto, que não a matou, mas a tornou ainda mais forte.

Em 18 de dezembro, Frida faz sua primeira caminhada. Cumpriu sua promessa. Ela entra no ônibus, que a leva ao Zócalo. Então desce a poucos metros do local onde seu terrível acidente aconteceu. Ela sofre, é verdade, anda devagar, tem medo de cair. Mas voltou a viver: odores, perfumes, cores, todo o México que ela ama, lá está ele de novo, só para ela. Finalmente ela vai poder ver Alejandro de novo.

Mas o reencontro não é como ela havia imaginado: durante seu estágio no estúdio de Fernando Fernández, ela teve um relacionamento breve, mas intenso, com ele. Ela nunca havia feito amor antes... Alejandro descobriu. Pior ainda, agora corre o boato de que Frida é uma moça fácil. Mesmo assim, é surpreendente que o belo Alejandro, que defende o amor livre e acha que o noivado é uma instituição burguesa, recrimine Frida por essa relação sem amanhã – contradição masculina que ela experimentará muitas vezes em sua vida futura, especialmente com Diego. Depois da poliomielite, Frida "*pata de palo*" viu seus companheiros se afastarem dela como de uma praga. É a mesma história de novo. Pouco importa. Frida cresceu, amadureceu. Ela sabe o que quer.

8 *Ibid.*
9 *Ibid.*
10 *Ibid.*
11 *Frida Kahlo Confidences*, *op. cit.*

Está se tornando essa mulher independente, forte. O quê? Não a querem mais porque, da noite para o dia, ela passou de jovem provocante a inválida? O que esse Alejandro sabe sobre esse planeta doloroso que agora é o seu, "transparente como o gelo"?[12] Ela lhe escreve uma nova carta, sem fazer apelos: "O fato é que ninguém quer mais ser meu amigo porque caí em desgraça, mas sobre isso não há nada que eu possa fazer. Então vou ser amiga de quem me ama como sou".[13]

Nasce uma nova Frida. Uma Frida que fará amor com os homens que escolher. Com as mulheres que escolher. Que será insaciável, porque quanto mais fizer amor, mais sentirá que está viva e existe. O processo de transmutação continuará o mesmo. Seu compromisso político com o Partido Comunista seguirá com a mesma abordagem. Quando ela caminha pelas ruas da Cidade do México à frente de manifestações, existirá ainda mais. Ao se envolver, viverá ainda mais. Frida adorará comer, cozinhar, beber, xingará como um carroceiro, cantará canções folclóricas cujo sentido vai desviar a fim de transformá-las em canções obscenas. Ela vai querer tudo, agora mesmo, com impaciência, com furor, fúria e alegria total. Ela resume tudo isso em uma frase: "Viver é o objetivo central da minha vida".

Basta olhar as fotografias de Frida Kahlo tiradas entre 1925 e 1927 – isto é, durante sua convalescença. É perturbador constatar que elas não mostram nada da violenta transformação de sua personalidade. Nesse mesmo invólucro, é uma outra pessoa que respira, vive, pensa e age. Uma carta para Alejandro nos faz entender melhor a extensão da jornada que ela percorreu em tão pouco tempo. Do que havia antes nada mais resta: "Por que estudar com tanta tenacidade? Que segredo você está procurando? A vida logo o revelará a você. Eu já sei tudo, sem ler ou escrever. Há apenas alguns dias, eu era uma criança caminhando em um mundo de cores, de formas duras e tangíveis. Tudo era misterioso e havia algo escondido nele, algo que eu tinha que, por brincadeira, adivinhar o que era. Se você soubesse como é terrível saber de tudo de repente, como se um raio iluminasse a Terra. [...] Tenho a impressão de que aprendi tudo em apenas alguns segundos. Envelheci de repente e

12 *Frida Kahlo par Frida Kahlo, op. cit.*
13 *Ibid.*

agora tudo está tranquilo e iluminado. Sei que não há nada a procurar por trás, porque se houvesse alguma coisa, eu a veria".[14]

Uma nova decepção vem quando Alejandro lhe anuncia que vai deixá-la para estudar na Alemanha. Os pais de Alejandro não ficam tristes ao ver o filho pôr fim nesse relacionamento com uma "garota promíscua" e "desavergonhada" que, além disso, está se tornando "inválida".

Em uma carta mencionada anteriormente, enviada em dezembro de 1925 para Alejandro, Frida falava de uma "coisa boa" que lhe havia acontecido. Há uma outra, em meio a toda essa infelicidade e tensão. Sua mãe acaba de ter uma ideia brilhante: como Frida parece interessada em pintar e desenhar, ela sugere colocar uma espécie de cavalete sobre sua cama, dotado de um sistema que lhe permitirá pintar deitada e de um espelho no qual ela vai conseguir se ver. Frida percebe imediatamente que a pintura poderia lhe permitir sublimar o sofrimento. Afinal de contas, como ela não morreu naquele acidente horrível, é porque deve passar por essa provação para tirar dela uma lição de vida e crescer. Agora ela tem certeza: esse sofrimento fará parte de sua vida, assim como a obra que ela vai tirar dele.

E já que terá um cavalete, ela vai pintar seu acidente? Não seria um tema perfeito para um ex-voto? Ela não foi salva da morte? Em 17 de setembro de 1926, no aniversário do acidente, ela o desenha. A colisão, os mortos e feridos que jazem no chão, uma jovem deitada – ela mesma – em uma maca com a inscrição *Cruz Roja* (Cruz Vermelha), imobilizada por gesso e bandagens. Uma linha brutal, quase desajeitada. Esse esboço a lápis será o único a retratar o acidente. É um fato: ela jamais se sentirá capaz de retratar essa tragédia em um quadro. A fotógrafa Lola Álvarez Bravo, sua amiga, explicou que, após o acidente, o conflito entre as duas Fridas nunca cessará. Durante toda a sua vida, a Frida morta lutou contra a Frida viva. Como confessa a própria Frida, os dois eventos fundadores de sua vida foram dois "acidentes": o encontro com Diego e o "bonde que me atropelou".[15]

14 *Ibid.*
15 *Frida Kahlo Confidences, op. cit.*

Descoberta da pintura

"Não morri e, além disso, agora tenho algo pelo que viver: a pintura."

Tudo leva a crer que Frida começou, se não a desenhar e pintar regularmente, pelo menos a se interessar pelo mundo da pintura antes de seu acidente em 1925. "Na escola, eu gostava das aulas de geometria. Todo mundo fazia desenhos muito bonitos com ângulos e esferas coloridas",[1] ela confidencia a Olga Campos em outubro de 1950. De certa forma, o ambiente familiar também a predispõe a nutrir um interesse evidente pelo exercício de uma arte plástica. Alejandro Gómez Arias é claro: "O sr. Kahlo queria que Frida aprendesse a fotografar. Ele a ensinou a manusear uma câmera e a arte da revelação, mas ela não conseguiu se submeter à precisão geométrica dos enquadramentos e à nitidez da definição que eram, para seu mestre, indispensáveis para a fotografia. Embora ela tenha abandonado rapidamente esse caminho, pode-se pensar que as linhas sutis e precisas de sua pintura trazem a marca do rigor plástico de seu pai".[2] Em seu tempo livre, o próprio Guillermo Kahlo pinta pequenas paisagens ao redor dos lagos de Xochimilco ou, como Frida se lembra, "copiava quadros de flores azuis com tintas à base de água e de óleo".[3]

1 *Frida Kahlo Confidences, op. cit.*
2 Citado por Rachel Viné-Krupa, *Frida Kahlo 1907-1954, Portrait d'une identité, op. cit.*
3 *Frida Kahlo Confidences, op. cit.*

Além desse contexto familiar favorável ao surgimento de um interesse pela arte, vale a pena mencionar que Frida tem na Preparatória aulas obrigatórias de desenho e escultura de 1922 a 1925. Lembremos também que ela pode observar, dia após dia, o trabalho dos artistas muralistas, que trabalham nos afrescos pedagógicos que adornavam os corredores, as galerias e as escadarias da Escola Nacional.

Nesse México pós-revolucionário, a arte está por toda parte. Além do início do muralismo, alguns fatos: a reabertura de várias escolas de pintura ao ar livre, o desenvolvimento do movimento de vanguarda estridentista, a publicação do *Método de Dibujo*, de Adolfo Best Maugard. O pintor José Clemente Orozco resumiu a situação com muita precisão quando escreveu, em sua *Autobiografía*, que a pintura "invadia as paredes".[4] Frida está no coração dessa "invasão", no centro desse apogeu do movimento muralista e dos ideais nacionalistas que o sustentam.

Deve-se constatar que, apesar de suas tentativas, suas abordagens e seu óbvio interesse pela arte, ela só começa a pintar de verdade depois do acidente. E é só um ano depois, em 1926, que ela vê na pintura uma alternativa à carreira de medicina que almejava. Ela não hesita, em suas declarações futuras, em multiplicar as versões de sua história pessoal. Assim, em uma carta para seu amante Julien Levy, datada de 1938, ela insiste no fato de que "muito entediada em sua cama e porque estava engessada", ela decidiu pintar e, para isso, não hesitou em "roubar tinta a óleo" de seu pai.[5] Em 1947, em uma declaração escrita que acompanha a fixação na parede de sua pintura *Autorretrato como tehuana* ou *Diego em meus pensamentos* (1943), na exposição de pintores mexicanos dos séculos XVIII e XX no Instituto Nacional do México, ela afirma que começou a pintar "sem realmente se dar conta". Em 1950, ela afirma que se interessou pela pintura aos doze anos de idade. Que tinha quinze anos quando começou a desenhar e que fez seu primeiro autorretrato em 1925, "um primeiro desenho que guardei", acrescentando que seu pai lhe havia dado uma "caixinha de tinta que era dele".[6] Mas, quando conta a mesma história ao historiador da arte Antonio Rodríguez, seu

4 José Clemente Orozco, *Autobiografía*, Planeta México, 2014.

5 *Frida Kahlo par Frida Kahlo, op. cit.*

6 *Frida Kahlo Confidences, op. cit.*

amigo, nas palavras de Hayden Herrera, ela a embeleza um pouco: "Durante anos meu pai guardou uma caixa de tinta a óleo e pincéis em um vaso antigo e uma paleta num canto de seu pequeno estúdio de fotografia. Desde que eu era bem pequena, como dizem, eu olhava para aquela caixa de tintas. Eu não sabia por quê. Depois de tanto tempo acamada, aproveitei a ocasião e pedi ao meu pai que a trouxesse para mim. Como um garotinho cujo brinquedo é tomado para ser dado a um irmão doente, ele a *emprestou* para mim".[7]

O que sabemos é que esse é um período fértil. Seu amigo Ángel Salas a presenteia com um pequeno livro sobre como preparar suas telas. José Clemente Orozco, com quem ela viaja regularmente de bonde de Coyoacán à Cidade do México e para quem ela mostra seu trabalho, a abraça e diz que ela tem "muito talento".[8] Ela passa horas imersa em livros de história da arte que descobre, alguns dos quais são trazidos da Europa para ela por Alejandro, quando este volta da Alemanha – "os primeiros livros sobre a pintura que abri, foi graças a ele".[9] O mito de uma Frida que pintaria sem referências é falso. Ela tem bons conhecimentos sobre a pintura renascentista italiana, e Botticelli é um de seus mestres. Ela admira o maneirista italiano Agnolo Bronzino. Conhece Modigliani e os pré-rafaelitas ingleses. Há em sua pintura traços de iluminuras medievais, gravuras japonesas e até mesmo de Hieronymus Bosch, "fantástico homem de gênio e um pintor maravilhoso",[10] escreve ela em seu diário, chamando Bruegel, o Velho, na mesma página, de "magnífico". Basta ler algumas de suas cartas para encontrar diversas referências a pintores cujo trabalho ela incorporou à sua arte: Paolo Uccello, Albrecht Dürer, Lucas Cranach. Ela também menciona El Greco. A influência da Art Déco também é perceptível.

Sem contar os esboços e os desenhos, suas primeiras obras foram aquarelas: *Menina de cidade pequena*, *Tome mais uma*, *Frida em Coyoacán*, *Cantina Sua Sogra*. Obras muito coloridas, de estudos, mas que já contam histórias. Em algumas delas aparece uma jovem, vestida à

7 Citado por Hayden Herrera, em *Frida, Une biographie de Frida Kahlo*, *op. cit.*

8 *Frida Kahlo Confidences*, *op. cit.*

9 *Ibid.*

10 *Journal de Frida Kahlo*, *op. cit.*

europeia, de sobrancelhas grossas. Mas também há perspectivas, casas, árvores, as calçadas de uma cidade pequena, com igrejas, parques, lojas e pequenos personagens que caminham sozinhos. Em um desenho, uma carroça de perfil; em outro, os trilhos de um bonde. Estamos em Coyoacán. Esse é o cotidiano de Frida. Essa é sua cidade.

Passemos às primeiras telas. Deitada em sua cama; o dossel equipado com um espelho; o cavalete, feito por um carpinteiro, finalmente pronto; os pincéis de marta, cuidadosamente limpos, em um pote; o que ela pinta?

Seu primeiro quadro, *Autorretrato com vestido de veludo*, é um óleo sobre tela de 79,9 × 59,5 cm, pintado em 1926, o primeiro de uma série de cinco autorretratos que ela produz em dois anos. Nele, Frida aparece de frente, muito europeia, com mãos graciosas no estilo de Bronzino. Vê-se nessa obra influência de Modigliani: mesmo trabalho de depuração de linhas, mesma sensualidade de traços precisos em tons quentes, mesmo retrato frontal com formas alongadas. O fundo de nuvens estilizadas também lembra algumas gravuras japonesas. Mas há um elemento que atesta a força de um pintor em formação, de um pincel que não se assemelha a nenhum outro. Em Modigliani, o olhar está ausente, voltado para uma interioridade que se exibe. Não é o caso aqui: a jovem Frida, em seu elegante vestido de veludo grená bordado com motivos de cor terra de siena, tem um olhar ardente, uma presença, e por uma boa razão: esse quadro é uma declaração de amor a Alejandro. Ela o pintou para que ele sempre tivesse os olhos nela, para que pense nela, não mais como uma convalescente, mas como uma sobrevivente – olhar desafiador, expressão obstinada, vontade de aço. Ela escreveu estas poucas palavras no verso da tela: "Frieda Kahlo aos dezessete anos" e: "*Heute ist immer noch*" (Frieda continua).

Pintado em 1926, esse autorretrato é o primeiro de uma longa série, que se tornaria um tipo de assinatura, um modo de ser *ao* pintar e *na* pintura. Quando decide se tornar pintora, Frida já estabelece para si uma regra de ouro, um código de conduta: ela não deixará de pintar a si mesma, de fazer de suas telas elementos da narrativa de sua vida.

Evidentemente, ela também pinta muitos retratos de pessoas próximas a ela, familiares e amigos. Todos são de estilo clássico e demonstram a forte influência da estética europeia. Frida ainda não entrou em contato com o universo indígena, o passado primitivo do México, a alma antiga que os sucessivos governos anteriores à Revolução cuidadosamente ignoraram e apagaram. Alguns desses retratos desapareceram, destruídos por Frida, que os considerava ruins. Alguns são conhecidos hoje apenas por fotografias. Entre os que foram resgatados do esquecimento, podemos ver várias constantes, algumas das quais permanecerão em trabalhos futuros. São telas com um tom sombrio, imbuídas de uma austeridade secreta. Eu não falaria em falta de habilidade, mas sim em rigidez. Uma delas é *Retrato de Cristina, minha irmã*, sua irmã mais nova, pintado em 1928, estranho, japonizado, muito estilizado. No primeiro plano, grandes folhas; no segundo plano, uma árvore minúscula, cuja presença quase nos provoca desconforto. Outra é *Retrato de Adriana Kahlo*, pintado em 1926 e agora perdido. É sua obra mais parecida com Botticelli de todas – ela não a apelidou de "La Botticelinda Adriana"? Suave, calma, cabelos puxados para trás, olhos esfumaçados, ombros largos e nus, lábios de extrema delicadeza. Como pano de fundo: nuvens e cúpulas italianas.

Depois da família, os amigos. Tal como o belo *Retrato de Alicia Galant*, pintado em 1927, onde se pode discernir a influência da Art Déco. Nada de surpreendente nisso, já que Roberto Montenegro, o mais fervoroso defensor desse movimento no México, que acaba de retornar de uma de suas muitas viagens à Europa, torna-se diretor do Departamento de Belas-artes do Ministério da Educação na Cidade do México. Frida gosta muito desse óleo sobre tela, que mede 107 × 93 cm. No verso, há uma inscrição em sua caligrafia: "Minha primeira obra de arte. Frida Kahlo. 1927". Quem é Alicia Galant? Uma amiga de Coyoacán, exposta aqui sentada com as costas bem eretas em uma cadeira. Novamente, muito botticelliana. Uma pintura em tons escuros, com toda a luz concentrada no retrato de uma extrema delicadeza, enquanto se veem, por uma janela invisível, uma vegetação escura e duas estrelas brilhando no céu.

Outra dessas primeiras obras é *Retrato de Agustín M. Olmedo* (1928), um antigo colega de classe. Ele também severo, estático, muito presente, ainda que perdido em um fundo sem fundo. Nota-se que essas primeiras telas são maiores que aquelas que mais tarde tornariam Frida famosa, aproximando-as do formato mais modesto dos ex-votos.

Outros amigos, outros Cachuchas. No ano anterior, ela havia pintado o *Retrato de Miguel N. Lira*, no qual seu amigo aparece cercado por objetos simbólicos: boneca, cavalo, caveira, livros, números e letras, uma lira. Que estranho balé! Todos esses elementos atestam a atividade florescente de um intelectual de alto nível, membro da Geração de 29, companheiro de viagem de Octavio Paz, grande promotor da cultura tlaxcalteca, autor de um romance famoso, *La Escondida* – e, é claro, um ex-Cachucha.

Seguem-se dois retratos datados de 1929. O primeiro, intitulado *A menina Virginia*, apresenta uma garota. Sobre um pano de fundo dividido em dois – a parte inferior em ocre e a superior em lavanda – ela posa, delicada, discreta, em um vestido verde, sentada em uma cadeira. O segundo, *Retrato de menina com uma fita na cintura*, apresenta muitas semelhanças com o primeiro: pintura também dividida em duas partes – marrom e verde-claro –; criança, dessa vez de vestido branco, também sentada, mas em um banquinho baixo de palha.

Frida pinta há apenas três anos, e já vai surgindo uma evolução perceptível. A influência europeia diminuiu: nas formas, nas cores, no tratamento. É o México e sua arte popular que se destacam nessas duas telas – mais modernas e primitivas, livres –, e com pequenos passos em *Pancho Villa e Adelita* (1927), uma tela na qual a Revolução está presente, discretamente, com uma jovem de sobrancelhas grossas que se tocam bem no meio da composição: Frida. A máquina foi posta em movimento, pintando, como Diego diria mais tarde, o lado interno e o lado externo de si mesma e do mundo.

Ao longo desse período, seu relacionamento com Alejandro se deteriorou. Os apelos de Frida para que ele a amasse não são ouvidos. Alejandro vai embora. Alejandro ama outra pessoa. Eles permanecerão bons amigos. Frida oferece a ele seu *Autorretrato com vestido de veludo* – um gesto que ela repetirá em várias ocasiões, com seus futuros amantes. Em suma, um presente de despedida: "O retrato estará em sua casa em alguns dias. Perdoe-me por entregá-lo sem moldura. Peço-lhe que não o pendure muito alto, para que você possa olhar para ele como se fosse eu".[11]

11 *Frida Kahlo par Frida Kahlo, op. cit.*

Assim, um novo patamar é alcançado. A jovem que luta diariamente contra a dor e os novos coletes impostos pelos médicos adquiriu em apenas alguns meses tamanho vigor que agora pode suportar todas as formas de adversidade. Seu objetivo está bastante claro diante de seus olhos. Ela não voltará para a Preparatória. Vai interromper seus estudos. Para quê? Seu caminho está em outro lugar. Seu caminho está claro. De agora em diante, ela quer pintar. Ela diz à mãe: "*No me he muerto y, además, tengo algo por qué vivir. Es algo era la pintura*".[12] (Não morri e, além disso, agora tenho algo pelo que viver: a pintura.)

Frida, que começou a pintar deitada, voltará à mesma posição no final de sua vida. Confinada em casa, acamada mais que antes, ela recorre outra vez ao espelho e ao cavalete de seus primeiros passos como pintora. Dessa vez, ela não pinta mais autorretratos ou retratos de amigos, mas sim naturezas-vivas. Para Olga Campos, que a entrevista, ela declara: "Meu principal objetivo é pintar bem. O que eu gosto acima de tudo é de pintar!".[13]

12 Isolda P. Kahlo, *Frida íntima*, *op. cit.*

13 *Frida Kahlo Confidences*, *op. cit.*

Autorretratos

"Eu me pinto porque o tema que conheço melhor sou eu mesma."

O *Autorretrato com vestido de veludo* é só o primeiro de uma longa corrente destinada a mostrar as etapas da vida de uma mulher. Assim como Rembrandt ou Van Gogh, Frida se põe a descrever, em cada um de seus quadros, um estado de paixão, inocência, sofrimento, às vezes de sabedoria, mas com uma espontaneidade, uma irracionalidade, um deslocamento, uma alteridade que jamais atravessam a obra dos dois grandes holandeses. Afinal, essa jovem mexicana não aprendeu cedo demais tudo sobre a existência? Não hesito em repetir as palavras, extremamente lúcidas, que ela escreveu a Alejandro: "Se você soubesse como é terrível saber de tudo de repente, como se um raio iluminasse a Terra".[1]

Em uma obra que soma 173 telas – sem contar as aquarelas, desenhos preparatórios, estudos, notas ilustradas e outras ilustrações presentes em seu diário –, o catálogo *raisonné* de 1988, publicado sob o título *Frida Kahlo. Das Gesamtwerk*, relaciona nove paisagens, 28 naturezas-mortas, 60 retratos e 75 autorretratos. Isso significa que a partir de 1926, com exceção dos anos de 1928 e 1934, o autorretrato é uma constante na obra de Frida.[2] Por autorretrato, deve-se entender

1 *Frida Kahlo Confidences, op. cit.*
2 *Ibid.*

aqueles de busto – 38 – e aqueles em que o corpo de Frida está inteiramente presente – 37 –, quando então o quadro tem um título particular: *Memória* ou *O coração*; *Meu vestido está pendurado lá* ou *New York*; *Cachorro Itzcuintli comigo* etc.

Em 1929, Frida, que namora com Diego Rivera há um ano, mas ainda não se casou com ele, pinta uma primeira série de autorretratos, inaugurada por *Autorretrato "O tempo voa"*. Este último, muito influenciado por uma obra cubista de seu futuro marido – *O despertador* –, apresenta uma Frida que encara orgulhosamente o espectador. De blusa branca rendada, colar pré-colombiano e brincos, nariz marcado, sobrancelhas grossas bem presentes, a Frida europeia dá lugar a uma Frida mais próxima do mexicanismo e do primitivismo locais. Jean-Marie G. Le Clézio a descreve da seguinte maneira: "Clara, de feições angulosas, olhar com o brilho de uma chama fria, a uma luz crepuscular, tendo nas orelhas joias curiosas de terracota, esses brincos em forma de gaiola nos quais as mulheres do istmo colocam vaga-lumes no lugar de diamantes".[3] Aplicando as lições do mestre Rivera, que brinca com a simetria e a dessemelhança, ela complementa seu retrato com dois acessórios mecânicos: acima de sua cabeça, um avião a sobrevoa; à sua direita, um despertador apoiado em uma coluna salomônica, ambos representando com ironia a passagem do tempo. Seguiu-se um *Autorretrato*, pintado em 1930, quando Frida e Diego passam alguns meses em Cuernavaca. A luz e a segurança que Frida transmite no *Autorretrato "O tempo voa"* desapareceram, dando lugar a uma estranha melancolia. Seus olhos estão quase baixos, e seu rosto de três quartos mostra uma certa tristeza contra esse fundo, apesar de sua boca carnuda e de seus seios mais uma vez bem visíveis sob o tecido azul do vestido. A jovem esposa escreve a uma amiga: "Não podíamos ter filhos, e eu chorava, estava inconsolável, mas me distraía cozinhando, limpando, às vezes pintando e fazendo companhia a Diego no andaime todos os dias. Ele ficava muito feliz quando eu chegava com o almoço em uma cesta coberta de flores".[4] Com menos de três meses de gravidez, Frida precisou

3 Jean-Marie G. Le Clézio, *Diego et Frida*, *op. cit.*

4 *Frida Kahlo par Frida Kahlo*, *op. cit.*

fazer um aborto devido a uma deformidade na pélvis que poderia ter consequências graves para o feto e para a mãe.

Foi assim que a história de sua vida começou a ser contada em autorretratos. Após o aborto por motivos médicos, um aborto espontâneo nubla o horizonte de Frida. O casal trocou Cuernavaca por Detroit. Frida, que queria conhecer os Estados Unidos com Alejandro Gómez Arias, o faz com Diego.

Cinco dias após perder seu filho, ela pega um lápis, uma folha de papel de 21,5 × 14 cm e desenha um autorretrato: em forma de busto, vestindo um quimono, os cabelos presos em uma rede, os olhos vazios, o rosto banhado em lágrimas.

Segue-se um período – a década de 1930 – rico em autorretratos, todos diferentes. Como o *Autorretrato "very ugly"* (1933), estranhamente reminiscente dos retratos de Faium,[5] que, horrorizada, Frida joga no lixo e que seus amigos Lucienne Bloch e Stephen Dimitroff recuperam – com as bordas quebradas e coberto de inscrições desabonadoras da autoria de Frida ("Absolutamente podre. Não serve para nada. Puta que pariu, como é feio!"). Ou um outro, *Autorretrato com colar*, do mesmo ano. Corpete, decote arredondado, uma jovem fria, mais uma vez insolente. Frida tem 26 anos e dá uma entrevista para o *Detroit News*. A jornalista americana Florence Davies não consegue acreditar no que está ouvindo. Ela tinha vindo fazer perguntas à esposa do grande pintor mexicano, mas decididamente a sra. Carmen Frieda Kahlo Rivera não tem papas na língua. Ela explica, sem hesitar, que nunca estudou pintura com seu grande marido pintor; que fez tudo sozinha; que começou a pintar porque lhe deu vontade. E conclui, caindo numa gargalhada extraordinariamente sonora – os espanhóis dizem *en cascajadas* –, que Diego não se sai assim tão mal para uma criança, mas que "a grande artista é ela".

Sabemos do interesse que Frida tem pelos animais, especialmente pelos macacos. A presença deles ao lado dela nos autorretratos – *Fulang-Chang e eu* (1937), *Autorretrato com colar de espinhos* (1940);

5 Retratos realistas pintados sobre madeira em múmias do Egito romano. Foram encontrados pela primeira vez na necrópole de Faium, no Egito, em 1615. Estima-se que tenham sido realizados do final do século I a.C. ou início do século I d.C. até o século 3 d.C. (N.T.)

Autorretrato com macaco (1940) – sinaliza a necessidade de preencher o vazio deixado por Diego após seus rompimentos frequentes, especialmente porque é Diego que dá o macaco a Frida. Eles ocupam também, de uma certa forma, o lugar do filho que ela jamais terá. Em 1941, ela pinta *Autorretrato com Bonito* – recordação discreta da morte de seu pai: Frida, de luto, veste uma blusa preta. E, no mesmo ano, *Autorretrato com trança*, uma contraparte sem alegria de seu *Autorretrato com cabelos cortados* (1940). Neste último, ela comunica a Diego o rompimento, exibindo uma Frida sem cabelos, a ele que não parava de cantar as glórias de sua cabeleira abundante. Já o primeiro é feito no ano de seu recasamento: novo contrato assinado sob o signo da associação, o amor desapareceu, trata-se apenas de um simples acordo de compromisso, de boa conduta. Frida, que recupera sua cabeleira, reafirma sua feminilidade, mas, ao mesmo tempo, esse penteado estranho sinaliza uma profunda ansiedade, um questionamento interior. É um penteado de guerra, cheio de pontas, de espinhos que parecem dizer a Diego: quem encostar vai se machucar. Em 1945, em *Autorretrato com macaco pequeno*, ela se apresenta, muito solene, com o pescoço envolto por um tipo de nó que percorre de um cachorrinho a um macaco-aranha. Se os dois animais derem um puxão forte, a fita amarela, ameaçadora, sinistra, asfixiará Frida, que não aguenta mais sofrer: relacionamento à deriva, doenças, intervenções cirúrgicas, analgésicos potentes que a entorpecem quando misturados ao álcool, coletes que a limitam e machucam.

Nessa longa lista de autorretratos de busto, um lugar particular é reservado para o *Autorretrato como tehuana*, pintado em 1948, que não deve ser confundido com o *Autorretrato como tehuana* ou *Diego em meus pensamentos*, este de 1943. Mas nos dois encontramos a mesma tristeza, a mesma dureza. Neles, mais uma vez, Frida nos fala de sua vida, a de uma mulher sempre necessitada de amor que o marido abandona e que espera reconquistá-lo se vestindo de tehuana. Mas essa coroa de rendas, penteado cerimonial das mulheres de San Felipe Usila, no estado de Oaxaca, para as festas religiosas, não a torna luminosa, nem feliz. É como um colar de ferro engomado que a encarcera, uma prisão de tecido.

Na origem dos sofrimentos recorrentes de Frida – é preciso reconhecer –, quem procurar vai frequentemente topar com Diego. É possível constatar isso com *Autorretrato com os cabelos soltos*, uma tela de 1947 na qual Frida se pinta diante de um paredão de rocha vulcânica de onde cresce uma suculenta chamada "pele de asno". Cabelos soltos, ar perdido, triste, taciturna. Diego a enganou novamente, a traiu novamente. Jean-Marie G. Le Clézio tem razão quando escreve que não existe em toda a história da pintura contemporânea um "quadro mais perturbador, mais desnorteador, mais desconcertante que esse".[6]

Como eu dizia antes, o autorretrato pode se afastar da simples representação de uma Frida em busto. Diante do caráter demasiadamente estático dessa posição, Frida desde muito cedo decide se representar de corpo inteiro, exibindo esse corpo que tanto a faz sofrer, mas que lhe dá tanto prazer quando ela o oferece a um ou uma amante. Assim, ela questiona seu percurso biográfico, que muito frequentemente cruza com o imaginário mexicano oriundo da Revolução e, em alguns casos, o incarna, contribui para fabricá-lo. Com efeito, desde muito cedo ela se coloca em cena. O que ela propõe é uma identidade múltipla. Em 1927, ela pinta *Pancho Villa e Adelita*, ocupando o centro desse retrato de grupo que é uma homenagem discreta à Revolução Mexicana. Em 1932, aparece entronizada em majestade, de vestido rosa e bandeira mexicana na mão, em *Autorretrato na fronteira entre o México e os Estados Unidos ou Nova York*. Um ano depois, é *Meu vestido está pendurado lá*, tela na qual o traje emblemático da cultura indígena substitui sua própria imagem. Referindo-se a essa tela, em seu poema já citado, "Frida Kahlo", Salvador Novo diz: "A camisa da tehuana, posta para secar, mijou em todo o rio Hudson, lá onde os barcos de papel higiênico saem de férias".[7]

De fato, a partir desse momento, Frida tem plena consciência de que sente falta do México, de suas tradições, seus costumes, seu ritmo de vida. Longe vão os dias dos primeiros autorretratos, quando Frida precisava se distanciar dos critérios estéticos, tanto físicos quanto artísticos, derivados do modelo europeu em vigor desde a colonização espanhola. A mexicanidade de Frida foi assumida. De agora em diante,

6 Jean-Marie G. Le Clézio, *Diego et Frida*, *op. cit.*

7 Salvador Novo, "Frida Kahlo", em *Nuevo amor y otras poésias*, *op. cit.*

o autorretrato, tirado de sua moldura, pode mostrá-la em diferentes posições. Essa é uma mulher livre que pratica uma pintura da liberdade.

Lá está ela, deitada nos braços de uma ama indígena, mascarada, maciça e de pele morena, em *Minha ama e eu* ou *Eu mamo* (1937); deitada novamente, envolta em raízes, caules e folhas nervuradas em *Raízes* ou *El Pedregal* (1943); sentada, na companhia de uma boneca, em *Eu e minha boneca* (1937); vestida em uma variante regional do traje de tehuana, em *Cachorro Itzcuintli comigo* (1938); e em roupas masculinas, com uma tesoura na mão, em *Autorretrato com cabelos cortados* (1940).

Os autorretratos de Frida machucada ou mutilada podem constituir uma nova categoria. Neles, ela aparece em posições motivadas pelos ferimentos, pelas intervenções cirúrgicas. No esboço a lápis de *Lembrança da ferida aberta*, feito em 1938: sentada, Frida se representa sem cabeça, com o coração inchado de sangue, o pé enfaixado, a mão escondida – "estou me masturbando", explica Frida com provocação e sem romantismo. Título do desenho: *Corpo sem cabeça com coração vermelho* ou *Mostrando minha cicatriz*. Na famosa *A coluna partida* (1944), o descolamento entre a potência do tema evocado e as dimensões mais que modestas desse óleo sobre tela sobre masonita – 40 × 30,7 cm – é espantoso. Vemos uma Frida nua, de pé, com o corpo partido em dois por uma grande fenda que abriga uma coluna jônica rachada. Ao redor de seu corpo desmantelado, um colete ortopédico, feito de correias, couro e fivelas metálicas.

Sem esperança nos revela uma imagem diferente. Nesse ano, 1945, Frida sobre o martírio: o dr. Velasco Zimbrón a obriga a usar um colete de aço e ordena que ela fique deitada. Deitada de costas, em uma cama que se assemelha a um caixão, Frida é alimentada por um enorme funil que deposita em sua boca uma pasta repugnante feita de carne de porco, de ave, de peixe e outros alimentos improváveis, entre os quais uma caveira. Já em *Autorretrato com o retrato do dr. Farill* ou *Autorretrato com o dr. Juan Farill*, pintado em 1951, isto é, três anos antes de sua morte, ela se representou com o coração na forma de buquê de rosas no colo, sentada na cadeira de rodas na qual ela passa longas horas, sedada por doses de analgésicos cada vez mais potentes. Esses autorretratos têm uma função específica: descrever a dor sem, no entanto, compartilhá-la. Ao representá-la, Frida a afasta um pouco. Ao olhar para seu eu ferido, nos autorretratos, ela "pode alimentar a ilusão de ser a observadora forte e objetiva de seu próprio infortúnio".[8]

Uma postura que ela evidentemente adota em seu famoso *O veado ferido* ou *O veado*, uma tela que poderia ter se chamado *Autorretrato com pequeno veado ferido.* Ao associar sua cabeça com o corpo de um veado, Frida se representa meio mulher e meio homem, meio humana e meio animal. Ela está em um bosque, com o corpo atravessado por nove flechas. Um raio cai na água. Um galho morto jaz aos seus pés. Em uma foto do quadro, que ela dá a Diego, ela escreve: "Sou um pobre veado pequeno". São as primeiras palavras de uma canção que fazia sucesso em Oaxaca em 1930, na qual um veado sedento de amor supera a timidez e consegue encontrar sua amada:

> Eu sou um pobre veado pequeno que mora na montanha
> Como não sou muito manso, não desço para beber água de dia
> À noite, pouco a pouco, venho para os seus braços, meu amor.

Um tema importante no repertório de Frida é o do duplo. Além disso, em seus autorretratos, ela não hesita em recorrer a ele. Em 1939, ela pinta *As duas Fridas.* A da esquerda está usando um vestido rendado à moda europeia, com um tipo de prega no corpete em forma de lapela ou de vulva. A da esquerda, vestida à moda mexicana, tem nas mãos uma tesoura cirúrgica, que tenta segurar uma artéria saída do coração. Nessa tela de formato realmente incomum – 173,5 × 173 cm –, Frida expressa de modo evidente sua herança mestiça, mas também um instante crucial em sua vida, considerando que ela a conclui quase no momento de seu divórcio com Diego. Mais uma vez, o autorretrato aparece como o diário do cotidiano de sua vida.

Um outro autorretrato, *Árvore da esperança, mantenha-se firme* (1946), de dimensões mais modestas que a anterior – 55,9 × 40,6 cm –, vai ainda mais longe nesse "desdobramento". O quadro está dividido em dois. À esquerda, uma parte noturna: Frida sentada na borda de uma maca e aparece em um traje de tehuana vermelho; ela chora e segura na mão um colete ortopédico. À direita, uma parte diurna:

8 Hayden Herrera, *Frida, Une biographie de Frida Kahlo, op. cit.*

Frida, deitada nessa mesma maca, revela suas costas, nas quais dois traços vermelhos ensanguentados atestam a intervenção cirúrgica que ela acaba de sofrer. Frida apenas conquista sua unidade em um diálogo permanente entre as duas Fridas. Em seu diário, em quatro páginas, autorretratos dialogam. Em um primeiro, uma homem barbudo (ela?) vestido de cachorro, amarrado como uma linguiça, conversa com uma mulher (Frida), o rosto escondido por um véu que é como um caixão. Duas legendas fazem comentários: "Cachorro" e "Que mulher!". Nas duas páginas seguintes, duas mulheres se encaram, com cores berrantes, lábios vermelhos, a juventude de uma em oposição à vida massacrada da outra. Novamente, duas legendas, para duas Fridas: de um lado, "Não chore por mim", do outro, "Sim, estou chorando por você!". Ambas estão unidas na famosa lenda mexicana da Llorona: a de uma mulher cuja alma penada procura à noite, perto de lagos e rios, os filhos que ela perdeu (ou matou), assustando todos que ouvem seus gritos de dor. Em sua *História geral das coisas na Nova Espanha*, o cronista Bernardino de Sahagún escreve: "Muito frequentemente ouvíamos uma mulher, vagando no meio da noite, chorando e gritando, aos berros: 'Meus filhos, onde estão vocês, nós precisamos partir para longe? Meus filhos, para onde eu poderia levá-los?'".[9]

Quando Frida pinta, Diego nunca está muito longe. Mesmo quando seu pincel se ocupa de um autorretrato. O subtítulo de *Autorretrato como tehuana* nos fala: *Diego em meus pensamentos*. Nesse autorretrato de 1943, ela posa vestida de indígena tehuana, com um retrato em miniatura de Diego incrustado na testa. Como uma marca indelével. Essa incrustação se repete em um autorretrato que ela deu a seus amigos Florence Arquin e Sam Williams em 1949, *Diego e eu*, no qual, com Diego na testa, ela lança um olhar fixo e terrível para o mundo, com os cabelos enrolados no pescoço como se prontos para estrangulá-la. Seu marido pintor tem um outro caso, que provoca escândalo, com María Félix, o ícone do cinema mexicano.

Quatro anos antes, ela havia pintado o estranho *Diego e Frida 1929-1944* ou *Retrato duplo de Diego e Frida 1929-1944*, no qual o rosto de Diego surge sobreposto ao dela. É uma pintura de desespero com a

9 Bernardino de Sahagún, *Histoire générale des choses de la Nouvelle Espagne*, Maspéro, 1981.

ideia de perder o marido, que se torna uma espécie de "terceiro olho", também encontrado em *O abraço amoroso do Universo, da Terra (o México), eu, Diego e o Señor Xolotl* (1949) e em muitos dos autorretratos que ilustram seu diário, desenhados com tinta preta espessa e perfurados com pequenas agulhas ou pintados sobre um majestoso fundo violeta. Qualquer que seja o lugar, a infelicidade por trás da obra, a dor que ela quer exorcizar, a mensagem que quer transmitir a ele, Diego se insinua por toda parte, até mesmo nos autorretratos: ele é o intruso permanente em seus pensamentos.

Sejam quais forem os desvios que seu trabalho toma, os afastamentos, as pausas, os tempos mortos, Frida nunca abandona a arte do autorretrato. Até o fim, ela agradece a esse deus único e necessário. Uma de suas últimas telas, pintada em 1954, um pequeno óleo sobre painel de fibras de madeira medindo 24 × 32,5 cm, é intitulada *Autorretrato dentro de um girassol*. No passado, Anthony Van Dyck também pintou seu autorretrato com um girassol, representando a si mesmo de frente para um grande helianto, enquanto o pintor, lançando o olhar por sobre seu ombro, volta-se para o espectador. Não há nada disso em Frida. Nessa pintura muito moderna, muito violenta, é a cabeça inteira de Frida que se transforma em girassol, como se em chamas pelo dourado da flor mesclado ao vermelho ensanguentado de um sol poente. Uma Frida, como se apagada, que está desaparecendo.

A morte se aproxima. Frida ainda pinta. Frida continua pintando. *Autorretrato com o retrato de Diego no peito e Maria entre as sobrancelhas* (1954) – uma tela pintada entre grandes doses de analgésicos para aplacar as dores e litros de conhaque para não afundar no desespero. Uma outra tela, desajeitada, desastrada, com uma pasta grossa e um traço que carece de rigor. Essa tela, também um autorretrato, fica inacabada: *Autorretrato com Stálin* ou *Frida e Stálin*. É uma obra de grande formato – 59 × 39 cm –, que alguns dizem que nunca é mostrada para não prejudicar a imagem de Frida, o que é obviamente absurdo. Frida nunca foi stalinista, nunca foi dogmática. Hoje, *Autorretrato com Stálin* pode ser visto em uma das salas da Casa Azul.

E isso é tudo? Não. Enquanto Frida vive, ela ainda consegue pintar autorretratos. Isso significa dizer que ela pode se ver viva no espelho que ela mesma desenhou. As últimas páginas de seu diário são dedicadas a autorretratos. Todos mostram a deterioração progressiva de uma Frida presa ao arrependimento, à tristeza: sofrimento aparente, lágrimas, uma pele lívida, o uso de tinta amarela – que na paleta de Frida significa loucura e mistério. Na última página, 171, um autorretrato, provavelmente sua última pintura. Vemos uma criatura com asas verdes abertas. Braços cruzados, cauda sangrenta. Como ela mesma declarou tantas vezes, Frida jamais pinta seus sonhos, mas sua própria realidade, dando ao autorretrato um papel preciso: ser um objeto de autoconhecimento. E, ao mesmo tempo, ocultá-la dos outros, usando máscara sobre máscara, como no desenho a lápis intitulado *Autorretrato me desenhando*. Frida Kahlo se une a Jean-Marie G. Le Clézio quando este afirma, em *L'Extase matérielle* (O êxtase material), que escrever serve para esconder as coisas, para que os outros não as encontrem. No autorretrato, Frida se esconde dos outros e se desnuda somente diante de si. Não foi ela mesma que se descreveu uma vez como uma "grande dissimuladora"?

Retratos

"Quando eu me acostumar com essa imundície de órtese, vou pintar o retrato de Lira."

Embora o primeiro quadro pintado por Frida – *Autorretrato com vestido de veludo* – date de 1926, a tela que ela considera sua "primeira obra de arte" é o *Retrato de Alicia Galant*, pintado um ano depois. Satisfeita consigo mesma, a pintora de vinte anos escreve no verso de seu quadro: "*Mi primera obra de arte. Frieda Kahlo, 1927*".

Diferentemente de seu futuro marido, Diego Rivera, com quem se casaria dois anos depois, Frida nunca apaga as diferenças existentes entre os personagens de seus quadros, sejam eles anônimos, membros da alta burguesia, camponeses, trabalhadores ou intelectuais – em uma palavra, como sugere Sergio Raúl Arroyo, ela nunca os faz habitar um mundo cujo denominador comum é a presença de sinais e gestos identitários.[1]

Num primeiro momento, digamos, entre 1926 e 1929, período durante o qual se recupera lentamente de seu acidente, ela conhece Tina Modotti e depois Diego Rivera, e pinta principalmente seus amigos. Em 1927, realiza o *Retrato de Miguel N. Lira*, membro da gangue dos Cachuchas, apelidado de Chong Lee – "Quando eu me acostumar com

1 Sergio Raúl Arroyo, "Mexique, les lectures du corps", em *L'Art mexicain 1920-1960 éloge du corps*, *op. cit.*

essa imundície de órtese, vou pintar o retrato de Lira, e depois verei o que mais. Mas, no momento, minha disposição está no zero",[2] escreve ela a Alejandro Gómez Arias. Há a perspectiva de uma nova operação, já que o colete que tanto a faz sofrer não parece estar proporcionando os efeitos benéficos esperados. Ela pinta também *Retrato de Agustín M. Olmedo* (1928). Aqui, mais uma vez, a linha não está completamente dominada e a referência ao renascimento italiano o afasta da mexicanidade local. O paletó do jovem rapaz está levemente danificado. Dizem que Frida, furiosa ao saber que Agustín havia dito que ela "não valia nem um prego", se atirou sobre a tela, rasgando-a.

Frida, é óbvio, também pede aos membros de sua família que sirvam como modelos. Em 1926, é a vez de sua irmã mais velha Adriana, a quem ela chamava de "Botticelinda Adriana". Ela pinta *Retrato de Adriana Kahlo*, uma tela cheia de graça, suave demais, alguns dirão. A jovem ainda busca um estilo para si. Dois anos depois, ela pinta o retrato de sua querida Cristina, sua amada irmã mais nova. *Retrato de Cristina, minha irmã* é uma pintura muito leve, às vezes um pouco desajeitada, não sem uma certa ingenuidade que lhe confere todo o seu charme. Mas um universo em si já se desdobra diante de nossos olhos: uma intimidade, uma singularidade, uma fragilidade muito interior que Frida nunca abandonará. Em 1930, ela realiza o delicado *Nu de minha prima Ady Weber*, uma obra sobre papel. A linha é precisa, plena de luzes e sombras, e de um grande pudor.

Por fim, Frida também pede que os vizinhos posem para ela. A começar pelas crianças, cujos retratos ela pinta com precisão, vivacidade, autenticidade, singularidade e realismo. Aqui, mais uma vez, o muralismo triunfante passa uma imagem forte e poderosa, mas estereotipada, das crianças mexicanas, sufocada pelo dogmatismo da mensagem a ser transmitida. Frida está em um outro lugar. Sem possuir nenhum código próprio e não havendo ainda dominado uma boa técnica pictórica, ela é ainda mais livre, e isso faz dessas crianças ainda mais realistas. É a menina triste, magrela e visivelmente pobre de *A menina Virginia* ou ainda *Retrato de menina*, ambas telas pintadas em 1929, que dão início à lenta chegada da mexicanidade à obra de Frida. Sua paleta muda,

2 *Frida Kahlo par Frida Kahlo, op. cit.*

acolhendo agora o colorido da arte popular: cores vivas, dourado e lavanda para a primeira; marrom e verde-claro para a segunda. Embora muitos de seus retratos tenham sido, generosamente, oferecidos como presentes aos seus amigos, eles permanecem ligados a uma história específica. Frida jamais pinta "gratuitamente". Nela existe sempre uma forma de compromisso, um viés, um significado, uma abordagem. *O falecido Dimas Rosas, morto aos três anos de idade* (1937), como seu título sugere, é um retrato de uma criança que morreu aos três anos de idade. Ele é apresentado deitado, com os olhos opacos. É um pequeno cadáver que foi colocado em exposição, enfeitado para a tradicional festa das crianças mortas – em uma profusão de flores e cores. Quem olha para ele não pode deixar de ficar profundamente desconcertado, ainda mais quando conhecemos os terríveis vínculos que unem Frida à sua frustração suprema: sua impossibilidade de levar suas gravidezes a termo e, portanto, de ser mãe.

Em 1931, Frida está sob os cuidados do dr. Leo Eloesser, que prescreve novos medicamentos que parecem ter um efeito benéfico. Eles ficam amigos, e, talvez para pagar suas consultas, mas acima de tudo por afeição, ela lhe dá o *Retrato do dr. Leo Eloesser*. O médico é mostrado de camisa branca e colarinho engomado, em pé, com a mão esquerda no bolso e a mão direita sobre a mesa na qual está apoiado. Acompanham-no dois atributos: um pequeno desenho emoldurado, assinado D. Rivera – pois nosso homem é mecenas –; e uma maquete do veleiro *Los Tres Amigos* – pois o bom doutor também é marinheiro. Embora vestido em estilo europeu, a pose estereotipada de Eloesser é uma referência implícita aos retratos masculinos típicos da pintura mexicana dos séculos passados.

Outro exemplo. Nos primeiros meses de seu casamento, Frida não pinta muito. Ela se dedica a Diego. Cuida dele quando ele está doente ou sobrecarregado, porque passa horas nos andaimes onde pintava seus afrescos. Na realidade, a jovem quase nunca via seu marido. Surpreendentemente, é a ex-mulher dele, a tigresa Lupe Marín, que lhe diz como se aproximar de Diego. É preciso vê-lo mais, segui-lo por toda parte, satisfazer a todos os seus caprichos. Frida faz exatamente isso. Acompanhada por Lupe, ela pilha os mercados, compra utensílios de cozinha e as frutas, os legumes, as carnes e os peixes de que ele gosta, as sobremesas que ele aprecia particularmente, como língua de gato. O segredo? Levar as refeições até ele em seu local de trabalho. O mestre reage imediatamente. Felicidade total. Frida não pinta mais e se coloca inteiramente a serviço do grande homem. Não é preciso dizer que foi por pouco tempo... Nesse meio-tempo, Frida é grata a Lupe por seus bons conselhos. Ela lhe presenteia com o *Retrato de Lupe Marín* (1929). Uma imagem de uma mulher forte, de caráter, lábios polpudos, cabelos curtos, olhar intenso. Essa pintura desapareceu; dela, apenas uma imagem em preto e branco existe: depois da enésima discussão com Frida, a vulcânica Lupe destruiu a pintura, cortando-a com a tesoura – um ato do qual ela se arrependeria mais tarde.

Durante os seis meses que passa em São Francisco em 1931, mais uma vez imobilizada por problemas médicos, Frida volta aos retratos. *Retrato de Lady Cristina Hastings*, sua amante, um lápis sobre papel; *Retrato de Eva Frederick*, uma mulher por quem sente uma forte amizade. No óleo sobre tela que ela pinta desta última, um filactério envolve a cabeça da modelo. Nele se lê: "Retrato de Eva Frederick, nascida em Nova York, pintado por Frida Kahlo". Aqui, Frida já abandonou a sofisticação. Sua pincelada é mais interior, mais sensual também. Uma força estranha emana dessa pintura, sem dúvida nascida de uma espécie de hiato: por um lado, um cenário quase ingênuo, uma planura primitiva, até na paleta usada – preto, ocre, escuro – e, por outro, a força potente, terrena, que emana do rosto e também do corpo da mulher negra, que agora sabemos que foi pintada primeiro nua e depois coberta, vestida com um vestido marrom-escuro. Existe também um belo esboço a lápis, contemporâneo ao retrato, que mostra Eva Frederick completamente nua, com as pernas cruzadas e as mãos sobre o ventre, sentada em uma poltrona de vime em estilo colonial.

Datado de janeiro de 1931, o *Retrato de Mrs. Jean Wight* é interessante em mais de um aspecto. A sra. Jean Wight, esposa de um dos assistentes de Diego Rivera, surge com uma blusa branca, casaco rosa e gargantilha laranja. Ao fundo, uma cortina de veludo verde e cubos coloridos que representam edifícios de São Francisco. O olhar é a tal ponto inexpressivo que podemos nos perguntar o que poderia ter motivado tamanha rejeição da pintora por sua modelo. Quando Frida pinta, ela não guarda nada e não esconde nada nem de seus amores, nem de seus ódios. Sua pintura é como um livro aberto, uma esponja que absorve tudo que ela vive: nela, tudo palpita, tudo vibra. Então, por que uma Jean Wight tão fria, tão distante? Hayden Herrera, citando observações feitas por Frida quando a sra. Wight a visita no México, alguns anos depois, nos dá a resposta. Depois de criticar essa falsa doente que só fala de doenças e vitaminas, mas que nada faz nem para compreender nem para trabalhar, Frida acrescenta: "Jean não tem nada na cabeça além de idiotices, como mandar fazer vestidos novos, pintar o rosto, arrumar o cabelo para ficar mais bonita, e fala o dia todo sobre 'moda' e bobagens sem sentido, e não só isso, mas além disso ela o faz com uma pretensão que deixa você frio".[3] Isso prova até que ponto a pintura de Frida é uma projeção dela mesma, nunca separável de seus sentimentos.

Dos sessenta retratos de sua obra, Frida – assim como Diego, aliás – pinta um certo número simplesmente para se sustentar. A fotógrafa Tina Modotti, amiga de Frida, também ganha a vida fazendo "trabalhos comerciais e retratos".[4] A venda de *As duas Fridas* diz muito sobre a situação financeira de Frida Kahlo: o diretor do Museu de Arte Moderna, Fernando Gamboa, conta que em 1947 comprou a pintura por quatro mil pesos porque Frida não tinha mais dinheiro e ninguém queria comprar uma tela que hoje é considerada uma de suas mais emblemáticas.

Às vezes, acontece de a encomenda ser um autorretrato e não um retrato, como quando Sigmund Firestone, um arquiteto, mestre do renascimento clássico, encomenda a Frida e a Diego seus retratos: "Espero que você e Frida estejam ocupados pintando para mim nesse momento. Por favor, pintem ambos em telas do mesmo tamanho, pois pretendo mantê-las sempre uma ao lado da outra como uma lembrança de nossa agradável relação. Você deve se lembrar que eu lhe contei sobre minha visita a La Reforma com Frida, ocasião em que disse a ela que o custo total seria de US$ 500,00, a serem divididos entre vocês dois para as duas pinturas".[5] Frida concorda e, apesar do que ela chamou de

3 Citado por Hayden Herrera, *Frida, Une biographie de Frida Kahlo*, *op. cit.*

4 Tina Modotti, *Lettres à Edward Weston*, Anatolia, 1995.

5 Citado por Hayden Herrera, *Frida, Une biographie de Frida Kahlo*, *op. cit.*

"seus problemas", entrega ao patrono em 1940 seu *Autorretrato dedicado a Sigmund Firestone*, no qual ela se retrata com os cabelos pretos enfeitados de fitas roxas, sobre um fundo amarelo-verde vivo.

Voltemos ao retrato. Algumas semanas antes de 6 de julho de 1942, Frida, que não tem mais dinheiro, mas mesmo assim quer comemorar seu aniversário, apressa-se em terminar o *Retrato de Marucha Lavín*, a esposa de seu patrono, o riquíssimo José Domingo Lavin, que três anos mais tarde a encarregaria de pintar *Moisés* ou *Núcleo solar*. Marucha Lavin, majestosamente de pé no centro de um quadro em forma de medalhão, surge radiante, vestida com uma camisa bordada com flores multicoloridas, como as usadas pelos mestiços de Iucatã, a região do México de onde ela vem.

É verdade que Frida tem problemas financeiros recorrentes, mas não lhe faltavam patronos que, ocasionalmente, competiam ferozmente entre si pelos favores da pintora. Assim, ela pinta muitos retratos de burgueses ricos da Cidade do México, como Natasha Gelman e Marte R. Gómez, um engenheiro rechonchudo, sério e mal-humorado por trás de seus óculos pequenos. Um dos mais persistentes é, sem dúvida, o engenheiro agrícola, intelectual e diplomata – ele foi embaixador do México na Venezuela – Eduardo Morillo Safa. Sua coleção de pinturas, que inclui nada menos que trinta obras de Frida Kahlo, é excepcional. Entre elas, estão retratos que ele encomendou de três membros de sua família, bem como dele próprio, evidentemente. Em 1944, Frida lhe entrega, então, o *Retrato do engenheiro Eduardo Morillo Safa*, uma pintura diligente e sem surpresas, mas também o *Retrato de Doña Rosita Morillo*, mãe de Eduardo, tricotando, sólida, tranquilizadora, no centro do quadro, contra um fundo de vinhas e flores emaranhadas, e o *Retrato de Lupita Morillo Safa*, esposa de Eduardo. Em *Retrato de Mariana Morillo Safa*, filha de Eduardo e Lupita, Frida dá à menina uma imagem de fragilidade e graça. Com seu grande laço no cabelo e um olhar de total inocência, ela é tão vívida que, como ocorre com algumas pinturas da escola holandesa, parece quase irreal. Dos quatro membros da família, foi sem dúvida Mariana que Frida mais gostou de pintar, era dela que se sentia mais próxima. Mais uma vez, uma criança. Terminado o trabalho, Frida escreveu ao patrono, que nesse meio-tempo se tornou um amigo a quem ela não hesita em confidenciar: "Obrigada pelo dinheiro que você vai me enviar, estou começando a precisar".[6] Ela também pintou, ainda em 1944, o *Retrato de Alicia Morillo Safa e seu filho Eduardo*.

Entre todos os retratos pintados por Frida, há pelo menos dois que ocupam um lugar especial em sua obra: o primeiro, *Retrato do horticultor Luther Burbank*, porque vai além da simples estrutura de uma imagem congelada do modelo. O segundo, *O suicídio de Dorothy Hale*, porque não corresponde às expectativas do patrono que, em um primeiro momento, o rejeita.

Em 1931, enquanto Diego Rivera pintava uma *Alegoria da Califórnia* na sala de jantar da Pacific Stock Exchange, em São Francisco, Frida é tocada por um dos personagens retratados no afresco, que representaria personalidades que contribuíram para a prosperidade desse estado do *Sun Belt*. O nome do homem é Luther Burbank. Ele morreu há cinco anos e é considerado um dos maiores agrônomos da Califórnia, criador de frutas e plantas híbridas. A imagem é impressionante: de um esqueleto enterrado, brotam plantas e uma árvore cujo tronco se transforma em um homem que segura na mão os tocos de duas *fire poppies*, ou "papoulas-de-fogo", variedades de flor que ele criou. Esse homem é Luther Burbank. Seu corpo habita a terra, sua cabeça alcança o céu. Ele é o princípio da vida e da morte. *Retrato do horticultor Luther Burbank*, óleo sobre masonita, é mais uma vez uma tela de dimensões modestas: 86,7 × 61,7 cm.

Sete anos mais tarde, em 1938, quando Frida está se separando de Diego, Clare Boothe Luce, editora-chefe da *Vanity Fair*, casa-se pela segunda vez, com Henry Luce, criador das revistas *Time*, *Life* e *Fortune*, e ela encomenda a Frida não o seu retrato, mas o de sua amiga, a atriz Dorothy Hale, que acaba de cometer suicídio. Frida jamais obedece às instruções dadas a ela por seus patronos. Pode-se dizer que ela só faz o que quer. A realidade é mais interessante, mais profunda do que um simples gesto que demonstre uma forma qualquer de independência: Frida não consegue deixar de transpor para suas telas os eventos, maiores ou menores, de sua própria vida. Retratos, autorretratos: não importa. Vamos repetir: ela está se separando de Diego. É essa pequena

6 *Frida Kahlo par Frida Kahlo*, *op. cit.*

morte que ela vai retratar, essa pequena morte sangrenta, como já havia feito em *Umas facadinhas de nada* (1935). O título já diz tudo: *O suicídio de Dorothy Hale*. Não poderia ser mais claro. Uma figura pula de uma janela no Hampshire House. Um pouco mais abaixo, nós a reencontramos, na vertical, caindo de cabeça, o corpo envolto em nuvens. Finalmente, ela aparece deitada no chão em uma poça de sangue, usando um vestido de veludo preto muito "mulher fatal" com um ramo de pequenas rosas amarelas – flores que recebeu de Isamu Noguchi. É digno de nota que a moldura de madeira é decorada com nuvens, as mesmas que o corpo de Dorothy Hale atravessa ao cair.

A história dessa pintura não termina aí. Clare Boothe Luce relata qual foi sua reação ao receber uma pintura que ela pensava que seria o retrato de sua amiga morta, uma jovem de "extraordinária beleza e charme": "Sempre me lembrarei do choque que tive quando tirei a pintura da embalagem. Fiquei doente, fisicamente. O que eu faria com aquela pintura horrível que mostrava o corpo esmagado da minha amiga e seu sangue escorrendo por toda a moldura? Eu não podia devolvê-lo – na parte superior do quadro havia um anjo acenando com uma faixa proclamando em espanhol que era 'O Suicídio de Dorothy Hale, pintado a pedido de Clare Boothe Luce, para a mãe de Dorothy'. Eu nunca teria pedido uma pintura tão sangrenta nem de meu pior inimigo, muito menos de minha infeliz amiga!".[7] Frida concordou em remover parte do texto que aparecia na parte inferior da pintura, essa "legenda dolorosa", como Clare Boothe Luce a chamou, o que, no final, não acabou com o objeto do desentendimento: "Na cidade de Nova York, no dia 21 do mês de outubro do ano de 1938, às 6 horas da manhã, a sra. Dorothy Hale se suicidou se atirando de uma janela muito alta do edifício Hampshire House. Em sua memória [palavras cobertas de tinta], este retábulo foi executado por Frida Kahlo".

Assim como o autorretrato, o retrato é para Frida uma maneira de afirmar sua profunda diferença em relação ao muralismo e seu gigantismo pedagógico. Sem rejeitá-lo, ela propõe um outro caminho mais singular, mais interior. Até mesmo o suporte foi para ela uma maneira de se posicionar nessa história da pintura mexicana que está em pro-

7 Citado por Hayden Herrera, *Frida une biographie de Frida Kahlo*, *op. cit.*

cesso de formação. *Retrato de Alicia Galant* marca desde muito cedo o abandono do "grande formato", que agora se reduz em tamanho, em consonância com a adoção de suportes para os quais ela marcará, como observa Serge Fauchereau, uma "dileção particular": chapa metálica ou placa de masonita. De certa forma, ela homenageia a pintura popular, adotando sua escala e suas técnicas. Retratos, autorretratos: mesmo combate.

Pintar a dor

"Para criar meu paraíso, tive de recorrer ao meu próprio inferno pessoal."

"Preciso me resignar, começo a me acostumar com o sofrimento",[1] escreveu Frida em 1926. A pintura, o sofrimento: aqui estamos no centro do reator, bem no coração de nosso personagem, e na relação muito especial que, no caso de Frida, une os dois. Proust tem uma frase extraordinária. Ele escreve em *Em busca do tempo perdido*: "Eu não queria apenas sofrer, mas respeitar a originalidade de meu sofrimento".[2]

Abortos por recomendação médica, múltiplas cirurgias no pé direito e na coluna, feridas repetidas que levarão a uma amputação, Frida usará coletes ortopédicos feitos de gesso, de madeira, de ferro; desde o dia de seu acidente até o dia de sua morte, ela é submetida a incalculáveis cirurgias. Os números divergem. Alguns dizem que foram 35, outros, cerca de 15. Isolda P. Kahlo conta 25, Frida garante que contou 14. Pouco importa o número exato. Frida põe ao debate: "Eu detenho o recorde de maior número de operações".[3] Continuemos. Ela será pendurada, nua, pelos pés, de cabeça para baixo, para fortalecer a coluna; conviverá com coágulos sanguíneos e o cheiro de clorofórmio, ataduras, agulhas e bisturis. Amarrada, perfurada, imobilizada por me-

1 *Frida Kahlo par Frida Kahlo, op. cit.*

2 Marcel Proust, "Sodome et Gomorrhe" em *À la Recherche du temps perdu*, Gallimard, 1921.

3 *Frida Kahlo par Frida Kahlo, op. cit.*

ses a fio, fortemente aparelhada, sedada por analgésicos. Os detalhes? Quando um colete de gesso é colocado nela, ele é moldado, umedecido, diretamente em seu corpo, enquanto um ventilador barulhento funciona como secador. E quando o espartilho é de aço, ele fica tão apertado que a impede de respirar e faz feridas profundas em sua pele. Ela diz: "Estou babando como você nem imagina".[4] E também diz: "Acho que vou desmaiar de tanta dor, é horrível".[5]

Em uma palavra, Frida é a encarnação trágica da definição de Platão sobre o corpo – "semelhante um túmulo que nos aprisiona, como a ostra é prisioneira de sua concha".[6] Uma anedota: toda vez que Frida entra na sala de cirurgia, sua irmã Cristina penteia cuidadosamente seus cabelos, passa pó de arroz em seu rosto e leva suas pontes dentárias em um lenço, que Frida recoloca, junto com suas roupas, quando sai do centro cirúrgico.

São muito numerosas as cartas em que Frida Kahlo descreve sua condição e sua relação com o sofrimento. Aqui estão algumas delas.

Em 1925, ela escreve para seu namorado, Alejandro Gómez Arias: "Em dezoito dias, fará um mês que estou deitada, e vai saber quanto tempo vou passar nesta caixa; em resumo, não faço nada além de chorar, e depois durmo, mas só um pouquinho...".[7]

Em 1927, também para Alejandro, ela prossegue: "Se, por algum infortúnio, o colete não der resultado, eu terei de ser operada, e a operação consistirá em tirar um pedaço de uma perna e colocá-lo na coluna, mas, antes que isso aconteça, você pode ter certeza de que eu terei me autoeliminado da face da Terra. Eis a que minha vida se reduziu; estou entediada com E maiúsculo como em Ê, merda!".[8]

E ainda isto: "Na sexta-feira, me colocaram esse maldito colete de gesso. Desde então, é um verdadeiro calvário, comparável a nada; sinto como que uma asfixia, uma dor atroz nos pulmões e nas costas; quanto à perna, não consigo nem a tocar; quase não consigo andar, muito

4 *Ibid.*
5 *Ibid.*
6 Platon, *Phèdre*, Livre de Poche, 2007.
7 *Frida Kahlo par Frida Kahlo, op. cit.*
8 *Ibid.*

menos dormir. Pense só que me penduraram pela cabeça por duas horas e meia, e depois pela ponta dos pés por mais de duas horas e quinze minutos. Se tudo isso não me aliviar, sinceramente, eu prefiro morrer".[9]

Finalmente, em 1932, ela diz a um de seus médicos, o dr. Leo Eloesser: "Estou no fim da linha! Tudo me cansa". No entanto, ela encontra forças para acrescentar: "Mas, apesar de tudo, tenho vontade de fazer um monte coisas e nunca me sinto decepcionada com a vida, como nos romances russos".[10]

Poderíamos continuar com a terrível ladainha dessas cartas em que Frida Kahlo evoca seu sofrimento. Aqui está uma última, na qual mistura o inglês ao seu espanhol, enviada de Nova York em junho de 1946: "Faz três *weeks* que eles cortaram o osso. É uma completa maravilha, esse medicamento, tenho o *body* cheio de vitalidade, tanto que hoje meus *poor feet* tiveram direito a dois minutinhos de descanso, mas acredite, eu não *believe* nisso. Passei as duas *first* semanas sofrendo e chorando, porque, veja você, esse é o tipo de dor que eu não desejo a *nobody*, agudas e malignas, como nenhuma outra, mas esta semana a confusão diminuiu e eu sobrevivi mais ou menos bem com a ajuda de um monte de comprimidos".[11]

A citação que abre meu capítulo anterior foi tirada do final de uma carta enviada por Frida a Alejandro no sábado, 7 de maio de 1927. O que ela escreveu ali é fundamental – "Quando eu me acostumar com essa imundície de órtese, vou pintar o retrato de Lira, e depois verei o que mais"[12] – em outras palavras, ela já sabe, para voltar a Proust, que vai traduzir seu sofrimento em arte, que o que importa não é seu sofrimento, mas a originalidade desse sofrimento que lhe permitirá, como o rei Midas, transformar excremento em ouro. Frida fará de seu sofrimento o *leitmotiv* de seu conceito artístico. Há inúmeros exemplos que nos permitem abordar essa via-sacra tão particular, essa forma de ascese, que pode ser dividida em dois grandes eixos: dores físicas, dores morais.

9 *Ibid.*
10 *Ibid.*
11 *Ibid.*
12 *Ibid.*

Em abril de 1932, Frida acompanha Diego a Detroit, onde ele vai trabalhar em um afresco no pátio do Instituto de Artes. Três meses depois, Frida, que estava grávida, decide manter a criança, apesar dos conselhos do dr. Pratt. Após outro aborto espontâneo, ela é hospitalizada por treze dias no Hospital Henry Ford. O trauma provocado pela perda do filho é tamanho que ela recorre à pintura para aguentar o desespero, a apatia. Dessa vez, ela não põe seu sofrimento físico, sanguinolento, a serviço de sua arte para transcendê-lo; pelo contrário, a arte é que a impede de se perder. Cinco dias após o aborto espontâneo, ela desenha um autorretrato a lápis. De quimono, com os cabelos cinza presos em uma rede, ela surge com o rosto banhado em lágrimas. A lápis, Frida escreve: "*9 de Julio de 1932*". Dois outros desenhos do mesmo período, intitulados *O sonho* ou *Autorretrato onírico I* e *O sonho* ou *Autorretrato em sonho II*, de cunho mais onírico do que surrealista, a mostram dormindo em sua cama de hospital, presa em sonhos estranhos, metade sonho acordado e metade pesadelo. Um quarto trabalho em papel tenta exorcizar a perda do bebê. Trata-se de uma litografia cujo título não poderia ser mais explícito: *Hospital Henry Ford (O aborto)*. A tela mais importante, ligada a esse grande evento na vida de Frida, é *O Hospital Henry Ford* ou *A cama voando*.

É terrível constatar que cada quadro de Frida é a representação de uma ferida e que é possível seguir a cronologia de sua vida à luz de sua pintura. Em 1944, quando Frida já participou de várias exposições coletivas, seu trabalho como professora em La Esmeralda começa a dar frutos, ela acaba de comemorar seu décimo quinto aniversário de casamento, sua saúde está se deteriorando. As dores nos pés e nas costas a essa altura são tão insuportáveis que os médicos decidem obrigá-la a usar novamente os coletes feitos de aço, de couro, de gesso. Sofrimento total para resultados medíocres. A pianista Ella Paresce conta que uma noite, ao ver Frida sufocando após a colocação de um colete, pegou uma faca e libertou a prisioneira de seu invólucro de gesso. Isso não é tudo. Acrescente-se a isso punção lombar, transfusões de sangue, injeções de Demerol, tratamento à base de arsênico, laminectomia, enxerto de coluna...

Mil novecentos e quarenta e quatro: o ano em que ela pintou uma de suas telas mais emblemáticas, *A coluna partida*, que também deve ser aproximada de uma outra pintura, *Árvore da esperança, mantenha-se firme*, de 1946, pintada quando ela havia acabado de se submeter a um enxerto de coluna em Nova York. Nessas duas telas, ela se retrata como uma "pele esfolada, em carne viva e que sangra",[13] dividida em duas, danificada, recosturada, aberta, remendada pela cirurgia. Entretanto, em *Árvore da esperança, mantenha-se firme*, há um elemento adicional: ela se representa no que poderíamos chamar de dois "estágios" de sua hospitalização. Durante a operação – deitada nua, inerte, com o corpo marcado por incisões sanguinolentas – e durante a convalescença: uma Frida em trajes de tehuana, com o corpo comprimido por um colete e segurando um outro nas mãos, vela uma Frida deitada. Frida pinta o que vive. Diego Rivera definiu esse processo com grande lucidez: "Resistência à verdade, à realidade, à crueldade e ao sofrimento. Nunca antes uma mulher havia criado uma poesia tão dolorosa na tela".[14]

Voltemos a *A Coluna partida*. Trata-se de um autorretrato que dá sequência a um desenho no qual ela observa: "Esperar, com secreta angústia, a coluna partida e o olhar sem limites. Sem se mover, no vasto caminho, e movendo minha vida cercada de aço". Frida surge com o torso nu e os cabelos soltos, em pé, com o corpo dividido em dois por uma ampla fenda na qual se encontra uma coluna jônica rachada. Um colete ortopédico envolve o torso deslocado. Correias de couro com fivelas de metal completam o quadro. Lágrimas escorrem pelo rosto, pregos transpassam o corpo, cuja parte inferior está coberta por um pano branco que lembra representações religiosas. Frida, estripada de cima a baixo, é mostrada em uma paisagem desolada, árida. A mesma paisagem que aparece em *Sem esperança*, uma tela pintada em 1945 em que, sob um sol e uma lua frios, um grande funil, mantido no lugar por um equipamento dos mais angustiantes, despeja na boca da doente todos os tipos de carne, um leitão, um peixe, uma caveira, que ela vomita enquanto é alimentada. Feridas, cicatrizes, próteses – o sofrimento expresso por Frida Kahlo aqui é terrivelmente físico. Em uma carta ao dr. Eloesser, da mesma época de *A coluna partida*, Frida Kahlo escreve: "Estou ficando cada vez pior. No início, foi difícil

13 *Ibid.*
14 Diego Rivera, *Mi Arte, mi Vida*, *op. cit.*

me acostumar com isso. Maldição, é horrível ter que aturar essas órteses, mas se você soubesse como eu estava mal antes de colocá-las. Eu realmente não conseguia mais trabalhar, cada movimento, mesmo insignificante, me esgotava. Mas, veja, meu belo, quando você vier, em nome do que há de mais sagrado neste mundo, me explique o tipo de problema que eu tenho e me diga se ele pode ser aliviado, ou se vou morrer de qualquer jeito".[15]

A dor extrema, o luto pelos abortos, a perna hipertrofiada, os abscessos, os coletes ortopédicos, os pregos que dilaceram seu corpo, as operações sem fim, as cirurgias, a dependência do álcool, das drogas, dos analgésicos, a resistência à demência induzida por um derivado da morfina, sem falar nas constantes mentiras de Diego, que não para de traí-la e um dia lhe diz que ela não passa de um capacho de seu amor. Como Frida pôde viver todas essas provações? A cada dia, hora após hora, a cada segundo, diante da deterioração de sua circulação sanguínea, as operações no pé direito e na coluna, os transplantes e as amputações, Frida Kahlo sofre de delírios cada vez mais degradantes, muitas vezes sem conseguir distinguir entre pesadelo e estado de vigília – como ela pôde viver todas essas provações? Transformando sua dor em arte. Carlos Fuentes resume isso em uma frase: "Frida Kahlo é uma das maiores intérpretes da dor".[16]

Em 1946, ela pinta *O veado ferido* ou *O veado pequeno* ou *Eu sou um pobre veado pequeno*. Ao combinar sua cabeça com o corpo de um veado, Frida se representa metade mulher e metade homem, metade humana e metade animal. Ela está em um bosque, com o corpo atravessado por nove flechas. Mais precisamente, ela é ferida pelas flechas nas costas e bem no coração, os locais eternos das feridas reais e simbólicas de Frida. Um raio cai na água. Um galho morto jaz aos seus pés. Em uma foto da pintura que ela dá a Diego, ela escreve: "Sou um pobre veado pequeno". São as primeiras palavras de uma canção popular em Oaxaca em 1930, na qual um veado sedento de amor supera a timidez e consegue encontrar sua amada. Em maio de 1946, ela escreve um *corrido* para A. e L. que começa assim:

15 *Frida Kahlo par Frida Kahlo, op. cit.*
16 Carlos Fuentes, *Introduction au Journal de Frida Kahlo, op. cit.*

Sozinho ia o pequeno veado
Triste, abandonado, ferido
Mas na casa de Arcady e Lina
Ele pôde enfim se abrigar.[17]

O veado é um *leitmotiv* da mitologia do México pré-colombiano. O veado ou mazatl está associado ao pé direito, o pé doente de Frida. Nascer um "9 veado" não é uma boa coisa: para os astecas, o número 9 está associado às forças terrestres e noturnas, e o submundo tem nove níveis.[18] O veado aparece várias vezes em seu diário. Na forma de uma corça dedicada à sua falecida amiga Isabel; na palavra *venada*, que significa corça, em letras maiúsculas vermelhas; por ocasião de sua exposição em 1953, quando ela escreve:

A vida silenciosa
Oferenda de mundos [...]
Veados feridos[19] [...]

Esse pequeno óleo sobre masonita, medindo apenas 22,4 × 30 cm, é muito caro a ela, pois, como disse em várias ocasiões, tratava-se de "uma tentativa de vencer sua dor por meio da fé na vida". Vamos dar uma olhada em *O veado ferido*. Ele não chora, não se lamenta, apesar da dor. Embora apenas troncos de árvores restem da floresta destruída, ele a atravessa aos saltos, erguendo-se bem alto apesar dos ferimentos. *O veado ferido* é uma lição de vida. Frida não desiste nunca, não se rende nunca. Pouco lhe importam as flechas; ela vive com elas, leva-as consigo. Integra-as ao seu ser, e elas passam a fazer parte dela. Frida transforma a pulsão de morte das flechas em pulsão de vida. É uma transmutação alquímica.

Seis anos depois, em 1950, ela pinta um óleo redondo sobre chapa de metal: *O círculo*. Na verdade, trata-se do que em arte chamamos de *tondo* – do italiano *retondo* (redondo): um perfil, esculpido ou pintado,

17 *Frida Kahlo Confidences, op. cit.*
18 Salomon Grimberg em *Frida Kahlo par Frida Kahlo, op. cit.*
19 *Frida Kahlo Confidences, op. cit.*

sobre um suporte redondo. Conhecido desde a Antiguidade, o *tondo* foi muito difundido durante o Renascimento. Basta lembrar de *A Virgem e o Menino com cinco anjos* (*Madona do Magnificat*), de Botticelli, ou das *Adorações dos Reis Magos* de Fra Angelico e de Fra Filippo Lippi. Em minha opinião, essa é uma de suas pinturas mais aterrorizantes, aquela em que ela concentra todo o seu sofrimento físico, suas amputações. Nesse círculo de 32 centímetros de diâmetro, vemos um corpo decapitado, o de uma mulher – sinais visíveis: triângulo do sexo, seios bem-feitos –, sem pernas ou braços, um tronco, como se devorado pela gangrena, tomado por um apodrecimento, até mesmo presa de um mar de fogo. Tonalidades: verde, ocre, terra de siena.

Todas essas telas nascem de feridas físicas – operações, tratamentos, órteses. Como sugeri anteriormente, há outras mais silenciosas, mais invisíveis que, embora não cortem na carne, tocam Frida em um nível mais profundo: feridas do ser, feridas da alma, feridas morais. Vamos dar uma olhada em *As duas Fridas*. Essa tela de 1939, de formato incomum – 173,5 × 173 cm –, a maior que Frida pintou, pode ser interpretada, sem hesitação, como uma reação de dor e de decepção ao seu divórcio finalmente concluído com Diego. Frida contraiu uma infecção fúngica nas mãos e sua coluna está lhe causando dores excruciantes, de modo que o dr. Juan Farill a obriga a fazer terríveis sessões de alongamento. Ela voltou a morar na Casa Azul, a bolsa Guggenheim que solicitou foi recusada. Está muito sozinha, com sérios problemas financeiros, prejudicada pelas doses excessivas de álcool que usa para combater suas dores físicas e morais. O que fazer senão se livrar de sua dor exibindo-a? Ela pinta, então, uma de suas principais obras, *As duas Fridas*. É uma imagem de sua dualidade. Uma representa o eu que Diego amou, a outra, o eu que ele não ama mais. De um lado, uma Frida mexicana, vestida com um traje de tehuana, segurando na mão um retrato de Diego quando criança, do qual corre uma veia conectada ao seu coração saudável. Do outro, uma Frida europeia com um coração rasgado e sanguinolento. Alguns veem nessa tela reminiscências da tela *As duas irmãs* de Chassériau, em exposição no Louvre; outros sugerem que a pintura está mais próxima de *Retrato de Lupe Marín*, de Diego Rivera, pintado no ano anterior. Seja qual for o caso, essa jornada de sangue, de um coração para outro, de uma Frida para outra, significa a infelicidade que agora Frida precisa enfrentar: Diego não a ama mais. Diego não está mais com ela. Seu coração sangra. Em uma entrevista posterior, Frida revela que a origem de *As Duas Fridas* foi um machucado de infância, quando ela inventou um duplo imaginário com quem conversava. Para quebrar a solidão, surge a famosa "garotinha no fundo do poço", sua irmã sonhada, seu outro eu. Jean-Marie G. Le Clézio, comentando a pintura, escreve: "A enfermidade progressiva e o confinamento na solidão da dor transformaram o sonho de criança em uma fantasia e deram um valor quase mítico a esse outro eu que ela examina incessantemente no espelho".[20]

A lista de pinturas que dão conta de suas feridas morais é longa. É uma ladainha. Entre elas, *Memória* ou *O coração*, que, não hesitemos em repetir, relata três períodos da vida de Frida: com o vestido azul e a blusa branca de colegial que ela usa quando conhece Diego; com roupas europeias, de cabelos curtos, quando descobre que Diego a está traindo com Cristina, sua irmã; e, finalmente, com o traje indígena de tehuana, o da esposa apegada às suas raízes mexicanas. Quando viajou para Paris em 1939, ela deu essa pintura ao etnólogo Michel Petitjean como lembrança do romance que teve com ele.

Em 1938, ela pinta *Lembrança da ferida aberta*, uma tela que não existe mais porque foi destruída em um incêndio. Tudo que resta dela é uma fotografia em preto e branco. De acordo com relatos de testemunhas oculares, a tela era dominada pelo preto e pelo laranja, pelo rosa e pelo vermelho. Mais um quadro que usa as feridas físicas para falar sobre as feridas morais. O que fazer com a traição, o ciúme, a decepção amorosa? Como representá-los para os exorcizar? A "ferida aberta" é uma Frida sentada, puxando as saias para cima, com as pernas e o sexo machucados. E quando lhe perguntam o que a mão direita escondida sob o vestido está fazendo, ela responde sem rodeios que está se masturbando. Eis como Frida passa da "ferida aberta" para as pernas abertas. Surge então uma mulher sedutora que se oferece, com o sexo e as pernas abertas, apesar das feridas que a dilaceram.

O último exemplo é *Umas facadinhas de nada*. Pintado em 1935, ele mostra uma mulher completamente nua, cheia de facadas e banhada em

20 Jean-Marie G. Le Clézio, *Diego et Frida*, *op. cit.*

sangue. Ao lado da cama está seu assassino, ainda segurando a arma do crime – uma faca – na mão. Inspirado diretamente nos *retablos*, esse quadro chocou Trótski, sobre quem é justo pensar, como dizem, que já havia visto muitos outros. Frida, que acaba de romper com Diego, mora sozinha em um pequeno apartamento. Está triste e sozinha.

Feridas físicas, feridas morais, é um drama sem fim, sempre recomeçado e sempre resolvido, ainda que momentaneamente, pelo recurso à pintura. Em janeiro de 1950, quando está se preparando para iniciar uma longa, difícil e dolorosa internação no Hospital Inglês, onde será submetida a sete operações na coluna vertebral e precisará enfrentar uma grave infecção contraída durante a realização dos enxertos ósseos, Frida escreve ao dr. Samuel Fastlicht: "Ainda estou aqui porque, 'para variar', fiz outra operação na coluna. Só vou voltar para casa em Coyoacán amanhã. E ainda estou com o colete e na m... infelizmente! Mas ainda tenho esperança, vou tentar voltar a pintar o mais rápido possível".[21] Essas últimas palavras são essenciais: Frida, contra todas as probabilidades, ainda tem esperança. Durante esse longo ano, ela para de escrever seu diário e volta a pintar. Outra carta, datada de 11 de fevereiro de 1950, dessa vez endereçada ao dr. Leo Eloesser. A gangrena em seu pé direito está se espalhando. Considera-se uma amputação, injeções subcutâneas de gases leves. Frida reconhece: tudo aquilo a está enlouquecendo, minando seu moral. Ela escreve: "Estou perdendo a cabeça e estou farta desse maldito pé, gostaria de voltar a pintar e esquecer todos esses problemas".[22] Quando sai do hospital, Frida está condenada à cadeira de rodas e precisa da companhia de uma enfermeira em tempo integral. Não importa, ela finalmente pode voltar a pintar: *Retrato da família de Frida*, *Retrato do meu pai*, naturezas-vivas, mas, acima de tudo, *Autorretrato com o retrato do dr. Farill* ou *Autorretrato com o dr. Juan Farill*.

Esse óleo sobre masonita é seu último autorretrato com dedicatória. Pintado para seu médico no estilo das pinturas votivas, ela espera, com esse presente, permanecer inesquecível aos olhos dele. É uma tela pintada para agradecer ao "deus", ao "santo" que a salvou. Em

21 *Frida Kahlo par Frida Kahlo*, *op. cit.*
22 *Ibid.*

uma cadeira de rodas, em frente a um cavalete com um retrato do bom doutor, ela tem as mãos no colo, como se segurasse um buquê ou um presente, mas na paleta de pintura que ela segura está seu coração, palpitante e vermelho de sangue. Seu traje é muito sóbrio: ela usa um *huipil* branco, folgado – para esconder o colete –, e uma saia longa preta. Único sinal de vaidade: brincos em forma de mãos – os que Picasso lhe deu durante sua estadia em Paris no inverno de 1939. Voltarei a esse ponto. Mais uma vez pegando a caneta, ela comenta seu trabalho. É verdade que está em uma cadeira de rodas, mas se pergunta se algum dia voltará a andar e enfatiza que seu colete de gesso é um "fardo terrível", que está bêbada de fadiga, desesperada. Mas em uma nova carta ela acrescenta, determinada, tenaz, admirável: "Apesar de tudo isso, eu tenho vontade de viver. Comecei a pintar de novo. É um pequeno quadro que vou dar ao dr. Farill e que estou fazendo com todo o meu afeto por ele".[23]

O dr. Farill salvou sua vida, mas é a pintura que, mais uma vez, lhe permite aceitar a dor e lhe devolve o desejo de viver, amar e criar – de pintar. Frida quer viver de novo, sentir-se viva de novo. Em nenhum lugar, nem mesmo no hospital, como confirmam unanimemente as testemunhas, ela abriu mão do amor e do sexo, nem quando teve de manter a perna, do joelho ao pé, dentro de uma espécie de incubadora para mantê-la aquecida, nem quando teve de usar um colete rígido e tomar sedativos potentes que a entorpeciam. Ela nunca abandonou o prazer de se vestir ou de se enfeitar. As enfermeiras que a acompanham durante seu sofrimento a ajudam a se pentear, a se maquiar e a passar perfume. Não é uma questão de vaidade, mas de sobrevivência, um ato de resistência. Tantas consultas, diagnósticos, testes e tratamentos em vão. Como explicar essas dores crônicas, repetitivas e lancinantes? Já se falou em tuberculose ou sífilis? Sim, mas não há provas. Hoje, considerando os sintomas descritos por ela e por seus médicos, achamos que ela provavelmente sofria de fibromialgia pós-traumática – uma doença que na época era desconhecida.

É por isso que as pinturas de Frida Kahlo são um pouco como a biografia de uma alma que nos é oferecida. Com uma total falta de pu-

23 *Ibid.*

dor, uma artista se revela, às vezes com raiva, mostrando sua angústia. Esfolada viva e frágil, Frida Kahlo é uma estrela cadente singular que vai compreendendo, à medida que pinta, que sua arte não a protege, e sim a desnuda. Lentamente, a pintura se volta contra a mulher que exibe seu corpo mutilado para o mundo. Decididamente, a arte jamais cura nada. Tudo que ela faz é pôr questões e nutrir feridas que talvez sejam necessárias. Mas seria errado ver em Frida Kahlo um ser ferido para sempre que só pintou "esperança sem esperança", "a morte na cabeça". Se a observamos de perto, ficamos comovidos com o amor desmedido que ela inspira, sua alegria de viver, sua luz, exibida "como um pavão abrindo o leque", aquela "pluralidade inesgotável do ser" de que fala Carlos Fuentes.[24]

24 Carlos Fuentes, Introdução ao *Journal de Frida Kahlo*, *op. cit.*

Tina Modotti

"Minha amiga Tina mudou minha vida."

Em 24 de junho de 1913, uma jovem italiana, de apenas dezessete anos, originária de Údine, com uma mala na mão, um chapéu de palha enfeitado com flores e frutas artificiais na cabeça e cem dólares no bolso, parte para Gênova, onde embarca no vapor *Molkte*. Destino: a América! Que aventura! Údine-Gênova de carruagem; transatlântico para Nova York; trem para São Francisco. Maiakovski descreve a travessia marítima: "A primeira classe vomita onde pode, a segunda vomita na terceira e a terceira em si mesma...".[1]

Uma vez em solo americano, a jovem não consegue acreditar no que vê. Ela deixou um país onde a morte, a fome, o frio e o desemprego espreitam, e se encontra no paraíso, em São Francisco, em plena reconstrução após o terremoto, onde os italianos eram muitos. A Little Italy cheira a alho, pão assado, café torrado. Ela imediatamente encontra um emprego como operária em uma grande confecção. Mas ela ficou muito bonita, os homens a notam. Ela então passa a usar as últimas criações da loja para exibi-las aos clientes. Tudo acontece muito rapidamente. Ela participa de grupos de teatro que apresentam peças do repertório italiano. Fala-se delas na imprensa. *L'Italia*, um jornal da comunidade,

1 Vladimir Maiakovski, *Du monde j'ai fait le tour*, "Voyager avec", Louis Vitton/La Quinzaine Littéraire, 1997.

não se engana: "Aqui está uma jovem atriz que soube atrair a simpatia do público e conquistar uma horda de admiradores".[2] Em 1915, São Francisco sedia a Panama-Pacific International Exposition. Lá ela conhece um homem singular, poeta e pintor, descendente de uma família *créole* da Louisiana: Roubaix de l'Abrie Richey, apelidado de Robo. Ele tem 24 anos e usa capa e bengala de dândi boêmio. O amor à primeira vista é mútuo: ela adora a delicadeza e os olhos grandes e tristes dele; ele sucumbe à beleza selvagem dela, tingida de uma melancolia surda. Ela tem dezenove anos.

A máquina é colocada em movimento: a jovem garota se torna uma jovem mulher. Robo a impulsiona para o coração de São Francisco, então considerada a "Meca dos artistas", e a apresenta ao inconformismo e ao escândalo. Alguns de seus convivas sonham com a grande noite, aquela que está se formando na Rússia e que já aconteceu no México, oito anos antes. O cinema mudo, que está nascendo, a chama: ela consegue o papel principal em *The Tiger's Coat* (O casaco do tigre), um filme de Roy Clements. Agora ela é uma mulher livre, capaz de decidir sobre sua vida, suas escolhas intelectuais e, acima de tudo, de fazer com seu corpo o que quiser: desfrutá-lo, oferecê-lo. Certa noite, em sua grande casa em Los Angeles, aberta à boemia cosmopolita, ela conhece Edward Weston, já considerado o maior fotógrafo de seu tempo, que lê em voz alta um livro proibido por imoralidade: *Ulisses*, de James Joyce. Esteta, ele fotografa o corpo nu de mulheres. Ela posa para ele e se torna sua amante. Por mais de dez anos, eles trocam cartas intensas e generosas. É ela quem escreve a primeira delas, no dia seguinte à famosa sessão fotográfica: "Meus lábios queimam, e a intensidade do meu desejo faz todo meu corpo estremecer".[3]

Robo, o homem apaixonado, parte para morrer no México, não sem antes avisar ao seu grupo de amigos: "Essa terra de extremos revela tudo. É lá que está o jogo. É lá que é necessário estar". A jovem amante tem um pressentimento, ela tem certeza disso, o México espera por ela, aquele México onde, como Dos Passos escreve, "um sol branco

2 Citado por Gérard de Cortanze, em *Moi, Tina Modotti, heureuse parce que libre*, Albin Michel, 2020.

3 Tina Modotti, *Lettres à Edward Weston 1922-1931*, Anatolia, 1995.

e brilhante explode". Ela leva consigo Edward, que abandona esposa e filhos. Mas Tina faz uma exigência: quer ser assistente de Weston, que, em troca, vai lhe ensinar a arte da fotografia. Em alguns anos, a câmara escura não é mais nenhum segredo para ela. A jovem é inventiva, inovadora. Depois de assimilar rapidamente o rigor formalista de seu mentor, ela o enriquece com um compromisso social: "Sei que o problema da vida influencia profundamente o problema da criatividade artística",[4] confessa ela.

Weston foge do engajamento político, a fotografia posta a serviço das reivindicações sociais. O rompimento é inevitável. No final de dezembro de 1924, ele volta para os Estados Unidos. Uma nova vida começa para a jovem, que logo fará vinte e nove anos e se chama Tina Modotti. Depois de se dedicar ao seu trabalho artístico e fazer retratos para ganhar a vida – principalmente da atriz Dolores del Río –, ela conhece Xavier Guerrero, um comunista convicto e assistente de Diego Rivera, de quem se torna fotógrafa oficial.

Olhemos o quadro mais amplo. O presidente recém-eleito, Plutarco Elías Calles, deseja aplicar ao pé da letra o que a Revolução Mexicana havia conseguido em termos de relacionamento entre a Igreja e o Estado, a saber, a criação de uma "Igreja nacional" na qual os padres não podem mais usar vestes sacerdotais, precisam se registrar no Ministério do Interior e, em vários estados, se casar! Vemos até mesmo um tal general Joaquín Amaro organizar uma festa em uma igreja na Cidade do México, transformando o altar-mor em um bar e abrindo o tabernáculo para pegar cálices nos quais ele serve café. Perdendo toda a esperança de conseguir negociar qualquer mudança nessas medidas com as novas autoridades, a Igreja, em desespero de causa, ordena que seus padres deixem os locais consagrados e os tranquem. Isso sem contar a determinação anticlerical de Plutarco Elías Calles, que imediatamente toma o controle desses locais e os transforma em salas de reunião para fins diversos.

É necessário adaptar a decoração desses lugares à sua nova função. Naturalmente, as autoridades recorrem aos muralistas, e ao primeiro

4 *Ibid.*

deles, Diego Rivera, para transformar essas igrejas de seus sinos silenciosos em edifícios dedicados à devoção antirreligiosa. Assim, Diego decora os 150 metros quadrados de paredes, aos quais se somam a abside e o retábulo, da capela em Chapingo. No teto: uma estrela vermelha de cinco pontas e mãos segurando uma foice e um martelo! Nos corredores laterais, afrescos com nomes sugestivos: *O nascimento da consciência de classe*, *O triunfo da Revolução*, *O sangue dos mártires revolucionários* etc. E, é claro, não podem faltar as alegorias, como a intitulada *A Terra libertada com as forças naturais controladas pelo homem*. Em seu centro: um gigantesco nu feminino, com a mão esquerda levantada lembrando – chocante blasfêmia – a bênção episcopal.

Diego Rivera faz um retrato de Tina, uma espécie de esboço preparatório para o futuro trabalho. Depois, usa fotos dela tiradas por Weston. Uma ideia lhe ocorre: em vez de usar uma das fotos de Weston como ponto de partida, por que não fazer Tina Modotti posar nua? Ela aceita, como Dolores Olmedo, Lupe Marín, María Asúnsolo e a extravagante Nahuí Olín antes dela – todas mulheres audaciosas, revolucionárias, que mostram seus corpos sem restrições. Para elas, posar completamente nua é uma demonstração política clara do controle que têm sobre seus corpos. No México daqueles anos, esse é um ato verdadeiramente iconoclasta.

Assim, então, encontramos Tina nos afrescos de Diego, como *A Terra escravizada* ou *Germinação*. Em *Terra virgem*, ela também aparece, magnífica, sensual, provocante. Obviamente, conhecendo o temperamento de um e de outro, o pintor e a fotógrafa se tornam amantes. O caso dura pouco mais de um ano, de março de 1926 a junho de 1927. É uma relação tempestuosa, sem a ternura que talvez tenha unido Edward e Tina, mas desestabilizadora o suficiente para separar Diego e Lupe, que acabou pedindo o divórcio, reconhecendo sua recusa em dividir os holofotes com outra mulher: nos afrescos de Chapingo, ela não seria mais a única para a qual todos os olhares se voltariam. Edward Weston, que descobriria o afresco em um de seus retornos ao México, ficou paralisado pela sensualidade devastadora desses nus e escreveu: “Dois nus gigantescos dominavam a sala – à direita, uma figura reclinada inspirada em Tina; à esquerda, uma outra figura semiereta representando Lupe – ambos majestosos e monumentais... Eles são dignos de serem admirados e vistos por todos”.[5]

Com Tina, a vida anda rápido. Após terminar seu caso com Diego e romper definitivamente com Weston, ela participa ativamente da criação de *El Machete*, uma grande folha vermelho-sangue que o Partido Comunista Mexicano cola nos muros da capital. Tina fica ainda mais motivada após cair no charme animal do carismático Julio Antonio Mella, jovem revolucionário cubano e colaborador ativo de *El Machete*. Tina desenvolve, então, uma imagem escandalosa. Embora esteja loucamente apaixonada por seu belo amante, suas aventuras amorosas se multiplicam. Grande contradição que faz com que ela seja alvo de críticas dos dignitários marxistas: o apartamento que divide com Julio Antonio Mella é tanto um lugar de devassidão e bebedeiras como um centro de revolução permanente. Em uma palavra, ela se torna a suma sacerdotisa do momento. As festas que dá são frequentadas por todos os intelectuais engajados da Cidade do México. Dança-se, bebe-se, fuma-se, come-se, fala-se com veemência sobre a vida política mexicana e conserta-se o mundo.

Em 1928, ela tem 32 anos de idade. Está ainda mais bonita, mais atraente e mais comprometida politicamente do que nunca. Entre suas novas amigas está uma jovem de 21 anos que lhe foi apresentada por Germán de Campo, antigo colega de classe da jovem quando ambos estavam na Preparatória. Ela já pinta há vários anos e tem a firme intenção de ganhar a vida vendendo suas telas, mas estava infeliz, incapacitada após um terrível acidente do qual vai se recuperando lentamente; muitas vezes pensa em suicídio, está em busca de si mesma e começa a retomar aquilo que se pode chamar de uma vida social. Essa jovem é Frida Kahlo. Instala-se entre elas um fascínio mútuo, o que não chega a surpreender: ambas compartilham os mesmos ideais e as mesmas paixões. Elas são parecidas, vivem com a mesma intensidade. Uma foto dessa época mostra as duas abraçadas, de braços dados, Tina de vestido branco e Frida de vestido estampado com babados. Parecem irmãs. O mesmo olhar firme, a mesma vontade férrea. A mesma mão esquerda no quadril em sinal de desafio: o mundo pertence a elas. Além

5 Edward Weston, *Journal mexicain (1923-1926)*, Seuil, 1995.

de inseparáveis, se tornam amantes. Francisco G. Hagenbeck imagina o encontro das duas e dá a palavra a uma Frida seduzida: "Tina tinha a aspereza de um rochedo, um sorriso de homem, olhos de gato, uma voz adolescente e mãos de duquesa. Parte deusa, parte desejo".[6]

Tina leva Frida às reuniões políticas e festas para as quais é convidada. Que descoberta para ela essas noites boêmias em que se bebe tequila e se cantam *corridos* enquanto se fala sobre política. Membra do jovem Partido Comunista Mexicano desde 1926, Tina, uma das primeiras mulheres a andar pelas ruas da Cidade do México com calças de tecido, traz Frida, que entra para a Liga da Juventude Comunista em 1929. Na mesma época, ela a incentiva a se vestir com roupas mais austeras do que as suas habituais, que Tina considera demasiadamente burguesas. Essas novas roupas consistem no uniforme sóbrio das jovens militantes do partido: saia reta, jaqueta de couro e camisa preta, que Frida enfeita com um broche – que Tina lhe deu – representando uma foice e um martelo.

Uma noite, durante uma nova reunião política que organiza em sua casa, Tina se apressa a apresentar Diego Rivera a Frida. É amor à primeira vista. Já sabemos o que se seguiu: confiante, Frida vai até Diego para lhe mostrar suas últimas telas e inicia um relacionamento romântico com ele. Voltaremos a isso.

É o impulso de que Frida precisava, e ela pinta em rápida sucessão *Retrato de Cristina, minha irmã*, *Pequeno cavaleiro mexicano*, *Retrato de Agustín M. Olmedo*, *Duas mulheres*, *Menina sentada com pato*. Diego, por sua vez, está quase terminando o enorme afresco intitulado *Balada da Revolução Proletária*, no terceiro andar da Secretaria de Educação Pública. Ele o toma como modelo para sua pintura *A distribuição de armas*. Ela é retratada como uma revolucionária distribuindo munição para o povo, daí o nome às vezes usado para se referir a essa obra: *O arsenal – Frida Kahlo distribuindo armas*. Ela está vestida com uma roupa de militante: saia lisa escura, blusa lisa vermelha e na lapela uma estrela vermelho-escura. À sua esquerda, Tina Modotti, a mesma saia preta, a mesma blusa vermelha, mas com colarinho e punhos pretos, dando a José Antonio Mella uma cartucheira, sob o olhar

6 Francisco G. Hagenbeck, *Le Jour des morts*, *op. cit.*

inquisidor de um certo Vittorio Vidali, stalinista feroz e futuro amante de Tina.

E o que Tina faz, além de posar com Frida? Ela passa horas com Mella, fazendo amor, bebendo, trabalhando de mãos dadas para *El Machete*, fazendo manifestações nas ruas da Cidade do México. Nada parece conseguir perturbar sua felicidade... Às vezes, Frida os acompanha nas manifestações organizadas pelo Partido Comunista. Na noite de 10 de janeiro de 1929, Mella é assassinado em plena rua e morre nos braços de sua amante. Assassinato político ou acerto de contas? A imprensa sensacionalista toma conta do caso. Tina é arrastada na lama: publicam-se fotos íntimas, páginas de seu diário e sua correspondência. A mídia a apedreja e a apelida de "Mata Hari do Comintern". Ela dirá: "Tudo isso foi como um pesadelo para mim".[7]

Claramente, juízes e policiais orquestram vazamentos intencionais para a imprensa, que, dia após dia, em todas as suas colunas e análises, chega a apenas uma conclusão: foi um crime passional, talvez ordenado por Tina Modotti, que busca ocultar a identidade do assassino. Fazer o quê? Tina não tem nem tempo de preparar uma resposta. Sob prisão preventiva, ela não tem permissão para sair de seu apartamento, onde dois policiais a vigiam dia e noite. Em uma carta para Weston, datada de 9 de março de 1930, Tina fala desse período com uma tristeza infinita: "Os jornais me seguiam, e às vezes até me precediam – com um apetite de lobo".[8]

Como pôr um fim a esse pesadelo? Diego Rivera, que já havia sido muito ativo durante a manifestação em apoio a Mella, entra em cena mais uma vez. Acompanhado por Miguel Covarrubias, pintor e caricaturista, ele é recebido pelo diretor do *L'Excelsior*, Rodrigo de Llano, que está à frente dos ataques virulentos contra Tina. Foi ele quem desde muito cedo acenou com a carniça: "Tomamos conhecimento de duas fotografias que são uma verdadeira revelação: a primeira é de Julio Antonio Mella, a segunda de Tina Modotti, sua amante. Ambas mostram esses indivíduos completamente nus, em poses indecentes que nada teriam de surpreendentes se se tratasse de devassos ou cafetões,

7 Tina Modotti, *Lettres à Edward Weston 1922-1931*, *op. cit.*
8 *Ibid.*

mas que dificilmente se coadunam com um 'apóstolo do comunismo', um 'defensor do povo' e com sua musa, sua modelo, sua inspiração, essa musa do 'esplendor revolucionário'. E esse fato – esse simples fato – seria suficiente, entre as pessoas decentes, para privar Mella das homenagens póstumas e relegar sua concubina à categoria das mulheres que negociam o amor e alugam seus corpos".[9]

Em sua última edição, ele publicou páginas do diário de Mella, nas quais ele fala sobre as mulheres que amou. "Isso é mesmo necessário?", pergunta Diego Rivera.

Primeira crítica: publicar os nus de Weston para desacreditar Tina Modotti é uma ignomínia. Segunda crítica: chamar esses nus de "imorais" é um ataque à liberdade de criação artística. Mas Diego Rivera tem mais argumentos. É um absurdo qualificar como "pornográfica" a foto – muito antiga, aliás – de Julio Antonio Mella, sem camisa, em uma competição de remo em Havana, que exigia que os competidores se apresentassem dessa maneira. Quanto às fotos de Weston, por que ver nelas "indecência"? O que dizer, então, dos afrescos de Chapingo, nos quais Tina Modotti aparece em trajes sumários? Não se mexe com Diego Rivera. O chefe do *L'Excelsior* sabe disso e publica na íntegra as declarações do mestre do muralismo, tentando restabelecer a verdade.

Acaba aí o martírio de Tina? Não exatamente. São poucas as pessoas que a defendem. Frida e Diego voltam à carga, pedindo a ajuda do prefeito da Cidade do México e organizando um inquérito para limpar o nome da amiga. Aos poucos, o caso se resolve, as feridas cicatrizam e Tina retoma seu trabalho como fotojornalista. Quando Diego e Frida se casam, em 21 de agosto de 1929, é Tina quem organiza a festa que se segue à cerimônia.

Em sua varanda, em meio à alegria e à euforia acentuada por copos de *pulque*, em um cenário de roupas íntimas – as de Tina – que secam penduradas em varais, todos contribuem com uma música ou uma anedota. Todos os amigos estão lá. De repente, Diego saca uma pistola do bolso e dispara tiros que ferem um dos convivas. Frida passa a noite de núpcias na casa de seus pais e Diego se embriagando com Tina, gritando que os comunistas são fantoches sedentos de poder. Estamos

9 Citado por Gérard de Cortanze, em *Moi, Tina Modotti, heureuse parce que libre*, *op. cit.*

no México: alguns dias depois, os dois pombinhos fazem as pazes e a vida pode continuar.

Então o drama acabou? A morte de Mella, o casamento que quase deu errado? Nem um pouco... A verdadeira tempestade eclode apenas um mês depois: Diego é expulso do Partido Comunista. Ou ao menos essa é a versão oficial. Jean-Marie Gustave Le Clézio, em *Diego e Frida*, oferece uma outra. Com base no testemunho de Baltasar Dromundo, que teria presenciado a cena, ele conta que Diego Rivera em pessoa anuncia e encena a expulsão do camarada Diego Rivera, "pintor lacaio do governo pequeno-burguês do México". Não deixando nada ao acaso, ele termina sua diatribe esmagando, a marteladas, sobre a mesa do comitê, uma pistola que ostensivamente tira do bolso. Um gesto teatral e surrealista, com o qual prontamente nos associamos. Mas, como a política é um assunto sério, Frida, em uma demonstração de solidariedade, renuncia imediatamente. A pergunta se coloca: deixar o partido significa perder os amigos? A resposta é sim. É o que evidenciam as reações de muitos deles, especialmente a de Tina. Alinhando-se com a imprensa comunista, que critica o dissidente, Tina, cuja defesa Diego empreendeu alguns meses antes, não hesita em romper os laços de amizade que a unem a ele e a Frida – com o único objetivo de preservar aqueles com o partido. A carta que ela envia então a Weston é terrível, inequívoca e severa, a tal ponto que algumas pessoas próximas a ela, como Monna Alfau, jornalista e esposa do pintor Rafael Sala, ficam indignadas ao ver que a mulher que ela compara a uma espécie de freira parece querer sacrificar tudo a esse "maldito Partido Comunista": "Diego foi expulso do partido [...] Por quais motivos? Porque os muitos trabalhos que ele aceitou recentemente do governo [...] não são compatíveis com os deveres de um membro militante do p... [...] Acho que sua expulsão fará mais mal a ele do que ao p. Nós o veremos como ele realmente é, ou seja, um traidor. Não preciso dizer que também vou considerá-lo como tal e que, de agora em diante, todos os meus contatos com ele se limitarão às nossas transações fotográficas".[10]

É assim que uma amizade termina, assim como um triângulo amoroso: Tina foi amante de Diego, que ela apresentou a Frida, ex-amante

10 Tina Modotti, *Lettres à Edward Weston 1922-1931*, *op. cit.*

de Tina que agora é esposa de Rivera. De fato, há quem pense que Tina se ressente de Diego desde que este exibiu a vida privada dela nas paredes do Ministério da Educação. Alguns meses depois, Tina, acusada injustamente de participar do atentado contra o presidente Pascual Ortiz Rubio, passa treze dias na prisão antes de ser expulsa do México e deportada a bordo do *Edam*, um cargueiro holandês. Começou então para ela uma vida de exilada: Berlim, Moscou, Paris, Espanha em guerra. Durante dez anos, seu paradeiro é desconhecido.

Na primavera de 1939, munida de documentos falsos e graças à intervenção do presidente Lázaro Cárdenas, que anula a ordem de expulsão, ela consegue retornar ao México. Chamada por agentes do FBI de "agente dos serviços secretos soviéticos", ela não é mais a jovem beldade que deixa atrás de si um rastro de escândalos. Uma sombra com ares de mulher idosa, ela vive modestamente em um pequeno apartamento. Depois, lentamente renasce, ganhando a vida fazendo traduções, tenta voltar à fotografia e reata com alguns amigos. Mas não com Diego, nem com Frida. Em dezembro de 1941, ela passa a noite de São Silvestre na sede da representação chilena. Cinco dias depois, janta com o arquiteto da Bauhaus Hannes Meyer e sua esposa. Cansada, interrompe a refeição mais cedo e decide ir para casa de táxi. Morre no veículo, sozinha, de falência cardíaca.

Ao contrário do jornalista, que está sempre à procura de notícias escabrosas que aumentem as vendas do jornal no qual trabalha e promovam sua carreira pessoal, o legista que a examina conclui que ela morreu de causas naturais. Vittorio Vidali, companheiro de Tina desde 1939, e que não é nenhum coroinha, se esconde. E está certo. Mal a notícia é divulgada, a imprensa sensacionalista se deleita com ela, sem nuances, sem consideração pela família ou pelas pessoas próximas a ela, e pisoteia a verdade – como havia feito quando Juan Antonio Mella foi assassinado. O *La Prensa* traz em sua manchete "O inexplicável desaparecimento do amante de Tina Modotti". O *El Nacional* fala dessa "mulher, que se tornou tristemente célebre na época da morte misteriosa do líder comunista cubano Julio Antonio Mella, com quem ela tinha um caso". E isso não é tudo. Tina nem foi enterrada e já se fala em crime, em envenenamento, e os boatos mais loucos se espalham, como o de que ela havia cometido suicídio! O bando tem vários líderes, e um deles se chama Diego Rivera, mestre das mentiras e dos vira-casacas. Carlos Sormenti – um outro nome de Vittorio Vidali – seria um agente do Diretório Político do Estado soviético, e poderia muito bem ter assassinado sua amante por ordem de Moscou, porque ela sabia demais. As provas: Tina Modotti morreu de falência cardíaca? Obviamente, já que os assassinos russos desenvolveram uma toxina que não deixa rastros e que faz parecer que a vítima morreu de ataque cardíaco. A imprensa vai à loucura. O *Extra* publica uma foto de Tina com a seguinte legenda: "Tina Modotti, a Madalena comunista", ou ainda "Julio Antonio Mella, Trótski, agora Tina Modotti: eliminações tipicamente estalinistas". As velhas calúnias ressurgem: Tina levou uma vida das mais licenciosas; posou nua para Weston e Rivera; teve ambos como amantes; trocou Guerrero por Vidali; a Mata Hari do Comintern é uma destruidora de lares! Lembra-se oportunamente que ela foi acusada de conspiração e de tentativa de assassinato contra Pascual Ortiz Rubio. O *La Prensa*, sempre ele, vai ainda mais longe: "Tina possuía um passaporte italiano graças à intervenção pessoal de Mussolini!". A imprensa americana se envolve: No *New York Times*, Hilton Kramer escreve um longo artigo intitulado "Sexo, arte, violência, marxismo". Uma única voz se levanta para combater a teoria do assassinato. Uma voz que todos escutam, que tem importância – a de Pablo Neruda: "Impressionado pela dor furiosa de Carlos, tomei uma decisão. Escrevi um poema no qual desafiava os detratores de nossa morta".[11] Para sua grande surpresa, seu poema, "Tina Modotti está morta", é publicado por toda a imprensa.

Dois meses depois, uma grande retrospectiva de seu trabalho fotográfico é realizada na Galería de Arte Moderno da Cidade do México. A política, a "agitadora comunista inquieta", deu lugar à artista. A mulher que escreveu no início de sua carreira: "De agora em diante, tudo que eu possuir terá a ver com fotografia".[12] Frida e Diego não vão à exposição. Triste fim para uma amizade tão bonita. Frida nunca pintou Tina, nunca lhe ofereceu uma tela ou um desenho. Mas Tina será para sempre aquela que lhe deu uma consciência política. Será para sempre

11 Patrick Marnham, *Diego Rivera, Le rêveur éveillé*, *op. cit.*
12 Tina Modotti, *Lettres à Edward Weston 1922-1931*, *op. cit.*

aquela que, ao seu lado, distribui armas ao povo em *O arsenal – Frida Kahlo distribuindo armas.*

Em junho de 1983, o Museu Nacional de Arte da Cidade do México decide reuni-las em uma exposição conjunta, sobriamente intitulada "Frida Kahlo, Tina Modotti". As telas de uma são respondidas com as fotografias da outra. Em sua apresentação, Jorge Hernández Campos nos lembra de que o século XX, que chega ao fim, finalmente deu a essas duas mulheres, mais de cinquenta anos após seu encontro, "o lugar que lhes convém".[13]

13 Jorge Hernández Campos, "Presentación", em *Frida Kahlo Tina Modotti*, Museo Nacional de Arte, Munal/INBA, 1983.

Cristina Kahlo

"Você bem sabe que é metade da minha vida."

Frida ainda não tem um ano de idade – acabou de completar onze meses – quando nasce a sua irmã Cristina. Depois de María Luisa (1894) e Margarita (1898), filhas de seu primeiro casamento com María Cerdeña, Guillermo Kahlo Kaufmann, como sabemos, tem outras quatro filhas: Matilde (1899), Adriana (1902), Frida (1907) e Cristina, nascida em 7 de junho de 1908.

Pequena, gordinha, bonita, vaidosa, com enormes olhos verdes, Cristina ganha a todos, é o centro das atenções. Muitos anos depois, Frida vai reconhecer, com pesar, que sempre teve de compartilhar o amor que conseguia despertar. Também confidenciou à amiga Olga Campos que, quando se comparava à irmã, não conseguia competir com seus olhos verdes claros e suas feições de boneca de porcelana. Mas isso não tem importância: seu vínculo fraternal parece indestrutível. Frida apelida sua irmãzinha de "Kitty", e elas logo se tornam inseparáveis, compartilhando tudo: suas alegrias e tristezas, seus risos e suas mágoas. Elas não têm segredos uma para a outra, mas sim quando se trata do resto da família: *em boca fechada, não entra mosca*.

É estranho: para o resto da família, Cristina é meio que a doce e charmosa idiota, e Frida, a complicada, mas tão talentosa, tão inteligente. Como Cristina é desajeitada, como Frida é hábil! Os pais logo estabelecem categorias: Cristina nunca fica doente e está sempre sorrindo, enquanto Frida sempre tem dor em algum lugar e fica muito triste de vez em quando. Frida é a filhinha do papai, e Cristina é a *chaparrita*, um apelido que diz muito, pois significa "baixinha e gorducha". Esse desequilíbrio poderia ter separado as duas irmãs, mas não foi o que aconteceu. Enquanto trabalhava em seu livro de memórias, a filha de Cristina, Isolda Pinedo Kahlo, descobriu nos arquivos da família um diário incompleto, inacabado, mas muito precioso, escrito por sua mãe. Quando sua mãe o escreveu para a filha, tinha 42 anos de idade. Nele, ela explica que teve uma infância normal, com um pai de nacionalidade alemã e uma mãe mexicana, ambos pais "magníficos". Ela também observa que sua avó de origem espanhola a faz se sentir confusa, hesitante, dividida entre vários sentimentos, às vezes segura de si, às vezes muito insegura. E que, quando a turbulência da adolescência tomou conta dela, ela se deu conta de que seria difícil viver aquela sexualidade que sentia crescer dentro dela em uma família que era amorosa, certamente, mas burguesa demais. É por isso que, tendo acabado de ser eleita Miss Coyoacán, ela se casa, aos dezesseis anos e meio, com um homem de 33 anos, de quem se divorcia seis anos depois – ele a havia traído e bebia –, levando consigo sua culpa, seu desespero e seus dois filhos pequenos.

Depois de ter sido abandonada por todos, rejeitada, apenas uma de suas irmãs responde à sua aflição, Frida, "a que era a mais querida de todas, a mais doente, a que estava casada com um pintor famoso"[1] e se oferece para ajudá-la, e ela em troca cozinharia para Frida e a ajudaria em várias tarefas diárias. Assim, Cristina pôde voltar para a casa de sua infância na rua de Londres.

Assim também, muito naturalmente, quando Frida começa a pintar, Cristina está entre seus primeiros modelos. Cerca de uma dúzia de pinturas precedem *O Retrato de Cristina, minha irmã*. Realizado entre 1928 e 1929, esse óleo sobre madeira, medindo 99 × 81,5 cm, mantém as características do estilo inicial de Frida: uma linha clara, precisa, *botticelliana*, um tanto estática, ainda muito europeia e muito distante da futura presença de uma mexicanidade que se tornaria um de seus *leitmotivs*. Cristina surge comportada, quase ausente em seu vestido

1 Citado por Isolda P. Kahlo, *Frida íntima*, *op. cit.*

branco decotado, com as mãos cruzadas no colo. Cabelos alisados, lábios vermelhos, bochechas rosadas. Ao fundo, uma pequena árvore estilizada e, em primeiro plano, alguns galhos, como se brotassem da moldura. Alguns diriam que há uma certa falta de destreza, outros, que se trata de um olhar ausente à moda de Modigliani. Mas Frida já está lá: na frágil humanidade que emana dessa pintura de sua irmã amada.

Na realidade, por trás dessa aparente felicidade, um drama está prestes a se desenrolar, lentamente, na velocidade humana. Diego nunca escondeu sua afeição pela irmã de sua jovem esposa e, em 1929, quando está decorando a sala de conferências Art Déco do Ministério da Saúde e da Assistência Pública, ele decide instalar seis nus extravagantes. Ione Robinson, uma jovem americana de dezenove anos que ele contrata como assistente e se torna sua amante, posa para *A pureza* e *A força*. *A saúde* explode em uma sensualidade provocante, e *A abstinência* sufoca uma cobra que desliza entre suas coxas. Restam *A vida* e *A sabedoria*. Diego faz com que Cristina pose, e ela surge em todo o seu esplendor juvenil.

Enquanto Frida e Diego embarcam em sua longa aventura americana – São Francisco, Nova York, Detroit –, o tempo passa. Em 20 de dezembro de 1934, após discussões tempestuosas, Frieda e Diego embarcam no vapor *El Oriente*, que os leva a Veracruz via Havana. O retorno ao México, que Frida tanto desejou, é como um banho de água fria para Diego. Na verdade, ele não queria voltar para esse país violento e atrasado, que não suporta mais, especialmente porque havia sido expulso do Partido Comunista e não tem mais o olor da santidade. Foi condenado ao ostracismo na Cidade do México, enquanto em Nova York foi homenageado como um dos maiores pintores vivos. Ele se ressente tanto de Frida que, quando ela precisa voltar ao hospital mais uma vez, para se submeter a uma operação no pé direito e à amputação de vários dedos, mas, acima de tudo, a outro aborto, ele fica no mínimo ausente, especialmente porque Frida é claramente aconselhada a não ter relações sexuais por algum tempo. A consequência imediata: enquanto Frida sofre seu martírio no hospital, Diego dá início a um caso amoroso com Cristina.

Mais tarde ele minimizará essa aventura, chegando a escrever em *Mi arte, mi vida* que havia tido um breve relacionamento com a "melhor amiga" de Frida! É difícil conceder a ele até o menor dos atenuantes. Diego é useiro e vezeiro da traição: traiu Angelina Beloff dormindo com Marievna, que ela considerava sua melhor amiga, e Lupe Marín, sua esposa, traiu com a irmã mais nova dela... Diego acaba declarando a Frida, como se para justificar suas ações: "Na verdade, quem eu amava era sua irmã; você só foi o capacho do meu amor".[2]

O choque para Frida é terrível e vai alterar profundamente a natureza de seu casamento. Ela não confia mais em Diego. É necessário redefinir o relacionamento dos dois. Por que não tirar proveito de uma liberdade sexual que ela nunca havia se permitido antes? Mas, antes disso, é preciso lidar com a vida cotidiana e com as feridas em carne viva causadas pela traição de Diego, que instala Cristina em um apartamento na rua Florencia, no novo e elegante bairro da Zona Rosa. Algum tempo depois, ele chega a comprar para ela uma casa em Coyoacán. Isso é o que ele chama de um "caso efêmero", que provavelmente durou muito mais do que ele quer admitir – sem dúvida até 1936, talvez um pouco mais.

Por que Cristina cede às investidas do cunhado? Provavelmente porque nutre uma espécie de ciúme de Frida. Afinal, ela é uma mulher sozinha, com dois filhos pequenos, abalada pelo divórcio, e que tem diante de si essa irmã mais velha que ela sempre admirou, casada com um homem rico, poderoso, famoso – em suma, que tem tudo. Será que ela não poderia ter, ela mesma, um pouco desse sucesso que tanto sorriu para sua irmã?

Enquanto isso, a dor de Frida é imensa. Ela escreve para Ella e Bertram D. Wolfe em 18 de outubro de 1934: "Vocês sabem tudo que aguentei e acho que entendem minha situação, mesmo que eu os poupe dos detalhes".[3] E prosseguiu: "Diego mente para mim sem parar e esconde de mim todos os detalhes de sua vida, como se eu fosse sua pior inimiga. Vivemos uma vida falsa e cheia de bobagens que eu não consigo mais suportar".[4] Alguns dias depois, em 24 de outubro, ela escreveu

2 Citado por Emmy Lou Packard, no programa *All Things Considered* da Radio Publique Nationale, de 10 de março de 1990, dedicado a Frida Kahlo.

3 *Frida Kahlo par Frida Kahlo*, *op. cit.*

4 *Ibid.*

ao dr. Leo Eloesser: "Acredito que, se eu trabalhar, esquecerei minhas tristezas e poderei ser um pouco mais feliz".[5]

Como sempre, sua força criativa é mais forte e a atrai para a vida. Ela inicia uma de suas telas mais famosas, *Umas facadinhas de nada*, que conclui no ano seguinte. Nela, Frida diz em tinta o que não pode gritar pessoalmente para Diego. Aquela mulher dilacerada por golpes de faca, nua em uma cama, ensanguentada, é ela. E o homem que acaba de matá-la, com a faca ainda na mão e a camisa manchada de sangue, é Diego. Ela lhe diz, com grande pudor e um quê de humor feroz, que sua traição a faz sofrer terrivelmente.

A ferida nunca cicatrizará. Frida jamais perdoará verdadeiramente. Basta olhar para suas obras futuras para entender que essa traição a assombrará por toda a vida. Ela está presente em *Memória* ou *O coração*, uma tela de 1937, e em *Lembrança da ferida aberta*, um quadro ainda mais explícito, do ano seguinte.

Frida não perdoa Diego, mas será que perdoa sua irmã? Sim, sem dúvida nenhuma, e isso já em 1936. O vínculo que as une é forte demais, remonta àquela infância compartilhada. Com a ferida parcialmente curada, Frida volta a viver em Coyoacán, na casa onde cresceu. Lá, ela passa longas horas brincando com os filhos de Cristina, Isolda e Antonio. Esses são os filhos que ela nunca teve. A família que ela não conseguiu construir. Ela chega ao ponto de ajudar Cristina a pagar a escola deles, além das aulas de música e dança, e os cobre de presentes. Ela até volta para a casa em San Ángel, a casa de Diego na qual ela tem um ateliê, particularmente apreciada por seu sobrinho e sua sobrinha. Isolda se lembra desses momentos passados na companhia de sua tia, Diego e Cristina: "Eles nunca demonstraram que não éramos bem-vindos, mesmo quando discutiam usando palavras que nunca deveríamos ter ouvido. Éramos seus sobrinhos e parte integrante da família. Em outras palavras, em resumo, compartilhamos os bons e os maus momentos, os momentos de alegria e aqueles em que crises frequentes eclodiam. Depois de todos esses anos, digo a mim mesma que eles nos amavam demais e sabiam como nos fazer sentir isso".[6]

5 *Ibid.*
6 Citado por Isolda P. Kahlo, *Frida íntima*, *op. cit.*

E as duas irmãs? Cristina não foi apenas a melhor amiga de Frida, mas também sua confidente, camarada e cúmplice em muitas situações de sua vida pessoal.[7] Assim, ao longo de toda a sua vida, se Frida precisasse de uma confidente ou de um álibi, Cristina estava lá, servindo como sua caixa postal durante seu relacionamento com Josep Bartoli ou emprestando-lhe o apartamento onde ela se encontrava com Leon Trótski.

Durante sua longa permanência no hospital em 1946, a dedicação de Cristina é total. Às vezes se esquece até mesmo de cuidar dos filhos, dorme umas poucas horas, vai ao hospital bem cedo todas as manhãs, quando as enfermeiras da noite estão indo embora, para garantir que Frida nunca esteja sozinha. Todos os dias, ela realiza a mesma rotina: lava as roupas de Frida, faz sua higiene, escreve cartas para toda a família, começando por suas irmãs, para que ninguém se preocupe. A tal ponto que muitos observadores notam que, enquanto a saúde de Frida vai melhorando, a de Cristina, esgotada, se deteriora dia a dia. Seria culpa por seu caso romântico com Diego ou amor profundo por sua amada irmã? Provavelmente os dois: "Cristina estava presente em todas as operações, desde as mais triviais até as mais dolorosas, e passava horas cuidando de Frida quando esta estava doente, tanto de dia como de noite, deixando-a apenas depois de se certificar de que tudo havia voltado ao normal. Era como uma mãe para ela, atenciosa e amorosa, já que Matilde Calderón não pertencia mais a este mundo. Muitas vezes, para fazê-la rir e esquecer sua angústia, ela contava piadas e cantava canções tradicionais mexicanas".[8]

A mulher que Frida carinhosamente chamava de "a menina Cristi" lhe dedicou essa atenção, essa presença, até seus últimos momentos. Olga Campos conta: "Cristina era o braço direito de Frida. Ela trabalhava com zelo e parecia estar sempre de bom humor. Todas as manhãs, ela chegava à casa de Frida para fazer tudo que precisava ser feito. Preparava uma lista e ia às compras. Ajudava Frida a se vestir, a pentear os cabelos e a fazer a maquiagem. Pintava seus cabelos grisalhos, mesmo

7 Cf. Luis-Martín Lozano, *Frida Kahlo, El círculo de los afectos*, Cangrejo editores, 2016.
8 *Ibid.*

quando ela estava doente e acamada. Preparava a marmita de Diego quando ele estava pintando afrescos ou trabalhando em seu ateliê".[9]

Até o fim, Cristina vinha todos os dias para ajudar Frida, acompanhada de seus filhos, enfeitando os cabelos da irmã com todas as flores que esta tanto amava, inevitavelmente recebida com estas palavras: "Como você está, Gordinha?". Cristina morreu em 7 de fevereiro de 1964, dez anos depois de sua irmã. Uma fotografia captura admiravelmente o vínculo que as unia. Ela data de junho de 1946. Tirada em Nova York por Nickolas Muray, vemos uma Frida, de vestido amarelo e vermelho, colar e brincos combinando, grandes laços no cabelo, boca pintada, olhos fechados, jogada nos braços de Cristina. Uma Cristina radiante, atenta, redonda, suave, maternal, em seu vestido decotado, leve, com estampa vichi.[10] Uma foto pode ser enganosa, mas não esta, que diz a verdade e nos comove profundamente.

9 Olga Campos, em *Frida Kahlo Confidences*, *op. cit.*

10 Tecido xadrez de duas cores, geralmente de algodão, também conhecido como *gingham*. (N.T.)

Frida e a política

"A revolução é inevitável."

Nem Diego nem Frida participaram da Revolução Mexicana. O primeiro porque estava na Europa, e a segunda porque nasceu em 1907. Mesmo assim, a Revolução não deixa de constituir o pano de fundo de seu engajamento. Podemos argumentar, então, mais uma vez, que o primeiro ato político de Frida foi falsificar sua data de nascimento para fazê-la coincidir com uma década revolucionária que alterou profundamente as estruturas econômicas, sociais, políticas e culturais de seu país. A entrevista de Frida a Olga Campos, em 6 de setembro de 1950, começa com estas palavras: "Nasci em 7 de julho de 1910, estudei até o último ano do ensino médio, não tenho religião e pertenço à raça mexicana, para dizer melhor: sou uma mistura".[1]

É importante entender que, para os jovens da geração dela, essa rebelião, seus marcos e seus líderes – Madero, Carranza, Villa, Zapata – fazem parte de suas vidas cotidianas. Ter vivido esses momentos lendários é visto como prova de compromisso com os ideais nacionalistas que eles propagam. Em resumo, é preciso poder dizer: eu estava lá, eu vi.

Como uma jovem proveniente desse vasto movimento de reforma, Frida o acompanha à sua maneira. Já em 1922, sua consciência política é muito real, como atesta este pequeno bilhete enviado por Frida à

1 Olga Campos, em *Frida Kahlo Confidences*, *op. cit.*

sua mãe, no qual ela conta por que retornará à Casa Azul mais tarde naquela noite: "Hoje vou ficar na escola porque Diego Rivera vai dar uma palestra e acho que vai ser sobre a Rússia e quero aprender sobre a Rússia. Mande-me 5 c. para os *barquillos* e 5 c. para as *quesadillas*".[2] Diego Rivera, aliás, tinha acabado de se filiar ao Partido Comunista Mexicano, que contava na época com menos de mil membros.

O compromisso de Frida com as forças que defendem os valores da Revolução Mexicana é o mesmo de toda uma geração, um apoio que assume muitas formas. Ela participa das reuniões mais ou menos informais organizadas pelo pequeno grupo dos Cachuchas nos cafés próximos à Preparatória, ou da arrecadação que possibilita que um jovem revolucionário cubano pague por sua viagem de Honduras para a Cidade do México. Ela e seus amigos estudantes também danificam os afrescos pintados pelos muralistas nos corredores da mesma Preparatória, em protesto contra a eleição de Plutarco Elías Calles como chefe de Estado, com a ajuda dos Estados Unidos, o que leva à renúncia de José Vasconcelos, o experiente ministro da Educação Pública. Evidentemente, esse compromisso também envolve a leitura dos livros politicamente engajados compartilhados pelos amigos, que forjam uma identidade política comum. Lembre-se de que, durante a última Guerra Mundial, ler Margaret Mitchell ou Daphne du Maurier era, para os jovens *zazous*,[3] como um sinal de união, de pertencimento a uma tribo, a uma geração. Durante os meses de convalescença, após seu acidente, ela lê os romances de Júan Gabriel Borkman ("cinco releituras!",[4] diz ela). Lê sete vezes *La bien plantada*, o romance do catalão Eugeni d'Ors. Mergulha nos poemas de Elias Nandino e nos artigos de Alexandre Kerenski sobre a Revolução Russa e "o que está acontecendo em Xangai".[5] Em setembro de 1927, ela escreveu a Alejandro Gómez Arias que está lendo *As cidades e os anos*, de Fedin, "uma maravilha de talento, o pai de todos os romancistas modernos".[6] Nesse livro, Constantin

2 Citado por Ariadna Castellarnau, em *Frida Kahlo*, *op. cit.*

3 Os *zazous* foram uma subcultura francesa dos anos da Segunda Guerra Mundial. Eram jovens que usavam roupas largas ou espalhafatosas e *swing jazz*. (N.T.)

4 *Frida Kahlo par Frida Kahlo*, *op. cit.*

5 *Ibid.*

6 *Ibid.*

Fedin, o futuro ganhador do Prêmio Stálin de 1949, relembra sua vida na Alemanha durante a Primeira Guerra Mundial e sua experiência na Guerra Civil Russa. Testemunhas relatam que a jovem pura e sincera Frida canta canções folclóricas revolucionárias mexicanas com grande entusiasmo, distorcendo deliberadamente as palavras: *La Cucaracha*, *Una noche serena y obscura*, *Carabina 30-30*, *La Tumba de Villa*.

Embora o líder indiscutível do movimento estudantil – eleito presidente da Confederação Nacional dos Estudantes em janeiro de 1929 – seja Alejandro Gómez Arias, ex-namorado de Frida, o homem que vai desempenhar um papel fundamental no desenvolvimento político dela é um outro amigo da Preparatória: Germán de Campo. Próximo a um grupo que gravitava em torno do revolucionário comunista cubano Julio Antonio Mella, ele a apresenta à amante deste último, a extravagante e escandalosa fotógrafa norte-americana de origem italiana Tina Modotti, que, como já falamos, vai se tornar sua amiga e depois sua amante, vai introduzi-la aos círculos comunistas, vai convencê-la a adotar os trajes austeros da ativista política e, acima de tudo, vai apresentá-la a seu futuro marido: Diego Rivera. Uma foto tirada por Tina mostra os dois marchando pelas ruas da Cidade do México em 1º de maio de 1929, na praça Zócalo, à frente da delegação do Sindicato dos Trabalhadores Técnicos, Pintores e Escultores Revolucionários.

A filiação de Frida ao Partido Comunista data desse período crucial: um período de abertura e de sensibilização às preocupações de seus contemporâneos. Portanto, é natural que, no momento desse engajamento político, sua pintura se afaste do âmbito íntimo e familiar para tomar uma direção mais social e se imbuir de uma inspiração nacional, sem abandonar seu projeto de uma obra pictórica baseada na multiplicação do autorretrato como uma grade para explicar o mundo.

Em *O ônibus*, uma obra de 1929, o México surge como uma sociedade de classes "na qual a cada grupo étnico é assinalada uma categoria socioeconômica específica".[7] Nesse ônibus, em todos os aspectos semelhante àquele de seu acidente, Frida coloca no mesmo banco lado a lado: um burguês, uma mulher indígena de pés descalços, um operário. Muito antes de conhecer Diego, a jovem artista tem plena consciência

7 Rachel Viné-Krupa, *Frida Kahlo 1907-1954, Portrait d'une identité*, *op. cit.*

da natureza artificial dessas diferenças sociais e parece nos dizer: "Veja como os privilégios que a burguesia arroga a si mesma são, na realidade, tão absurdos quanto frágeis". Salomon Grimberg está errado ao sugerir que Diego, que queria uma namorada que acreditasse no comunismo como ele e o acompanhasse nas manifestações políticas, encontrou em Frida uma jovem que cai nos braços do comunismo da noite para o dia, embora a política não a interessasse e ela tenha abandonado também suas convicções religiosas.[8] Frida teria se tornado comunista sem Diego, mas sua relação com a religião é muito mais complexa do que parece – ela passa, antes de mais nada, pela arte.

Em contrapartida, não há dúvida de que, após se tornar sua esposa, Frida passa a acompanhar o marido em suas lutas. Quando, em 3 de outubro de 1929, apenas alguns meses após o casamento, Diego é expulso do partido por suspeita de conluio com os poderes constituídos, sob o pretexto de que havia aceitado encomendas do governo, ela o acompanha sem hesitação e, lealmente, renuncia. Enquanto Tina Modotti apenas vê em Diego um "traidor que só teve o que merecia",[9] seus antigos camaradas o veem como um "pintor para bilionários americanos". Muitos anos depois, em 4 de novembro de 1952, Frida anota em seu diário: "Há vinte anos, eu sou um ser comunista. Conheço as principais origens misturadas às antigas raízes. Li a história do meu país e de quase todos os povos. Já conheço suas lutas de classe e econômicas. Entendo claramente a dialética materialista de Marx, Engels, Lênin, Stálin e Mao Tsé. Eu os amo como os pilares do novo mundo comunista. Entendi o erro de Trótski desde que ele chegou ao México. Eu nunca fui trotskista. Mas, naquela época – 1940 –, eu era apenas solidária com Diego (pessoalmente). Fervor político".[10]

Esse companheirismo entre Frida e Diego é muito real. Em 1936, ela está ao lado dele na luta para ajudar a República Espanhola em perigo, criando um comitê para fornecer ajuda financeira aos milicianos leais, a fim de arrecadar dinheiro. "Cada centavo representa pão, leite

8 Salomon Grimberg, em *Frida Kahlo Confidences*, *op. cit.*

9 Tina Modotti, *Lettres à Edward Weston 1922-1931*, *op. cit.*

10 *Journal de Frida Kahlo*, *op. cit.*

e roupas para milhares de crianças famintas na Espanha",[11] ela escreveu em dezembro do mesmo ano a Leo Eloesser. Seu único infortúnio: não poder ir até lá, "onde tudo está em jogo no momento".[12]

No entanto, quando, em setembro de 1936, Diego se junta às fileiras da Liga Comunista Internacional, filiada à Quarta Internacional de Trótski, um grupo minúsculo de intelectuais e sindicalistas, Frida não o segue. Companheira infalível, ela não chega ao ponto de aderir ao trotskismo, embora tenha recebido Leon e Natalia Sedova em sua casa de braços abertos quando os dois, depois de serem expulsos da Suécia, encontram asilo político no México.

Essas muitas lutas conjuntas frequentemente ajudam o casal a superar suas dificuldades conjugais. Assim, enquanto Diego e Frida se dedicam totalmente a apoiar a República Espanhola, Frida, separada de Diego, tem um caso de amor perfeito com o escultor Isamu Noguchi e depois com o muralista Ignacio Aguirre, enquanto Diego dá continuidade ao seu caso de amor com Cristina, irmã de Frida...

O engajamento político de Frida é menos dogmático que o de Diego, um homem de aparatos partidários e de poder. Em Frida, a emoção está sempre lá. Pode ser transformada em arte, mas também está sempre pronta para vir à tona. Em 1939, em Paris, ela fica chocada com os campos que acolhem os refugiados espanhóis que fogem aos milhares das tropas de Franco, como mostra sua carta a Diego, de 16 de março: "Há algo de revoltante nesses campos de concentração, em pensar que esses malditos países ditos democráticos podem ser tão cruéis com esses pobres que conseguiram escapar daquele maldito Franco para cair nas mãos desses bandidos".[13]

Mas, mais uma vez, existem mil maneiras de conviver com a questão política. *As duas Fridas*, uma pintura iniciada em 1939, está impregnada dessa Guerra Espanhola, que tanto a comove. Há quem diga até mesmo que ela pode ser comparada a um cartaz intitulado "Homenagem popular do povo asturiano a seus irmãos mexicanos",[14] no

11 *Frida Kahlo par Frida Kahlo, op. cit.*

12 *Ibid.*

13 Rachel Viné-Krupa, *Frida Kahlo 1907-1954, Portrait d'une identité, op. cit.*

14 Marc Petitjean, *Le Coeur, Frida Kahlo à Paris*, Arléa, 2018.

qual uma mexicana e uma asturiana estão de mãos dadas. Por que não? Existe até mesmo um etnólogo francês, Michel Petitjean, que lembra que sua primeira noite com Frida em uma casa no 14º *arrondissement* de Paris, durante o inverno de 1939, foi "o dia da queda de Barcelona".[15] Um ano depois, como sinal de apoio ao grande Partido Irmão, Frida doa sua tela intitulada *A mesa ferida* ao Museu de Moscou. Nele, ela aparece sozinha, na companhia de um judas e de um ídolo a quem está dando de comer. Nem por isso ela se torna stalinista. Os caminhos da política são sinuosos.

Mencionei anteriormente os desacordos que às vezes existem entre Frida e Diego quando o assunto é engajamento político. Frida nunca fica tentada pelo aparato partidário, pelo poder, pelo dogma. Seu comunismo é um comunismo do coração, mais humano, mais empático do que o de seu marido. Durante a viagem dos dois aos Estados Unidos, o convívio com ricos industriais em festas suntuosas, e isso em plena crise econômica, a deixa desconfortável. Diego, que não é um desconhecido das contradições, aceita de bom grado a presença de um motorista, os elogios, o dinheiro, e não vê nenhum problema em vestir um *smoking* em festas mundanas regadas a champanhe. "Por que um comunista deveria se vestir como pobre?", ele parece perguntar. Frida está incomodada. Muito dinheiro, muitos presentes, muitos salamaleques. Frida é pura, sem mácula. A situação é peculiar, para dizer o mínimo: Frida, que é membra do partido, não é militante, e Diego, que não é mais filiado, permanece mais comunista do que nunca. Isso leva Frida a dizer que o trotskismo de seu marido vem do oportunismo. Um grande debate, que o casal expõe à vista de todos. Suas disputas políticas são quase uma festa permanente, que termina quando ambos concordam com uma ideia fundamental formulada por Frida: "Não acreditamos em um mundo perfeito. Mas a teoria do comunismo é a melhor, a única capaz de construir um mundo melhor ou perfeito. É por isso que Diego e eu somos comunistas".[16]

Voltemos ao relacionamento de Frida com o Partido Comunista Mexicano, do qual ela saiu em 1929 e ao qual, pouco menos de vinte

15 Marc Petitjean citando seu pai, Michel, em *Le Coeur, Frida Kahlo à Paris*, *op. cit.*
16 *Frida Kahlo par Frida Kahlo*, *op. cit.*

anos depois, em 1948, ela volta a aderir. No entanto, alguns anos antes, em cartas a Ella Wolfe e Leo Eloesser, não foi ela que condenou os "métodos sujos e estúpidos dos stalinistas, esses bandidos desrespeitosos" e as "manobras repugnantes do PC, aqui no México e em todo o mundo"?[17] Ela acompanha esse ato de uma negação de Trótski, fazendo, assim, uma espécie de autocrítica. Diego Rivera fez o mesmo, chegando a se vangloriar de ter contribuído para o assassinato de Trótski a fim de recuperar seu lugar no partido, o que só acontece em 1954. Ambos associam seus atos ao contexto da Guerra Fria: entrar de novo no partido significa estar resolutamente ao lado da URSS, representando as forças do progresso e, portanto, opondo-se aos Estados Unidos, a imagem hedionda do monstro capitalista.

Gisèle Freund, a grande fotógrafa que a visita nesse exato momento de sua vida, encontra uma Frida Kahlo muito preocupada com o escopo revolucionário de sua pintura e com seu impacto real na realidade de seu tempo: "Quero transformá-la em algo útil, porque até agora só criei por meio dela uma expressão franca de mim mesma, que infelizmente era completamente inadequada para servir ao partido. Tenho que lutar com todas as minhas forças para que as coisas positivas que eu possa fazer, apesar de tudo, também sejam úteis para a Revolução".[18] E acrescenta que tem apenas três objetivos na vida: "Viver com Diego, pintar e ser comunista".[19]

A mesma pergunta incômoda sempre retorna: como ser comunista, como fazer política? Por exemplo, ao aceitar um cargo como professora de La Esmeralda, como a chamam seus alunos: a Escola de Pintura e de Escultura do Ministério da Educação Nacional. Lá, Frida ensina a pintura de afrescos. Seus alunos, os "Fridos", acabam formando uma espécie de organização de pintores de esquerda cujo ideal é, obviamente, colocar a arte ao alcance dos mais desfavorecidos, do povo que marcha rumo à sua libertação.

A mulher que Gisèle Freund fotografa em frente ao seu cavalete, em seu jardim, perto de seus objetos familiares, na companhia de seu

17 *Frida Kahlo Confidences*, *op. cit.*

18 *Ibid.*

19 Citado por Isolda P. Kahlo, *Frida íntima*, *op. cit.*

médico, repita-se, agora ataca ferozmente a memória de Trótski, um homem que ela, no entanto, amou loucamente, e cada vez mais se pergunta sobre o lugar da política em sua arte. Como unir as duas coisas? Bem, mergulhando nas frutas macias de suas muitas naturezas mortas o cabo de uma bandeira. Ou associando, como ela faz em algumas páginas de seu diário, o sistema político comunista ao antigo poder da sociedade asteca. De um lado a foice e o martelo, de outro, a Lua e o Sol – símbolos da cultura dos antigos mexicanos.

Como Hayden Herrera aponta, Frida insere em seus trabalhos gráficos inscrições militantes, pombas da paz desenhadas às pressas e referências revolucionárias.[20] No final de sua vida, ela politiza suas telas, que se tornam cada vez mais caóticas, agitadas e desenfreadas. Como se a criação estivesse em luta permanente com o pensamento político. Não vou escrever, como alguns já escreveram, que Frida Kahlo foi uma stalinista fervorosa nos últimos anos de sua vida. Sim, um dos desenhos em seu diário é intitulado *O marxismo curará os doentes*; sim, nele vemos um Karl Marx santificado descendo do céu para curá-la. Sim, a última pintura deixada em seu cavalete é um retrato inacabado de Stálin: Frida, sentada, posa em frente a um enorme retrato do paizinho dos povos que repousa em um cavalete, e a impressão geral se aproxima à de um ícone religioso. E daí? Tudo em sua vida e em sua obra mostra um amor total pela liberdade, liberdade de criar, de amar, de viver.

Eu acrescentaria que seu "engajamento" político é também uma maneira de afirmar a vida e de superar a dor. Por exemplo, lemos em seu diário estas páginas, escritas em 1950-1951. Em um primeiro excerto, ela diz: "1. Convicção de estar em desacordo com a contrarrevolução – imperialismo – fascismo – religião – estupidez – capitalismo e todo o arsenal de truques da burguesia – Desejo de participar da Revolução para transformar o mundo em um mundo sem classes, a fim de alcançar um equilíbrio melhor para as classes oprimidas. 2. Momento oportuno para identificar os aliados da Revolução. Ler Lênin – Stálin – Saber que sou apenas a parte 'pobre' de um movimento revolucionário. Sempre revolucionário, nunca morto, nunca inútil".[21] Em um segundo

20 Hayden Herrera, *Frida, Une biographie de Frida Kahlo*, *op. cit.*
21 *Journal de Frida Kahlo*, *op. cit.*

excerto, ela escreve: "Desespero que nenhuma palavra pode descrever. Em contrapartida, quero viver, mas recomecei a pintar. Estou muito preocupada com minha pintura: como transformá-la para que ela se torne útil ao movimento revolucionário".[22]

Em uma outra página desse mesmo diário, em meio a linhas borradas em pastel a óleo vermelho, inscrições e *slogans* a tinta – "Bailarina viajante saudável PAZ revolucionária inteligente VIVA STÁLIN VIVA DIEGO"[23] –, é possível distinguir três imagens. Em uma delas, uma flecha perfura um pé cheio de incisões e de manchas. Um de seus últimos quadros, pintado em 1954, retoma o desenho esboçado em seu diário e mantém o título: *O marxismo curará os doentes*. Nele, Frida Kahlo surge vestida com um colete ortopédico, como se colocada em uma anágua verde com grandes babados brancos, salva por um santo milagreiro – Karl Marx –, enquanto duas mãos enormes surgem do céu providencialmente para sustentá-la. À sua direita, uma mão estrangula uma águia cuja cabeça é uma caricatura do Tio Sam. À sua esquerda, uma pomba protetora abre suas asas sobre Frida e sobre um continente vermelho como a União Soviética. Curada por Karl Marx, Frida não precisa mais de muletas! Uma vez abalada sua fé na medicina moderna, Frida Kahlo se dedica explicitamente a um ideal político, que acaba se transformando, ele mesmo, em uma espécie de misticismo, já que Marx, Lênin, Stálin e Mao Tsé-Tung surgem substituindo a iconografia religiosa muito presente no universo pictórico de Frida, repleto de Cristo, da Virgem Maria e de inúmeros santos.

Quando ela escreve em seu diário que "a revolução é a harmonia da forma e da cor e tudo existe e evolui em resposta a uma única lei = a vida", ela dá à arte, misturada com a revolução, o significado de uma crença religiosa. Em uma folha solta coberta de desenhos surrealistas, ela confessa sentir em sua própria dor a dor dos que sofrem e tirar sua coragem "da necessidade de viver para lutar por eles".[24] Esse é seu desafio final. Viver, lutar, pintar para os mais fracos, os desafortunados, os abandonados, os esquecidos. Por todas essas razões, não devemos

22 *Ibid.*
23 *Ibid.*
24 *Frida Kahlo par Frida Kahlo, op. cit.*

hesitar em repetir que o comunismo de Frida é um catolicismo, fundado no amor ao próximo e na doação de si mesmo. Na verdade, seu engajamento político não passa por uma pintura militante, no sentido em que talvez a obra de Diego seja. No final de sua vida, durante um de seus muitos diálogos, Frida diz a Raquel Tibol que sua pintura não é revolucionária – "Por que eu deveria tentar me fazer acreditar que minha pintura é combativa? Não posso fazer isso".[25]

Ousemos uma análise: Frida não é revolucionária quando, menos de quinze dias antes de morrer, sai às ruas para denunciar o golpe de Estado, apoiado pela CIA, contra o presidente socialista Jacobo Arbenz na Guatemala. Muito menos quando escreve ao crítico de arte e jornalista Antonio Rodríguez que gostaria que seu trabalho "contribuísse para a luta pela paz e pela liberdade".[26] Frida é revolucionária quando afirma que é uma mulher livre, independente, que leva o autorretrato a uma nova dimensão pictórica, mais íntima, mais violenta, fazendo de sua arte um espelho no qual todos conseguem conhecer e reconhecer algo de si que não conheciam. Uma arte que não torce a verdade. Uma arte que perturba e transporta. Stendhal afirma que a arte é fundada em um certo grau de falsidade. Toda a arte de Frida demonstra o contrário. É nisso que a arte de Frida é revolucionária e nos comove: todo mundo que para diante de uma pintura de Frida sabe que ela nunca mente. Quando Frida pinta, ela sempre diz a verdade.

25 *Frida Kahlo Confidences*, *op. cit.*
26 *Frida Kahlo par Frida Kahlo*, *op. cit.*

Frida conhece Diego

"Eu comecei a me interessar por ele, apesar de ele me dar medo."

Em 1922, Frida foi uma das 35 garotas entre dois mil alunos que passaram no exame de admissão para a prestigiosa Preparatória. Ela vai então para a Cidade do México todos os dias, para esse estabelecimento superior de Estado, localizado no edifício do antigo Colégio San Ildefonso, para começar seus estudos de medicina. O governo resultante da Revolução deu início a um vasto programa pedagógico: contar ao povo mexicano sua história. Como? Cobrindo as paredes de igrejas, escolas, bibliotecas e prédios públicos com afrescos educativos. São muitos os pintores contratados pelo ministro José Vasconcelos para colaborar com esse vasto programa educacional e cultural, incluindo "*los tres grandes*": José Clemente Orozco, David Alfaro Siqueiros e, é claro, Diego Rivera. Primeira tarefa: despertar, por meio de afrescos imensos, a consciência nacional do povo mexicano. Primeiro lugar colocado à sua disposição: a Escola Nacional Preparatória.

Em 1922, Frida tem 15 anos de idade. Ela é ativa, impertinente, bonita, inteligente, provocante. Como muitos de seus colegas de classe, especialmente o pequeno grupo do qual já falamos, reunido sob o nome de Cachuchas, ela tem a tendência de fomentar brincadeiras de gosto às vezes duvidoso, cujas vítimas são os pintores muralistas. Seu alvo principal é o próprio Diego Rivera. A turminha zomba publicamente de suas conquistas femininas – é verdade que ele está sempre acompanhado de modelos cuja beleza não passa despercebida –, ensaboa a escada que conduz ao seu andaime, esconde sua marmita e chega a planejar cobrir os afrescos com rabiscos obscenos. Frida, na verdade, participa dessas incursões punitivas, mas sem grande convicção, às vezes com arrependimento. Um dia, ela chega a dizer a um de seus companheiros de grupo que seu maior desejo é ter um filho feito com Diego Rivera, a quem ela chama pelo apelido familiar de "sapo".

Ele é, sem dúvida, o mais talentoso dos pintores muralistas. Como José Clemente Orozco apontou, esse grande projeto educacional mexicano, não isento de um certo excesso, é feito para ele, que, nutrido por toda a vasta cultura – Renascimento Italiano, Escola Espanhola, Impressionismo, Cubismo – que acumulou durante sua permanência na Europa entre 1907 e 1921, será capaz de expressar sua força telúrica.

Um dia, a caminho do anfiteatro Bolívar, Frida observa atentamente o trabalho do artista, que está pintando um afresco cujo tema é *A criação* – uma obra com um tema universal e simbólico, mas ainda muito distante de uma representação de uma mãe indígena tradicional primeva.

É a primeira vez que eles se encontram. Enquanto a maioria das pessoas acha Diego sujo, barrigudo e assustadoramente horrível, Frida o acha calmo e gentil, carinhoso e amável. Em uma palavra, ela se apaixona por ele. Há duas versões opostas: Frida garante que, por trás de um primeiro contato malicioso, nasce nela uma paixão profunda e real que a leva a imaginar um futuro ao lado dele. Para Diego, a história é bem diferente. Ele tem 36 anos, acaba de se casar com Guadalupe Marín, sua segunda esposa, e está completamente absorvido por esse primeiro grande afresco, que só concluirá um ano depois, em 1923. Eis o que ele escreve em *Mi arte, mi vida*, sua autobiografia: "Uma noite, enquanto eu pintava sobre o andaime e Lupe estava sentada tecendo, ouvimos alguém gritando, tentando arrombar a porta do anfiteatro. Ela se abriu com tudo e uma garota que não parecia ter mais que dez ou doze anos irrompeu na sala. Estava vestida como uma aluna qualquer, mas seu comportamento a destacava imediatamente da multidão. Ela tinha uma dignidade e uma desenvoltura incomuns, e uma chama estranha ardia em seu olhar. Tinha uma beleza infantil, mas seus seios eram bem desenvolvidos. Ela me olhou diretamente nos olhos. 'Você se importaria de alguma forma se eu o observasse trabalhando?', perguntou. 'Não, senhorita', respondi, 'seria um prazer'."[1]

Diego acrescenta que ela ficou lá durante três horas, provocando até mesmo um ataque de ciúmes em Lupe, uma verdadeira tigresa que não suportava que aquela menina atrevida não perdesse nem uma migalha de "cada movimento" do pincel segurado por seu marido. Ela acaba admitindo que aquela jovem que enfrentava a ela, a terrível Lupe, só podia agradar a ele. E Diego conclui: "Um ano depois, eu soube que a voz que vinha de trás do pilar era dela, e que ela se chamava Frida Kahlo. Mas nunca pensei que um dia seria minha esposa".[2] Mas foi isso o que Frida projetou seriamente, e o que a possessiva Lupe pressentiu com seu sexto sentido.

Diz-se que Diego e Frida voltaram a se ver várias vezes e que ela não se contentava em observar o pintor em silêncio. Um desenho de Diego em que Frida aparece vestida como uma índia tehuana, datado de 1926, atesta isso. Por sua vez, Lupe reconhece que suas lembranças de Frida remontavam, provavelmente, a cerca de 1926. Mas a data do esboço pode estar errada, e a memória de Lupe, falhando. Apesar de ela se lembrar perfeitamente bem de que não gostava daquela "pirralha, falsa ingênua que tomava doses de tequila como um verdadeiro *mariachi*",[3] a dúvida persiste. Faz parte das áreas obscuras que pertencem à vida de cada um...

O que é certo, porém, é que a amizade amorosa forjada entre a italiana Tina Modotti e Frida fez com que, quatro anos depois da Preparatória, o homem que os Cachuchas viam como nada mais do que um "gordo cheio de sopa nojento" voltasse a cruzar com a moça que Lupe, com as mãos nos quadris e fúria no olhar, havia insultado copiosamente. A história desse novo encontro parece um romance.

Em 1928, apresentada ao círculo de amigos de Tina Modotti, Frida participa daquelas noites animadas em que se resolvem todos os problemas do mundo: música, álcool, fumaça, discussões até o amanhecer, encontros românticos efêmeros. Ela fica cada vez mais bonita, começa

1 Diego Rivera, *Mi Arte, mi Vida*, *op. cit.*
2 *Ibid.*
3 *Ibid.*

a pintar e finalmente se separa de Alejandro Gómez Arias, que, de toda maneira, preferiu outra mulher, mais calma e dócil. O terrível acidente que a imobilizou não passa agora de uma lembrança distante. Em uma palavra, ela está livre, à espera de aventuras. Ela tem 21 anos.

Em uma noite de verão, o grupo de amigos reunidos em torno de Tina, para o que ela chama de seu "salão radical", está em alvoroço. Aguarda-se o grande Diego Rivera, o homem que está pintando os afrescos monumentais da Secretaria de Educação Pública. Com 42 anos de idade, em uma aura de escandalosa glória, ele acaba de voltar de uma viagem à URSS, onde participou das comemorações do décimo aniversário da Revolução de Outubro. Sabemos que ele ficou impressionado com o fervor das massas reunidas na Praça Vermelha, com o ímpeto que anima o grande país irmão, com o poder desse primeiro Estado socialista. O que é menos sabido é que, depois de conhecer o cineasta Sergei Eisenstein e o poeta Vladimir Maiakovski, ele é aconselhado a deixar o país. Sua associação com esses dois artistas, membros de uma oposição de esquerda próxima a Trótski, o tornam suspeito de atividades antistalinistas. Quando ele chega ao apartamento de Tina, esta sussurra no ouvido de Frida que o relacionamento de Diego com Lupe está desmoronando: farta dos casos extraconjugais do marido, Lupe caiu nos braços de um certo Juan Cuesta, poeta e crítico literário, e pediu o divórcio.

É preciso imaginar a cena. O apartamento de Tina está cheio até as tampas. Todo mundo quer ouvir Diego Rivera, tocá-lo, conversar com ele. Aquele não é mais o pintor com quem Frida cruzava na Preparatória seis anos antes: é um deus vivo. O fotógrafo Edward Weston o descreve como uma "enorme cúpula".[4] Anita Brenner, a grande antropóloga, escreve no *New York Times* que ele tem "a suavidade e a corpulência do italiano, a língua afiada e o ar erudito do espanhol, a cor da pele e as mãos pequenas e quadradas do indígena mexicano, o olhar vivo e inteligente do judeu, os silêncios do russo". No capítulo "Rencontre avec l'ogre" (Encontro com o ogro) de seu livro *Diego e Frida*, Jean-Marie G. Le Clézio escreve: "O que impressiona todos que o encontram é essa mistura, o aspecto aterrorizante do gigante

4 Edward Weston, *Journal mexicain (1923-1926)*, op. cit.

e a suavidade do rosto, o brilho melancólico do olhar, a pequenez e a agilidade das mãos. O homem é uma força da natureza, e terrivelmente sedutor, apesar de sua feiura".[5] Quanto aos rumores que circulam a seu respeito e que ele alimenta sem restrições, eles são compostos de excentricidades, vaidades, megalomania e mentiras. Diego é presunçoso, mitômano, mentiroso e inventor de histórias. Não é ele que diz a quem quiser ouvir que pratica o canibalismo e que gosta particularmente de comer *tortillas* de milho recheadas com a carne de jovens garotas núbeis – seus pedaços favoritos sendo os seios e as coxas! –, que foi criado por uma índia nas montanhas de Guanajuato, que aos seis anos de idade foi mascote de um bordel, que teve sua primeira experiência sexual aos dez anos com uma jovem professora protestante?

O que se sabe ao certo é que, ao entrar no apartamento de Tina, no calor sufocante do verão, ele saca a pistola que sempre leva no cinto e começa a atirar na vitrola que toca música de que ele não gosta. As pessoas dançando ficam paralisadas. Ouvem-se gritos. Primeiro o estupor, depois o entusiasmo.

Quando sua ansiedade passa, Frida pode dar vazão ao seu fascínio, que parece ser compartilhado por todos. Em meio a todas as suas admiradoras e todos os seus admiradores, Diego reparou na jovem de olhar intenso, que veste um terno masculino, fuma charuto e entorna tequila. É essa mesma garota que, alguns dias depois, vai encontrá-lo no terceiro andar da Secretaria de Educação Pública, onde ele está pintando um afresco monumental, empoleirado em seu andaime. Iniciado em 1923, esse projeto colossal continua inacabado cinco anos depois.

A cena se repetiu várias vezes. Frida vem lhe mostrar suas últimas telas. Mas ela é muito clara com ele. Ela não vem para flertar ou para jogar conversa fora. O que ela quer é uma opinião séria, dada por um grande pintor que ela admira. Ela está começando. O que ele acha de seu trabalho? Ela teria dito a ele, ao retirar seus primeiros trabalhos de uma pasta de desenhos, que não está em busca de elogios, mas de uma opinião sincera sobre seu trabalho. Quer uma opinião objetiva, e a recebe. O mestre está satisfeito. É verdade que ela ainda precisa trabalhar mais, mas ele não poupa elogios. Ele a incentiva. Reconhece algumas

5 Jean-Marie G. Le Clézio, *Diego et Frida*, *op. cit.*

influências europeias – sabe do que está falando: Botticelli, Modigliani, Bronzino... Talvez ela devesse pesquisar mais sobre a mexicanidade de que tanto se fala. Ele não se preocupa, ela vai encontrar seu caminho. Sua pintura, imperfeita, hesitante, já contém uma potência que lhe é própria, uma presença, uma força interior que só pede para eclodir. Um dia, ela lhe mostra seu *Autorretrato com vestido de veludo*. Frida diz: "Eu levava minhas pinturas para Diego. Ele gostava muito delas, especialmente do autorretrato. Quanto às outras pinturas, ele me disse que eu estava sendo influenciada por Dr. Atl e por Roberto Montenegro e que eu deveria tentar pintar o que me desse vontade, sem ser influenciada por ninguém. Fiquei muito impressionada com isso e comecei a pintar aquilo em que acreditava".[6]

Nasce um relacionamento amigável. Frida até se atreve a perguntar a Diego se ele não poderia ver as outras telas que ela tem em casa. Em Coyoacán, na casa que ainda não se chama Casa Azul, na rua de Londres. Na primeira vez, ela o aguarda empoleirada em uma árvore no jardim, de macacão e lenço vermelho amarrado no pescoço, e canta a *Internacional*. Não nos esqueçamos: Frida acaba de entrar para o Partido Comunista.

Então as visitas se tornam cada vez mais frequentes. Frida lhe mostra seus primeiros retratos: *Retrato de Miguel N. Lira*, *Retrato de Adriana Kahlo*, *Retrato de Cristina, minha irmã*. Ela também lhe mostra o *Retrato de Alicia Galant* e *Pancho Villa e Adelita*. Diego se sente cada vez mais atraído por essa jovem talentosa, autêntica, que deixa transparecer em suas telas uma parte tão grande de verdade. Ela pinta com um bisturi. Ele tem que admitir: se num primeiro momento pensava apenas em seduzi-la, logo sucumbiu a um verdadeiro sentimento amoroso. De fato, ele, que tem tanta pressa com as mulheres, que às vezes tende a apressá-las, adia o momento de se declarar. Na realidade, é a própria Frida quem conduz a dança. Nesse *pasodoble*, é ela que dá o rumo, que indica o ritmo, que dirige. Em 1952, ela faz algumas confidências a Olga Campos e relembra esses momentos: "Foi então que nossa amizade começou, para não dizer nosso flerte. À tarde, eu ia vê-lo pintar, e depois ele me levava para casa de ônibus ou em seu pequeno

6 Citado por Olga Campos, em *Frida Kahlo Confidences*, *op. cit.*

Ford. Em um domingo, Diego foi em casa para ver minhas pinturas. Ele me fez algumas críticas muito claras e me disse que via muito potencial em meu trabalho. Naquela época, muito influenciada pelo trabalho de Diego, me parece, eu pintava o que me caísse na mão em casa. Eram retratos de crianças de treze ou catorze anos. Matilde vendeu o *Retrato de Rosita* para um brechó; Salomon Hale (um amigo americano de Rivera que morava na Cidade do México e tinha a reputação de ser um crítico de arte astuto) o encontrou no mercado de pulgas de Lagunilla e o comprou por oito pesos".[7]

Em um final de tarde, enquanto passeiam pelas ruas de Coyoacán, param por acaso sob um poste de luz e, de repente, todos os postes da rua se acendem. Em *Mi arte, mi vida*, ele conta que, assim que seus lábios se tocam, a luz mais próxima a eles se apaga e, quando seus lábios se separam, ela volta a se acender... Um fenômeno que se repete várias vezes quando eles decidem se beijar sob outros postes. Fato ou ficção, com ele nunca se sabe. Mas tanto faz. Inicia-se um relacionamento entre o pintor de 41 anos e a jovem de 21 anos. Sabemos o que se seguirá. Naquele dia, o destino de um e de outra se altera.

Como sempre acontece com Diego, ele precisa envolver a mulher que ama em seu trabalho pictórico. E se Frida posasse para ele, para o afresco que ele está terminando? Resta só mais um painel, intitulado *Distribuição de armas*. Tudo bem, a jovem Frida vai distribuir armas ao povo. Ela estará tão presente que logo esse afresco se chamará *O arsenal – Frida Kahlo distribuindo armas*. Conta-se que um dia, em julho de 1928, quando Rafael Caríllo, secretário-geral do Partido Comunista Mexicano, está em Nova York para assistir ao Sexto Congresso do Comintern, ele mostra a seu amigo Bertram D. Wolfe uma reprodução de *O arsenal*. Este, reconhecendo nas feições da personagem central as de sua amiga Frida Kahlo, exclama: "Diego arrumou uma nova namorada!".

O militante comunista não acredita muito nisso, mas está enganado. Dessa vez, o caso é sério: menos de um ano depois, Diego e Frida se casam.

7 *Ibid.*

Diego pinta Frida

"No meu rosto eu gosto das sobrancelhas e dos olhos. Tirando isso, nada me agrada."

Embora alguns acreditem que os sentimentos de Frida por Diego sejam a principal fonte de inspiração para suas pinturas – o que eu não acho que seja o caso, embora eles apareçam com destaque em sua paleta pictórica –, está claro que Diego raramente a toma como material para sua própria criação. Esse mundo interior, tão poderoso em Frida, nunca aparece no dele. Rivera nunca se baseia em sua vida pessoal para criar. Quanto aos retratos e autorretratos, uma vez que floresceram no pequeno formato da pintura de cavalete, não se adéquam de forma alguma nem à palavra de ordem do muralismo, nem ao poder telúrico de Diego, que exige o amplo espaço do afresco.

Por não sentir necessidade ou dever de fazê-lo, Diego nunca se senta para pintar um único retrato verdadeiro de Frida. É interessante notar que uma mulher que foi fotografada com tanta frequência por artistas renomados, principalmente por sua beleza "exótica", peculiar, tão cativante, por sua beleza terrível, muito raramente cedeu à tentação de servir como modelo para pinturas. De acordo com Erika Billeter, ao que parece, o único pintor que fez vários retratos dela foi Roberto Montenegro, pioneiro da "Arte Mexicana Contemporânea", que dirigiu o Departamento de Belas-artes do Ministério da Educação e depois foi nomeado diretor do Museu de Arte Popular e de Belas-

-artes.[1] Seus retratos de Frida são, sem dúvida, mais "objetivos" do que os autorretratos feitos por ela ao longo de sua vida. Só Frida é capaz de pintar, como ela proclama, sua "própria realidade". Montenegro, que aliás não deixa de ter talento, nos oferece uma Frida quase sóbria, reservada, ligeiramente estática, como se ausente. A sinceridade evidente de Montenegro não é páreo para a de Frida, que Diego Rivera descreve com muita precisão: "Essa foi a primeira vez na história da arte que uma mulher expressou com uma sinceridade total, descarnada e, pode-se dizer, silenciosamente feroz, os fatos gerais e particulares que concernem exclusivamente às mulheres".[2]

Diego chama Frida em cinco ocasiões "para encarnar personagens com conteúdo simbólico",[3] o que não significa, como afirmam alguns, que Frida pose regularmente para os afrescos pintados por ele. Nessas ocasiões, Frida se torna apenas mais um elemento narrativo na história que ele queria contar em imagens.

Em 1928, cinco meses após seu retorno de Moscou, quando está concluindo um dos últimos painéis de um vasto afresco intitulado *Balada da Revolução Proletária* no terceiro andar da Secretaria da Educação Pública, ele conhece Frida Kahlo em uma festa na casa de Tina Modotti, torna-se seu amante e, é claro, pede que ela apareça em uma das pinturas com um título significativo: *Distribuição de armas*. Falei longamente dela no capítulo anterior, mas gostaria de retomar alguns elementos importantes: Frida está no centro da composição. De saia preta e blusa vermelha – contrastando com os "Camisas Douradas" fascistas,[4] financiados pelos Estados Unidos –, com um broche em forma de estrela vermelha de cinco pontas, ela tem os cabelos curtos penteados para trás *à la garçonne*: não é mais a jovem por quem o pintor se apaixonou, mas uma militante, uma revolucionária, distribuindo rifles

1 Erika Billeter, "Frida Kahlo, univers de la vérité – univers de l'utopie", em *Frida Kahlo la Casa Azul, op. cit.*

2 Citado por Patrick Marnham, *Diego Rivera, Le rêveur éveillé, op. cit.*

3 Erika Billeter, "Frida Kahlo, univers de la vérité – univers de l'utopie", em *Frida Kahlo la Casa Azul, op. cit.*

4 No México, o grupo fascista local, a Acción Revolucionaria Mexicanista, liderada pelo general Nícolas Rodriguez Carrasco, adota camisas douradas. O grupo atua entre 1933 e 1945. (N.T.)

e baionetas aos trabalhadores comunistas. Quando seu projeto é concluído, Rivera fica sete meses sem pintar e se envolve na luta política, participando da campanha presidencial do candidato comunista.

A segunda aparição de Frida em um afresco de Diego Rivera data de 1935. Esse é um período especial para o casal. Após o caso de Diego com Cristina, Frida decide romper com ele e morar em um pequeno apartamento na avenida Insurgentes. Ela dá início a uma relação com o escultor Isamu Noguchi, mas, depois de alguns meses, quando eles estão pensando em morar juntos, ela repentinamente se reconcilia com Diego e volta para a casa em San Ángel. A separação durou apenas alguns meses. Diego está concluindo o grande afresco que adorna a parede sul da escadaria do Palácio Nacional: *Murales del Palacio Nacional*. O tema escolhido não é unanimidade na classe política. É a primeira vez que o pintor representa a realidade da política mexicana: a do povo oprimido por seus novos governantes. Para piorar, Diego colocou bem no alto a imagem de um Karl Marx em majestade, mostrando o caminho a seguir. No fundo, não é nada mais, nada menos do que uma interpretação marxista da história mexicana. A Cidade do México não é Nova York, e o Palácio Nacional não é o Rockefeller Center. Portanto, seu afresco não será destruído a golpes de cinzel e marteladas.[5] Mas, uma vez concluído, em 20 de novembro de 1935, Rivera não recebe mais nenhuma encomenda do Estado e é substituído como muralista oficial por José Clemente Orozco.

E Frida? Ela aparece no afresco do lado esquerdo da parede sul, onde estão retratadas as grandes lutas políticas e as reivindicações comunistas que se expressaram entre as duas guerras mundiais. Vale repetir: aqui, Rivera se desnuda. Ele expõe muito claramente sua concepção de uma sociedade socialista e os meios de alcançá-la. Camponeses e trabalhadores devem se insurgir para lutar contra a propriedade privada dos meios de produção detidos pela burguesia mexicana e

5 Em 1933, o magnata norte-americano John Rockefeller encomendou a Rivera um mural na entrada do Rockefeller Center em Nova York, um marco do capitalismo norte-americano. Diego aceitou a encomenda, mas Rockefeller se ofendeu com a figura de Vladimir Lenin na pintura e pediu que o substituísse por uma pessoa desconhecida. Diego se recusou, e então a família Rockefeller destruiu o afresco. (N.T.)

pelos estrangeiros. Nessa nova sociedade, a educação seria obrigatória para todos, sem distinção de classes. A população, assim intelectualmente transformada e mais consciente, conseguiria se defender contra a dominação e o atraso educacional causados pela Igreja Católica, representada no afresco pela basílica de Guadalupe, imagem do fanatismo religioso que impele até mesmo os mais pobres a fazer doações ao poder religioso.

É aí que Frida entra em cena. Como uma professora dando aula, com um caderno na mão, ela ensina às crianças sobre os direitos humanos e as injustiças sociais. Frida não está sozinha; ela está acompanhada pelos dois filhos de Cristina e pela própria Cristina. Diego reúne no mesmo afresco, lado a lado, sua esposa e a irmã dela, que é também sua amante. O quadro não estaria completo se não acrescentássemos que Diego havia contratado Cristina como sua nova secretária... Em seu livro *Frida íntima*, Isolda P. Kahlo, provavelmente desejando preservar a memória de sua mãe, afirma que, embora não saiba quais argumentos Frida usou para persuadir Cristina a posar para Diego, é seguro dizer que foi uma estratégia que lhe permitiu manter afastadas todas as mulheres que rodeavam Diego, sonhando em se tornar sua modelo.

Em maio de 1940, Leon Trótski escapou milagrosamente de um atentado organizado por David Siqueiros. Enquanto Frida e sua irmã Cristina, suspeitas de terem participado do atentado, são submetidas a um interrogatório policial que acaba por inocentá-las, Diego Rivera vai se esconder em São Francisco com a ajuda de suas duas amantes da época, uma das quais dirigiu o carro que o levou para o outro lado da fronteira enquanto a outra segurava o cobertor sob o qual ele estava escondido: a atriz Paulette Goddard e a artista húngara Irene Bohus. Com a colaboração de Emmy Lou Packard, ele inicia então um afresco em painéis móveis sobre o tema do continente americano: *Unidade panamericana*. Trata-se de uma encomenda que ele executa em público para o arquiteto Timothy Pflueger como parte da Golden Gate International Exposition, em Treasure Island. Em um dos afrescos, Frida surge vestida com trajes de tehuana, com pincel e paleta na mão. É a única vez que ela é retratada com os atributos de sua profissão. No famoso *Autorretrato com o retrato do dr. Farill*, pintado por Frida em 1951, a paleta é um coração aberto e os pincéis são bisturis. Por quê?

Porque, para Frida, a pintura não é uma "profissão", mas o resultado de um sofrimento que ela tentará durante toda a sua vida não dominar, mas sim fazer falar. Frida não pode gostar dessa representação de si mesma, que não corresponde a ela. Esse não é o único motivo, e as explicações dadas por Diego em sua autobiografia, que podemos supor serem as mesmas que ele deu a Frida, não a tranquilizam em nada. Se ele havia exibido Cristina e Frida em um dos painéis dos *Murales del Palacio Nacional*, agora ele mostra Frida e Paulette Goddard nessa nova obra. Pior ainda: ele representa a si mesmo no mural, segurando com uma mão a atriz americana enquanto, com a outra, enlaça uma árvore – a do amor e da vida. Paulette aparece em toda a sua juventude e beleza, com um vestido branco virginal que revela pernas magníficas. O que Diego diz em *Mi arte, mi vida*? Que Paulette representa uma feminilidade adolescente da América do Norte, "em uma atitude de contato amigável com um mexicano".[6] E isso não é tudo. Diego dá as costas para Frida, que parece estar sozinha, ausente, com seu pincel e paleta na mão. Explicação de Diego: "Frida Kahlo, uma artista mexicana de origens europeias refinadas, voltou-se para a tradição plástica indígena para tirar dela sua inspiração; ela personifica a união cultural das Américas no lado sul".[7]

Em 1947, Diego Rivera embarca em um de seus projetos pictóricos mais íntimos e iconoclastas: *Sueño de una tarde dominical en la Alameda Central*. Literalmente, *Sonho de uma tarde de domingo no parque da Alameda*. Ele produz essa obra, localizada na sala do restaurante do Hotel del Prado, na Cidade do México, quando Frida acaba de completar 40 anos, sofre de depressão, perdeu muito peso, está prestes a se filiar novamente ao Partido Comunista e pinta um de seus autorretratos mais sombrios, *Autorretrato com os cabelos soltos*.

Do que trata a obra de Diego? Com quinze metros de comprimento e quase cinco metros de altura, ela apresenta várias personagens históricas do passado do México, além de pessoas que cruzaram o caminho de Diego. Tira-se desse passeio pelo famoso Parque da Alameda, espaço verde criado pelo vice-rei Luis de Velasco em 1592, uma impressão

6 Diego Rivera, *Mi Arte, mi Vida*, *op. cit.*
7 *Ibid.*

de terrível nostalgia. Esses são os fantasmas que assombram essa antiga praça do mercado asteca. A personagem central desse afresco "realista mágico" é um esqueleto, vestido com a última moda feminina da Belle Époque: a *calavera* Catrina, figura importante do folclore mexicano, usando uma cobra com penas como boá. À sua esquerda: o gravurista José Guadalupe-Posada. À sua direita: Frida, vestida com seu traje de tehuana e seu *rebozo* magenta, com o político e poeta José Martí, defensor da independência sul-americana, ao seu lado. Estranhamente, Diego, para representar Frida, se baseia no retrato tirado dela por seu amante fotógrafo Nickolas Muray. Aqui, Frida é a imagem da vida, em oposição à da morte. Em uma das mãos, ela segura o disco do yin e do yang e, na outra, segura uma criança pelo ombro. É Diego, que aparece disfarçado de garotinho – com cerca de doze anos de idade, sugere Jean-Marie G. Le Clézio[8] – a idade com a qual entrou pela primeira vez na Academia de San Carlos. Ele também segura na mão de Catrina, enquanto surge, de um de seus bolsos, um sapo.

Essa pintura provocou um escândalo: por quê? O afresco retrata Benito Juárez, Sor Juana Iñés de la Cruz, Porfirio Díaz, Maximiliano I do México, Victoriano Huerta, Emiliano Zapata, Hernán Cortés – ao todo, mais de 150 personagens, todos parte da história do México, são apresentados no afresco. Mas é a figura de Ignacio Ramírez, pensador liberal radical do século XIX, apelidado de Necromante por seus colegas de estudos, que é o problema. Em 1836, durante uma palestra na Academía de Letrán, um influente círculo literário, Ramírez não proferiu uma frase iconoclasta, que Diego usa com todas as letras em sua pintura: "Deus não existe"? Recebido como uma provocação pela Igreja e pelos estudantes católicos, o afresco é danificado por estes últimos. Mas o caso não termina aí. O proprietário do hotel pede a Diego que retifique seu mural. Ele se recusa terminantemente. Consequência: o arcebispo do México se recusa a abençoar o edifício! Escondido por um painel durante nove longos anos, o afresco permanece invisível até que, cansado e sentindo a morte se aproximar, Diego concorda em substituir a frase por uma outra: "Academía de Letrán, 1836". Seriamente danificado

8 Jean-Marie G. Le Clézio, *Diego et Frida*, *op. cit.*

pelo terremoto de 1985, *Sonho de uma tarde de domingo no parque da Alameda* está agora em exibição no Museu Mural Diego Rivera.

Em 1952, a saúde de Frida piora. Seu pé direito lhe causa muita dor. A gangrena se espalha. A depressão se instala e perdura. Frida pinta muito pouco: *Congresso dos povos pela paz*, duas naturezas-mortas e uma natureza viva. Mas, na Casa Azul, a vida com os amigos está novamente a toda. Frida disfarça, finge alegria de viver, a redescoberta da felicidade. Apesar de, em alguns dias, precisar tomar injeções de antibióticos a cada três horas, ela reina suprema, sensual, radiante, ela canta, ainda pratica sua bela ironia, xinga mais do que nunca. E continua agradando, continua tendo amantes homens e mulheres. E, quando Diego pede que ela pose para seu novo afresco, *Pesadelo de guerra e sonho de paz*, ela aceita prontamente.

Diego, como de hábito, se envolve em mais uma batalha que vai lhe render mais inimizades. Esse afresco é um afresco "móvel". Pintado nas paredes do Instituto Nacional de Belas-artes, ele deve figurar na exposição "Vinte Séculos de Arte Mexicana", a ser realizada em três capitais europeias – Paris, Londres e Estocolmo –, na qual representará a vitória dos grandes heróis revolucionários sobre os inimigos da humanidade, que são os grandes capitalistas. De um lado, Stálin e Mao Tsé-tung, do outro, John Bull, o Tio Sam e a bela Marianne. Frida aparece nele, ao lado de sua irmã Cristina. Ela está em uma cadeira de rodas, coletando assinaturas para o Apelo de Estocolmo.[9] O escândalo estoura quando o ministro da Cultura recusa a pintura. Circula uma explicação: o presidente, Miguel Alemán Valdés, o primeiro civil a ser eleito presidente do México desde o início da Revolução e candidato ao Prêmio Nobel da Paz, teme que esse elogio à Revolução ofenda o júri sueco. Oferecido à China, o afresco hoje está desaparecido.

O rigor nos obriga a apontar que, além dessas aparições em murais, Diego fez dois outros retratos de Frida. O primeiro em 1930, o segundo em 1955.

Em 1930, Frida e Diego, casados há poucos meses, partem para Cuernavaca, onde são recebidos na casa do embaixador americano no

9 Iniciativa do Conselho Mundial da Paz, lançada em 19 de março de 1950, para promover o desarmamento nuclear e evitar uma guerra atômica. (N.T.)

México, Dwight W. Morrow, que encomendou a Rivera a pintura de um afresco para as paredes do Palacio de Cortés. Embora Rivera continuasse com sua relação intermitente com Ione Robinson e estivesse iniciando uma outra com uma nova modelo – Dolores Olmedo –, Diego, "muito apaixonado" por sua jovem esposa, executa, a lápis, o único nu que fez dela, a partir do qual fez uma litografia intitulada *Estudo para um nu de Frida Kahlo*. Nela, Frida surge com uma juventude radiante, se despindo, sentada na beira da cama. De frente, bem ereta, com o olhar baixo, tirando o colar duplo de pérolas indígenas que enfeita seu pescoço. Seios altos e firmes, cintura de vespa, cabelos puxados para trás, sapatos de salto alto nos pés, meias ainda nas pernas. Descuidadamente jogadas na cama: duas ligas. Notando a evidente carga erótica desse desenho, devido à própria inexperiência da modelo, aliada a uma forma de masoquismo que a faz querer se oferecer assim "resignada e submissa", Patrick Marnham oferece uma interpretação desse nu com a qual concordo: "Esse aspecto ligeiramente perturbador foi ainda mais reforçado quando Diego decidiu sobrepor outra imagem à litografia de Frida – um autorretrato feito na mesma época. Quando se olha o resultado, o corpo magro e longilíneo de sua esposa emerge através do olhar sombrio da grande cabeça de sapo do artista. Em vez de descartar essa sobreposição, Rivera a conservou, e ela nos fornece uma prova da maneira como ele via seu relacionamento com sua nova esposa. Ao retratar Frida nua, ele a tornou sua, ao mesmo tempo colocando-a em um pedestal que ela não era a única a ocupar".[10]

Em 1955, exatamente um ano após a morte de Frida, Diego revela um primeiro e último retrato dela. Um desenho impresso e pintado com tinta: *Retrato póstumo de Frida Kahlo*. Uma Frida muito colorida, com um adorno lilás sobre os cabelos presos muito pretos. Brinco redondo na orelha, lábios pintados, sobrancelhas cheias. Ao redor dela, como uma auréola, línguas de fogo, rios de chamas. No lugar do colar, faíscas ou gotículas verdes. Uma última vez, Diego puxa Frida para o lado da mexicanidade. Ele reinterpreta tanto o penteado tradicional das mulheres astecas – cabelos levantados acima da cabeça como dois pequenos chifres – quanto o mito fundador de Atlachinolli. Nos códices, nas

10 Patrick Marnham, *Diego Rivera, Le rêveur éveillé*, *op. cit.*

esculturas e nos objetos sagrados, a água e o fogo se opõem e se complementam, formando uma corrente de sangue sagrado benéfico. São essa água e esse fogo sangrentos que circundam Frida. Diego adorna seu retrato com dois textos. O primeiro diz: "Em homenagem a Frida Kahlo e em memória de sua primeira e única exposição individual no México, na Galeria de Arte Contemporânea, de 13 a 27 de abril de 1953. 13 de julho de 1955". A segunda, escrita à mão pelo próprio pintor: "Hoje faz um ano. Para a menina dos meus olhos *Fisita mía*, 13 de julho de 1955".

Em 1955, Diego, que havia se casado novamente, agora com sua comerciante Emma Hurtado, deixa-a alguns meses depois para viver com sua melhor cliente, a rica colecionadora Dolores Olmedo, amiga de Frida e sua testamenteira. Ele dá a ela o retrato póstumo de Frida, adornando-o com uma dedicatória: "Para a bela Ruthy, *la Niña de mi Niña*, em sinal de meu grande amor e para que ela se lembre de sua amiga".

Frida pinta Diego

"Eu gostaria de pintar você, mas me faltam cores
– são tantas! – em minha confusão."

Frida inclui Diego em seu mundo pictórico desde muito cedo. Já na viagem a São Francisco, em novembro de 1930, ela desenha um retrato de casamento em grafite. À direita, com calças amplas e uma camisa larga, está Diego, maciço, estático. O pintor muralista e marido aperta em sua mão, grande, poderosa, a mão de sua esposa com tanta força que a faz desaparecer. À esquerda está Frida, submissa, num vestido com babados, comportada, com o olhar baixo, tendo como único adorno uma gargantilha indígena.

Antes de passar para um retrato de Diego ou para uma pintura em que ambos aparecem, Frida coloca Diego em vários de seus desenhos e esboços, assim como em muitos exercícios preparatórios, séries destinadas a domar o ogro. Ela desenha *O sonho* ou *Autorretrato onírico I*, no qual aparece em uma cama de hospital, com vários objetos e personagens flutuando sobre sua cabeça, incluindo a cabeça de Diego. No mesmo ano, realiza um estranho cadáver requintado, no qual Diego surge em um corpo de mulher, nádegas proeminentes e seios pendentes, e um esboço maior, no qual uma Frida muito indígena beija na boca um Diego mal traçado. Esse esboço é intitulado simplesmente *Diego e Frida*.

Em abril de 1931 – o casal continua em São Francisco –, enquanto o dr. Eloesser, agora um amigo íntimo e seu principal conselheiro médico, lhe prescreve vários exames, Frida pinta o retrato de seu casamento, que ela intitula *Frieda e Diego Rivera* ou *Frieda Kahlo e Diego Rivera*. Ela acrescenta à imagem uma faixa: "Aqui estamos, eu, Frida Kahlo, ao lado de meu amado marido Diego Rivera, pintei esses retratos na bela cidade de São Francisco, Califórnia, para nosso amigo Albert Bender, no mês de abril de 1931".

Essa tela é muito diferente do esboço de novembro de 1930. A mulher que Edward Weston chama de boneca continua tão pequena quanto no esboço, ao lado de seu marido gigante – 1,60 metro de altura e 49 quilos de um lado; 1,80 metro e 150 quilos do outro –, mas as posições se inverteram: ela está à direita do quadro, e Diego, à esquerda. A mão de Frida não é mais engolida pela mão de seu marido, e sim repousa sobre esta última.

Frida usa um vestido verde com babados grandes, um *rebozo* vermelho que ela diz ter pegado emprestado de uma empregada indígena, um colar étnico duplo, brincos e um penteado tradicional sóbrio. Já Diego veste terno e camisa azul-celeste sem gravata, um cinto grande para segurar as calças, os pés bem calçados e ancorados no chão – enquanto a própria Frida usa tamancos verdes com bolinhas vermelhas –, e olhar fixo: "Diego é alguém impossível de conter, que nunca se entrega", Frida observará um dia.

Essa tela tem um duplo sentido: aproxima Frida – por sua própria simplicidade e uso das cores da bandeira mexicana – do povo e é adequada às suas convicções marxistas; mas também passa uma imagem tradicional do casal. Embora Frida surja aqui dedicada e amorosa, isso não indica de forma alguma que ela se considera uma mulher submissa. Muito pelo contrário, e essa é a diferença essencial em relação ao esboço de novembro de 1930. Diego não é a personagem principal da tela. Frida decidiu mostrar o casal em seus dois componentes. Ela existe, ela se afirma e parece estar dizendo: nós somos dois. Eis Frida e eis Diego. Ele é ele e eu sou eu. Ela também diz: "Ele é o meu homem, ele é meu".

Último elemento: Diego está segurando na mão uma paleta de pintura. É verdade que ele é o pintor reconhecido, mas é errado, como fizeram alguns, concluir disso que Frida não se via como pintora ou, como Lucile Blanch afirma, que, durante sua estadia em São Francisco, Frida não teria pintado muito e, acima de tudo, que não se via como artista.[1] Em 1931, ela já produziu cerca de trinta obras e escreve a Isabel Campos: "Passo a maior parte do tempo pintando. Espero fazer uma exposição em setembro em Nova York. Não tenho tido tempo suficiente aqui, só consegui vender alguns quadros".[2] Frida, que só vive para e pela pintura, jamais se representará com uma paleta na mão.

Frieda Kahlo e Diego Rivera colocava em cena um casal. Em 1937, ano de seu tórrido e breve caso com Leon Trótski e de seu curto relacionamento com o secretário e segurança dele, Jean Van Heijenoort, ela pinta *Retrato de Diego Rivera*. Esse óleo sobre madeira é a única representação feita por Frida, que tem o apelido de Pomba, do homem que é comparado a um elefante ou, nas palavras de Matilde, mãe de Frida, um "Bruegel gordo, gordo, gordo, gordo". Diego está de frente, olhando reto, cabelos negros como o azeviche e uma camisa azul-escura aberta. Tira-se dessa tela uma estranha impressão de força e melancolia: "Não me referiria a Diego como 'meu marido', porque isso seria ridículo. Diego nunca foi e nunca será o 'marido' de ninguém. Nem mesmo como amante, pois ele ultrapassa em muito os limites da sexualidade. E se falasse dele como de um filho, eu não estaria fazendo nada mais do que descrever ou pintar minhas próprias emoções, meu próprio retrato, por assim dizer. Talvez algumas pessoas esperem ouvir de minha boca como é 'doloroso' viver com um homem como Diego. No entanto, eu não acho que as margens de um rio achem difícil deixar a água correr, nem que a terra sofra porque está chovendo, nem que o átomo fique aflito quando perde energia... para mim, tudo tem sua compensação natural".[3]

Ao pintar Diego, Frida tem medo de pintar apenas seu próprio retrato. Essa ideia de fusão – que não exclui, aliás, explosões ou separações frequentes – é central. Qual dos dois fagocita o outro? O que resta de um quando o outro intervém em seu território? São perguntas que Frida tenta responder por meio da pintura. Como, por exemplo, no famoso *Diego e Frida, 1929-1944* ou *Retrato duplo de Diego e Frida*

1 Citado por Hayden Herrera, em *Frida, Une biographie de Frida Kahlo*, *op. cit.*

2 *Frida Kahlo par Frida Kahlo*, *op. cit.*

3 Frida Kahlo, "Portrait de Diego", em *Catalogue de l'exposition* Diego Rivera, *cinquante ans de labeur artistique*, Cidade do México, 1949.

1929-1944, em que Frida retrata um rosto único dividido verticalmente em duas partes. À esquerda, Diego; à direita, Frida. Pintada em 1944, essa obra nasce da separação do casal.

Durante todo aquele ano, Frida e Diego viveram separados. Quando dá essa obra de presente a Diego pelo seu aniversário, Frida manifesta seu desejo de uma nova união, na imagem das raízes que enlaçam seus dois rostos – uma mensagem envenenada, pois essas raízes estão cobertas de espinhos, como a coroa que faz a testa de Cristo sangrar na cruz. Três meses depois, em dezembro de 1944, todos vão para casa.

A partir da década de 1940, é importante constatar que o número de autorretratos em que Diego Rivera é representado se multiplica, os mesmos que Frida exibe assim que surge a oportunidade, uma forma, em suma, de mostrar a todos o Diego que ela exibe; aquele que ela descreveu em 1949, em seu diário, desta maneira: "Diego, início. Diego, construtor. Diego, meu bebê. Diego, meu amado. Diego, pintor. Diego, meu amante. Diego, 'meu esposo'. Diego, meu amigo. Diego, minha mãe. Diego, eu. Diego, universo. Diversidade na Unidade".[4] Esse Diego que a ama e de quem ela foge, que ela rejeita quando retorna. Esse Diego que ela representa, em uma tela surpreendente, como sua filha monstruosa sentada em seu colo, enquanto ela mesma se senta no colo de uma estátua gigante que nutre, um ídolo de pedra abraçado por um ente preto e branco que personifica o universo. É um quadro de figuras aninhadas umas nas outras, organizado ao redor de um fogo central que o elefante-sapo segura nas mãos. Essa tela, pintada em 1949, é intitulada *O abraço amoroso do Universo, da Terra (o México), eu, Diego e o Señor Xolotl*. Em uma carta a Diego, escrita em seu diário, ela confidencia: "Eu gostaria de pintar você, mas me faltam cores – são tantas! – em minha confusão. A forma concreta do meu grande amor".[5] Isso diz tudo sobre os laços indeléveis que unem Frida e Diego, pai e mãe, filho e filha, engendradores engendrados.

Voltemos alguns anos atrás, para 1943. Apesar de seus males físicos, que pioram, Frida não para de pintar. O autorretrato que ela realiza então se chama *Autorretrato como tehuana*. Seu rosto, que brota de

4 *Journal de Frida Kahlo*, *op. cit.*
5 *Ibid.*

um adorno de cabeça feito de renda, típico do folclore mexicano, do qual escapam filamentos negros semelhantes a raízes, é sombrio, ao mesmo tempo triste e quase demoníaco. Parece uma aranha no centro de sua teia, exceto pelo fato de que essa aranha traz na testa, como que incrustado, o rosto de Diego.

Esse autorretrato tem um subtítulo pelo qual às vezes é chamado: *Diego em meus pensamentos*. É o mesmo que dizer que Diego agora ocupa o lugar, outorgado pelos Sábios da Ásia, de olho da Sabedoria. Esse terceiro olho Frida chama de olho da "supervisibilidade" ou de "olhar alerta" (*Ojo avizor*). Em seu *Retrato de Diego*, um texto que ela publica no catálogo da exposição "Diego Rivera, Cinquenta Anos de Trabalho Artístico", realizada no Palácio de Belas-artes da Cidade do México em 1949, ela escreve: "Seus olhos redondos, escuros, muito inteligentes e grandes, mal são retidos – quase fora de suas órbitas – por pálpebras inchadas e protuberantes, como as dos batráquios; eles estão mais afastados, mais que outros olhos. Eles permitem que seu olhar abarque um campo visual mais amplo, como se tivessem sido projetados para um pintor de espaços e multidões. Entre esses olhos, tão afastados um do outro, podemos distinguir o olho invisível da sabedoria oriental, e raramente desaparece de sua boca de Buda, com lábios carnudos, seu sorriso irônico e terno, a flor de sua imagem".[6]

Eu acrescentaria que, na estatuária dos mexicanos antigos, não é incomum ver uma cabeça minúscula usada como enfeite no cabelo, como a *Cabeza con personaje en el tocado*. Nesse exato momento, Frida diz exatamente o que pensa – "Diego está na minha cabeça" –, da mesma maneira como dirá em uma pintura posterior: "*A morte está na minha cabeça*". Mas há mais: Diego está na minha cabeça; esse pensamento sai da minha cabeça; Diego está na minha testa; Diego, nunca presente o bastante, sempre muito longe de mim. Às vezes, pensar em Diego vira uma obsessão.

Esse tema do terceiro olho é recorrente em Frida, associado a Diego – Diego sempre em meus pensamentos... Três anos depois de ter sido submetida a um transplante de medula espinhal em Nova York,

6 Frida Kahlo, "Portrait de Diego", em *Catalogue de l'exposition Diego Rivera, cinquante ans de labeur artistique*, *op. cit.*

uma operação que, infelizmente, não foi bem-sucedida, quando Diego lhe anuncia, com seu tato habitual, que pretende se casar com María Félix, Frida pinta *Diego e eu*. Um quadro terrível, doloroso: longos cabelos pretos soltos, enrolados no pescoço como se fossem estrangulá-la, grandes lágrimas escorrendo pelo rosto, Frida nos olha tendo na testa, mais uma vez como um terceiro olho, o próprio Diego dotado de um terceiro olho. Um jogo de espelhos atroz. Nessa nova sobreposição de rostos imaginários de um e de outro para sempre reunidos, Frida revela sem pudor sua grande tristeza. Pregada na cama, ela não pode fazer nada, nem se livrar desse Diego que a faz sofrer tanto, nem fugir com Josep Bartoli, seu jovem amante catalão. Ao terminar a pintura, ela engole uma dose de medicamentos que poderia tê-la matado.

Alguns anos mais tarde, em janeiro de 1953, ela desenha o enigmático *Bosque 379* em uma página inteira de seu diário. Contra um fundo verde dos mais angustiantes, surge um rosto duplo. Ele retoma a divisão vertical em duas partes de *Diego e Frida, 1929-1944*. À esquerda, uma mulher com longos cabelos ondulados. À direita, um homem de cabelos curtos, com a cabeça coberta de chamas. Ambos de cor ocre, ambos cobertos por grossas listras pretas que impossibilitam qualquer identificação. Frida e Diego: duas metades de dois seres em fusão, enfim reunidos, mas invisíveis.

Restam a Frida menos de dois anos de vida. Esses desenhos e pinturas nos quais Diego aparece tão presente, tão imbricado ao seu próprio ser, como que gravado, tatuado em sua testa, até mesmo instalado em seus pensamentos, mostram claramente que, apesar de suas infidelidades, suas frequentes separações e seu divórcio, esses dois estão unidos por um vínculo indestrutível. É essa poderosa ligação entre eles que irrompe assim, exposta aos olhos de todos, encenada em praça pública. Frida escreve isso mais uma vez em seu diário: "A todo momento Diego é meu filho. Meu filho, nascido de mim mesma a cada manhã".[7] Um dos últimos desenhos desse mesmo diário retoma obsessivamente a ideia do rosto de Diego, que nunca deixa Frida. Dezenas de cabeças de lua, de todas as cores, de todos os tipos humanos, de diferentes raças, de ambos os sexos, circuladas por uma linha preta, preenchem toda a

7 *Journal de Frida Kahlo*, *op. cit.*

página de uma tal forma que é fácil confundi-las com uma multidão. Apenas uma se destaca entre todas, no canto inferior direito da página: a de Diego Rivera. Poderosa, berrante, enorme. A cabeça de um Diego triunfante, resplandecente como um sol. O Diego do quadro *O sol e a vida*, pintado em 1947, no qual Diego, astro cruel, seguindo em sua trajetória, fecunda os cálices sexuais das plantas, queima-as e acaba por murchá-las.

Um casamento, um divórcio e um recasamento

"Um acúmulo de veneno – foi isso que o amor pouco a pouco me deixou..."

Quando Frida e Diego se encontram na casa de Tina Modotti, os dois começam uma conversa. É este o relato que Diego faz dela em *Mi arte, mi vida*: "'O problema', ela me diz, 'é que algumas pessoas que o conhecem bem me aconselharam a não confiar muito no que você diz. Dizem que você só faz elogios às jovens, desde que elas não sejam muito feias... Então, vou repetir, só quero saber se devo continuar pintando ou se devo deixar para lá', ao que respondi, e no mesmo tom breve, que, em minha opinião, ela deveria continuar, mesmo que dizer isso a ela fosse difícil!".[1]

Tanto com ele como com ela, as coisas acontecem rapidamente. É preciso dizer que seus pontos de convergência são numerosos. Mesma atração pela Revolução e seu tema principal, a mexicanidade, mesmo modo boêmio de vida, mesmo humor ácido, mesmo engajamento na luta política. Ambos são inteligentes, vivos, têm a mente aberta, nada os detém, nada os segura. Diego é cativado pelas pinturas de Frida. Frida tem o maior respeito pelos *murales* de Diego – as brincadeiras de mau gosto e a postura da época da Preparatória parecem muito distantes.

1 Diego Rivera, *Mi Arte, mi Vida*, *op. cit.*

Um casamento chega a ser cogitado, e Diego se dobra ao que Jean--Marie G. Le Clézio chama de "*vaudeville*":[2] pedir ao pai a mão de sua filha em casamento. Deve-se dizer que Matilde, a mãe, está reticente. Ela, católica fervorosa, não gosta muito do homem que ela chama de "aquele comunista gordo", barulhento e sujo, que tem o dobro da idade de sua filha – Frida tem 21 anos, Diego, 42. E o pai, Guillermo? Sua atitude é das mais estranhas. Ele confidencia ao futuro genro que sua filha é diabólica, "ela tem um demônio escondido nela, esteja avisado", ele repete várias vezes. Ele dá a Diego a chance de prosseguir ou desistir. Se Diego persistir, se insistir, Guillermo acabará lhe dando a mão que cobiça: "Saiba que minha filha é uma mulher doente, e continuará assim pelo resto da vida. Ela é inteligente, mas não é bonita. Se você quiser, pense bem e, se ainda quiser se casar, eu lhe darei minha permissão".[3]

Na verdade, Guillermo é mais pragmático – cínico, alguns diriam – do que sua esposa: se Frida se casar com Diego, que é um homem rico, ele poderá sustentá-la. As despesas médicas são muito elevadas... Como primeiro sinal de boa vontade, Diego liquida a hipoteca da casa deles – a Casa Azul.

E os amigos? Eles sempre dão conselhos bons e conselhos não tão bons. Jesús Ríos y Valles, cujo retrato Frida pintou em 1927, um quadro que hoje desapareceu, incentiva-a fortemente a se casar com um homem que é um gênio. Sem tomar partido, Baltasar Dromundo, um ex-camarada da Preparatória, adota a posição de observador objetivo que compreende as coisas: com o relacionamento entre Alejandro e Frida estremecido, não surpreende que ela tenha escolhido o mais ousado dos dois, especialmente porque, sugere ele, enquanto Alejandro teria oferecido a ela um romântico buquê de flores, Diego a toma nos braços e lhe dá um grande beijo na boca! Quanto a Tina Modotti, ao ouvir a notícia, ela diz: "Vamos esperar para ver no que isso vai dar!". A mais agressiva, e isso não surpreende ninguém, é Lupe Marín, a esposa abandonada, que escreveu para Frida: "Frida, custa-me muito pegar a caneta para lhe escrever. Mas quero que saiba que nem você, nem seu pai, nem sua mãe têm direito a nada em relação a Diego. Os filhos dele

2 Jean-Marie G. Le Clézio, *Diego et Frida*, *op. cit.*

3 *Frida Kahlo par Frida Kahlo*, *op. cit.*

(e você pode incluir Marika entre eles, para quem ele nunca enviou um centavo!) são os únicos que ele tem o dever de sustentar".[4]

Alguns acham, mesmo assim, que a diferença de idade é grande demais e que Frida arrumou um amante envelhecido, feio e que já se divorciou duas vezes: em 1921, de Angelina Beloff, a quem deixou em Paris, assim como Marika, a filha que teve com sua amante, a russa Marie Vorobieff; e em 1928, de Lupe Marín, com quem teve duas filhas, Guadalupe e Ruth, esta última nascida em 18 de junho de 1927. Não importa. Frida se apaixonou por Diego, e Diego nunca havia conhecido uma mulher com quem se sentisse tão em harmonia. Ele nunca havia sentido uma tal mistura de desejo, respeito e admiração. A interioridade de Frida o submerge. Ele, o pintor de afrescos de dimensões sobre-humanas, fica como que enfeitiçado por essas pequenas telas, de apenas 20 × 30 cm, pintadas em metal ou masonita. O casamento é marcado para 21 de agosto de 1929. Alguns comentaristas sugerem que Frieda estava grávida, o que teria jogado Diego em seus braços. Isso é impossível. Se havia algo que o teria feito fugir, era a perspectiva de ter um bebê. Ele havia abandonado Angelina Beloff enquanto ela estava em trabalho de parto no hospital e só voltou para ela quando o recém-nascido morreu! Quanto a Marie Vorobieff, ele a abandonou duas vezes: quando ela lhe disse que estava grávida e depois do nascimento de sua filha Marika. Outra prova? Quando Lupe lhe disse que estava esperando um segundo filho dele, a pequena Guadalupe, ele imediatamente começou um caso com Tina Modotti... As gestações e os bebês, eis o lado obscuro de Diego Rivera. Uma mácula que não o engrandece. Frida não sabe disso, ela que está prestes a se casar com Diego e quer ter um filho dele.

É Frida quem se encarrega de organizar o casamento: "Tomei todas as providências na corte em Coyoacán para que pudéssemos nos casar. Peguei uma saia emprestada da empregada e também uma blusa e um xale. Coloquei a órtese em meu pé de modo que ninguém pudesse vê-la e nos casamos".[5] Tina oferece sua casa (sua varanda) para organizar a recepção do casamento, e Lupe até se oferece para preparar alguns dos pratos favoritos de Diego. Celebrada no austero salão da prefeitura

4 Citado par Rauda Jamis, *Frida Kahlo*, *op. cit.*

5 Ana Cecilia Treviño, dita Bambi, "Frida Kahlo es un mito", em *Excélsior*, 13 juin 1954.

de Coyoacán, por um prefeito que também é vendedor de *pulque*, na presença de três testemunhas – um cabeleireiro, um médico homeopata e um juiz –, a cerimônia só é acompanhada pelo pai de Frida, que diz misteriosamente, quando esta acaba: "Senhores, hora do teatro!".

O que dizer, então, dessa "peça"? Em primeiro lugar, as roupas usadas pelos noivos. Em uma foto tirada naquele dia, vemos a imagem de um casal burguês: Frida sentada em uma cadeira, Diego em pé ao lado dela, segurando seu chapéu com uma das mãos e repousando a outra no ombro de Frida, em um gesto de proteção. Diego está de terno e gravata, com o colarinho da camisa amassado e um cinto largo na cintura. Frida, vestida com um vestido longo com babados, faixa no cabelo, gargantilha, estola: uma tehuana. Em outra foto, um elemento escandaloso: Frida segura um cigarro na ponta dos dedos.

O que também se deve notar é que esse casamento, contraído apenas dezenove anos após a Revolução Mexicana, ocorre em uma sociedade ainda bastante tacanha e dotada de "muitas características vitorianas",[6] como a leitura obrigatória na cerimônia da epístola de Melchior Ocampo: "O casamento é o único meio moral de fundar uma família, de preservar a espécie e de remediar as imperfeições do indivíduo, que não pode, por si só, atingir a perfeição da raça humana. Pois essa perfeição não está na pessoa individual, mas na dualidade conjugal. Os cônjuges devem um ao outro respeito, deferência, fidelidade, confiança e ternura, e ambos se encarregarão de garantir que aquilo que um espera do outro ao se unir a ele não seja desmentido após a conclusão do casamento. Jamais insultarão um ao outro, pois os insultos entre marido e mulher desonram aquele que os profere e provam sua falta de discernimento ou de sabedoria na escolha que fez. Em nenhum caso eles maltratarão um ao outro, pois é vil e covarde abusar da força".

Em sua edição de 23 de agosto de 1929, o muito jovem *La Prensa*, um jornal com menos de um ano de existência, sob o título "Diego Rivera se casa", relata: "Na quarta-feira passada, em Coyoacán, na periferia, o controverso pintor se casou com uma de suas discípulas, a

6 Juan Rafael Coronel Rivora, "Diego et Frida, les anormaux", em *Frida Kahlo Diego Rivera, l'art en fusion, Catalogue de l'Exposition "Frida Kahlo et Diego Rivera"*, Musées Nationaux, 2013.

Senhorita Frida Kahlo. Como se pode ver, a noiva usava roupas simples de rua e o pintor Rivera estava vestido à americana, sem colete. A cerimônia foi simples, em um ambiente muito cordial, sem ostentação ou pompa. Após o casamento, os noivos foram parabenizados por alguns amigos próximos". A imprensa não diz tudo, porque não estava presente nas festividades, que aconteceram assim que a prefeitura foi fechada.

Uma vez concluída a cerimônia de casamento entre o "elefante e a pomba", a festa pôde começar, que não foi tão tranquila quanto o artigo do *La Prensa* nos faz acreditar. Evidentemente, há guirlandas, lanternas, serpentinas e velas multicoloridas – estamos no México. Nota-se também que Tina provavelmente não teve tempo de recolher as calcinhas e os sutiãs que secavam ao sol, em meio aos quais circulam os convidados que chegam em pequenos grupos, acompanhados por *mariachis*. Bebem-se muitos copos de tequila. Quando o casal chega, sob vivas, a festa se intensifica. O álcool circula, tão rapidamente quanto as piadas de mais ou menos bom gosto. Frida adora. Mas logo Lupe, que até então havia conseguido conter a tristeza – seu divórcio é recente, e a filha que teve com Diego ainda não tem dois anos –, explode. Puxando Frida de lado, ela começa a zombar de suas "pernas magricelas" e, unindo ação às palavras, levanta as saias da noiva, mostrando a todos as sequelas de sua poliomielite – Frida *pata de palo*... Frida revida, agarra Lupe e a joga no chão. Diego as separa. Eis um casamento que começou bem. Bertram D. Wolfe relata o incidente: "Lupe chega, com um ar alegre. Mas, no meio da festa, ela corre até Frida, levanta sua saia e exclama diante da multidão: 'Estão vendo esses dois paus? Essas são as pernas que Diego tem agora em vez das minhas'".[7] Lupe vai embora, e Diego começa a beber, e muito. Bêbado, ele tira a pistola da cinta e começa a atirar em vários objetos, acabando por ferir um convidado no dedo mindinho.

E isso não é tudo. Lembremo-nos da epístola de Melchior Ocampo: "Jamais insultarão um ao outro [...]. Em nenhum caso eles maltratarão um ao outro, pois é vil e covarde abusar da força". Mas Diego e Frida se engalfinham: "Então brigamos e eu fui para casa aos prantos".[8] É

7 Citado por Rachel Viné-Krupa, *Frida Kahlo 1907-1954, Portrait d'une identité*, *op. cit.*

8 Ana Cecilia Treviño, dita Bambi, "Frida Kahlo es un mito", *op. cit.*

demais para Frida, que, assustada, decide passar a noite de núpcias na casa de seus pais. Isolda P. Kahlo, que na época era criança, declara muitos anos depois: "Frida chegou em casa chorando, decidida a não ir embora até que Diego viesse se desculpar".[9] Depois de três dias de silêncio, Diego toca a campainha da Casa Azul e os dois amantes partem, de braços dados, em direção à casa de Diego no Paseo de la Reforma número 104. Já é um condensado de como será a vida dos dois...

Começa então, para os recém-casados, um curto período de felicidade, em um apartamento lotado com uma empregada e quatro companheiros comunistas: "Siqueiros, sua esposa Blanca Luz Bloom e outros dois comunistas foram enviados para morar comigo. Todos nós morávamos lá, uns sobre os outros, debaixo da mesa, nos cantos, nos quartos".[10] Sem esquecer que Lupe às vezes aparece, sempre sem avisar, para ensinar Frida a preparar os pratos favoritos de Diego. Diego logo foi convidado para decorar uma lógia no Palácio de Cortés, em Cuernavaca, e Frida o acompanha. Enquanto ele trabalha, ela descobre a simplicidade da vida rural, a harmonia com o mundo indígena, e começa a pintar novamente. Em um segundo desvio da epístola de Melchior Ocampo – "os cônjuges devem um ao outro [...] fidelidade" –, Diego trai Frida com Ione Robinson e depois com Dolores Olmedo.

Frida, que não vê nada, ou não quer ver nada, retrata esse período idílico em duas representações do casal. Em *Frieda Kahlo e Diego Rivera*, um esboço a lápis, ela aparece como uma mulher submissa: Diego segura a mão de sua esposa modelo. Em *Frieda Kahlo e Diego Rivera*, um óleo sobre tela de grande formato – 100 × 78,7 cm –, ela já parece mais autoconfiante e mais livre.

Os dias passam. Frida aprende a conhecer melhor Diego. Ele é exatamente como ela havia imaginado, e em alguns aspectos, pior. Ele é selvagem, enérgico, mitômano, enorme, mentiroso, extravagante. Ela é sensível, frágil, pequena, leve, ardente, só quer abrir as asas, está sempre à espera de ser amada, sempre à espera de sinais de que é amada. Ele pinta afrescos que contam o percurso tragicômico da história do México. Ela se entrega, em suas pinturas de pequeno formato, a

9 Isolda P. Kahlo, *Frida íntima*, *op. cit.*
10 *Frida Kahlo par Frida Kahlo*, *op. cit.*

pesquisas íntimas. E quando Diego confessa que, quanto mais a ama, mais quer machucá-la, ela retruca que ele é seu filho, seu recém-nascido. Começa o ciclo de discussões, enganos, o terrível desgaste do cotidiano que arruína os casais, a mesquinhez das pequenas coisas. A vida deles começa a se parecer com uma novela muito sombria e muito luminosa de F. Scott Fitzgerald.

Em um primeiro momento, Frida minimiza os delitos conjugais de Diego, finge aceitá-los e compreendê-los. "Devo ser realmente teimosa como um burro", escreve ela a Diego, "para não entender que as cartas, as histórias sobre anáguas, as professoras... de inglês, as ciganas que servem de modelos, as assistentes de 'boa vontade', as discípulas interessadas na 'arte da pintura' e as 'enviadas plenipotenciárias de terras distantes' são só uma diversão, e que no fundo você e eu nos amamos muito, e que não importa quantas aventuras, batidas de porta, insultos e reclamações internacionais tenhamos, sempre nos amaremos".[11] Mas como viver todas essas feridas acumuladas, quando o relacionamento dos dois não para de se deteriorar? É preciso dizer que as brigas do casal são cada vez mais violentas e destrutivas, e Diego chega ao ponto de despedaçar a facadas um dos quadros de sua esposa de um cacto em um deserto mexicano, simplesmente porque, durante uma estadia nos Estados Unidos, Frida expressa o desejo de retornar ao seu país. "Não quero mais reencontrar tudo aquilo!", ele grita como um louco.

Apesar de todas as suas boas resoluções, suas belas palavras e sua determinação em superar o problema, Frida sucumbe a uma crise de profundo desespero no dia em que compreende que Diego acaba de iniciar um outro caso amoroso, enquanto ela precisa lidar com mais um aborto, realizado dessa vez no terceiro mês de gestação, uma operação no pé direito – a amputação de vários dedos –, e também com uma apendicectomia, e durante sua permanência no hospital para convalescer.

Cansada, deprimida, atormentada pela dor, Frida não consegue mais pintar. "Eu estava tão doente que não pintei nada até sair do hospital. Comecei novamente, mas sem a menor vontade, e sem que esse trabalho me traga qualquer coisa que seja",[12] escreve a Ella e Bertram

11 *Ibid.*
12 *Ibid.*

D. Wolfe. Na mesma carta, ela também lhes confidencia: "Comprei uma casa na Cidade do México, bem barata, porque não queria voltar para San Ángel, onde sofri a um ponto que vocês não imaginam. Agora moro na avenida Insurgentes, n. 432. Diego vem me visitar às vezes, mas não temos mais nada a dizer um ao outro, não existe mais a menor conexão entre nós; ele nunca me conta como está e não está nem um pouco interessado no que estou fazendo ou pensando. Quando se chega a isso, é melhor desatar as amarras".[13] Dez dias depois, ela escreveu ao dr. Eloesser, que agora tem o *status* de confidente: "Com Diego, a situação piora a cada dia...".[14]

Essa nova separação não tem nada a ver com as anteriores. Não se trata mais de uma briga rapidamente esquecida. Dessa vez, cada um vai viver no seu canto. Em seu apartamento no número 432 da avenida Insurgentes, no centro da Cidade do México, com seu macaco-aranha favorito, Frida tenta se reconstruir, inventar para si uma nova vida que seja só sua. Ela corta os cabelos, aqueles que Diego tanto amava; abandona as roupas indígenas para voltar às masculinas e, acima de tudo, recai em um de seus hábitos favoritos: o consumo excessivo de álcool. Embora escreva para Ella Wolfe que "não chora mais lágrimas de conhaque, tequila etc.",[15] correm rumores de que ela esconde um pequeno frasco de conhaque nas anáguas. Mais uma vez é a arte que vai salvá-la, muito mais que seu caso com o muralista revolucionário Ignacio Aguirre, para quem ela escreve: "Eu gostaria tanto de ser bonita para você! Gostaria de poder lhe dar tudo que você nunca teve",[16] ou o que tem com o escultor americano-japonês Isamu Noguchi durante sua viagem a Nova York.

Em 1935, ela mais uma vez transforma sua dor em arte e pinta um de seus quadros mais famosos: *Umas facadinhas de nada*. O que vemos nele? Uma mulher ferida a facadas por um homem que está ao lado dela e que se parece estranhamente com Diego. O quadro "representa

13 *Ibid.*
14 *Ibid.*
15 *Ibid.*
16 *Ibid.*

o momento imediatamente posterior ao assassinato".[17] O assassino está em pé na frente da vítima, com a mão esquerda enfiada no bolso da calça e a mão direita segurando a arma do crime. A mulher está nua, estendida na cama, com o corpo coberto de cortes sangrentos. Ela deixa cair o braço inerte e vira em direção ao observador a palma da mão aberta, de onde flui uma torrente de sangue. Como se a tela não fosse suficiente para mostrar todo o horror da cena, a própria moldura está salpicada de grandes manchas de sangue. Hayden Herrera relata que Frida teria representado o assassino dessa forma "porque no México é perfeitamente satisfatório e normal matar".[18] Deve-se lembrar que uma notícia da época relata que um bêbado, depois de esfaquear sua esposa vinte vezes, disse ao juiz: "Mas, no fim das contas, eu só lhe dei umas facadinhas!". É bastante óbvio que todas essas "facadinhas" são a transposição de uma grande ferida: aquela que Frida teve de enfrentar – a dupla traição de Cristina e Diego. Uma ferida que a leva a dizer que está como que espiritualmente morta, como se tivesse sido "assassinada pela vida".[19]

Esse quadro tem uma história singular. Embora tenha sido pintado em 1935, nunca deixa de ser retocado. Como se seguisse os solavancos da vida de Frida, como se a acompanhasse em suas sucessivas dores. Como se precisasse ser constantemente revisto, corrigido, modificado, um sismógrafo acompanhando o menor tremor, um eletrocardiograma registrando a atividade elétrica de um coração em sofrimento. Na primeira versão, a mulher tinha cabelos curtos – como Frida. Originalmente completamente nua, Frida acrescentou um sapato ao pé direito – o pé que nela era tão vulnerável e que acabara de ter três dedos amputados. Com o passar dos anos, outras modificações foram feitas. A moldura, feita de espelhos, foi substituída por uma de madeira – uma espécie de cruz como a de Cristo. Em uma foto tirada em 1948, Frida aparece em primeiro plano com a famosa pintura, ainda inacabada, atrás dela. É nessa época que ela começa a esfaquear a moldura de madeira, a manchá-la de tinta vermelha, que é o sangue. Na realidade, o evento que a motivou, a traição de Diego, não parou de se reproduzir

17 Hayden Herrera, em *Frida, Une biographie de Frida Kahlo*, *op. cit.*

18 *Ibid.*

19 *Frida Kahlo par Frida Kahlo*, *op. cit.*

repetidas vezes e de ferir Frida, que constantemente retocava a pintura. Cortezinhos recorrentes que Diego lhe infligiu durante toda a sua vida, e contra os quais ela tentou lutar tendo ela também suas aventuras extraconjugais. Elas somam cerca de uma dúzia entre o verão de 1935 e o outono de 1939. Outras telas atestam essa mesma dor, como *Memória* ou *O coração*, em 1937 e, um ano depois, *Lembrança da ferida aberta*.

Mas, apesar disso, Frida sempre volta para Diego, como no verão de 1935, quando, depois de sua escapada nova-iorquina, ela retorna ao México, estabelecendo-se mais uma vez em San Ángel, na casa dupla construída por Diego. Mas o calvário logo recomeça: promessas impossíveis de serem cumpridas, planos irrealistas para uma vida pacífica, altercações violentas que recomeçam – Frida pensa em suicídio várias vezes. Que estranha oscilação de pêndulo na qual ela parece vacilar. Não seria melhor aceitar que uma separação que não fosse mais episódica, mas sim definitiva, seria a melhor solução? Ela, que havia pensado em se divorciar durante sua viagem a Nova York, volta a se fazer essa pergunta, mas dessa vez com mais seriedade. Com o fim da aventura com Leon Trótski, a ideia de uma ruptura radical com Diego torna-se muito real. E se durante esse período conturbado Frida pinta como nunca antes – *Menina com máscara de caveira I e II*, *Asas de palha* ou *Eles querem aviões, mas só conseguem asas de palha* –, sua tristeza com o fracasso de seu relacionamento só aumenta: essa guerra de três anos realmente a partiu. Em 6 de novembro de 1939, a questão foi resolvida, ainda mais facilmente porque no México o divórcio por consentimento mútuo existe desde a Independência, e uma reforma do Código Civil de 1928 tornou o divórcio um direito tanto dos homens como das mulheres.

Diego, em *Mi arte, mi vida*, dá de si mesmo uma imagem positiva. Ele conta que, certa noite, telefonou para Frida sem pensar duas vezes para convencê-la a concordar com o divórcio – usando um pretexto tão "vulgar quanto estúpido", certo de que ela cairia na armadilha: ele a repreendeu por sua dificuldade em gozar durante o sexo! Nos meses seguintes, Frida vive um inferno. Sente-se culpada, inútil, pensa em suicídio – como sempre, Diego consegue colocá-la na posição de quem se equivocou, de quem fez tudo errado. A carta que ela escreve para seu ex-amante Nickolas Muray na época diz muito sobre seu estado de espírito: "Não tenho palavras para lhe dizer como estou mal [...]. Agora me sinto quebrada e sozinha, e tenho a impressão de que ninguém no mundo sofreu como eu sofro, mas, é claro, espero que isso mude daqui a alguns meses".[20]

Para piorar a situação, a esse sofrimento emocional se somam sérias preocupações financeiras e problemas de saúde. Para aliviar a dor recorrente na coluna, os médicos não só lhe impõem repouso absoluto, mas também a submetem a um alongamento das vértebras realizado por meio de um dispositivo bárbaro, que prende um peso de vinte quilos à sua cabeça. Basta olhar para as fotos em preto e branco tiradas dela em sua cama de hospital para o coração se encher de tristeza. Mas, mais uma vez, é a pintura que a salva. As telas que realiza na época estão entre as mais intensas de sua obra, o que mais tarde levaria Diego a dizer que essa separação foi benéfica para Frida, que, graças a ela, pintou suas maiores telas!

Em primeiro lugar, *As duas Fridas*. Pintada em dezembro de 1939, ela é, obviamente, uma referência à sua mestiçagem (já falei sobre isso), mas também simboliza a dor provocada pela separação. A primeira Frida, usando o tradicional traje de tehuana, é a que Diego amou; a segunda, em um vestido branco à moda europeia, é a que Diego rejeita. A da direita segura um retrato em miniatura de Diego. Uma artéria o conecta ao seu coração. A da esquerda é uma Frida que sangra, vítima de uma hemorragia que nenhum instrumento cirúrgico é capaz de estancar. A mensagem não poderia ser mais clara: sem o amor de Diego, o coração de Frida sangra e logo vai parar, levando a uma morte anunciada. A própria Frida explica o significado que deseja dar à sua tela: "O fato de eu ter me pintado duas vezes, acho que nada mais é do que a representação da minha solidão. Em outras palavras, voltar-me para mim mesma para pedir minha ajuda. É por isso que as duas personagens estão de mãos dadas. Acredito que o tema dessa pintura seja claramente a relação entre minha vida interior e Diego".[21] Em 1955, quando Diego, sofrendo de câncer, decide ir a Moscou para se tratar, Dolores Olmedo, com quem ele agora vive, depois de abandonar sua nova esposa, Emma Hurtado, compra *As duas Fridas*, "a fim de confortá-lo um pouco antes

20 *Frida Kahlo Confidences, op. cit.*
21 *Ibid.*

de ele partir para a União Soviética".[22] Quando ele se posta diante desse quadro, escreve a riquíssima compradora, sua emoção é tão grande que ele não consegue segurar as lágrimas.

Essa pintura, imbuída, repito, da dor da separação, não é a única. Dois óleos pintados em 1940 têm o mesmo tema. O primeiro é *Autorretrato com colar de espinhos*, no qual ela surge como um Cristo, com o pescoço lacerado por um colar-coroa coberto de espinhos que se afundam em seu pescoço e encharcam seu peito com gotas de sangue. A segunda é intitulada *A mesa ferida*. Situada na sala de jantar da Casa Azul, onde ela voltou a morar sozinha após o divórcio, ela preside uma cena fantasmagórica na qual se vê um enorme judas, vestido com o macacão de Diego, que a envolve com seus enormes braços enquanto um fluxo de sangue escorre por seu pescoço.

Poderíamos mencionar outras. A mais conhecida delas é o *Autorretrato com cabelos cortados*. Nessa tela, também pintada em 1940, Frida copiou um popular *corrido*, acompanhado de sua partitura: "Olha, se eu te amei, foi por teus cabelos, agora que estás careca, eu não te amo mais". A Frida que aparece aqui, sentada em uma cadeira de vime amarela, com um terno masculino, sozinha, no centro de um cômodo vazio cujo chão está forrado de fios de cabelo, é mais uma vez uma Frida ferida, abandonada, com uma tesoura na mão. Oferece-se em sacrifício e, ao mesmo tempo, pune um Diego loucamente apaixonado por seus longos cabelos. É uma Frida derrotada que levanta a cabeça e não se deixa derrotar.

O ano de 1940 é um marco importante na história do casal. Trótski foi assassinado em agosto. E Frida, por um momento sob suspeita, foi interrogada pela polícia, enquanto Diego passava seus dias tranquilamente na Califórnia. Leo Eloesser serve como intermediário entre ela e Diego. É um homem inteligente, muito perspicaz, e sabe muito bem que a história dessas duas pessoas excepcionais ainda não terminou. Ele então aconselha Diego a trazer Frida para São Francisco e aconselha Frida a ir para a Califórnia, porque o tratamento que ela está recebendo dos médicos mexicanos não serve para nada. Como Frida simplesmente precisava de uma desintoxicação, ele a interna no Hospital São

22 Citado por Patrick Marnham, em *Diego Rivera, Le rêveur éveillé*, *op. cit.*

Lucas. Ele também tem uma outra ideia em mente: ele quer é que ela e Diego se reencontrem. A carta que ele envia à sua protegida é um modelo do gênero. Em essência, ele diz: Diego ama você e você ama Diego. Você também sabe que os dois grandes amores dele são a pintura e as mulheres, e que ele nunca será monogâmico – "isso seria idiota e antibiológico". Assim, ele a aconselha a refletir sobre o que quer fazer e conclui: "Se você acha que pode aceitar os fatos como eles são, viver com ele nessas condições e, para viver mais ou menos em paz, afogar seu ciúme natural no fervor do trabalho, da pintura, do ensino, do que quer que seja, e manter-se ocupada até que, todas as noites, vá para a cama exausta pelo trabalho, então case-se com ele! É uma coisa ou outra. Pense nisso, querida Frida, e decida-se".[23]

Embora essa não seja uma decisão fácil de tomar – Frida está em meio a um caso tempestuoso com o jovem Heinz Berggruen, um judeu alemão refugiado nos Estados Unidos e futuro galerista e *marchand* –, os argumentos do bom doutor atingem seu objetivo, pois ela aceita a proposta de casamento de Diego. Isto é fato: Diego é quem propõe e Frida é quem aceita. Quando ela sobe no avião para São Francisco em setembro, no fundo, o jogo já está jogado. Ela escreve para Sigmund Firestone, que acaba de encomendar um autorretrato seu: "Finalmente me sinto um pouco melhor e estou pintando um pouco. Vou voltar para São Francisco e me casar novamente com Diego. (Ele quer isso porque diz que me ama mais do que a qualquer outra garota.) Estou muito feliz".[24]

Frida aceita, mas é ela que estabelece as regras: cada um teria sua vida, cada um deveria respeitar o outro, a liberdade do outro. Em suma, um novo tipo de casal. Um novo relacionamento. Uma união, um acordo, feito de "tolerância e amizade".[25]

Em 8 de dezembro de 1940, Diego e Frida se casam, então, pela segunda vez, na mais estrita privacidade, no tribunal federal de São Francisco. Coincidentemente, é o aniversário de 54 anos de Diego. Frida tem 33. Ninguém foi convidado. Na única foto conhecida do evento,

23 *Frida Kahlo par Frida Kahlo, op. cit.*
24 *Ibid.*
25 *Ibid.*

Diego, vestido de terno escuro, assina a certidão de casamento. Ao lado dele, Frida está elegante em um *huipil* florido. Com a mão no ombro do marido, atenta à assinatura que os une, ela se torna num piscar de olhos a sra. Rivera. A cerimônia é tão breve, quase austera, que, uma vez terminada, Diego volta a trabalhar em seu afresco.

Devemos então concluir que o longo período de desamor e desintegração chegou ao fim? É isso que as aparências indicam. Depois de uma espécie de lua de mel, passada atravessando a Califórnia, o casal retorna ao México. Frida parece muito melhor. Ela bebe menos e não sente mais nenhuma grande dor. Cumprindo seu papel de esposa exemplar, ela prepara um quarto para Diego na Casa Azul. Ela até manda fazer para ele uma grande cama sob medida, que ela arruma com lençóis finos e almofadas bordadas com seus nomes entrelaçados. Frida trabalha em seu ateliê na Casa Azul e Diego em sua casa em San Ángel. Cada um na sua casa, exceto pelos cafés da manhã que tomam juntos, intermináveis, durante os quais abrem a correspondência e leem o jornal, enquanto seus animais de estimação circulam pela casa, alguns dos quais podem ser vistos nas pinturas de Frida. Quanto aos jantares, eles são o pretexto para grandes reuniões entre amigos. Bebe-se, canta-se, dança-se. Em julho de 1941, mais de seis meses após seu segundo casamento, Frida escreve a Eloesser: "O novo casamento está indo bem. Poucas brigas, uma melhor compreensão mútua e, no que me diz respeito, menos perguntas irritantes sobre as outras damas que, às vezes, de repente, ocupam um lugar preponderante em seu coração. Em resumo, você verá que eu finalmente aceitei que a vida é assim e que todo o resto não passa de uma bobagem".[26]

Em 1944, para comemorar o décimo quinto aniversário de casamento, Frida pinta duas versões de um quadro minúsculo medindo 13,5 × 8,5 cm, intitulado *Diego e Frida 1929-1944* ou *Retrato duplo de Diego e Frida 1929-1944*, apresentado em uma moldura em forma de lira incrustada com conchas. Um Jano feminino e masculino: de um lado, o homem, Diego; do outro, a mulher, Frida. Uma união pictórica, uma osmose. Em suma, um casal ligado com solda, indestrutível. Fato ou ficção? Uma imagem de um casal como ele é ou como gostaríamos que

26 *Ibid.*

fosse? Daí a dizer, como o faz Luis Martín Santos, que o "casal renovou seus votos de associação intelectual e sentimental, ano após ano até a morte de Frida, em 1954",[27] é um engodo. É verdade que esse vaivém de amor e ódio entre Frida e Diego é uma constante, mas esse não é um funcionamento benéfico. Não acho que esse sofrimento compartilhado, exposto, seja necessário para o relacionamento deles. As repetidas cenas de rompimento seguidas de reconciliação, as discussões violentas e reincidentes, as provocações sexuais, tudo isso geralmente em público, destroem Frida. Ela é a grande perdedora desse jogo perigoso. *Frida e Diego 1929-1944* ou *Retrato Duplo de Frida e Diego 1929-1944*, que deveria marcar o caráter perene de seu amor, ser um tipo de coração pulsante do qual cada um guardaria uma metade, acabará aberto e disperso. Logo depois de pintá-lo, Frida venderá esse objeto memorável a um de seus patronos, o engenheiro Eduardo Morillo Safa, e Diego, elegante como sempre, dá o seu a María Félix quando, quatro anos depois, envolve-se romanticamente com ela.

Esse amor, elevado à condição de mito, foi uma construção mental, cujo principal arquiteto foi Frida. Ao longo de sua vida, e particularmente no período após seu novo casamento, ela faz inúmeras declarações de amor a Diego, escrevendo para seus amigos que tudo vai bem e que o amor continua muito vivo. Como se pudesse fazer esse desejo ser verdade escrevendo-o ou dizendo-o, às vezes publicamente. Em 1944, ela escreve uma carta para Ella e Bertram D. Wolfe construída em diversos tópicos: "Saúde", "Grana", "Trabalho" e, finalmente, "Amores": "Melhor do que nunca, graças a um entendimento mútuo entre marido e mulher, sem que a liberdade devida a qualquer um dos cônjuges seja de alguma forma violada; eliminação total dos ataques de ciúme, das discussões violentas e dos mal-entendidos, com a ajuda de uma dialética baseada na experiência passada. E não se fala mais nisso!".[28] Em 1947, ela escreve a Diego: "Eu posso pelo menos me oferecer para estar com você em todo... meu coração",[29] e em 1948, "Eu o adoro

27 Luis-Martín Lozano, *Frida Kahlo, El circulo de los afectos, op. cit.*

28 *Frida Kahlo par Frida Kahlo, op. cit.*

29 *Ibid.*

com toda a minha vida".[30] Em 1949, por ocasião da grande exposição no Instituto Nacional de Belas-artes em homenagem aos cinquenta anos de Diego Rivera, já mencionada, ela escreve um longo texto que é uma declaração de amor, na qual ela o trata como seu "amante e seu bebê recém-nascido". Suas cartas, suas declarações, são como marcos construídos ao longo de todo esse caótico caso de amor. Assim, em 1949, ela escreve o famoso *Retrato de Diego* – "Diego, meu amado. Diego, meu amante. Diego 'meu esposo'. Diego, meu amigo"[31] – e, dois anos depois, dirige ao "seu filho" uma mensagem na qual lhe envia, "como sempre, todo o seu coração" e que assina "Sua pequena ex-Feiticeira Fisita".[32]

Até o fim, Frida encenará a peça do amor feliz, como neste poema nunca enviado a Diego, escrito pouco antes de sua morte, e que acabará chegando a ele graças a Teresa Proenza, que o entregou em 13 de novembro de 1957. Esse "Poema de Fisita, que é amor e beleza", mas que possui, no entanto, um terrível final:

> DIEGO na minha urina – Diego na minha boca – no meu coração, na minha loucura, no meu sonho – no mata-borrão – na ponta da caneta – nos lápis – nas paisagens – na comida – no metal – na imaginação. Nas doenças – nas vitrines – nos seus reversos – nos seus olhos – na sua boca – na sua mentira.[33]

Até o fim, Diego jogará o jogo dos casos extraconjugais, como o já mencionado com María Félix, que Diego relata nestes termos: "Quando María se recusou a se casar comigo, voltei para Frida, que estava infeliz e magoada. Em pouco tempo, porém, tudo entrou em ordem. Eu havia superado a rejeição de María. Frida estava feliz por me ter de volta, e eu estava grato por ainda ser seu marido".[34]

Até o fim, o homem que Olga Campos qualifica como "erotomaníaco"[35] e que, segundo ela, tentou beijá-la introduzindo a língua à força

30 *Ibid.*
31 *Journal de Frida Kahlo, op. cit.*
32 *Ibid.*
33 *Ibid.*
34 *Diego Rivera, Mi Arte, mi Vida, op. cit.*
35 Olga Campos, "Mes souvenirs de Frida", em *Frida Kahlo Confidences, op. cit.*

em sua boca, "desfrutando da minha repulsa e da reação de Frida",[36] traiu esta última. Em 1954, quando Frida tem só mais alguns meses de vida, ele instala sua amante Emma Hurtado na casa de San Ángel. Frida, desesperada, física e emocionalmente abalada, pressente que está olhando para a futura sra. Rivera. Depois de duas hospitalizações por prováveis tentativas de suicídio, em abril e maio, ela mais uma vez pensa em tirar a própria vida: "Me amputaram uma perna há seis meses que foram séculos de tortura, e às vezes eu achava que tinha perdido a razão. Continuo com vontade de me suicidar... Nunca sofri tanto em toda minha vida. Vou esperar um pouco mais".[37]

Na verdade, essa vida de casamento e de recasamento só é suportada por Frida porque ela pode se afastar ao pintá-la. Uma natureza-morta, pintada em 1943 – *A noiva assustada ao ver a vida aberta* –, nos diz muito sobre essa existência, que também foi feita de arrependimentos. O que vemos nessa composição? Um papaia aberto, repleto de sementes, uma coruja com os olhos abertos, uma melancia, cortada em pedaços suculentos. Há algo muito fresco, muito jovem aqui, a começar pela boneca, que faz parte da coleção de Frida, cuja presença proíbe qualquer ambiguidade. Ela colocou um vestido de noiva, a vida se abre diante dela. É Frida expressando arrependimento pelo tempo passado, pelas promessas não cumpridas, ela que estava tão feliz por se casar em agosto de 1929.

O que se segue é a história de sua vida, presente em seus quadros. Em *A máscara*, realizado após mais uma traição de Diego, ela tem o rosto coberto de lágrimas. No *Autorretrato* de 1946 e em *Ruína*, pintado no ano seguinte, no qual Frida batiza sua infelicidade – "Avenida Engaño" ("Avenida de Engano") – e inscreve sua angústia:

Ruína
Casa de pássaros
Ninho de amor
Tudo para nada.

36 *Ibid.*
37 *Journal de Frida Kahlo, op. cit.*

E o que dizer do *Autorretrato como tehuana* ou *Diego em meus pensamentos*, já mencionado, no qual ele é "o intruso permanente"?[38] Uma última peça em um dossiê já grande: *Autorretrato com os cabelos soltos*. Nessa tela, pintada em 1947, Frida aparece com os cabelos soltos, o rosto magro, destruído pela dor, não apenas física – ela sofre de depressão e perdeu muito peso –, mas também sentimental, devido às permanentes mentiras de Diego.

No verão de 1954, Frida aguarda com impaciência o dia 21 de agosto, data em que ela e Diego poderiam comemorar seu vigésimo quinto aniversário de casamento. Ela tem tudo planejado: o presente que dará a Diego – um antigo anel de ouro – e uma grande festa mexicana, para a qual planeja convidar todos os vizinhos de Coyoacán. Ela morre em 13 de julho. Menos de um ano depois, em 29 de junho de 1955, Diego se casa com Emma Hurtado.

Em 13 de abril de 1953, Lola Álvarez Bravo organiza a primeira retrospectiva mexicana das obras de Frida na Galería de Arte Contemporáneo, na Cidade do México. Ela escreve em seu diário, nessa ocasião, um longo poema cujo primeiro verso é: "A vida silenciosa oferece mundos". Uma formulação enigmática, mas que se torna mais clara quando, com o passar das páginas, lemos esta frase, que é uma confissão e que será nossa conclusão provisória: "Um acúmulo de veneno – foi isso que o amor pouco a pouco me deixou…".[39]

38 Hayden Herrera, *Frida, Une biographie de Frida Kahlo*, *op. cit.*
39 *Journal de Frida Kahlo*, *op. cit.*

Maternidade

"Meu filho amoroso e terno, nascido das minhas entranhas."

Em *O hospital Henry Ford* ou *A cama voando*, Frida representa a si mesma deitada em uma cama com grades. Está nua e repousa sobre uma poça de sangue, com o ventre ainda arredondado – vestígio da criança que carregou. Em uma das mãos, ela segura seis cordas, seis fitas que são como veias, ligando-a a seis elementos simbólicos, seis sensações experimentadas, seis emoções. Da direita para a esquerda, na parte superior: um torso cor de salmão apoiado em um pedestal, "minha concepção do interior de uma mulher",[1] ela afirma; um feto; um caracol, que significaria a lentidão com que o aborto natural ocorreu. Ainda da direita para a esquerda, mas na parte inferior da pintura: uma estranha órtese metálica, símbolo da técnica hospitalar que tanto faz Frida sofrer; uma orquídea lilás, aquela que Diego lhe deu e que lhe permite, em suas próprias palavras, mesclar nessa pintura "algo de sexual ao sentimental";[2] e, finalmente, uma pélvis, na qual seus ossos aparecem desenhados com precisão. No chão, uma terra escura e nua; no horizonte, uma cidade industrial. Essa é a história completa do relacionamento de Frida com a maternidade proibida que ela aborda nessa pintura, feita em Detroit em 1932. É a primeira de duas obras

1 *Frida Kahlo par Frida Kahlo, op. cit.*
2 *Ibid.*

gráficas produzidas por Frida após um dos períodos mais difíceis de sua existência.

Detroit é uma cidade onde ela está entediada e para onde, na condição de jovem esposa, seguiu Diego, que deve pintar um afresco encomendado pelo industrial Henry Ford em homenagem à tecnologia moderna, no Instituto de Artes de Detroit. As únicas coisas que a mantêm acordada são sua batalha contra a dor e, acima de tudo, seu desejo de ter um filho. Aceitando o parecer do dr. Pratt, que a acompanha e a aconselha a ficar com a criança – "Ele me disse que, apesar do estado precário do meu corpo, eu não teria muita dificuldade em colocá-lo no mundo por cesariana",[3] escreve ela a Leo Eloesser –, ela decide levar a gravidez adiante. Três meses depois, na noite de 4 de julho, quando faz um calor sufocante, ela perde um feto do sexo masculino, sofrendo horrivelmente e sangrando diante de sua amiga Lucienne Bloch, que assiste à cena impotente: "No domingo à noite, Frida estava muito abatida e perdendo muito sangue. Durante a noite, ouvi gritos terríveis de desespero, mas, imaginando que Diego me chamaria se precisasse de mim, cochilei e tive pesadelos. Às 5 horas, Diego entrou no quarto, desgrenhado e pálido, e me pediu para chamar o médico. Ele chegou às 6 horas em uma ambulância e a levantou, nas dores do parto, da poça de sangue que ela perdeu e dos enormes coágulos que continuava perdendo. Ela parecia tão pequena, uns doze anos de idade. Seus cabelos estavam encharcados de lágrimas".[4]

Várias causas foram sugeridas para explicar esses abortos naturais: sequelas do acidente de 1925, uma pélvis estreita demais, as consequências de uma sífilis contraída na juventude. O histórico médico de Frida é claro: trata-se de uma deficiência congênita compartilhada por suas duas irmãs mais velhas, que também nunca tiveram filhos.

A segunda obra é uma litografia. Depois de recuperar as forças e superar o desespero, Frida faz um estranho pedido aos médicos, que escutam horrorizados: livros de medicina que lhe permitam estudar o desenvolvimento do feto, desde a concepção até o parto. Os médicos se recusaram, temendo que essa documentação assustasse uma paciente

3 *Ibid.*

4 Citado por Rachel Viné-Krupa, *Frida Kahlo 1907-1954, Portrait d'une identité*, *op. cit.*

já suficientemente abalada pelo que estava vivendo. Diego interveio e conseguiu o que Frida queria: um manual de histologia ou embriologia que lhe permite representar com a maior precisão possível o desenvolvimento de uma gravidez.

Frida Kahlo, que começa a se interessar pela litografia, realiza então uma obra em preto e branco intitulada *Henry Ford* (*O aborto*), que se assemelha em todos os aspectos a uma imagem tirada de um antigo atlas anatômico. Tomei emprestada a descrição que Rafael Vázquez Bayod faz da obra.[5] O que vemos, à esquerda, é um grande feto masculino, conectado por uma veia a Frida, que está no centro da representação; essa veia se enrola em uma espiral em torno de sua perna "boa", que está na parte clara da obra. No baixo-ventre há um feto menor em posição fisiológica. Acima do feto masculino, vemos representações de células na primeira fase da bipartição, ameaçadas e divididas em ambos os lados por pequenas flechas. O lado direito do corpo de Frida está na sombra, marcando a parte de seu corpo que lhe causa dor. Seu rosto está banhado em lágrimas. Gotas de sangue caem no chão, formando uma poça da qual crescem plantas altas. Sua folhagem se parece com órgãos humanos e com os de fetos masculinos. Os lados claro e escuro do corpo de Frida – as zonas de luz e sombra – expressam sofrimento e dor, vida e morte, dualidade. O lado escuro da obra também nos mostra Ixchel, a deusa maia da lua e do parto, em lágrimas, além de um terceiro braço, que segura uma paleta em forma de coração – Frida, que não é mãe, é pintora... Finalmente, à direita, podemos ver também várias gotas de esperma dispostas em linha reta, assim como uma chuva de gotículas. Nessa obra, Frida também mostra a parte inferior de seu corpo mutilada pela poliomielite quando ela tinha oito anos de idade – é a primeira vez que o faz de forma tão clara. Aqui, ela transforma mais uma vez em arte sua incapacidade de ter filhos.

Essa não é a primeira perda de um filho que Frida precisa enfrentar. Já em 1930 – pouco depois de seu casamento –, quando ela vive feliz em Cuernavaca, o dr. Jesús Marín, irmão da ex-mulher de Diego, Lupe, precisou recorrer a um aborto de ordem terapêutica porque, segundo ele, uma deformidade da pélvis poderia ter consequências graves du-

5 Rafael Vázquez Bayod, *Frida Kahlo: Una Vida Una Obra*, Ediciones Era, 1992.

rante o parto. Infelizmente, outros abortos espontâneos e terapêuticos se seguem. Em 1934, Frida tem que se submeter a outro aborto, realizado dessa vez no terceiro mês de gravidez pelo dr. Zollinger – um procedimento que a mantém acamada por vários dias. Um ano depois, em dezembro, ela sofre mais um aborto espontâneo, ao mesmo tempo que é submetida a uma operação no pé, que a obriga a convalescer por seis meses. Finalmente, em 1947, quando acaba de completar quarenta anos e mantém um relacionamento secreto e apaixonado com o artista Josep Bartolí, um refugiado da Guerra Civil Espanhola, Frida engravida e sofre um aborto espontâneo pela última vez.

Essa relação com a maternidade impossível é a grande ferida que Frida precisa enfrentar repetidas vezes. Diego não queria ter filhos, mas Frida sim. Em suas cartas aos amigos, ela se refere constantemente a essa maternidade invisível, a esses filhos fantasmas. No Teste de Apercepção Temática (TAT) de Murray, analisado pelo psicólogo James Bridger Harris em 1949, Frida, apontando para um homem e uma mulher, diz: “Eles são pai e mãe, em outras palavras, cônjuges. Eles sofreram uma grande dor, a perda de um filho. Estão a ponto de se separar, para nunca mais se reverem. Tudo isso depois de terem vivido 25 anos juntos. Uma coisa terrível aconteceu com eles. O filho deles está morto”.[6] E quando, em maio de 1932, após outro aborto espontâneo, ela escreve para seu amigo Leo Eloesser, é para lamentar: “Eu esperava tanto ter um pequeno Dieguito que chorasse muito”.[7] Jean-Marie G. Le Clézio está certo quando aponta que esse desejo de ter um filho se tornou em Frida um tipo de obsessão, “misturada com repulsão e horror”.

Frida parece gostar ainda mais de crianças pelo fato de não poder ter nenhuma. Os bilhetinhos e cartas que ela escreve para Isolda, filha de sua irmã Cristina, são cheios de ternura. Ela a enche de “*Millones de besos*”, chama-a de “*Isolda linda mía*” e passa horas brincando com ela e seu irmão, Antonio. Cristina repete sempre: Frida é como uma segunda mãe para eles. Um de seus passatempos favoritos é levar as crianças da família e seus amigos para passear de barco nas águas calmas dos canais de Xochimilco, à sombra das árvores e dos jardins flutuantes.

6 James Bridger Harris, em *Frida Kahlo Confidences*, *op. cit.*

7 *Frida Kahlo par Frida Kahlo*, *op. cit.*

No México, o dia 2 de novembro é tradicionalmente dedicado à celebração de todos os mortos, enquanto o dia 1º de novembro é reservado às crianças. Frida gosta particularmente dele. É Guadalupe Rivera quem o recorda:[8] ao amanhecer, Frida prepara uma mesa em homenagem a elas. Suco de milho, feijão preto, ensopados sem pimenta, frutas, sobremesas. Essa é a tradição, à qual Frida acrescenta doces, abóbora regada com caramelo e, acima de tudo, moranga decorada com bandeirinhas douradas e prateadas, e também com caveiras de açúcar com os nomes dos mortos, mas também dos vivos.

Um dia, ela chega a pensar em adotar uma criança indígena pobre. Basta que vá à Oaxaca ou Quintana Roo. Mas ela nunca colocará esse projeto em execução. Lembremos também que por duas vezes ela trabalhou como professora: em 1928, ano durante o qual Diego lhe conseguiu um emprego para dar aulas de artes plásticas, e em 1942, quando o ministro da Educação, Antonio Ruiz, cria a Escola de Pintura e Escultura La Esmeralda e a convida para fazer parte do corpo docente e dar cerca de uma dúzia de horas de desenho por semana. Uma função que ela assumiu com grande entusiasmo: seus alunos a adoram a tal ponto que logo ganham o apelido de Fridos.

Evidentemente, é fascinante examinar nas pinturas de Frida vestígios dessa dor física do aborto terapêutico ou espontâneo, desse desejo inalcançável de ser mãe. Em 1932, ela pinta *Nascimento* ou *Meu nascimento*. Entre as pernas abertas e ensanguentadas da mãe aparece uma criança que é Frida. Muitos anos depois, em um comentário sobre essa pintura, ela vai escrever em seu diário: "Aquela que pariu a si mesma, que me escreveu o poema mais maravilhoso de toda a sua vida".[9] É, evidentemente, uma maneira bastante crua de expressar todo o sofrimento e solidão que a habitam em relação ao parto.

Esse mesmo questionamento pode ser encontrado em *Lembrança da ferida aberta* (1938). Nessa pintura, sua perna direita, nua, apresenta uma grande ferida na coxa: uma imagem de seus órgãos genitais machucados, uma vagina rasgada que não pode, em hipótese alguma,

8 Guadalupe Rivera, *Les Noces de Frida et Diego, Souvenirs et recettes du Mexique*, Albin Michel, 1995.

9 Hayden Herrera, *Frida, Une biographie de Frida Kahlo, op. cit.*

desempenhar uma função reprodutiva. Em *Raízes* ou *El Pedregal*, uma pintura de 1943, uma rede abundante de folhas e de gavinhas brota de seu corpo, como se Frida quisesse nos mostrar que aspira à fertilidade. Como pode uma mulher que, afinal, engravida com tanta frequência e facilidade não conseguir levar suas gestações a termo? Última incursão: em 1945, *Sem esperança*, uma pequena pintura a óleo que mostra Frida deitada, alimentada à força com uma substância vil por meio de um funil apoiado por uma máquina que se assemelha a um instrumento de tortura. A massa sanguinolenta que flui dele simboliza uma hemorragia: a de mais um aborto espontâneo.

Frida, que pinta seus abortos terapêuticos e espontâneos, não excluiu as crianças de suas pinturas. Trata-as como "iguais", tão bem em sua vida quanto em sua obra. Ela respeita sua dignidade, nunca impede que sejam criativas.[10] Em suas pinturas, as crianças surgem na mesma linha que os adultos, seja em quadros nos quais elas são um elemento entre outros, como em *O ônibus* (1929) e *A mesa ferida* (1940), ou em retratos, como os pintados no início de sua carreira – *Menina sentada com pato* (1928), *Menina com cueiro*, *Retrato de uma menina*, *A menina Virginia*, *Retrato de menina com uma fita na cintura* (1929)... Ou em quadros posteriores, que foram encomendados a ela, como *Lucha María, menina tehuacana* ou *Sol e lua* (1942), *Retrato de Mariana Morillo Safa* (1944)...

Duas obras em particular se destacam das outras e chamam nossa atenção. Em 1937, Frida pinta *O falecido Dimas Rosas, morto aos três anos de idade*. Trata-se de um menino indígena cujo pai era compadre de Diego, que, por sua vez, era padrinho da criança. O menino falecido está vestido com suas melhores roupas, como se estivesse maquiado, preparado para a cerimônia da morte. Frida pinta a realidade cruel: a de uma taxa de mortalidade infantil desenfreada que grassa no México da época, a dos camponeses que preferem colocar a vida de seus filhos nas mãos de feiticeiros em vez de procurar ajuda médica. Quando a pintura foi exibida em sua primeira exposição individual, na Galeria Julien Levy, em Nova York, de 25 de outubro a 15 de novembro de 1938, Frida lhe deu um título irônico: *Disfarçado para o paraíso*.

10 *Ibid.*

A segunda pintura, na verdade, é composta por duas: *Garota com máscara mortuária I* e *Garota com máscara mortuária II*. Pintadas em 1938, ambas têm o mesmo formato: 20 × 14,9 cm. A intensidade potente que emana dessa menina, perdida em uma terra árida, sob um céu ameaçador e com o rosto coberto por uma *calavera*, um brinquedo criado para o Dia dos Mortos, é incomparável. Executada em uma época em que Frida precisa lidar com vários abortos terapêuticos e espontâneos, essa obra usa motivos típicos da concepção tradicional da morte entre os mexicanos: a máscara em forma de caveira, escondendo o rosto da menina, ou colocada a seus pés, representando a cabeça de um tigre que a protege do mal, mas também a flor, um crisântemo amarelo, que, quando colocada no túmulo, supostamente guia os espíritos dos mortos.

O conjunto não estaria completo se não mencionássemos as representações que Frida faz de si mesma quando criança, como em *Minha ama e eu* ou *Eu mamo*, pintada em 1937. Uma babá de pele negra, com o rosto escondido por uma máscara pré-colombiana, segura nos braços um bebê a quem ela amamenta. O bebê tem o corpo de um recém-nascido e a cabeça de um adulto: Frida Kahlo. Conhecemos a história: a "ama", que gostava muito de álcool, não amamentava o bebê! Foi demitida a tempo. Na outra pintura, *Meus avós, meus pais e eu*, pintada em 1936, Frida se representa como uma criança, brincando no pátio da Casa Azul, como se sua genealogia zelasse por ela. Todas essas pinturas têm um tema comum: a criança banhada pela infelicidade, a criança triste. Como se Frida se perguntasse: por que dar vida a crianças que vão viver em um mundo que as tornará infelizes e as fará morrer de nostalgia? Ou então: não seria eu a criança que não consigo ter?

Em 1941, em uma carta enviada a Leo Eloesser, lemos palavras terríveis: Frida lhe agradece pela "criancinha que me deu tanto prazer".[11] Um enigma, logo revelado: a "criancinha" em questão é um feto que o médico deu a Frida após muita insistência. Jacqueline Lamba, esposa de André Breton, conta que Frida tinha um armário cheio de fetos mortos em frascos com formol. Cristina, sua irmã, afirma que era o

11 *Frida Kahlo par Frida Kahlo*, *op. cit.*

dr. Marín, irmão de Lupe, que fornecia a Frida esses fetos conservados em álcool, porque ela os estudava com paixão...

Essa impossibilidade de ter filhos levou Frida a fazer uma substituição suprema: fazer de Diego "seu filho". É isso o que ela expressa em diversas ocasiões, em suas cartas, em seu diário e em suas confidências a amigos e familiares. Em fevereiro de 1953, por exemplo, ela escreve para Machila Armida, cuja beleza é tão deslumbrante quanto o caráter escandaloso de sua vida, conhecido de todos: "Cuide bem do meu Diego, meu filho, no meu coração e no seu".[12] A consequência lógica desse desvio é transferir Diego da função de amante para a de filho. Como? Apresentando em suas telas crianças pequenas com corpos núbeis e o rosto de um adulto: o de Diego Rivera – como em *O abraço amoroso do Universo, da Terra (o México), eu, Diego e o Señor Xolotl*, no qual uma deusa mãe segura Frida nos braços, a qual recebe em seu colo Diego, um bebê monstruoso do sexo feminino.

No final de sua vida, especialmente após a amputação de sua perna direita na altura do joelho – e muitos testemunhos convergem nisso –, Frida não suporta mais as crianças. É o que Isolda P. Kahlo revela da forma mais clara possível em *Frida íntima*: "Logo, a alegria provocada por todas essas visitas infantis desapareceu e deu lugar a uma forma de intolerância, como confirmou Judith, sua enfermeira, e Mariana Morillo Safa, a garotinha cujo retrato ela pintou em 1943 e que se tornou sua amiga. A mudança foi tamanha que ela acaba por não tolerar mais a presença de crianças em sua casa. Chega a usar um pedaço de pau para se fazer ouvir e obedecer, e atira contra elas tudo o que lhe cai nas mãos, gritando: 'Me deixem em paz!'".[13] Palavras corroboradas pela pintora Cristina Rubalcava, que se lembra de seu medo infantil quando precisava visitar Diego e Frida em sua Casa Azul: "Um era muito gordo, muito alto, e me dava medo com seus sapatos grandes; a outra gritava o tempo todo e me deixava paralisada".[14]

Em 1950, Frida, que tem 43 anos, volta a falar com Olga Campos sobre seu desejo de ter filhos, como se não quisesse encarar a realidade,

12 *Ibid.*

13 Isolda P. Kahlo, *Frida íntima*, *op. cit.*

14 Falas colhidas por Gérard de Cortanze.

como se achasse que ainda poderia levar uma gravidez a termo. Suas palavras são muito perturbadoras: "Eu gostaria de ter um filho porque os homens sabem se defender melhor; eu gostaria que ele se parecesse com Diego. Se fosse uma menina, eu gostaria que ela fosse como eu, mas um pouco melhor. Gostaria que meus filhos fossem bonitos e inteligentes, mas, acima de tudo, saudáveis. Gostaria que eles fossem felizes. Eu não proibiria meus filhos de muita coisa. Os momentos mais felizes que passei com crianças foram vendo-as brincar ou brincando com elas. É preciso conversar com as crianças. Nunca senti desejo de morrer na companhia de uma criança".[15]

As fotos em que Frida aparece com crianças, que são muito raras, são sempre muito comoventes, mas uma delas o é particularmente. Ela foi tirada por sua amiga fotógrafa Lucienne Bloch em 1938, em Nova York. Frida está segurando seu afilhado, George Ernest Dimitroff. Ambos estão gargalhando. De repente, temos diante dos olhos uma outra Frida, plena, feliz, uma Frida mãe – o que ela nunca foi. E, de repente, essa foto, repleta de alegria e felicidade, provoca em quem a vê uma tristeza infinita.

15 *Frida Kahlo Confidences, op. cit.*

Estados Unidos

"Aqui na Gringolândia, passo meu tempo sonhando com meu retorno ao México."

De 1929 a 1934, uma severa repressão política se abate sobre o México, durante a qual o Partido Comunista é particularmente visado. Considerados agentes do governo pelos comunistas e revolucionários perigosos pelos militares que estão no poder, Frida e Diego se veem em uma situação difícil. Assim, quando Albert Bender, diretor da San Francisco Art, consegue que o homem que o *The San Francisco Chronicle* descreveu como "um eminente modernista mexicano" seja convidado a pintar afrescos na escadaria da Pacific Stock Exchange e nas paredes da California School of Fine Arts, Diego aceita imediatamente. Partindo no início de novembro de 1930, o casal chega a São Francisco no dia 10 e é recebido no cais pelo escultor e muralista Ralph Stackpole.

Uma foto anônima, tirada no estúdio de Stackpole, nos conta tudo sobre a história que está se desenrolando. Vemos Diego enorme, monstruoso, conquistador, mas lançando na direção de sua jovem esposa um olhar de saudade e cheio, se não de amor, pelo menos de desejo. Já a jovem esposa, com sua roupa mexicana de tehuana e seu pesado colar de contas pré-colombianas, olha fixamente para a câmera: essa é uma mulher que não se perde nos olhos do marido, que parece brincar com a lente do fotógrafo, em uma palavra, que não se deixa conter e que está caminhando em direção ao seu destino.

Hospedados por Ralph e sua esposa Francine Mazen, apelidada de Ginette, no número 716 da Montgomery Street, em seu *loft* de artista que havia sido um bordel e depois uma lavanderia chinesa, Diego e Frida vivem uma espécie de lua de mel. Diego desfruta de sua nova fama, reconhecida e imediata, longe dos aborrecimentos que precisa enfrentar todos os dias no México. Já Frida descobre a cidade, especialmente o bairro chinês, que já abrigou prostitutas, criminosos e alguns escritores como Mark Twain, Jack London e Robert Stevenson. Como ela gosta de repetir, "abre bem os olhos", assiste a palestras, frequenta museus, vai a exposições, onde compra vários catálogos, aprimorando seus conhecimentos sobre a história da arte, convive com personalidades do mundo intelectual e artístico norte-americano, participa de festas nas "casas dos ricos"[16] e, por fim, faz muitos amigos, incluindo Imogen Cunningham e o dr. Leo Eloesser.

Ela não demora a se desiludir. Na verdade, tudo se volta para o grande homem, em pleno triunfo pessoal e profissional. O que ela está fazendo nesse país? Será que ela não passa de uma boneca a ser exibida? Ela é apenas a sra. Diego Rivera? Nos coquetéis, tudo gira em torno de Diego e, quando as pessoas se interessam por ela, é apenas para falar de suas joias deslumbrantes e roupas exóticas. Dificilmente perguntam o endereço de seu joalheiro ou da grife que a veste. Menos de seis meses depois de sua chegada, ela escreve a Isabel Campos, sua amiga de infância, que, embora ache a cidade e a baía "magníficas, maravilhosas", os "gringos" não a agradam nem um pouco: "Como essas pessoas podem ser insípidas, e além disso todos têm cabeças de biscoito cru (especialmente as mulheres)".[17] As descrições que ela faz nas cartas que envia aos amigos e à família das festas para as quais ela é convidada são terríveis. Ela descreve uma sociedade que adora fofocas e mexericos, clubes de senhoras, cheios de mulheres horríveis que parecem espantalhos, cospem quando falam, perdem as dentaduras – em resumo, ela diz: "Um bando de iguanodontes ancestrais de fazer o soluço passar".[18]

16 *Frida Kahlo Confidences, op. cit.*
17 *Frida Kahlo par Frida Kahlo, op. cit.*
18 *Ibid.*

Em seus *Daybooks*, o fotógrafo Edward Weston, ex-amante de Tina Modotti, faz uma descrição interessante da Frida de então, que faz as pessoas se virarem para olhá-la nas ruas de Detroit: "Que contraste com Lupe, ela é tão magra, parece uma bonequinha, mas só é pequena no tamanho, porque é forte e bonita, e não mostra muito do sangue alemão de seu pai. Está vestida com roupa indígena, até as sandálias, e provoca muita curiosidade nas ruas de São Francisco. Quando ela passa, as pessoas param para olhá-la com espanto".[19]

Na carta a Isabel Campos, já citada, ela também acrescenta que tem poucos amigos verdadeiros – fala aqui apenas de mulheres – e que "como resultado, passa o tempo pintando".[20] Obviamente, é uma frase da maior importância. Essa estadia americana vai virar do avesso sua relação com a pintura. Veremos como. Mas ainda estamos em junho de 1931. A aventura americana está apenas começando...

É desse período inicial que data sua pintura *Frida Kahlo e Diego Rivera*: uma imagem sublimada do casal, que ela oferecerá a seu novo amigo, o mecenas Albert Bender, já mencionado. Na entrevista que concede a Olga Campos em 1950, Frida diz que durante essa primeira estadia em São Francisco "não pintou muito".[21] Isso não é verdade: além do quadro *Frida Kahlo e Diego Rivera*, pintado em abril de 1931, ela realizou *Nu de Eva Frederick* e depois *Retrato de Eva Frederick*, a qual, sob o nome de Maudell, posou para Manuel Álvarez Bravo, Lola Álvarez Bravo e Edward Weston. Ela também concluiu o *Retrato de Lady Cristina Hastings*, a esposa – muito refinada – de lorde John Hastings, na época assistente de Diego. E não nos esqueçamos de *Retrato de Mrs. Jean Wight* – a amante de Leo Eloesser.

Apesar disso, ela está entediada, ou ao menos é o que confessa em uma carta a Leo Eloesser. Nessa época, Diego, que terminou *Alegoria da Califórnia*, aproveita desse momento de pausa em sua produção de murais para aceitar o convite da família Stern para sua casa de campo. Diego pinta um afresco na sala de jantar, enquanto Frida pinta *Retrato do horticultor Luther Burbank*, uma de suas obras mais importantes

19 Edward Weston, *Daybooks*, Aperture, 1971.

20 *Frida Kahlo par Frida Kahlo*, *op. cit.*

21 Olga Campos, "Mes souvenirs de Frida", em *Frida Kahlo Confidences*, *op. cit.*

do momento. Nela vemos o horticultor californiano, famoso por sua pesquisa sobre frutas híbridas, representado como um ser meio homem, meio árvore, emergindo do solo com os pés transformados em raízes, como o corpo de Tina Modotti metamorfoseado por Diego Rivera, em seu afresco na Escola Nacional de Agricultura de Chapingo, em tronco de uma árvore perene. Luther Burbank também vai aparecer no afresco de Diego *Alegoria da Califórnia*, pintado na escadaria da Pacific Stock Exchange, em São Francisco.

Se esses primeiros meses americanos são dos mais frutíferos no campo da arte, o mesmo talvez não se passe na vida do casal Frida e Diego. Na verdade, esse casal está em processo de desunião. Diego começou um relacionamento com Helen Wills Moody, uma campeã de tênis casada há menos de um ano. No alto do afresco da Pacific Stock Exchange, se exibem nus os seios redondos e as curvas musculosas da mulher que todo o mundinho do tênis chama carinhosamente de "*Little Miss Poker-Face*".

Passada a euforia dos primeiros meses, fica cada vez mais difícil para Frida dissimular sua rejeição à terra americana que apelidou de *Gringolândia*. Além disso, ela não consegue parar de pensar no bebê que perdeu e duvida da possibilidade de conseguir engravidar novamente. Para piorar a situação, as radiografias do dr. Leo Eloesser revelam uma malformação congênita da coluna vertebral. Mais uma vez, o suicídio aparece em sua vida. Seria tão simples pôr um fim a ela, pular da ponte de São Francisco...

Mas Frida tem 23 anos. Não se morre aos 23 anos quando se é bonita, atraente, quando se ama tanto a vida e se tem a ambição de se tornar uma grande pintora. Ela passa muito tempo com suas amigas Lucile Blanch e, especialmente, Cristina Hastings. Frida não é insensível ao charme desta última, e nem Cristina ao dela. Ela sucumbe. Afinal de contas, ela não está descobrindo que tem duas faces? Uma é a de esposa atenciosa e prevenida, boa dona de casa; a outra é mais escandalosa, mais livre, ela que gosta de se vestir de mexicana, mas também de homem. Mais sério do que as aventuras de um dia e uma noite com Cristina ou Lucile, ela cai nos braços de Nickolas Muray, o famoso fotógrafo húngaro que ela já conheceu no México. O que ela não sabe é que, dividida entre a vida e a morte, acaba de conhecer um homem que será um dos grandes amores de sua vida. Mas ainda não chegamos lá. Estamos naquele ponto em que, enquanto Diego exibe sua amante sem nenhum pudor, Frida decide trair esse marido infiel que já lhe causou tanto sofrimento. Sua arma: a discrição. Ela manterá sua infidelidade em segredo, não a revelará a ninguém; e, mesmo em sua correspondência, só se referirá a ela nos termos mais alusivos.

Às vezes o destino intervém, raramente para ajudar os homens que, em um primeiro momento, acham que ele é seu aliado. Em junho, Diego é chamado de volta ao México para terminar o afresco na grande escadaria do Palácio Nacional. Deixar os Estados Unidos temporariamente é como ganhar um adiamento da pena. Frida vai rever seu México, sua família, tudo o que ela ama. Nickolas Muray fica nos Estados Unidos, assim como Helen Wills Moody.

Na Cidade do México, uma nova vida se anuncia. Diego está construindo uma casa modernista no bairro de San Ángel, não muito longe de Coyoacán. Dois cubos coloridos. O maior, vermelho, para ele. O menor, azul: o ateliê de Frida. Os dois blocos são ligados por uma passarela. Frida reencontra o México que ama e a vida que é sua. Encontra até mesmo o cineasta Sergei Eisenstein, que está em plena pré-produção para o filme *Que Viva México!*. A trégua dura apenas cinco meses: Frances Flynn Paine, conselheira artística da família Rockefeller, vai ao México e oferece a Diego – logo após a exposição dedicada a Matisse – nada menos que uma retrospectiva de suas obras no Museu de Arte Moderna de Nova York, o famoso MoMA, que havia sido inaugurado menos de dois anos antes, em novembro de 1929, com uma exposição que reuniu 35 quadros de Cézanne, 25 de Van Gogh, 21 de Gauguin e 17 de Seurat. Não se recusa uma oportunidade dessas, especialmente porque o México atravessa um período difícil de sua história: pobreza exacerbada pelas consequências da crise de 1929, caos econômico, guerra civil, perseguições a católicos, mas também a comunistas, conspirações, ciúmes. Se Frida é mais cautelosa, Diego está farto desse México onde a cada dia que passa ele se torna mais *persona non grata*. No início de novembro de 1931, o *Morro Castle*, levando Frida e Diego, mas também Ramón Alva, seu assistente gesseiro e a sra. Plaine, entra na baía de Manhattan nas primeiras horas da manhã. Uma pequena multidão os aguarda no cais.

Assim que o casal se instala no Barbizon-Plaza, um palácio situado no coração de Nova York, na 6ª Avenida Central Park South, é capturado por uma vida social agitada. Nada a ver com a vida em Detroit: nessa cidade que ela chama ironicamente de "Niouyork", Frida e Diego são o casal da moda. Eles vão a todas as festas, a todas as inaugurações. Um turbilhão leve, fácil. A sra. John D. Rockefeller até se torna amiga e mecenas de Diego Rivera. Já Frida consegue fazer amigos como a fotógrafa Lucienne Bloch, filha do compositor Ernest Bloch, com quem vai ao cinema. O que ela assiste? Laurel e Hardy, Chaplin, os irmãos Marx. Um festival de risos e vida alegre. Mas os de que ela mais gosta são os filmes de terror! Seus preferidos: *Frankenstein* e *King Kong*, que ela vê e revê nove vezes! No entanto, o primeiro encontro entre as duas quase acabou em briga. Lucienne estava sentada ao lado de Diego em um jantar e, pensando que ela estava jogando charme para seu marido, Frida correu até ela, gritando: "Eu a odeio!". Lucienne conta que durante todo o jantar ela viu "essa Frida Rivera, com sua única sobrancelha que lhe cruzava a testa e suas belas joias, me olhando torto".[22]

E a exposição de Diego no MoMA? Um triunfo de público e um fracasso de crítica. A imprensa americana zomba da natureza muito mexicana dessas pinturas. Um jornal usa até mesmo o seguinte título: "Uma cultura da cesta e do cobertor!". Mas pouco importa: em algumas semanas, Diego se torna uma verdadeira estrela, "o homem mais comentado deste lado do Atlântico", como disse o *New York Sun* de 31 de dezembro de 1931. Chovem encomendas.

Em suma, uma vida feliz parece tomar forma. Diego administra sua fama e Frida visita Nova York com suas novas amigas, vai a restaurantes, passeia, floresce. Mas nada é certeiro, nada é simples com Frida. No hotel, ela nota que os funcionários a desprezam. Essa mulher não tem dinheiro, é perceptível. Então, ela, que começa a falar inglês bem – está tendo aulas –, um dia acaba chamando-os de "*sons of a bitch*" (filhos da puta)! E, quando assiste ao Balé de Carlos Chávez, para o qual Diego fez o cenário, ela conclui que, com todas aquelas "loiras

22 Citado por Hayden Herrera, *Frida, Une biographie de Frida Kahlo*, *op. cit.*

insípidas" se passando por índias de Tehuantepec, o espetáculo é uma "*cochinada*"[23] (porcaria).

De certa forma, reproduz-se o mecanismo em vigor em Detroit: o da decepção. Diego está vivendo um sonho, fascinado pelo estilo de vida americano, Frida está entediada. Em suma, ela só é aceita porque, com seus trajes excêntricos e sua franqueza, é uma atração formidável que diverte loucamente a elite nova-iorquina. Poucos a amam por ela mesma. Mas, acima de tudo, o que ela não suporta e que não parece incomodar Diego é a pompa obscena das recepções para as quais é convidada, enquanto os trabalhadores americanos, vítimas da quebra da bolsa de valores de 1929, passam por uma pavorosa instabilidade. Em 26 de novembro de 1931, ela envia uma carta terrível ao amigo Leo Eloesser: "A *high society* daqui me dá nos nervos e sinto muita raiva de todas as pessoas ricas daqui, porque vi milhares de pessoas em uma miséria abjeta, sem nada para comer e sem um lugar onde dormir, isso é o que mais me impressionou aqui. É terrível ver os ricos passarem seus dias e noites em festas, enquanto milhares e milhares de pessoas morrem de fome".[24] Frida não gosta de nada nos Estados Unidos. Interessa-se apenas moderadamente pelo que chama de "desenvolvimento industrial e mecânico", acha que essas pessoas "carecem de sensibilidade e bom gosto", que elas vivem em um "galinheiro enorme, sujo e desagradável", que suas casas se parecem com "fornos de pão" e que todos os confortos "de que não param de falar não passam de um mito".[25]

Frida não se sente à vontade e, se não fosse pelo amor que sente por Diego, apesar de tudo o que ele a faz passar, ela voltaria para o México. Aqui, está tão longe de sua mãe, de seu pai e de tudo que ama. Será que não está sacrificando muito de si mesma, a começar por sua arte, sua pintura, seu desejo de infância? No final de abril de 1932, Diego é convidado a ir a Detroit para trabalhar em um afresco que decoraria o pátio do Institute of Arts: *A indústria de Detroit* ou *O homem e a máquina* – uma encomenda da Ford Motor Company. "Espero que as coisas melhorem em Detroit, senão vou me matar", escreve ela alguns

23 *Frida Kahlo par Frida Kahlo, op. cit.*
24 *Ibid.*
25 *Ibid.*

dias antes da partida para seu amigo Eloesser. Ela também acrescenta, o que é muito importante: "Planejei pintar lá, porque já cansei de não fazer nada além de ficar deitada em um sofá".[26]

Mal saem do trem em 21 de abril de 1932, assim que se instalam no Wardell Hotel, vão visitar várias fábricas de uma cidade da qual Frida não gostava. Ela começa realmente a se cansar dessa vida, paradoxalmente muito vazia e muito acelerada. Ela não gostava muito de Nova York e São Francisco, mas Detroit é ainda pior. Ela quase tem saudades da atmosfera boêmia. Detroit é uma cidade industrial dominada por uma classe média insuportável, desdenhosa, racista, como esse senhor Henry Ford, a quem ela pergunta por provocação, em um jantar, se ele não é judeu! "Detroit me parece uma cidadezinha miserável, um vilarejo".[27] Frida está grávida de dois meses e, apesar dos conselhos do dr. Pratt, decidiu ficar com a criança. Após mais um aborto espontâneo em 4 de julho, ela é hospitalizada por treze dias no Henry Ford Hospital. É terrível: ela não tem mais controle sobre sua vida. Em setembro, um evento inesperado acontece, terrível e providencial: "Tive de voltar ao México", confidencia ela a Olga Campos em 1950, "porque minha mãe estava morrendo, e, lá, eu não pintei nada".[28]

Matilde Calderón y González morreu pouco depois, em 14 de outubro. Acompanhada de sua amiga Lucienne Bloch, Frida volta para Detroit dois dias depois, chegando no dia 21.

Os invernos nessa cidade de fábricas e de fumaça espessa são de um rigor incomum, alimentados pelos ventos árticos que sopram do Canadá. É nesse universo hostil, presa entre um Diego de mau humor e a impossibilidade de sair nessa cidade congelada pelo frio glacial, que ela pinta alguns de seus quadros mais importantes: *Hospital Henry Ford* ou *A cama voando*, e um curioso quadrinho – *Vitrine (em uma rua de Detroit)* –, que ela diz ser uma pintura muito feia, "que a deixa muito triste" toda vez que a vê, e que "representa uma vitrine com coisas dentro".[29] Trata-se da fachada de uma loja decorada para o feriado de 4

26 *Ibid.*
27 *Ibid.*
28 *Frida Kahlo Confidences*, *op. cit.*
29 *Frida Kahlo par Frida Kahlo*, *op. cit.*

de julho, que ela vê durante um passeio pela cidade. É uma cena festiva, patriótica, que atesta também a saudade que ela sente de seu país natal. Falando sobre esse quadro, ela teria dito: "Ela me lembra o México, com essas guirlandas de flores e essas figuras de papel machê"...[30]

É também nessa época que ela pinta *Autorretrato na fronteira entre o México e os Estados Unidos*, que define bem sua angústia naquele momento. Como o título explicita, trata-se de um autorretrato que a representa na fronteira entre dois países. Frida está em um pedestal no qual se lê: "Carmen Rivera pintou seu retrato em 1932". De um lado, uma terra americana totalmente voltada para a inovação científica e o progresso técnico em detrimento dos seres humanos; do outro, uma terra mexicana, mais pobre, é verdade, mas que respeita o passado e a memória dos ancestrais. De um lado, as fábricas, os motores, a fumaça, todo o maquinário da modernidade; do outro, os rituais, os ídolos, as plantas e as raízes profundamente fixadas no solo nutritivo, os vestígios da civilização pré-colombiana. No centro, uma Frida dividida entre os dois, uma Frida de vestido rosa e colar étnico, com uma bandeirinha mexicana na mão.

Não poderia ser mais claro. Frida está entre esses dois lugares e se faz uma pergunta: quando vai deixar essa cidade onde cada vez mais as pessoas a tomam por um animal estranho? Ela já declarou várias vezes: "Para mim, a terra é o México, as pessoas e tudo o mais, por isso me ajudou, quando eu não tinha nada, me cercar de terra".[31] É exatamente isso que ela faz nessa pintura. Uma pintura essencial; associada àquela sobre o aborto.

Com efeito, é em Detroit que ela compreende que nunca será mãe, mas que se tornará pintora. Uma foto anônima, tirada nessa época, mostra-a com Diego. O pano de fundo é o afresco que Diego está pintando no Instituto de Artes. A imensidão do afresco e, bem em frente a ele, Frida, sentada em uma cadeira, com o pincel na mão, pintando *Autorretrato na fronteira entre o México e os Estados Unidos*, um óleo minúsculo. O detalhe importante é o olhar atento de Diego, que está começando a entender, como ele escreveria mais tarde em sua

30 Isolda P. Kahlo, *Frida íntima*, *op. cit.*

31 Citado por Hayden Herrera, *Frida, Une biographie de Frida Kahlo*, *op. cit.*

autobiografia, que Frida, aqui em Detroit, "começa a produzir uma série de obras importantes, sem precedentes na história da arte".[32]

Mas nem todo mundo é dessa opinião. Antes de o casal voltar para Nova York, onde Diego deve realizar um vasto ciclo de murais para a sede da Radio Corporation of America, no Rockefeller Center, uma jornalista do *Detroit News*, Florence Davies, entrevista a sra. Rivera. As perguntas são inteligentes, perspicazes, mas relegam Frida a um papel de esposa atenciosa, inteiramente preocupada apenas com o bem-estar do marido, sua fama e sua obra. Quando perguntada por que ela, a sra. Rivera, pinta, Frida dá as respostas esperadas pela jornalista, que toma notas sem pestanejar. Frida pinta para passar o tempo, porque não tem mais nada para fazer, porque está entediada. Além disso, ela só pinta pequenos formatos e, embora às vezes vá à escola de arte para fazer cursos de litografia, Frida admite que as suas são "absolutamente ruins".

A parte mais interessante vem no final. Quando a jornalista está prestes a ir embora, ela faz uma última pergunta a Frida: "Você foi influenciada pela arte de seu marido?". A resposta de Frida é o mais clara possível: "Não, eu não estudei com Diego. Não estudei com ninguém. Simplesmente comecei a pintar. O garoto é obviamente muito bom nas suas obras, mas a grande artista sou eu".[33] Quando o artigo é publicado, apresentado como uma entrevista com "Carmen Rivera, ou Frieda, como seus amigos a chamam", seu título é no mínimo chocante: "A esposa do mestre da pintura mural brinca alegremente com a arte".

Março de 1933: retorno a Nova York, onde Frida e Diego são acolhidos com grande pompa na Grand Central Station, antes de serem recebidos no Barbizon-Plaza, no mesmo apartamento da viagem anterior. O afresco que Diego deve pintar tem como tema: *O homem na encruzilhada, zelando com esperança e firmeza pela escolha de um futuro novo e melhor*. Acompanhando Diego estão seus dois assistentes: Ernst Halberstadt e Andrés Sanchez Flores. Diego agora é muito famoso e – preço da fama – encontra muitos detratores. Não importa, ingressos

32 Diego Rivera, *Mi Arte, mi Vida*, *op. cit.*

33 Citado em "Biographie de Frida Kahlo" em *Frida Kahlo, la Casa Azul*, Museum Paleis Lange Voorhout, Den Haag, Europalia Mexico, Foundation Europalia International, 1993.

são vendidos para ver o grande muralista pintar! Diego pintando se tornou um espetáculo como outro qualquer.

Diferentemente de sua primeira estadia, é possível que Frida esteja lidando um pouco melhor com as pressões da sociedade norte-americana – é preciso dizer que, a essa altura, eles estão morando nos Estados Unidos há quase dois anos e meio –, mas nem por isso deixa de sentir a mesma solidão de quando pisou pela primeira vez na *Gringolândia*. Ela decididamente não consegue se acostumar com essa vida dividida em dois, com esse "dois pesos, duas medidas": de um lado, o mestre muralista, do outro, sua esposa amorosa que não é realmente uma pintora, o que, no entanto, agora ela é mais do que nunca. Suas telas americanas provam isso: ela pinta sua angústia, seu confinamento, seu aprisionamento, seus abortos, sua tristeza, sua saudade. A maior prova dessa formidável arte que agora a habita é esse painel de gesso no qual ela pratica a arte do afresco, fazendo seu autorretrato: *Autorretrato "very ugly"*. Parece um retrato encontrado nas ruínas de Pompeia. O retrato de uma mulher jovem magnífica, solitária. Frida primeiro escreveu estas poucas palavras ao redor de seu rosto: *ugly*, *fea*. Depois, em um acesso de raiva, ela o jogou no chão, onde o gesso se quebrou. Uma pintura primordial, que só pode ser compreendida se somarmos a ela o ato que a destrói. Máscara quebrada, recuperada da destruição total por Lucienne Bloch – que a salva de uma lata de lixo –, sua grande amiga na época; a única que poderia lhe devolver uma certa alegria de viver, como em uma foto tirada por ela – pintora suíça, ela também se dedica à fotografia –, na qual Frida aparece disfarçada com um abajur chinês sobre a cabeça, como se fosse um chapéu.

Alguns meses após a chegada dos dois, o drama em ebulição irrompe. Em 4 de maio, Diego precisou interromper imediatamente o trabalho em andamento. Motivo: o pintor integrou ao afresco um elemento imprevisto – a figura de Lênin! Destruído no ano seguinte, ele seria refeito de forma idêntica no Palácio de Belas-artes da Cidade do México, com o título *O homem controlador do universo*. Como resultado desse escândalo, a General Motors também cancela a encomenda para seus edifícios, construídos ao longo da margem do Lago Michigan para a exposição "Century of Progress" (Século de progresso), que seria realizada em Chicago de maio a novembro. O caso não termina aí. Em junho, a convite do militante comunista Bertram D. Wolfe, Diego aceita a encomenda de um afresco para a New Worker's School: 21 pinturas intituladas *Retratos da América do Norte*. É uma obra importante, hoje perdida, da qual só se encontram alguns elementos especialmente graças a uma foto tirada por Lucienne Bloch. Nela, Frida é vista de pé em frente a um afresco inacabado, no qual figura em lugar de destaque o famoso retrato de Lênin, que desencadeou todo o caso.

Esse episódio da viagem americana deixou uma profunda impressão em Frida, que do início ao fim apoiou Diego inabalavelmente. É inegável que a tela que ela pinta então, na qual usa a técnica de colagem, *Meu vestido está pendurado lá* ou *New York*, é uma espécie de comentário sociopolítico não apenas sobre esses últimos eventos, mas também sobre toda a sua estadia na América. Frida nunca gostou de viver nos Estados Unidos. Ela não aprecia nem a cultura, nem o modo de vida, nem as pessoas, nem a presença exibicionista e encantatória do capitalismo triunfante.

O que vemos em *Meu vestido está pendurado lá*? O vestido tehuana de Frida pendurado em uma fita – alguns enxergam um varal, semelhante àqueles fixados nas varandas dos prédios –, amarrada de um lado a um vaso sanitário e do outro a um troféu de golfe. Aos pés de duas colunas derivadas de códigos arquitetônicos clássicos, filas de pessoas pobres e famintas, trabalhadores desempregados, mendigos etc. Atrás, como pano de fundo: Manhattan, a Estátua da Liberdade, a Ilha Ellis – a ilha das lágrimas –, chaminés de fábricas. Entre o vestido e essa cidade industrial: o Federal Hall e a Trinity Church, também ligados por uma fita. A mensagem não poderia ser mais clara: de um lado, uma igreja com um dólar nos vitrais; do outro, o edifício símbolo do Estado. Essa fita que os une é tudo o que Frida rejeita: o dinheiro. Alguns, como o poeta Salvador Novo, chegaram a ver nessa obra um símbolo: Frida, a indígena, desafiando o mundo industrial capitalista.

Sim, essa pintura é a imagem dessa viagem que, aos olhos de Frida, é um fracasso. Ela participa de festas, é verdade, descobre um mundo muito diferente do México, faz novos amigos – Leo Eloesser, Lucienne Bloch etc. –, vive novas experiências. Tem intensas relações amorosas com Georgia O'Keeffe e Nickolas Muray, para citar apenas dois, mas quantas infidelidades da parte de Diego, quantos truques sujos! Tendo deixado o México como uma recém-casada inocente, ela volta como uma jovem mulher ferida e decepcionada.

Em 16 de novembro, ela escreve para Isabel Campos: "Me diga como estão as coisas em Coyoacán, esse refúgio tedioso que parece tão belo quando se está longe dele. Eu, na *Gringolândia*, passo meu tempo sonhando em voltar para o México, mas por causa do trabalho de Diego, tive de ficar aqui. Nova York é muito bonita e me sinto muito melhor lá do que em Detroit, mas sinto falta do México. [...] Para o meu retorno, quero que você prepare um banquete de *quesadillas*; só de pensar me dá água na boca".[34]

Enquanto Frida já está farta desse país, onde "até o clima é um verdadeiro inferno",[35] Diego tem verdadeira aversão à ideia de voltar ao México. A tensão entre a pomba e o sapo é maior do que nunca. Durante uma entrevista a um jornalista americano que lhe pergunta o que ela passa os dias fazendo, Frida responde: "fazendo amor, tomando banho e depois fazendo amor de novo". Diego responde a essa provocação com outra, sabendo que isso vai ferir os sentimentos de Frida: ele começa um caso com sua jovem assistente Louise Nevelson e garante que, nessas condições, não pode retornar ao México.

Em 20 de dezembro, após uma violenta discussão durante a qual Diego fura a golpes de faca de cozinha um quadro no qual Frida havia pintado um cacto tipicamente mexicano, eles decidem retornar ao México. Sem dinheiro, só conseguem comprar as passagens de volta graças à generosidade de seus amigos, que se juntam para pagá-las. É preciso dizer que Diego doou o afresco pintado nas paredes da Nova Escola dos Trabalhadores, fundada pelo líder do Partido Comunista Americano, Jay Lovestone, e distribuiu boa parte do dinheiro ganho com seu trabalho para os Rockefellers a artistas necessitados. Em 20 de dezembro de 1934, quase quatro anos após sua partida do México, Frida e Diego embarcam no vapor *El Oriente*, que os levará a Veracruz via Havana. Na véspera da partida, Frida escreve para seus amigos Ella e Bertram D. Wolfe: "O dia está se aproximando e estou muito triste.

34 *Frida Kahlo par Frida Kahlo, op. cit.*
35 *Ibid.*

Segundo Diego, é culpa minha estarmos voltando para o México. Passei o dia todo choramingando".[36]

Ao longo de toda a sua vida, Frida voltou aos Estados Unidos várias vezes, mas em condições muito diferentes dessa primeira longa estadia. Em julho de 1935, por exemplo, ela viaja a Nova York na companhia de Anita Brenner e Mary Shapiro, depois de descobrir o caso de Diego com sua irmã Cristina. É uma escapada libertadora entre garotas, na qual, para demonstrar que havia rompido com sua antiga vida, ela corta os cabelos e troca os vestidos tradicionais por roupas mais contemporâneas e urbanas. Ou, pelo menos, é assim que ela aparece em uma foto tirada por Lucienne Bloch: saia e blusa brancas sob uma jaqueta de couro.

Três anos depois, de 25 de outubro a 14 de novembro, Frida expõe 25 quadros na Galeria Julien Levy, em Nova York. É sua primeira exposição individual. O catálogo traz um texto introdutório de André Breton, com a agora, infelizmente, famosa frase: "A arte de Frida Kahlo é como uma fita colorida amarrada ao redor de uma bomba". Um enorme sucesso, metade das 25 obras é adquirida por colecionadores americanos. E chovem encomendas, como um autorretrato que ela pinta no hotel Barbizon-Plaza e o famoso *Suicídio de Dorothy Hale* para a amiga desta, Clare Boothe. Frida dá continuidade ao caso com o fotógrafo Nickolas Muray, iniciado alguns meses antes, durante a passagem deste pelo México, e tem uma breve aventura com o jovem Julien Levy... É desse período que data a série de fotos de Nickolas Muray, tiradas em seu estúdio na MacDougal Street, n. 129, perto do Washington Square. Vemos uma Frida radiante, de vestido azul com motivos brancos e uma ampla camisa branca e cinza. Frida está com um colar de conchas, e um grande *rebozo* magenta cobre sutilmente seus ombros.

Estranhamente, Frida, que rejeitava com violência o estilo de vida americano, retorna regularmente a Nova York; no final de 1938, antes de partir para Paris, e ao retornar da capital francesa, em março de 1939. Lá ela reencontra Nickolas Muray, que lhe anuncia que está planejando se casar. E quando volta para a Cidade do México, é para descobrir que Diego tem uma nova amante: a pintora húngara Irene Bohus.

36 *Ibid.*

As duas últimas viagens de Frida aos Estados Unidos estão ligadas ao seu estado de saúde. Em setembro de 1940, ela precisa ir a São Francisco para se submeter a um tratamento médico com o dr. Eloesser, que discorda dos médicos mexicanos que querem operá-la. Exames médicos revelam uma nova infecção renal e uma anemia. De lá, ela segue para Nova York para participar de uma exposição na galeria de Julien Levy, que acaba não acontecendo. O caso que ela começa então – nos limites mesmo do hospital! – com Heinz Berggruen, o famoso jornalista, colecionador, galerista e negociante de arte alemão, é, segundo este último – ou ao menos é assim que ele o descreve em seu livro de memórias, *J'étais mon meilleur client* (*Eu era meu melhor cliente*) –, "tórrido e desconfortável".[37] Deve-se dizer que, assim que se recupera, Frida passa a se encontrar com Berggruen no quarto que ocupa com Diego no Barbizon-Plaza...

Seis anos depois, Frida retorna a Nova York para se submeter a um transplante de medula óssea, que não dá certo. Enquanto está no hospital, Cristina a apresenta a José Bartolí, um jovem artista espanhol refugiado que se torna seu amante. O caso de amor entre eles continua quando ambos retornam ao México e dura até 1952. Em sua carta, muito curta, de 6 de dezembro de 1946, ela escreve a ele: "Você é minha vida, meu ar, meu céu, minhas flores, meu mundo, meus sonhos, meus pequenos objetos que adoro, minhas mãos (pombas para você), meus olhos. Quero ficar com você para sempre".[38] Forçada por oito meses a usar novamente um colete de aço, sente dores tão intensas que passa a recorrer à morfina, cujas doses aumentam a cada dia. Essa estadia em 1946 é sua última nesse país onde ela nunca se sentiu bem e onde "somente as *important people* têm um lugar, mesmo que sejam apenas filhos de sua *mother*".[39]

37 Heinz Berggruen, *J'étais mon meilleur client*, L'Arche, 1997.

38 *Frida Kahlo par Frida Kahlo*, *op. cit.*

39 *Ibid.*

Frida expõe suas telas

"Essas pinturas, eu as pintei com as minhas mãos, elas aguardam nas paredes, para agradar a todos os meus irmãos."

Podemos dizer de Frida, como lemos aqui e ali, que ela foi uma artista maldita? É verdade que a fama de seu marido eclipsou a sua por muito tempo, mas suas obras tinham seus colecionadores fiéis. Basta ter participado, ao longo de sua vida, de 32 exposições para ser considerada uma "pintora reconhecida"?

Em novembro de 1931, como vimos no capítulo anterior, Frida acompanha Diego a Nova York, onde este deve preparar sua grande retrospectiva. Lá, ela descobre um meio artístico e intelectual diferente daquele da Cidade do México, e uma cidade e um modo de vida que ela tem dificuldade em aceitar. Até então, ela havia pintado apenas cerca de trinta telas e, embora tenha percebido que dedicará sua vida à pintura, ainda não expôs suas obras. Essa estadia marca uma etapa importante em sua carreira artística, sobretudo porque lhe permitirá preencher essa lacuna. Forçada a usar uma órtese no pé direito para corrigir uma torção, sequela do acidente de 1925, e prejudicada por uma malformação da coluna vertebral, Frida precisa ficar deitada por longas horas. Nos seis anos anteriores, a Sociedade das Mulheres Artistas de São Francisco organizou uma exposição anual. Frida é convidada a apresentar uma de suas pinturas. Naturalmente, ela escolhe *Frieda Kahlo e Diego Rivera*, pintada durante aquela permanência americana.

Essa primeira exposição mudará sua vida. Ela agora é uma pintora por completo. Isso é confirmado por uma jornalista do *Detroit News*, Florence Davies, que, dedicando um artigo ao seu trabalho, reconhece suas "qualidades notáveis como pintora".

A máquina pictórica está a todo vapor, mesmo que, com uma certa modéstia, Frida garanta que lhe é difícil trabalhar, que gosta de relaxar e que só pinta "telas pequenas sem importância",[1] deixando livre para Diego o caminho da fama e, provavelmente, uma certa impressão de pigmalionismo. Em setembro de 1937, ela participa de sua primeira grande exposição coletiva na Galería de Arte del Departamento de Acción Social de la UNAM (Galeria da Universidade da Cidade do México). Ela é acompanhada por alguns dos grandes nomes da pintura mexicana: José Clemente Orozco, David Alfaro Siqueiros, mas também María Izquierdo, Juan O'Gorman, Rufino Tamayo e, é claro, Diego Rivera. Ela exibe quatro pinturas, incluindo *Meus avós, meus pais e eu*. Os eventos se sucedem. O ator americano Edward G. Robinson compra quatro pinturas suas, por duzentos dólares cada uma: "Fiquei muito surpresa e maravilhada com a ideia de que eu poderia ser livre, viajar e fazer tudo que quero sem pedir dinheiro a Diego".[2] Mas talvez o mais importante não esteja aí. A exposição na pequena Galeria da Universidade da Cidade do México chama a atenção de um *marchand* americano para seu trabalho. Julien Levy – esse é o nome dele – é dono de uma galeria em Manhattan. Ele não é um *marchand* como qualquer outro. É jovem, tem apenas trinta anos, é dinâmico e vem promovendo o surrealismo nos Estados Unidos. Yves Tanguy, Man Ray e Berenice Abbott foram trabalho seu. Em suma, um caçador de talentos. Seja na pintura ou na fotografia, o que ele quer é trazer à tona artistas dotados de um universo forte, que lhes seja próprio, intransigente e original. Como não se sentir atraído pela obra em devir dessa jovem pintora mexicana?

Inverno de 1939. Convidada por Breton para expor quinze de suas pinturas na exposição "México", organizada para a maior glória do mestre do Surrealismo – a exposição também inclui obras do fotógrafo

1 *Frida Kahlo par Frida Kahlo, op. cit.*
2 *Ibid.*

Manuel Álvarez Bravo, pinturas mexicanas dos séculos XVII e XVIII e a coleção pessoal de Breton de arte popular mexicana –, Frida vai a Paris. A inauguração ocorre em 10 de março na galeria Tenou & Colle. Lá ela conhece Kandinsky, Max Ernst, Paul Éluard, Joan Miró, Yves Tanguy, Wolfgang Paalen até mesmo um certo Jacques Mornard Vandendreschs, conhecido como... Ramón Mercader. Picasso, encantado com Frida, escreverá mais tarde a Diego: "Nem Derain, nem eu, nem você, nenhum de nós é capaz de pintar uma cabeça como Frida Kahlo".[3] O Louvre comprou uma pintura dela: *A moldura*.

No ano seguinte, André Breton e Wolfgang Paalen, organizadores da "Exposição Surrealista Internacional" na Galería de Arte Mexicano de Iñés Amor, naturalmente pedem a Frida que participe. Ela então exibe, ao lado das obras de todos os surrealistas do momento, duas de suas pinturas: *As duas Fridas* e *A mesa ferida*.

Após essas primeiras exposições, sua produção pictórica aumenta e, entre 1940 e 1943, ela enfileira uma série de doze exposições coletivas. Todas no exterior. Em 1940, no Palácio de Belas-artes de São Francisco, por ocasião da exposição "Contemporary Mexican Painting and Graphic Art" (Pintura e artes gráficas mexicanas contemporâneas), e também em Nova York, como parte da exposição "Twenty Centuries of Mexican Art" (Vinte séculos de arte mexicana), durante a qual tudo o que o crítico da *Vogue*, Frank Crowninshield, parece disposto a se lembrar da pintura de Frida é do "sangue pingando por toda parte"! Essa observação não é insignificante. As telas de Frida perturbam, são qualquer coisa menos decorativas.

Felizmente, isso não prejudica o ritmo de sua participação em muitas exposições. Um ano depois, por exemplo, ela participa da exposição "Modern Mexican Painters" (Pintores mexicanos modernos) no Instituto de Arte Contemporânea de Boston. Lá, volta a apresentar *As duas Fridas*. O que é surpreendente, lendo suas declarações, sua correspondência e as entrevistas que ela deu aqui e ali, é o perpétuo equilíbrio em Frida entre uma forma de autoconfiança, quase arrogância, e uma relativa modéstia, algo como uma preocupação com suas

3 Citado por Raquel Tibol, *Frida Kahlo, crónica, testimonios y aproximaciones*, Ediciones de Cultura Popular, 1977.

habilidades e sua legitimidade como pintora. Assim, na véspera de várias exposições, entre 1942 e 1943, depois de lhe falar sobre sua dor de estômago, sua "vontade de arrotar", sua má digestão e seu lado colérico, ela escreverá ao amigo Leo Eloesser: "Quanto à pintura, digamos que estou progredindo. Pinto pouco, mas sinto que estou aprendendo pouco a pouco, estou cada vez menos desajeitada".[4]

Ela provavelmente estava mesmo "cada vez menos desajeitada", pois em 1942 participa de duas exposições em Nova York. A primeira (com *Autorretrato com trança*, uma pintura de 1941, no Museu de Arte Moderna) na "Twentieth-Century Portraits" (Retratos do século XX). A segunda, intitulada "First Papers of Surrealism" (Primeiros papéis do Surrealismo), financiada pelo Coordinating Council of French Relief Societies. Em 1943, ainda nos Estados Unidos, ela está presente na galeria Art of this Century, de Peggy Guggenheim, em Nova York, na "Exhibition by 31 Women" (Exposição por 31 mulheres), e no Museu de Arte da Filadélfia, onde ocorre a exposição "Mexican Art Today" (Arte mexicana hoje).

Se desconsiderarmos sua primeira participação em uma exposição mexicana – a de 1937 –, ela teve de esperar até 1943 para ver seu trabalho ser exposto em sua terra natal. O evento ocorre no Primer Salon de la Flor, organizado como parte da exposição anual de flores da Cidade do México pelo Ministério da Agricultura e do Desenvolvimento. Frida enviou *Xochitl, flor da vida* (1938). O reconhecimento nacional parece ter sido parcialmente conquistado. Frida está presente na Biblioteca Benjamin Franklin, na Cidade do México, onde exibe *Retrato de Marucha Lavín* (1942), por ocasião da exposição "Um Século de Retratos Mexicanos". Nesse mesmo ano, ela participa da coordenação do Salon Libre 20 de Noviembre, no Palácio de Belas-artes. Ela expõe *A mesa ferida* (1940).

A partir de então, com exceção de sua passagem, em 1943, pela Galería de Pintores Mexicanos Contemporaneos de Nova York, ela participará apenas de exposições nacionais: oito nos últimos dez anos de sua vida.

4 *Frida Kahlo par Frida Kahlo*, *op. cit.*

Em 1944, participa do Segundo Salon de la Flor de San Jacinto e de "A Criança na Pintura Mexicana", na Biblioteca Benjamin Franklin, na Cidade do México. Em 1946, está presente na Exposição Nacional Anual do Palácio de Belas-artes, onde recebe o Prêmio do Ministério da Educação, no valor de cinco mil pesos, por sua pintura *Moisés* ou *Núcleo solar* (1945).

Em 1947, na exposição coletiva organizada pelo Instituto Nacional de Belas-artes da Cidade do México, intitulada "Quarenta e Cinco Autorretratos de Artistas Mexicanos", Frida expõe ao lado de María Izquierdo, Isabel Villaseñor e Olga Costa. O título de sua tela: *Autorretrato como tehuana* ou *Diego em meus pensamentos*.

Fernando Gamboa, então diretor do Departamento de Artes Plásticas e organizador do evento, pede a cada participante uma declaração, redigida pelos próprios artistas e que deve acompanhar sua pintura. A de Frida é interessante em mais de um aspecto. Como de hábito, sem máscara, exatamente como ela é, ela nos oferece um relato sobre o estado atual da ligação que tem com sua arte: "Não sei realmente se minhas pinturas são surrealistas ou não, sei que são a expressão mais sincera de mim mesma e que não se preocupam em nada com as opiniões e os preconceitos dos outros. Não pintei muito, e o fiz sem o menor desejo de fama, sem a menor ambição, com a convicção, em primeiro lugar, de agradar a mim mesma e, mais tarde, de poder ganhar a vida com minha profissão".[5] Ela acrescenta a essa declaração o que ela mesma chama de uma observação amarga: "Várias vidas não seriam suficientes para eu pintar como eu gostaria e tudo que eu gostaria".[6] Dois anos depois, Frida pinta para a exposição inaugural do Salón de la Plástica Mexicana uma obra intitulada *O abraço amoroso do Universo, da Terra (o México), eu, Diego e o Señor Xolotl*. É inegável que, com o passar dos anos, Frida se envolveu totalmente na vida cultural de seu país.

Podemos dizer sobre Frida que o fato de ela poder se orgulhar de possuir um número substancial de colecionadores fiéis é um reconhecimento justo de seu trabalho? Podemos dizer que 32 exposições coletivas durante a vida de uma pintora – algumas delas internacionais – são

5 *Ibid.*
6 *Ibid.*

suficientes para estabelecer sua fama? O leitor atento terá observado que apenas suas exposições coletivas estão listadas aqui. No México, nos Estados Unidos e em Paris. As duas exposições restantes são individuais. Ambas ocorreram na Cidade do México: a primeira em outubro de 1938, a segunda quinze anos depois. Uma vida as separa.

Voltemos no tempo, então, para outubro de 1938, quando Frida tem 31 anos de idade. Lembre-se de que mencionei anteriormente que Julien Levy, dono de uma pequena galeria na East 57th Street, especializada em Surrealismo, se apaixona não apenas pelas pinturas de Frida, mas por ela própria, tão atraente, tão engraçada, tão especial, que não se assemelha a nenhuma das mulheres com quem ele se relacionou anteriormente... Por que não a trazer para Nova York? O encontro é marcado: a exposição ocorrerá de 25 de outubro a 14 de novembro. Frida apresenta 25 quadros, e o catálogo contém um texto introdutório de André Breton. Diego chega a enviar uma carta a um crítico de arte americano para que ele vá visitar a primeira exposição individual de Frida: "Eu a recomendo a você, não como marido, mas como um admirador e entusiasta de sua obra, ácida e terna, dura como o aço e delicada e fina como uma asa de borboleta, amável como um belo sorriso e profunda e cruel como a amargura da vida".[7] Único ponto negativo: nos convites, ao lado de "Frida Kahlo", aparece entre parênteses seu nome de casada.

O sucesso é imediato, fenomenal para uma jovem pintora que até então só havia participado de exposições coletivas, exibindo apenas seis pinturas. É um triunfo: metade das 25 obras é adquirida por colecionadores americanos e ela recebeu várias encomendas. Com exceção de alguns críticos que consideram suas pinturas obscenas e "obstétricas", a imprensa é, de modo geral, muito elogiosa. A *Vogue* lhe dedica várias páginas, interessada tanto em suas pinturas quanto em seus trajes de tehuana. A *Life* reproduz algumas de suas pinturas. A revista *Art News* evoca uma "habilidade e franqueza admiráveis". A *Time* não hesita em falar sobre "o evento artístico mais importante dessa semana". Frida chega a receber, da Cidade do México, uma carta de seu breve amante, Leon Trótski, que lhe escreve para dizer o quanto está orgulhoso de seu sucesso nova-iorquino – "porque a consideramos uma embaixadora

7 Citado por Patrick Marnham, *Diego Rivera, Le rêveur éveillé*, *op. cit.*

artística, não apenas de San Ángel, mas também de Coyoacán" – e para lhe desejar o mesmo na França, onde ela se prepara para participar da exposição "México", organizada por Breton.[8]

Essa estadia nova-iorquina é, sem dúvida, um dos momentos mais empolgantes de sua vida. Ela pode saborear sozinha, sem Diego, que permaneceu no México, um reconhecimento que finalmente chega. Durante essa fase que antecede sua viagem a Paris, onde a aguarda uma outra exposição que ela acredita que seria dedicada exclusivamente a ela e à sua pintura, ela continua sua aventura amorosa com Julien Levy, inicia um breve caso com um de seus mecenas, Edgar J. Kaufmann, e se apaixona pelo fotógrafo Nickolas Muray, ao qual não hesita em escrever: "Eu o adoro, meu amor, acredite em mim; nunca, jamais amei alguém como você".[9] É durante essa estadia que Nickolas Muray tira uma série de fotografias, entre elas a famosa *Frida em um banco branco*. Frida surge sentada em frente a um fundo verde pontilhado de pequenas flores brancas. Ela veste um *huipil* amarelo e uma saia preta com motivos brancos muito leves. Colar de ouro, brincos combinando, lábios vermelhos, cabelos puxados para trás arrematados com uma faixa de cabeça enfeitada com um buquê de flores cor-de-rosa. Frida como uma deusa asteca.

Frida é uma nova mulher, livre, que finalmente existe por meio de sua pintura e que passa sem remorsos de um homem para outro: como a vida é bela! Que longo caminho andado por aquela que, há menos de dez anos, mostrava, tremendo, suas primeiras obras para o grande Diego Rivera...

Frida tem 46 anos quando ocorre sua segunda exposição individual. No mesmo ano, cinco de suas obras são apresentadas na exposição "The Mexican Art Exhibition" (Exposição da arte mexicana), na Tate Gallery, em Londres. Dois anos antes, o jornal *Novedades*, em 10 de junho de 1951, dedicou integralmente a ela – sinal incontestável de um verdadeiro reconhecimento – o seu suplemento cultural "*México en la cultura*".

8 *Frida Kahlo par Frida Kahlo, op. cit.*
9 *Ibid.*

Com meu amor e amizade
Vindos do fundo do meu coração
Tenho o prazer de convidá-lo
Para minha modesta exposição

É assim que Frida, usando a forma de um *corrido* popular, convoca seus amigos para encontrá-la no número 12 da Calle Amberes, endereço da galeria dirigida por Lola Álvarez Bravo – a Galería de Arte Contemporáneo. Ela combina de encontrá-los em 13 de abril de 1953, "*Las ocho de la noche/ pues reloj tienes al cabo*" (às oito da noite – pois você tem um relógio no bolso). O que ela chama de sua "modesta exposição" é, na verdade, a primeira grande retrospectiva de sua obra. Sabe-se que Frida está muito doente, e ninguém a espera na inauguração. Mas eis que surge uma ambulância. Frida sai dela, carregada em uma maca até sua cama de dossel colocada no centro da galeria. É uma cama pintada com cores vivas, decorada com esqueletos de papel machê, fotos de Diego e de seus políticos favoritos e de um pequeno espelho no qual, como de costume, ela não para de se olhar. Ela está vestida com um magnífico traje tradicional, adornada com todas as suas joias e perfumada com *Shocking*, de Schiaparelli. Durante toda a noite, seus admiradores desfilam diante dela, suma sacerdotisa adorada e oferecida, e vêm parabenizá-la. Alguns ficam com ela até tarde da noite, cantando em sua companhia velhas canções mexicanas, generosamente regadas a garrafas de tequila que circulam de mão em mão. Essa anedota é ao mesmo tempo um estranho resumo e a coroação da vida daquela que Diego diz ter arrancado os próprios seios e o coração "para expressar a verdade biológica que sente neles". Em agosto do mesmo ano, Frida terá a perna direita amputada. E em pouco mais de um ano vai se encontrar com a morte, que há tantos anos a ronda.

Mas nessa noite, nesse 13 de abril, ela ainda dissimula, com seu humor e ironia. É preciso dizer que todos os seus amigos estão lá: Concha Michel, o Dr. Atl, Carlos Pellicer, Rodríguez Lozano, Andrés Henestrosa, Isabel Campos, os Fridos, até mesmo Alejandro Gómez Arias, seu primeiro amor, sempre lá, sempre presente. E tantas admiradoras e admiradores que vêm para ver Frida, suas telas, seu universo, seu diário íntimo, uma obra de arte por si só, colocado à disposição dos visitantes. Lola Álvarez Bravo testemunha: "Pedimos às pessoas que não parassem de andar, que lhe dissessem 'olá' e que se concentrassem na exposição, porque tínhamos medo de que a multidão a sufocasse. Tinha muita gente – não apenas o mundo das artes, os críticos e os amigos dela, mas também um monte de gente que não esperávamos e que apareceu naquela noite. Em um dado momento, a cama de Frida teve de ser posta ao ar livre, na pequena varanda, porque ela mal conseguia respirar".[10]

A exposição foi um sucesso tão grande que teve de ser prorrogada por mais um mês. O dono da galeria recebeu telefonemas de todo o mundo: de Londres, de Paris, de várias cidades dos Estados Unidos... É preciso lembrar que Frida nunca foi o que se pode chamar de "carreirista", isto é, nunca elaborou nenhum plano para atrair a nata dos críticos ou o dinheiro dos mecenas? É preciso lembrar que esse *happening* foi a única exposição individual do trabalho de Frida organizada no México durante sua vida?

Portanto, embora Frida não tenha sido uma "artista maldita", cumpre dizer que, como muitas mulheres inovadoras de sua época, ela teve de suportar a incompreensão de seus contemporâneos e esperar até a década de 1970 para sair de uma espécie de esquecimento no qual teria ficado eternamente mergulhada não fosse a tenacidade da Fundação Dolores Olmedo, que começou a circular pelo mundo todo uma coleção – restrita, é verdade – de obras suas. Frida e suas colegas não estavam lutando contra um inimigo, mas para encontrar um lugar em uma sociedade que não estava pronta para recebê-las. As mulheres que se envolveram na vida cultural e artística do México nos anos que se seguiram à Revolução têm os nomes de María Asúnsolo, Pita Amor, Guadalupe Marín, Dolores Olmedo, mas também Nahuí Olín, Tina Modotti... Como escreve Agustín Arteaga: "Todas elas têm posições estéticas tão radicais quanto suas posições políticas, utilizam livremente seus corpos como uma demonstração de autonomia, em suas próprias representações e também nas dos outros".[11] Para essas mulheres, dar

10 Citado por Hayden Herrera, *Frida, Une biographie de Frida Kahlo*, *op. cit.*

11 Agustín Arteaga, "Mexique des Renaissances", em *Mexique 1900-1950, Diego Rivera, Frida Kahlo, José Clemente Orozco et les avant-gardes*, *op. cit.*

vida à sua arte é uma luta. Em 1945, María Izquierdo, cujas realizações estéticas são um enorme sucesso – sua primeira exposição individual acontece em 1928 na Galeria de Arte Moderna da Cidade do México –, é procurada pela Secretaria da Educação para pintar afrescos e, assim, participar do grande movimento do muralismo. Infelizmente, Diego Rivera e David Alfaro Siqueiros atuam para que seu projeto fracasse.

Nunca devemos perder de vista o fato de que foi nesse contexto que Frida Kahlo elaborou sua obra e precisou enfrentar – repitamos – uma forma de incompreensão e obstrução por parte de seus contemporâneos. Embora as cerca de trinta exposições coletivas das quais ela participa durante sua vida possam ser vistas como uma forma de reconhecimento, o fato de ela ter tido apenas uma exposição individual não póstuma em seu país natal demonstra muito bem que seu devido lugar não foi reconhecido.

É verdade que a Casa Azul se tornou um museu em 1958; é verdade que cerca de trinta exposições (incluindo doze pessoais) nos vinte anos seguintes à sua morte permitiram que suas pinturas fossem vistas, mas foi necessário aguardar a década de 1980 para que a Europa voltasse a ter acesso à sua obra. A Fridomania, que começa nos Estados Unidos na década de 1970, leva algum tempo para atravessar o Atlântico. Para ficar só no caso da França, a primeira exposição individual de Frida é organizada em 1992 pela Printemps Haussmann. No último andar da loja de departamentos parisiense, como parte da exposição "Viva Americas", Dolores Olmedo permite que os parisienses vejam 25 quadros e desenhos de Frida, isto é, mais de meio século após sua visita a Paris na galeria Tenou & Colle. Como na exposição de 1939, as obras de Frida são exibidas em meio a um amontoado de objetos, roupas, joias, aparelhos e "*kitscheries*", em comemoração ao quingentésimo aniversário da descoberta do Novo Mundo.

As coisas mudaram faz tempo. Hoje, não há um único dia no mundo em que uma exposição de Frida Kahlo não atraia dezenas de milhares de visitantes. A Galerie de l'Instant, que organizou uma exposição de fotografias de Frida tiradas por sua amiga Lucienne Bloch de dezembro de 2020 a março de 2021, esgotou os ingressos em tempo recorde. No mesmo ano, em resposta ao fechamento dos museus devido à pandemia de covid-19, uma exposição virtual chamada "Faces of Frida", oferecida por 33 museus e centros de arte de todo o mundo por meio da plataforma Google Arts & Culture, possibilitou o acesso ao universo de Frida Kahlo. Mais de oitocentas obras, pinturas e desenhos, além de objetos, cartas, trechos de jornais, fotos e documentos históricos, tornaram possível descobrir tudo sobre a mulher que confidenciou à sua amiga Lucienne Bloch que realmente não conseguia ver o que havia de tão interessante em sua pintura e se perguntava por que as pessoas queriam expor suas telas...

Suicídio, solidão

"Eu me pinto porque estou frequentemente sozinha..."

É um óleo sobre tela medindo 121,6 × 245,1 cm, um formato muito incomum para Frida, pintado em 1940, doado a um museu em Moscou e agora perdido. Seu título é: *A mesa ferida*. Em um cenário sangrento, cercada por duas pesadas cortinas de veludo vermelho, Frida reencena uma Ceia particular: a dramatização de sua solidão. Sentada à mesa, como se aquela fosse a última refeição da noite da Quinta-feira Santa, ela está acompanhada por alguns apóstolos muito estranhos: um esqueleto, um ídolo pré-colombiano, um judas (uma imagem tradicional da *cartonería* mexicana), seu cervo "El Granizo" e, finalmente, os dois filhos de sua irmã Cristina, Isolda e Antonio Kahlo. Todos estão petrificados, mais ou menos feridos, ensanguentados e em nada ajudam Frida, que precisa enfrentar uma solidão ameaçadora. Ao fundo, atrás da mesa, um céu tempestuoso e uma selva perturbadora. Se fosse uma peça teatral, poderia se chamar *Exponho minha solidão*.

Essa não é a primeira vez que Frida pinta sua solidão: ela aparece em *As duas Fridas*, o autorretrato de 1939; no olhar da Frida criança em *Asas de palha* ou *Eles querem aviões, mas só conseguem asas de palha*, tela pintada em 1938; ou ainda nessa página muito preta, muito sombria de seu diário, que ela até mesmo legendou: "Cor de veneno. Tudo de cabeça para baixo, EU?".[1] Vemos uma Frida deitada, da cor de um céu envenenado, encharcada de sangue, coberta de raízes.

Tampouco é a primeira vez que ela fala sobre isso com seus amigos, como nesta carta enviada no dia de seu aniversário a Alejandro Gómez Arias: "Hoje, 17 de setembro de 1927, é o pior de todos porque estou sozinha".[2] E aqueles que convivem com ela são testemunhas de sua tristeza. Como no inverno de 1933, quando as rajadas glaciais em Detroit apenas acentuam seu desespero, apesar da presença calorosa de sua amiga Lucienne Bloch, que testemunha: "Frieda é muito melancólica, chora com frequência e precisa ser reconfortada".[3] No ano seguinte, quando está na Cidade do México e acaba de retornar de sua longa estadia na América, ela confidencia a Ella e Bertram D. Wolfe: "Não tenho amigos. Estou completamente sozinha".[4]

Frida tem plena consciência dessa tristeza recorrente, dessa dificuldade em manter a felicidade à tona, embora – e é preciso reconhecê-lo –, ela muitas vezes conseguisse. Mas ao custo de uma tensão que a exaure. Ela tem sua própria teoria sobre o assunto, que desenvolve em uma das páginas de seu diário. Para ela, a vida flui, abre caminhos "que não escolhemos à toa", mas acrescenta: "Ninguém para 'livremente' para se divertir ao longo do caminho, porque isso atrasaria ou interromperia a grande jornada geral. Daí a insatisfação, daí o desespero e a tristeza".[5]

Assim, ao longo de sua "grande jornada geral", Frida terá de enfrentar uma solidão que não deixa de lembrar a de Virginia Woolf. Ambas, como lembra Erika Billeter, vivem "em uma região distante do pensamento e dos sentimentos femininos".[6] Ambas, com efeito, se tornaram artistas por meio do sofrimento. Ambas têm uma percepção muito clara do que é a solidão do pensamento feminino. Ambas instalaram sua obra – uma pictórica, a outra literária – no território do isolamento. Também é perturbador constatar que, se uma delas reivindica

1 *Journal de Frida Kahlo, op. cit.*

2 *Frida Kahlo par Frida Kahlo, op. cit.*

3 Citado por Hayden Herrera, em *Frida, Une biographie de Frida Kahlo, op. cit.*

4 *Frida Kahlo par Frida Kahlo, op. cit.*

5 *Journal de Frida Kahlo, op. cit.*

6 Erika Billeter, "Frida Kahlo, univers de la vérité – univers de l'utopie", em *Frida Kahlo la Casa Azul, op. cit.*

Um quarto só para si, a outra nunca deixa de lembrar que sua casa, seu espaço reservado e pertencente somente a ela, isto é, onde pode dar vazão a suas fantasias pessoais, é a Casa Azul.

A solidão vivida por Frida é um monstro com muitas cabeças. Uma delas é a depreciação sistemática de si mesma. Aparentemente, é isso que ela quer dizer quando escreve para Ella Wolfe, em outubro de 1934, que Diego vive uma "vida completa, longe do vazio estúpido da minha".[7] Ela volta a falar nisso dois anos depois: "Não há nada a ser feito, louca eu sou, louca morrerei".[8] É verdade que ela imediatamente acrescenta – e essa é sua grande força, seu humor, sua ironia: "Mas isso não me impede de amar, não é?".[9] Diante dessa hidra da tristeza, há um poder contra o qual ela tem grande dificuldade de lutar: a loucura. Mais uma vez, uma página de seu diário nos dá, se não as chaves, ao menos algumas pistas sólidas. Nessa página toda amarela (*amarillo*, em espanhol), uma lista incoerente de palavras, todas começando com a letra A, forma um desenho enigmático que se choca com a parte inferior da página como um esmagamento, tornando-a ilegível. No centro desse desenho está o amarelo, que simboliza, no léxico de cores de Frida – é o que ela mesma diz – "loucura e mistério".[10]

Essa loucura à espreita é uma constante em sua vida, à qual ela se refere com frequência, como neste trecho de seu diário, escrito entre agosto e novembro de 1947, quando ela acaba de tomar uma grande dose de analgésicos para aliviar suas dores: "Por trás da máscara da 'loucura', pintarei a dor, gargalharei. [...] Minha loucura não será uma fuga do trabalho".[11] Também no mesmo diário, lemos: "Eu sou a Desintegração".[12]

O que é mais surpreendente é que essa loucura, embora esteja, de uma certa maneira, muito presente em sua pintura, só será realmente retratada uma vez, em uma pequena tela de 70 × 60 cm, pintada em 1945 – *A máscara* –, em um momento de enorme sofrimento para Frida: ela usa um colete de gesso e sapatos especiais, dotados de uma

7 *Frida Kahlo par Frida Kahlo, op. cit.*
8 *Ibid.*
9 *Ibid.*
10 *Journal de Frida Kahlo, op. cit.*
11 *Ibid.*
12 *Ibid.*

compensação cujo objetivo é equilibrar o encurtamento de sua perna direita.

Nesse autorretrato, Frida foge do olhar do espectador. Ela surge sob uma máscara destinada a escondê-la, mas, acima de tudo, a ocultar sua dor. Frida está tentando nos fazer acreditar que as lágrimas que correm não são suas. Ela não mostra nem sua dor, nem seu desespero, nem sua solidão, e, no entanto, a loucura está bem presente, sob a máscara, escondida por trás dela.

Voltemos à sua correspondência. Em novembro de 1934, ela escreve a Leo Eloesser: "Estou em um tal estado de tristeza, tédio etc. etc., que não consigo nem fazer um desenho".[13] Seis anos mais tarde, no final de uma carta muito sombria enviada de Coyoacán a Diego, que havia fugido para São Francisco após a tentativa de assassinato de Trótski, ela conclui: "Você pode pôr essas reflexões na conta da minha solidão, do meu saco cheio e, acima de tudo, da fadiga interior que me aniquila".[14]

São inúmeros os testemunhos dessa profunda solidão. Todos aqueles e aquelas que conviveram com Frida a sentem com uma grande intensidade. Guadalupe Rivera, que vai comemorar seu aniversário na Casa Azul em uma noite de 1942, nos oferece um dos relatos mais pungentes. Depois do jantar, Frida convida o pequeno grupo para tomar café e comer biscoitos em seu ateliê. Guadalupe relata que, após as inevitáveis conversas sobre política e estudos, as discussões lentamente se voltaram para um outro universo, no qual, diz ela, vida e morte se confundem, no qual as frutas e as flores de repente se impregnam de um simbolismo sexual "estranho e inquietante". E acrescenta: "Nosso mal-estar aumentou quando Frida mostrou algumas de suas pinturas mais potentes. Então o que nos perturbava não eram mais suas obsessões sexuais, mas um profundo sentimento de solidão e tristeza".[15]

Durante toda a sua vida, Frida nunca deixa de pedir ajuda. Como em junho de 1946, quando está em Nova York, para Alejandro Gómez Arias – "Alex, não me abandone sozinha à minha triste sorte neste

13 *Frida Kahlo par Frida Kahlo*, *op. cit.*

14 *Ibid.*

15 Guadalupe Rivera, *Les Noces de Frida et Diego, Souvenirs et recettes du Mexique*, *op. cit.*

hospital maldito e escreva para mim".[16] Ou, quatro meses depois, para a pequena Mariana Morillo Safa, uma de suas modelos: "Acima de tudo, não se esqueça de mim".[17] Essa é uma súplica que se repete sem parar: não se esqueça de mim, pense em mim, escreva para mim, não me deixe sozinha... Mais uma vez, em sua pintura, Frida usa o conceitual em vez de uma representação concreta para contar a si mesma. *Sem esperança*, *Árvore da esperança, mantenha-se firme* e, até certo ponto, *O veado ferido* são telas impregnadas de desespero, de solidão, e estão entre as obras mais comoventes da artista, mas sem que Frida nos diga abertamente: "Eu sempre ofereço a você minha solidão absurda",[18] como anota em seu diário em 1945.

A solidão, o desespero, a autodepreciação, a decepção seriam superáveis se o problema fosse cada elemento considerado separadamente, mas, quando o acúmulo se instala, deixam de ser superáveis. Acrescente a isso analgésicos como o Demerol, sedativos como o Seconal e o álcool. Frida ingere grandes quantidades de todos eles. Apesar de ela escrever para seus amigos Ella e Bertram que, "graças à sua vontade de ferro", ela havia conseguido reduzir "as quantidades de licor que podem ser consumidas", isso não é verdade.[19] Cerveja, uísque, tequila, formando o que ela chamava de "*coktailitos*". Conhaque, ela é capaz de beber uma garrafa por dia! Os "*coktailitos*" têm uma função específica: tratar a dor física, que é só o reflexo de uma dor mais emocional. Trata-se de uma armadilha que nos leva à fase final do percurso de Frida. No final de todas as suas operações e momentos de profunda solidão, se nada der certo, "pode ter certeza", diz ela a Alex em uma carta datada de novembro de 1927, "de que eu terei me autoeliminado da face da Terra".[20]

Aí está a ideia do suicídio, que acompanhará Frida por toda a sua vida, e que ela formula, já em abril de 1927, em uma primeira carta para "seu amor, Alex" – "Prefiro morrer, porque estou no fim da corda"[21] –,

16 *Frida Kahlo par Frida Kahlo, op. cit.*
17 *Ibid.*
18 *Journal de Frida Kahlo, op. cit.*
19 *Frida Kahlo par Frida Kahlo, op. cit.*
20 *Ibid.*
21 *Ibid.*

e depois, apenas dois meses mais tarde, em uma segunda carta: "De toda forma, já estou entediada e muitas vezes digo a mim mesma que seria melhor que eu fosse provar os dentes-de-leão pela raiz, você não acha?".[22]

Essas não são apenas palavras. Analisando a série de avaliações psicológicas, em particular o Teste de Apercepção Temática (TAT), realizada na Casa Azul entre julho de 1949 e outubro de 1950, o psiquiatra James B. Harris conclui que Frida enfrenta "sérios distúrbios de humor, com uma depressão crônica leve e crises periódicas de depressão mais forte".[23] O vocabulário empregado pelo médico revela toda a extensão da doença de que Frida sofre. Ele constata que ela tem grande dificuldade em regular seu humor, que os temas recorrentes em suas entrevistas são morbidez, tristeza, incompletude, escárnio dirigido contra si mesma e luto. Quando ele a confronta com o teste de associação de palavras de Bleuler-Jung, ela espontaneamente associa as palavras "eu" e "medo" à palavra "solidão". Por fim, quando ele passa para o teste de Szondi e pede que, em um primeiro momento, ela escolha fotos de pessoas diagnosticadas com doenças psiquiátricas, e depois dissesse quais ela achava simpáticas ou antipáticas – pois tanto nossa rejeição quanto nossa simpatia revelam a configuração de nosso estado pulsional –, Frida, descrevendo uma das quatro figuras mais antipáticas do teste, diz: "Essa mulher sofreu muito, mas também não é uma pessoa normal, e vejo nela sinais de crueldade. Mais depressiva, ela sofreu com a pobreza e teve um sofrimento enorme por causa de sua doença ou então de sua família. [...] Ela é consumida pela amargura".[24] Ao descrever uma outra foto, Frida observa que a mulher sentada à sua frente está "farta da vida",[25] que não vê saída, "mas que não vai cometer suicídio". Não, diz Frida, "ela vai se resignar". E, no entanto, essa mulher merece muito crédito: ela se sente muito feia e não tem amigos. A conclusão do professor James B. Harris não deixa

22 *Ibid.*
23 James Bridger Harris, em *Frida Kahlo Confidences*, *op. cit.*
24 *Ibid.*
25 *Ibid.*

dúvida: "A negação, ela não vai se suicidar, indica que a ideia do suicídio estava presente em sua mente".[26]

Só há um passo entre a solidão e o suicídio, e Frida nunca deixa de dá-lo, uma fronteira que ela está sempre cruzando. Nova York, 12 de abril de 1932, para Clifford e Jean Wight – o primeiro é um escultor inglês e a segunda, a modelo do *Retrato de Mrs. Jean Wight*: "Este clima de Nova York é uma calamidade para mim. Espero que as coisas melhorem em Detroit, senão vou me matar".[27] Coyoacán, 1º de outubro de 1946, para Eduardo Morillo Safa: "Que vida infernal, meu irmão: tomamos uns tapas na cara, tiramos lições dela, mas, no longo prazo, ela nos cai na cabeça como uma marreta, então eu tento ser forte, mas às vezes tenho vontade de jogar tudo fora, sem pensar duas vezes, sem confusão!"[28].

O ponto culminante dessa trajetória de dor e de rejeição, de solidão, da tentação do suicídio é a tela de 1939 chamada simplesmente de *O suicídio de Dorothy Hale*. Ao pintar a atriz Dorothy Hale, que põe fim à sua vida se jogando da janela de um arranha-céu nova-iorquino, Frida não faz nada além de pintar seu próprio suicídio. Basta ver no coração da atriz estendida no chão um buquê de rosas amarelas, daquelas que Isamu Noguchi, amante de Frida, gostava de dar a ela, antes de ele mesmo sumir. Pouco depois de seu rompimento com Nickolas Muray – enquanto está pintando *O suicídio de Dorothy Hale* – ela escreveu para ele: "Deixe-me dizer-lhe, meu caro, que esse episódio foi o pior de toda a minha vida e estou surpresa que alguém possa resistir a ele".[29] Frida, no entanto, resiste a ele, porque mais uma vez a arte não apaga a realidade, mas a ajuda a aceitar e, acima de tudo, a superar.

Mas será que essa arte, que tantas vezes transforma lama em ouro, que tanto ajuda a viver, será capaz de salvá-la por muito mais tempo? Frida tentou o suicídio em várias ocasiões. Em 1946, escreve a Diego: "Eu te amo tanto que palavras não são suficientes".[30] Só lhe restam

26 *Ibid.*
27 *Frida Kahlo par Frida Kahlo, op. cit.*
28 *Ibid.*
29 *Ibid.*
30 *Ibid.*

alguns anos de vida... Três anos mais tarde, quando Diego Rivera e María Félix não conseguem pensar em nada melhor do que pedir o divórcio a Frida para que pudessem viver seu amor, ela, achando que aquilo é uma piada, aceita, para então se recolher e mergulhar em um profundo desespero. Pouco tempo depois, Diego recomeça. Dessa vez, quer se casar com Emma Hurtado! Como Frida poderia resistir a esses ataques? Em 17 de julho de 1949, ela faz uma outra tentativa de suicídio, ingerindo uma grande quantidade de barbitúricos, depois de escrever em seu diário: "Cabeça de pássaro morto, não vou mais pintar, não vou mais andar, quero morrer, quero morrer".[31] Mais uma tentativa ocorrerá no inverno de 1953 e, novamente, em abril de 1954, depois que sua perna direita é amputada. Finalmente, ela parece querer se dar uma trégua, por amor a Diego, "porque tenho a vaidade de pensar que ele pode precisar de mim": "Continuo com vontade de me suicidar... Nunca sofri tanto em toda minha vida. Vou esperar um pouco mais".[32]

À medida que a morte se aproxima, Frida tenta se agarrar à vida, ela que odeia a solidão, que afirma tanto amar as coisas, a vida, as pessoas, a pintura, os objetos, a política, a intensidade da existência. Mas, numa noite de 1954, ela se enche de álcool e analgésicos. Acaba de fazer 47 anos. A morte será suave. O encontro está marcado há muito tempo.

31 *Journal de Frida Kahlo, op. cit.*

32 *Ibid.*

Amantes

"O amor dura enquanto dá prazer."

Essa declaração de Frida fornece informações valiosas sobre os rumos de uma vida amorosa rica, caótica, complexa, com muitos estágios e muitas facetas em sua relação com o outro. Em entrevistas concedidas a Olga Campos entre 1949 e 1950, Frida abriu vários caminhos. Ela admite: "É possível dormir com uma pessoa sem conhecê-la e mesmo sem gostar dela. Às vezes, penso no fim de um relacionamento quando ele acaba de começar".[1] No decorrer das confissões sobre sexo, corpo, morte e comida, ela confessa: "Não me apaixono com frequência. Me apaixonei duas vezes. Não me acho capaz de me apaixonar à primeira vista. Tenho medo de perder minha independência se me apaixonar. Acho que posso me apaixonar por alguém, desde que essa pessoa seja muito sensível e, acima de tudo, que me atraia sexualmente".[2] Em resumo, ela diz muita coisa a essa pesquisadora que se tornou sua amiga íntima.

Como todos aqueles que acham que não foram amados o suficiente em sua infância, Frida passará a vida inteira buscando, em seus relacionamentos românticos, em seus relacionamentos de sedução, um reconhecimento que não teve, uma aceitação que não recebeu. Ao me

1 *Frida Kahlo Confidences, op. cit.*
2 *Ibid.*

desejar, o outro me faz existir, me faz viver, não sou mais aquela pequena *pata de palo* da qual todos riem ou que todos ignoram. O breve relacionamento que ela tem durante alguns meses em 1925 com o gravurista Fernando Fernández, com quem tem aulas de desenho enquanto trabalha como estagiária remunerada, é dessa ordem. Ela ainda não completou dezoito anos.

Deve-se reconhecer que a jovem, que ainda se chama Frieda, desde muito cedo desfruta de uma grande liberdade sexual, provavelmente porque é difícil enfrentar os convites quando se exala – como é o caso de Frida – um evidente poder sexual. O próprio Diego, ao apresentar Frida a um funcionário do San Francisco Museum, o adverte: "Você vai conhecer minha esposa e vai se apaixonar por ela".[3] Frida não deixa ninguém indiferente. Assim, enquanto muitas de suas telas revelam a "beleza terrível" de seu ser, digamos, os aspectos atormentados, sombrios, outras expõem uma certeza: a de seu poder de sedução. *Lembrança da ferida aberta* (1938) e *Fulang-Chang e eu* (1937) testemunham uma arte de seduzir da qual Frida tem consciência. É exatamente isso o que Jorge Hernández Campos descreve quando, ao filmar Frida em sua casa em 1951, cai sob o feitiço de uma mulher a quem só restam alguns anos de vida e cuja doença a diminuiu muito: "Frida era animada por uma necessidade devoradora de inspirar amor, no ar, nos objetos, nos insetos, nos seres humanos, em todos os seres humanos. Como Santa Teresa, que rezava dia e noite, Frida inspirava amor vinte e quatro horas por dia. Quando apareceu naquela manhã, ela reconheceu imediatamente em mim um ser que ainda não havia sido subjugado por ela e, no espaço de um instante, ela era toda fogo e chamas, a ponto de eu ficar sem palavras e olhar como se estivesse perturbado para seu rosto mágico. Eu tinha a impressão de que me encontrava diante da porta aberta de um forno".[4]

Na entrevista dada a Olga Campos, Frida garante ter se apaixonado apenas duas vezes. Se acreditarmos nela, podemos presumir com segurança que o primeiro escolhido se chamava Diego Rivera, e que

3 Citado por Heinz Berggruen, em *J'étais mon meilleur client*, *op. cit.*

4 Jorge Hernández Campos, "Souvenirs de la 'Belle époque' du Mexique: Lola Álvarez Bravo tourne un film sur Frida", em *Frida Kahlo la Casa Azul*, *op. cit.*

o segundo foi o homem que possivelmente inaugurou sua vida sexual: Alejandro Gómez Arias. Em 1922, aos quinze anos de idade, Frida entra para a Preparatória. Membra dos Los Cachuchas, ela se apaixona por seu "líder", Alejandro. Ele será para sempre seu primeiro amor.

Voltemos à entrevista com Olga Campos. Frida diz em uma frase: "É legítimo ter relações sexuais com a pessoa por quem você está apaixonado, seja ela quem for. Assim como é aceitável que duas pessoas atraídas uma pela outra tenham relações sexuais juntas".[5] É exatamente isso que ocorre com Alejandro.

Embora Frida tenha ficado fascinada desde cedo pelo muralista gordo que pinta afrescos na parede da Preparatória, cujo nome é Diego Rivera, ela fica igualmente fascinada por Alejandro. Aluno brilhante e carismático, com um físico avantajado, líder nato, esse sedutor seduz a sedutora. O relacionamento deles é dividido em dois períodos. O primeiro vai do encontro dos dois, em 1922, até o acidente, em setembro de 1925, que vira a vida de Frida de cabeça para baixo. Durante esse período, Frida vive um amor não correspondido. Como diz Hayden Herrera com justeza, "por um tempo ele se torna seu mentor, seu *cuate* e, finalmente, seu namorado".[6] Frida está convencida de que encontrou o homem de sua vida e até planeja ir para os Estados Unidos com ele. Para ela, não há dúvida quanto a isso: ela é a *novia* (noiva) dele e ele é o *novio* (noivo) dela. Essa noção, das mais burguesas, dificilmente se encaixa na visão de mundo do homem que tem como ambição seguir uma carreira política – muitos anos depois, com outras pessoas, ele lançará as bases do Partido Popular. Para ele, Frida é pouco mais que uma amiga, íntima, é verdade, mas nada mais, ou então possivelmente sua "jovem amante"[7] – ele é um ano mais novo que ela.

O segundo período, que começa no dia seguinte ao acidente, diz muito sobre a personagem. Fica evidente que o abismo entre os dois "amantes" aumenta a cada dia. Ele não visita Frida no hospital e nem durante sua convalescença, passa vários meses na Europa e chega a anunciar a ela, em junho de 1928, que está apaixonado por uma de suas

5 *Frida Kahlo Confidences*, *op. cit.*

6 Hayden Herrera, *Frida, Une biographie de Frida Kahlo*, *op. cit.*

7 Citado por Hayden Herrera, *Frida, Une biographie de Frida Kahlo*, *op. cit.*

amigas, Esperanza Ordónez – uma jovem mais calma, menos imprevisível do que Frida, menos exaltada, que não corre o risco de passar o resto da vida em uma cadeira de rodas e que lhe parece menos "inconstante" do que ela. Na realidade, Alejandro nunca foi capaz de esquecer o caso de Frida com Fernando Fernández. As justificativas de Frida não o fazem mudar de ideia: "Embora eu tenha dito 'amo você' a muitos outros, e tenha saído com eles e os tenha beijado, no fundo nunca amei ninguém além de você".[8]

Esse relacionamento, que durou quase seis anos, foi essencial para Frida em mais de um aspecto. No verão de 1926, dois anos antes do rompimento definitivo, Frida deu a Alejandro, a quem apelidou de Alex, uma espécie de presente de despedida, seu *Autorretrato com vestido de veludo*. É o primeiro de uma longa série, que marca uma decisão fundamental. De um lado, as dores persistentes; do outro, a pintura. De um lado, o que alguns chamariam de sua "quase neurastenia"; do outro, a superação pela arte. Nessa pintura, Frida se mostra frágil, pudica, quase comportada, vulnerável. Outro quadro, *Los Cachuchas*, pintado em 1927, apresenta parte do grupo ao redor de uma mesa. Em destaque: Alex. Frida nunca mais retratou seus amantes em suas telas. As outras duas exceções se chamam Diego Rivera e Leon Trótski.

Outro elemento importante nesse relacionamento com Alejandro-Alex é a correspondência entre os dois – abundante e longa, na qual Frida expressa todas as cores de seus sentimentos, todas as suas ansiedades, suas esperanças. Enquanto as cartas de Alejandro são um tanto formais, as de Frida transbordam amor e desejo. Em 13 de março de 1926: "Se um dia nos casarmos, você não perde por esperar, como se eu tivesse sido feita sob medida para você". Ou, ainda, em 27 de março de 1927: "Você está por toda parte, em todas as minhas coisas, sobretudo no meu quarto, e nos meus livros, e nas minhas pinturas".[9] Em novembro de 1938, quando ela está em Nova York para preparar sua exposição, e ambos vivem suas próprias vidas, Frida escreve para Alejandro: "Escreva-me se você se algum dia se lembrar de mim. Fi-

8 *Frida Kahlo par Frida Kahlo, op. cit.*
9 *Ibid.*

carei aqui por duas ou três semanas. Eu o amo mais do que tudo".[10] Na realidade – e isso era uma constante em Frida –, ela nunca rompe de verdade com seus amantes. E quando a primeira retrospectiva mexicana de sua obra é realizada na Galeria de Arte Contemporânea da Cidade do México, em 13 de abril de 1953, Alejandro-Alex está obviamente entre os convidados.

O outro "grande amor" de Frida é, como todos sabem, Diego Rivera. Presente em todas as páginas deste livro, não lhe daremos aqui o espaço que ele merece. Lembremos, no entanto, que ele trai sua jovem esposa menos de um ano após a cerimônia que os uniu. A rival de Frida é Ione Robinson, uma bela loira americana que recebeu uma bolsa Guggenheim e está hospedada na casa da fotógrafa Tina Modotti. Ela tem dezenove anos.

Não há nada de insignificante nesse evento. Ele orientará toda uma área da vida sexual e amorosa de Frida. Ao se casar com Diego, Frida pretendia formar uma família, ter filhos, ser esposa de apenas um homem e que essa reciprocidade não fosse abalada por nenhuma sombra. Mas não foi o que aconteceu. Muitos anos depois dos fatos, ela confidencia, novamente a Olga Campos: "Seria terrivelmente doloroso para mim saber que a pessoa que escolhi amar está me traindo".[11]

Sua decepção é tão grande que a mulher que, durante a viagem a São Francisco, apresenta publicamente a imagem de uma esposa exemplar começa, na verdade, a cultivar uma espécie de jardim secreto. Em maio de 1931, ela começa um caso com o fotógrafo húngaro Nickolas Muray, que está no auge da fama. Ao contrário de Diego, que ostenta suas conquistas e não hesita em usar a imprensa para "divulgar" sua vida amorosa, Frida toma muito cuidado para manter essa primeira infidelidade em segredo. O relacionamento dura, intermitentemente, cerca de dez anos, durante os quais os amantes se veem de vez em quando e trocam cartas, até que a situação toma uma nova dimensão no outono de 1938.

Frida, que foi a Nova York para apresentar sua primeira exposição individual na Galeria Julien Levy, reencontra Nickolas Muray, para

10 *Ibid.*
11 *Frida Kahlo Confidences*, *op. cit.*

quem havia escrito alguns meses antes – em 31 de maio de 1931 – uma carta apaixonada: "Nick, eu o amo como um anjo. Você é um lírio-do-vale, meu amor. Nunca, jamais, esquecerei você. Você é toda a minha vida. Espero que você nunca se esqueça disso".[12] Ela permanece em Nova York três meses, idílicos e explosivos ao mesmo tempo. Brigas, reconciliações e até planos para uma vida juntos. Detalhe interessante: as páginas de seu diário que relatam esse episódio serão arrancadas (por quem?), como se guardassem segredos que não devem ser divulgados.

Esse momento particular na vida de Frida é, sem dúvida, um dos mais felizes: situado entre duas exposições individuais e sem a presença ciumenta de Diego, que, como veremos mais tarde, aceitava as ligações homossexuais de sua esposa, mas sempre se opunha violentamente às suas aventuras heterossexuais. É durante esse interlúdio encantado que, após um café da manhã no restaurante do Barbizon Hotel, Frida acompanha Nickolas até seu estúdio na MacDougal Street, onde ele realiza alguns de seus mais belos retratos, descritos por Jean-Marie G. Le Clézio da seguinte forma: "Frida, de pé, envolta em um *rebozo* magenta, com os cabelos penteados em tranças misturadas com lã, à maneira indígena, posa com uma expressão tranquila e ligeiramente lânguida, que antes desconhecíamos nela".[13]

Nessas condições, a visita que ela deve fazer a Paris, onde André Breton a convidou para mostrar suas pinturas, não passa de mera formalidade. Ela voltará a Nova York no fim de março, para reencontrar Nickolas Muray e planejar com ele um futuro em comum.

As cartas que Frida enviou de Paris falam por si. Em 16 de fevereiro de 1939: "Para você, meu coração, cheio de ternura e carícias, um beijo especial no pescoço. Sua Xóchitl".[14] Alguns dias depois, outra carta: "Oh, meu querido Nick, eu o adoro tanto. Preciso tanto de você que meu coração dói".[15] Ou esta última carta, na qual ela anuncia que não ficará na França depois de 15 de março: "Que se dane tudo que tem a ver com a Bretanha e este país estúpido. Eu quero estar com você.

12 *Frida Kahlo par Frida Kahlo*, *op. cit.*
13 Jean-Marie G. Le Clézio, *Diego et Frida*, *op. cit.*
14 *Frida Kahlo par Frida Kahlo*, *op. cit.*
15 *Ibid.*

Sinto falta de você, de cada um dos movimentos do seu ser, da sua voz, dos seus olhos, da sua boca bonita, da sua risada tão clara e sincera, de VOCÊ. Eu amo você, meu Nick. Estou tão feliz em pensar que amo você – em pensar que você me aguarda – e que você me ama".[16]

E Nickolas realmente a aguarda. Mas a constatação é amarga: a história dos dois visivelmente chegou ao fim. De volta ao México, ela recebe, em maio, uma carta de Nickolas que começa com estas palavras "Querida, querida Frida", na qual ele lhe confidencia que o afeto que tem por ela "não mudou e nunca mudará", e termina dizendo que em breve enviaria a ela seu retrato colorido, o qual, aliás, está em exibição no Art Center em Los Angeles. Não é certeza que uma mulher conduzida dessa forma ficaria satisfeita com esse detalhe. Ele assina "afetuosamente, Nick".[17]

Assunto resolvido: esse amor sem restrições era, portanto, um amor sem amanhã. Em junho do mesmo ano, Nickolas Muray se casa com uma mulher de quem se poderia pensar que já estivesse noivo há algum tempo. E quando Frida telefona para ele em desespero, ele não atende, preferindo enviar-lhe uma outra carta: "Você é uma pessoa maravilhosa e uma pintora maravilhosa. Sei que vai aguentar. Sei que a magoei. Tentarei amenizar essa mágoa com uma Amizade que, espero, seja tão importante para você quanto a sua é para mim".[18] Elegante e corajoso...

Voltemos alguns anos atrás, para a declaração de Frida já mencionada: "É possível dormir com uma pessoa sem conhecê-la e mesmo sem gostar dela. Às vezes, penso no fim de um relacionamento quando ele acaba de começar".[19] Comparemos isso com uma carta que ela enviou à sua amiga Ella Wolfe, na qual ela diz: "Quanto às aventuras sentimentais e amorosas... Houve algumas, mas não passaram do estágio da diversão".[20]

A cena se passa em 1935. Diego já traiu Frida com Iona Robinson, mas também com sua irmã Cristina e outras. Frida não aguenta mais.

16 *Ibid.*
17 *Ibid.*
18 *Ibid.*
19 *Ibid.*
20 *Ibid.*

Ela rompe com ele e vai morar sozinha em um pequeno apartamento na avenida Insurgentes, onde começa um flerte com o escultor Isamu Noguchi, um homem bonito de trinta e poucos anos, bolsista da Fundação Guggenheim na Cidade do México, um artista que alguns chamam de romântico e um tanto sem dinheiro. Depois de vários meses, como sabemos, e quando Noguchi e Frida estão planejando viver juntos, esta última, contra todas as probabilidades, reconcilia-se com Diego e volta para a casa em San Ángel. Sua separação não durou muito...

O que resta dessa relação efêmera é uma anedota que todos contam com prazer. Sem poderem se encontrar em San Ángel, onde Diego poderia aparecer a qualquer momento – bastaria, para isso, que ele atravessasse a passarela entre os dois ateliês –, os amantes combinam de se encontrar em um apartamento alugado para a ocasião, mas que precisa ser mobiliado, ainda que esparsamente. O homem encarregado da entrega se confunde com os endereços e leva a conta para Diego, a quem só resta intervir, de pistola em punho, perseguindo o escultor romântico, seminu, na varanda, enquanto o cachorro de pelo curto de Frida desfia com determinação suas meias... Isamu Noguchi lembra: "Na primeira vez, Diego entrou armado com uma pistola. Ele sempre a levava consigo. A segunda vez que ele me ameaçou foi no hospital. Eu fui visitar Frida, que estava doente, e ele me mostrou a arma, dizendo: 'Da próxima vez que o vir, vou matá-lo'".[21]

Naquele mesmo ano, depois de uma curta viagem a Nova York, e sem deixar de se encontrar com Noguchi, Frida começa um novo caso, dessa vez com o pintor, gravurista e muralista Ignacio Aguirre, que ela chama de Nachito. Dando início a um sistema de relacionamento que ela reproduzirá com todos os seus amantes, e que é confirmado por Isolda P. Kahlo, ela recebe suas correspondências por *poste restante*[22] no correio em Coyoacán, ou por intermédio de amigos ou de sua cúmplice de sempre, sua irmã Cristina, e assina suas cartas com pseudônimos: Xóchitl (como no caso de Nickolas Muray), Rebeca, Mara, Sonja e Chicua. Faz isso porque gosta de sigilo, mas também porque

21 Citado por Hayden Herrera, em *Frida, Une biographie de Frida Kahlo*, *op. cit.*

22 Serviço no qual a agência de correio guarda a correspondência até que o destinatário venha buscá-la. (N.T.)

teme que Diego reaja com demasiada violência se a encontrar nos braços de outro. Mais uma vez, as cartas são um meio de sedução e têm um papel importante no relacionamento de Frida com seus amantes. As que ela envia para Ignacio Aguirre são particularmente eloquentes: "Eu gostaria tanto de poder ser bonita para você! Gostaria de poder lhe dar tudo que você nunca teve!".[23] Ou quando ela lhe fala sobre suas "mãos maravilhosas – finas como antenas – tão próximas a ela todos esses dias". E, finalmente: "Eu o amo um pouco mais a cada momento e gostaria de vê-lo por horas e mais horas – horas que seriam realmente nossas, sem que o tempo, ou seja lá o que for, fosse roubado da vida. Você não sabe o quanto eu o amo, o quanto preciso de você – acredite em mim, sim? Eu o adoro – antenas da minha vida".[24]

Essas aventuras de uma noite, de alguns dias ou de alguns meses se repetirão ao longo da vida de Frida. Nem todas são iguais. A que ela teve com Trótski em 1938 ocupa um lugar especial – tratarei dela no capítulo intitulado "Frida e Leon". Acabamos de ver que o relacionamento romântico com Nickolas Muray pode ser descrito como sério. Há também relacionamentos "mais leves", como os que ocorrem entre o rompimento com Trótski, em junho de 1938, e depois de seu retorno ao México, em maio de 1940.

Em ordem cronológica, podemos mencionar Jean Van Heijenoort, secretário e segurança de Trótski, com quem ela tenta esquecer o complicado relacionamento com o homem que ela passou a chamar de "*el viejo*" (o velho), o chefe da Quarta Internacional. Em seu formidável testemunho, *Com Trótski, de Prinkipo a Coyoacán: testemunho de sete anos de exílio*, Heijenoort escreve: "Frida não me dizia se Diego a satisfazia sexualmente. Ela falava sobre o relacionamento deles, mas não sobre isso. No entanto, não há dúvida de que ela tinha enormes necessidades... Um dia, ela me explicou sua concepção de vida: 'Fazer amor, tomar um banho e fazer amor de novo'. Era da natureza dela".[25]

Essa história efêmera não durou mais que algumas semanas no verão de 1938, antes de Frida partir para Nova York para encontrar

23 *Frida Kahlo par Frida Kahlo, op. cit.*

24 *Ibid.*

25 Jean Van Heijenoort, *De Prinkipo à Coyoacán, sept ans auprès de Léon Trotski, op. cit.*

Nickolas Muray. Provavelmente porque, como Van Heijenoort observa, ela tinha "enormes necessidades", Frida não se contenta com seu fotógrafo, mas também começa um relacionamento – depois de uma breve noite de amor com o industrial, e potencial comprador de pinturas, Edgar J. Kaufmann – com Julien Levy, o proprietário da pequena galeria especializada em Surrealismo, que organizou sua primeira exposição individual. Um belo homem, com um charme discreto, com o qual ela desfruta de uma liberdade inesperada, passeia por Nova York, frequenta clubes noturnos, vai ao cinema, diverte-se, escondendo suas dores recorrentes e sua claudicação, que ela acaba esquecendo, tão regenerada fica com essa história. Levy, subjugado, vê nela uma "criatura mítica de um outro mundo – orgulhosa e absolutamente segura de si, mas terrivelmente suave e masculina como uma orquídea".[26] Fascinado por sua maneira de se pentear, de brincar com suas tranças, de colocar nos cabelos os adornos mais inesperados – ele fala em uma "liturgia fantástica" –,[27] ele tira uma série de fotografias extraordinárias. Nelas, Frida aparece nua até a cintura. A grande beleza dessas fotos está em sua espontaneidade. Não são fotos artísticas tiradas para uma exposição, um álbum ou um catálogo. Não são fotos de imprensa, mas sim fotos simples, daquelas que as pessoas apaixonadas tiram para guardar a lembrança daqueles momentos especiais, roubados ao tempo. Antes ou depois do amor. Fotos íntimas. E, embora a relação amorosa termine quando Frida pega o barco para Paris, eles continuam amigos, muito próximos, como atesta esta carta inédita enviada por Frida a Julien Levy em abril de 1944: "Quando você pode tirar férias? O que você está fazendo neste momento? O que vai fazer neste verão? Eu o amo muito e sempre o amarei. Você pensa em mim, às vezes? Com as 'três luas' ou sem as 'três luas'? Sua Frida".[28]

Continuemos nossa jornada pelos amantes de Frida e por esses "flertes" de que ela gosta particularmente. Paris: inverno de 1939. Breton, que deveria encontrar uma galeria para ela expor, evidentemente não fez nada. Um homem intervém, salvando-a e permitindo que a

26 Citado por Hayden Herrera, em *Frida, Une biographie de Frida Kahlo*, *op. cit.*
27 *Ibid.*
28 Venda de cartas de Frida Kahlo, Christie's, 30 out. 2012.

exposição seja realizada: Marcel Duchamp. Um amante de uma noite: "Marcel me ajudou muito. Ele é o único cara de verdade entre todos esses idiotas".[29]

Mais uma história lança uma nova luz sobre a estadia de Frida em Paris. Um outro amante – este por várias noites, por várias semanas –, com 29 anos: Michel Petitjean. Ele é etnólogo, engenheiro agrônomo, militante de esquerda e jornalista, e frequenta os círculos artísticos e mundanos.[30] Com ele, ela vai descobrir Paris. Eles viverão esse amor escondido em uma casinha não muito longe do parque Montsouris, no 14º *arrondissement*.

Poucos elementos nos restam, mas são suficientes para imaginarmos como foi esse encontro efêmero. Michel Petitjean se lembra da primeira noite que passou com Frida, porque foi o dia da queda de Barcelona. Também se lembra do jantar na casa de Marie-Laure de Noailles. E também daquela confissão de Frida, dizendo que em Paris ela não pintou nada, apenas se divertiu e ficou ociosa.[31] Acima de tudo, há o presente que ela deu a seu jovem amante: uma tela. E não uma pintura qualquer, apresentada na exposição e que ficou sem comprador: *Memória* ou *O coração*, um pequeno quadro de 40 × 28,3 cm, pintado em 1937.

Ao relatar sua estadia em Paris a Ella e Bertram D. Wolfe, Frida toma algumas licenças com a verdade: "Me comportei bem: não tive aventuras ou amantes e não fui a festas nem nada do gênero".[32] Mas e Marcel Duchamp, Michel Petitjean, Jacqueline Lamba – a esposa de Breton, com quem Frida teve um caso intenso que provavelmente inspirou *Dois nus na floresta*?

Trótski assassinado, Diego foragido em São Francisco, Frida, agora divorciada, encontra-se sozinha. Seguindo o conselho de seu amigo médico Leo Eleosser, ela vai para São Francisco para se submeter a mais exames médicos e evitar uma nova e dolorosa intervenção cirúrgica. Durante sua hospitalização, Diego a coloca em contato com Heinz

29 *Frida Kahlo par Frida Kahlo*, *op. cit.*

30 Muitos elementos sobre esse relacionamento foram tirados do livro de Marc Petitjean, *Le Coeur, Frida Kahlo à Paris*, *op. cit.*

31 *Frida Kahlo Confidences*, *op. cit.*

32 *Frida Kahlo par Frida Kahlo*, *op. cit.*

Berggruen, futuro grande galerista e colecionador de arte de vinte e poucos anos, que havia fugido da Alemanha nazista. Ocupado com seu afresco, Diego não pode cuidar de Frida e pede ao jovem que o substitua, para que Frida não fique entediada. Heinz Berggruen conta: "Eu não tinha a menor ideia de quem era Frida Kahlo. Nem sei se Rivera mencionou o nome dela quando me pediu para ir com ele ao hospital. Deve ter se contentado em dizer: 'Vamos ver minha esposa!'".[33] Missão cumprida com zelo. Frida e Heinz não conseguem pensar em nada mais excitante do que fazer amor no quarto do hospital, correndo o risco de serem surpreendidos a todo momento pela equipe médica. Tudo o que os protege do lado de fora é uma simples porta basculante que pode ser aberta à vontade! Heinz Berggruen relembra: "Eu me senti atraído por Frida como nunca havia me sentido atraído por nenhuma outra mulher. A banalidade do cotidiano foi varrida em um gesto, e só havia Frida e eu – Tristão e Isolda em um quarto vazio de um hospital americano".[34]

Frida mal se recupera e, após uma breve hesitação, foge com seu amante para Nova York, onde se hospedam por dois meses no Hotel Barbizon-Plaza e vivem juntos uma "história breve e intensa" – as palavras são do próprio Berggruen, que acrescenta: "Frida tinha alguma coisa de maravilhosamente infantil, um tipo de entusiasmo espontâneo misturado com paixão amorosa, que me enfeitiçava. [...] Me seduzia particularmente sua maneira de gargalhar".[35] Com exceção de algumas noites com Julien Levy e sua esposa, o tempo passa sem que os dois amantes façam muita coisa com seus dias: "Estávamos interessados demais um no outro", explica Heinz, "e nosso quarto era muito mais importante para nós do que qualquer outro lugar da cidade".[36] Mas, com o passar dos dias, começa a surgir um desequilíbrio. O jovem Heinz está muito apaixonado, mas Frida está muito menos, e ela acaba se cansando dele. O jovem rejeitado vai embora sozinho, deixando Frida no Hotel Barbizon-Plaza – "ambos aos prantos",[37] garante Heinz. Ela

33 Citado por Heinz Berggruen, em *J'étais mon meilleur client*, *op. cit.*
34 *Ibid.*
35 *Ibid.*
36 *Ibid.*
37 *Ibid.*

então liga para Diego e aceita sua proposta: voltar a viver com ele, casar-se novamente – com algumas condições que ela mesma estabelece: independência financeira e sexual e ausência total de relações sexuais com ele. "Eu estava tão feliz por recuperar Frida que concordei com tudo", escreve Diego em *Mi arte, mi vida*.[38] O recasamento acontece em 8 de dezembro de 1940. Quanto a Frida e Heinz, eles nunca mais se viram. Heinz formula uma hipótese em seu livro de memórias: "Talvez essa relação tenha sido para Frida só uma maneira de despertar o ciúme de Diego e intensificar os sentimentos dele por ela".[39]

Não vamos passar em revista todas as histórias de amor de Frida, simplesmente porque algumas foram mantidas em segredo absoluto – o caso com Petitjean, por exemplo, só foi revelado em 2018, no livro publicado por seu filho Marc. Já o romance com a cantora Chavela Vargas só é mencionado muito raramente e aos sussurros.

O que é apaixonante em Frida é sua necessidade vital de seduzir, e isso mesmo quando ela está muito mal. Em 1939, quando acaba de completar 32 anos, está em pleno divórcio com Diego e prestes a sucumbir a uma violenta depressão nervosa – "Agora me sinto tão podre e tão sozinha"[40] –, ela encontra na Cidade do México um jovem exilado espanhol que conhecera em Paris, Ricardo Arias Viñas, que se torna seu amante. Ele tem 34 anos, é um militante socialista e ex-membro da Frente Popular. Está desempregado. Frida escreve várias cartas para Edsel B. Ford, pedindo que ele arranjasse um emprego para Ricardo na Ford Motor Company da Cidade do México. A quinta carta acerta o alvo: ele é contratado na primavera de 1940 como vendedor de carros usados pela Liz Motors Co. – e isso graças ao fato de que ele "não pertence a nenhum partido político".[41]

Essa história de amor está ligada a duas outras, e as coincidências entre elas são tamanhas que o roteirista que as imaginou só pode ter sido o destino. Ricardo Arias Viñas tem dois amigos, um catalão, como

38 Diego Rivera, *Mi Arte, mi Vida*, *op. cit.*

39 Heinz Berggruen, em *J'étais mon meilleur client*, *op. cit.*

40 *Frida Kahlo par Frida Kahlo*, *op. cit.*

41 Citado por Rafael Lena Mouzo, em "*Adiante Galicia*" *diario dixital.*

ele, Josep Bartolí, e outro galego, Alejandro Finisterre. Os três são espanhóis republicanos, os três serão amantes de Frida.

A relação entre Ricardo e Frida, sem terminar completamente, torna-se outra quando, em 29 de agosto de 1946, Frida cruza com Josep Bartolí. Conta a sobrinha de Frida, Isolda P. Kahlo, que ele era sensível, inteligente e um artista muito talentoso.[42] Ativista socialista e comissário político durante a guerra da Espanha, o homem tem uma biografia espantosa.[43] Depois de fugir da Espanha por ocasião da derrota republicana, ele volta para Barcelona em 1940. Passando pela França, é encarcerado em um campo de refugiados. Preso pela Gestapo, consegue pular do trem que o levaria para Dachau e, depois de um périplo rocambolesco, acaba chegando ao México em 1942, onde retoma suas atividades como pintor e decorador. Seu relacionamento com Frida, muito sigiloso, dura até 1952, apesar da distância e da separação. É um relacionamento intenso, rico e muito importante para Frida. E, quando estão separados, trocam cartas inflamadas. Para frustrar a vigilância de Diego, ela envia suas cartas para a amiga Ella Wolfe, nos Estados Unidos, sob o pseudônimo de Sonja ou Mara, pedindo-lhe que as entregasse pessoalmente a Bartolí quando este passasse por Nova York e que se certificasse, "em nome do que há de mais sagrado no mundo, de passá-las diretamente das suas mãos para as dele", acrescentando: "Eu gostaria que Boitito não soubesse de nada disso, se possível, prefiro que só você guarde o segredo, entende? Aqui ninguém sabe de nada. Além de Cristi, Enrique... você e eu e o jovem em questão, ninguém sabe de nada".[44] Quanto a Josep, ele dirige suas respostas ao *poste restante* em Coyoacán... "Ontem à noite senti como se asas estivessem me acariciando inteira, como se nas pontas dos seus dedos bocas estivessem beijando minha pele. Os átomos do meu corpo são seus e vibram juntos para que nos amemos", escreve Frida no dia seguinte à primeira noite de amor dos dois. E são inúmeras as cartas nas quais ela confessa a ele: "Eu me apaixonei por você".

42 *Ibid.*
43 *Ibid.*
44 *Frida Kahlo par Frida Kahlo, op. cit.*

No início do ano de 1947, Frida, usando o mesmo pseudônimo, Mara, envia cartas de amor a um outro amante – “Eu te céu,[45] assim minhas asas se abrem, enormes, para te amar sem medida”[46] –, o poeta modernista Carlos Pellicer, que não tem a mesma importância que Ricardo Arias Viñas e Josep Bartolí, embora lhe envie sonetos que ela esconde debaixo do travesseiro e lê para alguns de seus visitantes. Nessa mesma época, ela tem um novo aborto espontâneo. São grandes as chances de que a criança seja dele. Em sua última carta, datada de 3 de dezembro de 1949, ela lhe confidencia: “Sei que um dia você vai me levar embora com você”.[47]

Em 23 de agosto de 1948, entra em cena o terceiro protagonista enviado pelo destino: o galego Alejandro Campos Ramirez, mais conhecido pelo nome de Alejandro Finisterre. Com 29 anos de idade, o homem é um romance em si mesmo. Anarquista, poeta, editor, ele também é o inventor do *futbolín*. Ferido no bombardeio de Madri em novembro de 1936 e percebendo que seus companheiros republicanos, feridos em combate como ele, nunca mais jogariam futebol, ele teve a ideia de criar esse homólogo espanhol do futebol de mesa. A história de amizade e amor entre eles duraria até a morte de Frida. Em uma de suas últimas cartas, enviada a Frida menos de um ano antes de sua morte, ele escreve a ela: “Embora eu tenha esquecido a data em que vim ao México pela primeira vez, nunca esqueci, nunca poderei esquecer, aquele 23 de agosto de 1948. Como não lembrar de ‘The Atomic Bomb’. Até hoje eu rio quando penso nisso”.[48] Os dois amantes nunca terminarão, e eles continuarão a se escrever. Alejandro – “Alex nº 2”, como Frida o chama – está sempre presente. Ele pensa até mesmo em se mudar para o México, procura uma casa, mas a morte o impede. Frida sempre lhe pergunta se ele ainda a ama, ela que tem tanta necessidade de que lhe digam, especialmente nos últimos anos de sua vida,

45 Esta mesma carta no original em espanhol: “*¿Se pueden inventar verbos? Quiero decirte uno: yo te cielo, así mis alas se extienden enormes para amarte sin medida*”, isto é: “Podem-se inventar verbos? Quero te dizer um: eu te céu, assim minhas asas se abrem enormes para te amar sem medida”. (N.T.)

46 *Ibid.*

47 *Ibid.*

48 Citado por Rafael Lena Mouzo, em *“Adiante Galicia” diario dixital.*

destruída pelo álcool, pelas drogas, pelas operações. Alejandro lhe responde: "É impossível para mim não cumprir minha palavra e amá-la. Por três motivos: porque sou espanhol, porque sou poeta e porque sou comunista".[49] E quando ela lhe anuncia que acaba de ter a perna amputada, Alejandro reage imediatamente: "De agora em diante, serei metade da sua perna, do seu corpo, da sua vida e da sua morte. Frida, você é toda a minha existência".[50]

Quando Finisterre morre, em 2017, uma pasta é encontrada. Nela há um pequeno quadro dobrável, um díptico pintado por Frida, representando, à direita, Alejandro Finisterre, à esquerda, Frida Kahlo. Nessa pasta, igualmente, parte da correspondência que o amante galego trocou com Frida Kahlo, incluindo uma carta de particular importância para nosso assunto. Endereçada a "Alejandro, 'Fim da Terra', meu amado filho", ela contém várias revelações. Nela, Frida afirma que Alex foi, com Diego, "um de seus maiores amores", e que, "nesta pequena vida", ela teve muitos; que ela "amou homens e mulheres da mesma maneira" e que tanto elas como eles também a amaram "sem freios, sem fronteiras, nem regras nem entraves".[51]

A pequena pasta também contém um caderno no qual Frida "enumera alguns de seus delírios, de suas paixões, de seus amores", acrescentando: "Como dizem os pudicos: virtudes públicas, vícios privados". Isso não é tudo, e encerrarei nosso assunto com estas poucas palavras: "Alex, espero que em suas mãos e em sua memória essas confissões sejam um segredo tão enterrado e acorrentado quanto um túmulo".[52] A assinatura tem sua importância. Sem diminutivo, sem apelido carinhoso, desses que os amantes se colocam. A carta está assinada: "Frida Kahlo". Esta é a lista dos relacionamentos românticos que, segundo Frida, foram importantes para ela. Eu a publico tal como é, sem acrescentar prenomes onde eles não aparecem, e com as repetições onde parecem existir: "Diego Rivera. Alex 1. Alex 2. Gómez Arias. Fin de Tierra. Bartolí. R. Viñas Arias. Lucha Reyes. Levy. Chabela Villa-

49 *Ibid.*
50 *Ibid.*
51 *Ibid.*
52 *Ibid.*

señor. Machila Amida. J. Levy. Piochitas. Nicolas. Isamu. María Félix. Chabela Vargas. Chabela Villaseñor. Martita. Francisco Dos Amantes. Judith Ferrero. Graciela Olmos".

Mencionei anteriormente o cineasta Jorge Hernández Campos, que foi fazer um curta-metragem experimental na Casa Azul. Após terminar, ele foi visitar Frida várias vezes. Na última delas, ela estava na cama, com o cobertor deixando descobertos seus braços e ombros nus. Com os cabelos soltos, "parecendo os raios de um sol negro espalhados sobre o travesseiro",[53] o rosto marcado pela dor, sem maquiagem, as mãos cobertas de anéis, a pele cor de cera, ela fala uma última vez com o jovem cineasta. Quando ele está prestes a se levantar, ela estica o braço e pega na mesa de cabeceira um pequeno espelho, "cuja parte de trás vermelha tem seu nome gravado". Jorge Hernández Campos relembra: "Esse movimento revelou ao meu olhar o nascimento dos seios e o suporte de seu colete ortopédico. Ela colocou o pequeno espelho em minha mão e a apertou. Eu me debrucei para beijar seus dedos, mas ela passou os braços em volta do meu pescoço, me puxou para si e beijou minha boca. Nós dois tínhamos lágrimas nos olhos. Eu saí, apertando o espelhinho em minha mão fechada".[54] Tudo é dito nessa última cena, crepuscular, de uma Frida que encontra, até os últimos momentos de sua vida, na sedução e na relação amorosa, tátil, uma fonte de perpétua regeneração.

53 Jorge Hernández Campos, "Souvenirs de la 'Belle époque' du Mexique: Lola Álvarez Bravo tourne un film sur Frida", em *Frida Kahlo la Casa Azul*, op. cit.

54 *Ibid.*

A casa-ateliê de Diego e Frida

"Em San Ángel, eu posso trabalhar, e Diego também."

Em junho de 1931, voltando de São Francisco, onde ganhou muito dinheiro, Diego chega ao México. Ele fica no país por cinco meses. É o tempo necessário para pedir a seu amigo Juan O'Gorman, pintor e arquiteto, que construa uma nova casa para ele no sul da Cidade do México, no bairro de San Ángel, então em plena expansão. Antes coberta por pomares de ameixas e peras, a região foi gradualmente transformada em uma zona residencial de vilas e casas de luxo. Enquanto aguardam a mudança para sua nova casa, o casal se instala na Casa Azul. Assim que chegam, Frida escreve para seu amigo dr. Leo Eloesser: "O México continua como sempre, desorganizado e num estado infernal, a única coisa que lhe resta é a imensa beleza da terra e dos indígenas. Todos os dias, a feiura dos Estados Unidos rouba um pedaço dela".[1]

Ao chamar O'Gorman, Diego está realizando um ato que se coaduna com suas opiniões políticas: trata-se de construir um edifício da forma mais rápida e barata possível – e, assim, mostrar que é possível construir moradias funcionais, baratas e de construção rápida em todo o México, capazes de acomodar moradores modestos em um país onde a escassez de moradias é evidente.

1 *Frida Kahlo par Frida Kahlo, op. cit.*

Fortemente influenciado pelas teorias de Le Corbusier, O'Gorman é, com efeito, adepto de uma estética funcionalista que incorpora valores sociais. O que ele quer é adaptar os elementos da técnica à paisagem mexicana. Ele recorre, então, a uma construção sobre pilotis, optando, nesse país de pátios, por uma arquitetura aberta; usa concreto e painéis de terracota, além de materiais baratos – esqueleto de aço, escada, dutos. Uma escada externa em espiral será construída, e a propriedade, cercada por uma sebe de cactos – colocando em consonância elementos da arquitetura contemporânea e do México ancestral.

Para esse projeto atípico, Diego comprou dois lotes adjacentes, na esquina das ruas Palmas (agora chamada Diego Rivera) e Altavista Alvaro Obregón. Em seu espírito e no do arquiteto, esse edifício, que não deixa de lembrar a casa-estúdio do pintor Amédée Ozenfant, construída em Paris por Le Corbusier em 1922, transmite um sinal de modernidade. Na construção, evidentemente, já que este será um dos primeiros edifícios funcionalistas não apenas do México, mas de toda a América Latina, e também porque ela é um pouco como o casal Frida e Diego: moderno e inovador. De fato, cada um terá sua casa-ateliê. Em resumo, como escreveu Hayden Herrera, essa será uma casa "manifesta, original e única como seus proprietários".[2] Ou pelo menos essas são as intenções; vejamos os fatos.

Há dois blocos de concreto simples dotados de janelas grandes. Um é vermelho, o de Diego. O outro é azul, o de Frida. O conjunto estará voltado para o norte, para permitir a entrada de uma luz pura, constante, que não modifique as cores das pinturas em andamento. Em suma: uma casa-fábrica, um ateliê-lugar de moradia, onde cada um poderá criar suas obras com calma e serenidade.

A casa de Diego é a maior, a mais ampla. É um grande bloco vermelho que abriga seu ateliê, com um belo pé direito e que, na verdade, também faz as vezes de espaço de exposição. É lá que ele expõe suas telas, seu trabalho, recebe amigos, compradores, *marchands*, galeristas, jornalistas. Esse espaço íntimo é um espaço público. Preenchido com o universo do mestre. Ao lado desse ateliê: uma cozinha, espaçosa, na qual organiza refeições e jantares festivos. Regida pela luz, pelo aço,

2 Hayden Herrera, em *Frida, Une biographie de Frida Kahlo, op. cit.*

pelo concreto, pelas grandes aberturas por onde a luz penetra, tudo aqui é moderno, a começar pelo mobiliário: "Mesas, cadeiras, poltronas com estrutura tubular em aço polido, assentos com almofadas forradas em um elegante couro cor de limão", explica Guadalupe Rivera, que continua: "Tudo isso contrastava com os tijolos vermelhos do teto, as paredes brancas, o piso de tábuas amarelas, os tapetes de junco e as pinturas muito coloridas de Diego Rivera, que, obviamente, decoravam as paredes principais da casa".[3]

O segundo cubo, azul – hoje conhecido como "Casa Frida" –, é o espaço dedicado a Frida, concebido como uma casa de três andares. O andar térreo é ocupado por uma garagem. O primeiro andar, por uma sala de jantar e uma cozinha. O segundo, por um ateliê que também funciona como quarto de dormir e que – é preciso reconhecer – não é nada prático quando se sabe do histórico médico de Frida. Em suma, espaços muito mais modestos, "mais compactos", como dizem os comentários mais consensuais, na realidade mais exíguos, mais estreitos – como por exemplo a cozinha. Francisco G. Haghenbeck, em *O dia dos mortos*, descreve-a assim: "Miserável, tão grande quanto um lenço de bolso, onde não é possível fazer nem uma xícara de café".[4] Quanto a Guadalupe Rivera, ela confessa: "A cozinha, totalmente elétrica, era tão pequena que não encorajava ninguém a trabalhar nela. Frida mandou construir outra, onde podia cozinhar à vontade. Mas mesmo nesse espaço ela não se sentia confortável".[5]

Cada uma das duas casas possui um telhado plano com um terraço, que oferece uma vista livre dos edifícios coloniais e neocoloniais do centro histórico de San Ángel, mas, acima de tudo, uma passarela, fechada a chave, que as conecta. Essa casa dupla, dotada de passarela, causa uma grande controvérsia. Um jornal chega a acusar Diego de ter uma concepção "mórmon" da existência. Em essência, havia o que é conhecido no México como a *casa grande*, de um lado, e a *casa chica*, de outro, sendo a primeira onde mora o homem e a segunda onde ele esconde sua amante. Francisco G. Haghenbeck imagina um diálogo

3 Guadalupe Rivera, *Les Noces de Frida et Diego, Souvenirs et recettes du Mexique*, *op. cit.*
4 Francisco G. Haghenbeck, *Le Jour des morts*, *op. cit.*
5 Guadalupe Rivera, *Les Noces de Frida et Diego, Souvenirs et recettes du Mexique*, *op. cit.*

entre o dr. Eloesser e Frida. Frida admite que gosta do simbolismo das duas casas separadas, ambas unidas por uma ponte como o amor que a une a Diego. Mas ressalta que a passarela que liga as duas casas é pequena demais, acrescentando que essas duas casas explicam perfeitamente como Diego vê a relação dos dois: "Para ele a grande, para mim a minúscula".[6]

Quando Frida e Diego voltam de sua segunda longa estadia nos Estados Unidos, em dezembro de 1934, as obras da casa dupla de San Ángel ainda não terminaram, e eles não podem se mudar para lá. Nesse meio-tempo, eles moram na Casa Azul, que Diego havia comprado para que os pais de Frida não a perdessem. Diego está frustrado por ter precisado deixar os Estados Unidos por motivos financeiros e atribui a Frida a responsabilidade por essa decepção, culpando-a pelo que ele considera um fracasso; Frida, em contrapartida, está feliz por reencontrar seu amado México, que tanto lhe fez falta.

Uma vez a mudança concluída, o que era para ser a casa da felicidade se torna a casa da tristeza e da raiva. Frida tem de enfrentar mais um aborto, sofre várias amputações de falanges do pé direito, passa por uma apendicectomia e – em um novo golpe de Diego – fica sabendo, como já mencionei várias vezes, que, enquanto ela estava no hospital, ele iniciou um caso amoroso com Cristina, irmã dela. Deprimida, doente, entregando-se ao álcool e incapaz de pintar, Frida bota seu macaquinho-aranha debaixo do braço, abandona San Ángel e vai morar sozinha na avenida Insurgentes, 432. A vida em comum nos cubos de concreto azul e vermelho durou apenas alguns meses.

Viagem a Nova York, corte *à la garçonne*, roupas masculinas para substituir o traje de tehuana, aventuras diversas com homens e mulheres depois de vários meses de uma solidão profunda, durante os quais ela pinta *Autorretrato com cabelos cacheados* e *Umas facadinhas de nada*, Frida volta ao México. 1935: retorno ao apartamento da avenida Insurgentes, aventura com o escultor Isamu Noguchi e, contra todas as expectativas, reconciliação com Diego: Frida volta para seu cubo azul em San Ángel.

6 Francisco G. Haghenbeck, *Le Jour des morts*, *op. cit.*

Ela vai morar lá intermitentemente até dezembro de 1939. Pois, com efeito, embora Leon Trótski e Nathalie Sedova tenham ocupado a Casa Azul a partir de janeiro de 1937, eles a deixam em abril de 1939 para se instalarem em uma outra casa na avenida Viena, quando um violento desentendimento político opõe Diego ao dirigente da Quarta Internacional. Motivo de fachada: Diego finalmente compreendeu que Frida e Trótski tinham tido um caso de amor! Alguns meses depois, em dezembro, Diego e Frida se divorciam. Diego, evidentemente, fica em San Ángel, e Frida retorna à sua querida Casa Azul, da qual nunca sairá até sua morte.

Falando da vida de Frida e Diego em San Ángel, Isolda P. Kahlo conta que, quando os dois brigavam, "cada um voltava a viver em 'sua casa' até que um deles decidisse tomar a passarela que ligava os dois cubos para propor uma reconciliação".[7] Esse "minueto amoroso", como Frida o chamará um dia, passa uma imagem bastante precisa do relacionamento deles. Assim, quando cada um deles decidiu morar em sua própria casa – um na casa-ateliê de San Ángel, a outra na Casa Azul –, uma vida quase normal pôde se estabelecer. E embora muitas festas, encontros e jantares ocorram indistintamente tanto em uma casa como na outra, a casa de San Ángel é palco de belas reuniões. Nessas noites pode-se cruzar com Sergei Eisenstein, John Dos Passos – autor de *Manhattan Transfer* –, o escritor e crítico americano Waldo Frank, o fotógrafo Manuel Álvarez Bravo, para não falar de Dolores del Río e até mesmo de Breton e Trótski. Militantes comunistas, músicos, cineastas, refugiados da Guerra Civil Espanhola, ativistas antifascistas, intelectuais... Em uma palavra, toda "a Meca da *intelligentsia* internacional"[8] passa pela casa-ateliê de San Ángel; quando não um tamanduá, como observa André Breton, que não pode deixar de notá-lo, já que fez desse animal seu *ex-libris*: "Diego e Frida vivem em uma das casas mais modernas da época: dois cubos brancos metade de vidro, ligados por uma escada externa sem corrimão e uma passarela no topo reservada a nós. Uma índia, a governanta, preparava as refeições da família no

7 Isolda P. Kahlo, *Frida íntima*, *op. cit.*

8 Hayden Herrera, em *Frida, Une biographie de Frida Kahlo*, *op. cit.*

jardim, sobre uma fogueira de brasas; à vista de todos sob as árvores, e em total liberdade, um grande tamanduá".[9]

Frida morreu em 13 de julho de 1954, em sua cama na Casa Azul, e Diego, três anos depois, em 24 de novembro de 1957, também em sua cama, mas em um pequeno cômodo ao lado de seu ateliê em San Ángel. Após o velório em seu ateliê, seu corpo foi levado para o Palácio de Belas-artes. Frequentemente separados durante a vida, um em San Ángel, a outra em Coyoacán; um no cubo vermelho, a outra no cubo azul, Diego e Frida continuaram separados na morte. O último desejo de Diego – que suas cinzas fossem misturadas com as de Frida e depositadas em seu templo Anahuacalli em San Pablo Tepetlapa – não foi respeitado.

Em 1986, os dois blocos foram transformados em museu. Restaurados ao seu estado original em 1997 e ampliados quinze anos depois, o conjunto agora conta com três edifícios representativos da arquitetura de vanguarda da década de 1930: o cubo vermelho de Diego, o cubo azul de Frida e a casa que O'Gorman construiu para si em 1929.

9 Arturo Schwarz, *Breton/Trotski*, 10/18, 1977.

Frida e Leon

"Trótski, sangue novo nas minhas veias."

Nada predispunha Frida Kahlo e Leon Trótski a um encontro, mas é isso que acontece em 9 de janeiro de 1937. Casada há oito anos, Frida Kahlo acaba de completar 30 anos. Ela é muito bonita. Para se convencer disso, basta olhar seus autorretratos – *Autorretrato com colar* (1937) e *Autorretrato com cabelos cacheados* (1935), em particular – e as fotos de Frida tiradas nessa época por Lucienne Bloch. Ela adora vinho e sexo, usa o traje nacional mexicano como ninguém e ostenta joias espetaculares. Desde seu terrível acidente, ela precisou enfrentar vários abortos, passou por diversas operações e usou coletes ortopédicos. Pertencente à geração enérgica que a Revolução Mexicana trouxe à luz, é membra do Partido Comunista e vê em seu engajamento político uma forma de afirmar a vida e superar a dor. Pintora em formação, ela já produziu várias telas importantes: *Autorretrato com cabelos curtos*, *Umas facadinhas de nada*, *Meus avós, meus pais e eu*, *Memória* ou *O coração*, *Nascimento* ou *Meu nascimento*, *Autorretrato na fronteira entre o México e os Estados Unidos*, *Meu vestido está pendurado lá* ou *New York*, *Minha ama e eu* ou *Eu mamo*...

E Leon Trótski? Desde que foram banidos em 1928 para a aldeia cazaque de Alma-Ata, o ex-líder do Exército Vermelho e sua esposa, Natalia Sedova, viveram um exílio perpétuo. Último domicílio conhecido: Oslo, cidade de onde acabam expulsos em 20 de dezembro de

1936 – com destino ao México, então um local de asilo para antifascistas de todas as estirpes.

Depois de uma travessia de vinte dias a bordo do petroleiro *Ruth*, eles chegam ao porto de Tampico. Quem lhes deu permissão para vir para o México? Diego Rivera, amigo do presidente Cárdenas. Quem os aguarda no cais? O general Francisco Múgica, ministro das Comunicações e das Obras Públicas, George Novack e Max Shachtman, dois trotskistas americanos, e Frida Kahlo, sozinha, já que Diego Rivera, hospitalizado, não pôde ir recebê-los. Uma foto imortaliza sua chegada. Nela vemos Leon Trótski, de terno de *tweed* e calças de golfe, e Natalia Sedova, de chapéu na cabeça, saia reta até a metade da perna, meias de seda preta e salto alto, tomarem a escada de metal para descer do petroleiro.

Uma vez concluídas as formalidades habituais, Trótski envia ao presidente Cárdenas um telegrama no qual expressa sua profunda gratidão e reitera seu compromisso: não interferir nos assuntos internos do país. Os dois viajantes são então conduzidos sob escolta até seu hotel. No dia seguinte, o trem presidencial Hidalgo, que havia sido colocado à disposição deles, é substituído por um comboio formado por dois grandes automóveis Dodge que os leva a Coyoacán. Lá, na esquina da rua Allende com a rua de Londres, eles descobrem uma grande casa térrea com paredes pintadas de um intenso azul-cobalto, com janelas altas de vidros quadriculados emolduradas por persianas verdes.

O encontro entre Diego Rivera e Leon Trótski é de fato o momento histórico que se pode imaginar: dois monstros que se cruzam. Para Diego, Trótski é o homem que Lênin escolheu, o homem que deveria ter governado o gigante soviético, o único que realmente manteve intacto o ideal revolucionário. Trótski é o homem que ele mais admira no mundo e que ele pintou em seus afrescos como o "líder da classe revolucionária mundial". Para Trótski, o pintor mexicano é o homem que luta incansavelmente contra as forças do capitalismo, que ousou desafiar Rockefeller em Nova York e que ele saudou como o "maior intérprete da Revolução Russa por meio da arte". É também o homem que acaba de lhe devolver sua liberdade e sua dignidade.

Entre Frida e Leon a coisa é diferente. Para este último, trata-se nem mais nem menos que de amor à primeira vista. Trótski o sente, é imediatamente seduzido pela jovem e pelo perfume que ela está usando. Ele já cruzou com esse perfume antes, mas em outras mulheres, e em Frida ele tem um cheiro "diferente": é o *Shocking*, de Schiaparelli. Nessa época, todo homem sensível à beleza feminina, como é o caso de Trótski, conhece esse perfume muito especial e a história do famoso frasco que o contém: esculpido por Leonor Fini, inspirado no busto de Mae West...

A casa que é colocada à sua disposição é a Casa Azul. Frida e Diego não moram mais nela, pois agora ocupam a casa modernista de San Ángel. Com seus cerca de quinze cômodos bem iluminados, repletos de flores, estatuetas pré-colombianas e uma profusão de pinturas, essa casa em forma de U disposta em torno de um pátio, com portas-balcão que dão acesso a ele, é para os dois exilados nada menos que uma imagem do paraíso.

Natalia não consegue conter as lágrimas. Plantas tropicais escalam as paredes, buquês de girassóis brotam de grandes vasos de terracota e uma infinidade de pombas se aninha nos vasos. Ouvem-se papagaios cantando em meio à folhagem de um jacarandá com imensas flores violeta. Em gaiolas, pássaros cantam e tagarelam. Primaveras, laranjeiras e cactos fazem desse pátio, sim, um canto do paraíso, onde Natalia poderá passear e tomar sol. Se acrescentarmos os gatos com seus longos pelos cinza e os cachorros de uma cor improvável, esse pátio é um universo em si, uma Arca de Noé que os salvará da morte: um "outro planeta", dirá Natalia mais tarde.

Mas esse paraíso é um paraíso muito protegido. Toda essa felicidade não deve nos fazer esquecer da realidade. As janelas que dão para a rua foram bloqueadas; a casa vizinha e seu jardim, comprados para evitar um eventual ataque; e uma parede de tijolos foi erguida na calçada, diante da porta de entrada. Também foi acordado que policiais ficariam estacionados em frente à casa durante o dia e que uma guarda privada seria responsável pelo período noturno; ao todo, cerca de trinta homens armados. O irmão de Lupe Marín, ex-esposa de Diego, será o médico pessoal dos dois, e várias empregadas domésticas serão disponibilizadas para atender às suas necessidades.

Muito rapidamente, a vida se organiza. Primeiro o trabalho: o escritório de Trótski é montado, colaboradores são recrutados e as tarefas de cada um, atribuídas. Trótski planeja organizar seminários sobre questões da atualidade, dar entrevistas pagas e até vender cópias de sua correspondência política. Depois, o descanso: os Riveras organizam refeições mexicanas e os exilados passeiam diariamente pelas ruas de Coyoacán – sem esquecer as excursões pela região.

Para estas últimas, é instituído um ritual de segurança, imutável, repetitivo. Depois de a polícia ser notificada, a partida é organizada com o máximo de discrição. Dois carros, um deles uma caminhonete, são preparados. As malas são preenchidas com roupas, as provisões são colocadas em cestas, os guardas armados enchem os bolsos com cartuchos e, então, lentamente, o comboio parte. Dois destinos são particularmente estimados. O primeiro os leva várias vezes a Cuernavaca, o "chifre da vaca", uma das cidades mais antigas do país, rebatizada com esse nome pelos espanhóis. Sua segunda série de passeios os leva a Taxco. Leon adora sair à procura de espécies raras de cactos, que depois traz para Coyoacán, desenterrando espécimes enormes que transporta embrulhados em grossos panos de juta, recusando obstinadamente qualquer ajuda. Em outros momentos, ele se entrega à sua antiga paixão: sair sozinho em longas cavalgadas pelas baixas montanhas que cercam a cidade, o que deixa seus guardas em pânico. Há décadas Trótski não ri tanto, sem restrições, sem remorso, e não se sente tão leve e feliz por estar vivo. Os amigos são numerosos, a começar pela família Kahlo, que adota os dois emigrados russos. E pela pequena Isolda P. Kahlo, com 8 anos em 1937, que se lembra: "Ele era um senhor encantador, um pouco rígido, muito acessível, muito afetuoso. Com as crianças ele era um amor. Eu o cobria de beijos e ele me deixava fazer isso sem reclamar. Eu gostava muito de sua barba. Seus olhos eram de um azul como o aço. Quando ele olhava para você, a impressão era de que enxergava até o fundo da sua alma. Mas eu, garotinha, eu não sentia nenhuma timidez em relação a ele".[1]

Num primeiro momento, não é por Frida que Trótski se apaixona, mas por sua irmã Cristina. Com o passar dos dias, no entanto, Frida o impressiona. De braços dados, eles passeiam pelas ruas de paralelepípedos de Coyoacán, vão ao cinema, jantam nos bares chineses do bairro.

1 Isolda P. Kahlo, *Frida íntima*, *op. cit.*

À tarde, se empanturram de *tortillas* de milho recheadas com queijo e torresmo. Mais raramente, Leon se encontra com Frida em sua outra casa, o bloco azul de San Ángel.

Leon é seduzido por essa mulher livre, provocante, que canta *corridos* e estrofes de *La Malagueña*, xinga como um carroceiro, enfileira trocadilhos ruins e cria a todo momento diminutivos adaptados a cada pessoa. Nesse país onde a situação das mulheres, apesar da Revolução, deixa muito a desejar, mesmo em círculos burgueses privilegiados, Frida se destaca como uma exceção formidável: "Frida era uma mulher notável pela beleza, mas também pelo temperamento e pela inteligência. Ela rapidamente adotou, em suas relações com Trótski, maneiras bastante livres. [...] Ela não hesitava, um pouco à maneira americana, em brandir a palavra '*love*'. '*All my love*', ela dizia a Trótski ao deixá-lo", escreveu Jean Van Heijenoort em *Com Trótski, de Prinkipo a Coyoacán: testemunho de sete anos de exílio*.[2]

Lentamente, o relacionamento dos dois assume um tom mais íntimo. Ele lhe conta sobre sua infância, suas dúvidas; ela lhe revela suas pinturas, um raro privilégio. À medida que os encontros se sucedem, Trótski assiste à angústia de Frida, que lhe faz confidências sobre a vida à qual Diego a submete: ele a provoca beijando na boca, na sua frente, uma jovem modelo que deseja pintar nua, ou constrói toda uma teoria sobre como a Virgem na verdade concebeu Jesus ao ser transpassada por um raio cósmico, e que isso aliás já teria acontecido com outras mulheres, como a cozinheira deles, por exemplo, uma camponesa que na verdade ele acaba de engravidar! São as sucessivas infidelidades de Diego e a tristeza e as feridas que elas engendram que jogam Frida nos braços de Trótski.

Enquanto isso, o PC mexicano faz de Trótski um "boiardo contrarrevolucionário, viajando com sua criadagem" e da Casa Azul um "refúgio da nova guarda branca". Já Stálin dá início aos seus julgamentos, acusando Lev Davidovitch Bronstein, verdadeiro nome de Trótski, de sabotar ferrovias, roubar alimentos e tentar assassiná-lo envenenando seus sapatos e sua goma de cabelo. Trótski não se deixa abater. Ele enfrenta, participa da Comissão Dewey para provar sua inocência.

2 Jean Van Heijenoort, *De Prinkipo à Coyoacán, sept ans auprès de Léon Trotski*, *op. cit.*

No início, não há sexo no relacionamento deles. As horas que Leon passa com Frida são leves ou profundas, mas sempre essenciais. Não é que ele não ame mais Natalia; é que, com Frida, ele redescobre sensações há muito esquecidas. Embora estivessem muito distantes em alguns assuntos, eles sempre surpreendem um ao outro: mesma pureza, mesma paixão, mesmo rigor a serviço de uma curiosidade intelectual ilimitada.

Algumas semanas após o término da comissão Dewey, Leon começou a escrever bilhetes para Frida. Ele os coloca nos livros que devolve a ela, muitas vezes na presença de outras pessoas, a começar por Natalia ou Diego. Ela se diverte e fica lisonjeada, contentando-se em ler essas missivas sem responder. Certa manhã, Diego, que acaba de terminar um relacionamento agitado com uma jogadora de tênis, ao mesmo tempo que retoma um outro com uma ex-amante, anuncia a ela que deve partir para Toluca por alguns dias para trabalhar com a jovem modelo da qual acaba de pintar um retrato dos mais sugestivos: *Nu de Dolores Olmedo*. Como se diz, essa foi a gota d'água. Como o calor, nesse início de abril, é sufocante, Frida decide sair da Cidade do México e levar Leon para Xochimilco, para a água dos canais, à sombra das árvores e do frescor dos jardins flutuantes. Cumpre notar um fato importante: pelo tempo que durar a relação entre os dois, Frida deixará San Ángel e voltará a morar no número 432 da avenida Insurgentes.

Nada é simples. Com o início do verão, um desfile incessante de militantes trotskistas invade a casa, atrapalhando os planos dos dois amantes, que, apesar disso, continuam a se ver secretamente no apartamento que a irmã de Frida, Cristina, possui na rua Aguayo. O prazer de Frida é duplo: ela tem um caso com o mentor intelectual de seu marido e no apartamento da irmã que a traiu dormindo com esse mesmo marido. E quando Trótski, pressionado por Natalia, se esconde em San Miguel Regla – uma *hacienda* cem quilômetros ao norte da Cidade do México –, Frida vai correndo encontrá-lo.

Quanto tempo pode durar uma aventura como essa? Apenas seis meses, mas de uma felicidade intensa e tórrida. É preciso olhar as coisas como elas são: Trótski, que centrou toda a sua vida na política revolucionária, está precisamente em vias de pôr tudo em risco.

Em julho, Trótski escreve a Natalia uma carta inacreditável. O trecho a seguir é um dos mais significativos: "Natalia, desde que cheguei aqui, meu pobre pau não ficou duro nenhuma vez. Mas eu inteiro – com exceção dele – penso com carinho em sua velha boceta querida. Quero chupá-la, enfiar minha língua bem dentro dela. Natalochka, querida, vou penetrá-la de novo bem forte, com minha língua e meu pau. Perdoe-me, Natalochka, acho que é a primeira vez em minha vida que lhe escrevo assim. Eu a abraço bem forte, apertando todo o seu corpo contra mim".[3]

Mas ele escreve outra carta, de nove páginas, endereçada a Frida, na qual ele implora que ela não termine o relacionamento deles. É uma carta patética, escrita por um sexagenário que ainda não esqueceu o adolescente que um dia foi, uma súplica romântica de um amante apaixonado que está prestes a perder o amor de sua vida. Frida envia essa carta para sua amiga Ella D. Wolfe, pedindo a ela que a destrua depois de lê-la. É isso que ela faz. A carta de Trótski confiada por Frida a Ella é acompanhada de um bilhete no qual se lê uma frase inequívoca: "O velho me cansa". Como ocorre frequentemente em seus relacionamentos, é Frida quem o termina. A curta estadia na *hacienda* serve de gatilho: "Sempre acreditei que foi depois dessa visita que Trótski e Frida decidiram pôr fim à sua relação amorosa", escreve Jean Van Heijenoort. "Até então, eles haviam se deixado deslizar pelas encostas escorregadias do flerte. Agora, não era possível ir mais longe sem se comprometerem profundamente, ou sem que ocorresse um incidente com Natalia, Diego ou o Diretório Político do Estado soviético. Os riscos eram grandes demais. Os dois amantes recuaram. Frida era muito ligada a Diego, e Trótski a Natalia. Além disso, as consequências de um escândalo poderiam ser muito abrangentes".[4]

Consumado o rompimento, Frida se consola nos braços de Heijenoort, segurança e secretário de Leon. Trótski, por sua vez, corteja em vão uma jovem mexicana da vizinhança.

Ocorre então uma cena interessante. A data é 7 de novembro, aniversário de Trótski, que comemora seus 58 anos, e, coincidentemente, o

3 Léon e Natalia Trotski, *Correspondance 1933-1938*, Gallimard, 1980.

4 Jean Van Heijenoort, *De Prinkipo à Coyoacán, sept ans auprès de Léon Trotski*, *op. cit.*

vigésimo aniversário da Revolução de Outubro. Como sabemos, quando Alejandro Gómez Arias, seu primeiro noivo, a deixa, Frida Kahlo lhe deu um presente de despedida: *Autorretrato com vestido de veludo*. Vinte e um anos mais tarde, ela dá ao homem com quem acaba de romper – Leon Trótski – um presente parecido: o autorretrato iniciado nos primeiros tempos de sua relação com ele, um óleo sobre tela intitulado *Autorretrato dedicado a Leon Trótski* ou *Entre as cortinas*. Em vez de se retratar como uma camponesa vestida com trajes de tehuana ou como uma militante política, com o punho erguido, ela escolhe se pintar como uma grande burguesa, num ambiente um pouco rígido, como nas fotos posadas que seu pai costumava tirar em seu estúdio. Ela aparece ereta, congelada, entre dois grandes painéis de cortinas brancas e pesadas. Tem o peito e as orelhas adornados com joias coloniais. Tem os cabelos erguidos, com tranças enfeitadas com um cravo rosa e uma fita vermelha. Saia salmão com babados brancos, corpete roxo, xale amarelo-ocre. Lábios e unhas pintadas de vermelho vivo, bochechas rosadas. Em uma das mãos, um pequeno buquê de flores silvestres e, na outra, uma carta, na qual se lê: "A Leon Trótski, com toda a minha ternura, dedico este quadro em 7 de novembro de 1937. Frida Kahlo em San Ángel, México".

Esse quadro tem um teor particular. O que *Autorretrato com vestido de veludo* tinha de escandaloso, este tem de comportado, mas sua mensagem é clara: essa jovem sedutora, com uma aparência muito comportada, na verdade está se oferecendo mais uma vez, do modo mais desavergonhado, ao homem que foi seu amante.

Em abril de 1938, André Breton está no México. Visitando Trótski, ele nota, na parede de seu escritório, esse "retrato de Frida Kahlo de Rivera por si mesma", que ele admira longamente: "Em um vestido de asas de borboleta douradas, é realmente com esse aspecto que ela entreabre a cortina mental. A nós cabe assistir, como no auge do romantismo alemão, à entrada de uma jovem mulher dotada de todos os dons de sedução que costumam se desenvolver entre os homens de gênio".[5]

5 "Frida Kahlo vue par André Breton", citado em anexo do livro de Rauda Jamis, *Frida Kahlo*, *op. cit.*

Uma vez terminada sua ligação puramente sexual, o relacionamento entre Frida e Leon continuou. A vida em Coyoacán prossegue e, juntos, eles viveram e continuam vivendo os grandes eventos da época: as conclusões da Comissão Dewey, que inocenta Trótski dos crimes dos quais Stálin o acusava; a morte de Liova, filho de Trótski, provavelmente assassinado; a visita de Breton, durante a qual, com Diego e Trótski, ele redige o famoso *Manifesto por uma Arte Revolucionária Independente*. No inverno de 1939, Diego, compreendendo finalmente que Frida e Leon tinham sido amantes, oferece a este último uma caveira de açúcar na qual se lê "Stálin".

Trótski, furioso, abandona a casa e vai morar com Natalia, seus secretários, seus empregados, seus seguranças, sem esquecer de seus dois cachorros, seus coelhos, suas galinhas e seus cactos, em uma vila situada a poucas centenas de metros da Casa Azul. Uma casa-fortaleza cercada por um alto muro de concreto encimado por uma rede de fios eletrificados, ladeada por duas torres com nichos equipados com metralhadoras e dotadas de uma pesada porta blindada. Uma barricada de sacos de areia completa o cenário, assim como sinais de alarme e uma equipe de cinco policiais fortemente armados.

Frida visita Leon regularmente, o qual vive com uma pistola automática calibre 25 e um revólver Colt 38 sempre à mão, e cujos dias são regrados de maneira imutável. Ele se levanta às 6h da manhã e sempre começa limpando o cercado, onde cria galinhas e coelhos, depois vai para o escritório, onde trabalha até o café da manhã. Volta então a se ocupar dos animais, depois almoça, faz a sesta, depois recebe visitas curtas e volta a trabalhar até a hora do jantar.

Em 15 de setembro de 1939, um homem bate à porta de Frida: um certo Frank Jacson, que, segundo consta, fugiu da Bélgica para escapar do serviço militar. No 5 de janeiro seguinte, Frida se divorcia de Diego. Ela nunca foi tão feliz e livre. E quando lê na imprensa comunista que "não vale mais a pena matar Trótski, pois ele já está morto politicamente", ela se alegra. Mas está errada: restam ao pai da Quarta Internacional poucos meses de vida.

Em 24 de maio de 1940, ocorre o primeiro atentado. Consequência para a vida de Frida: ela é presa. Mas por quê? Medida de segurança. "Eu não sabia que estava classificada entre as pessoas suspeitas e não confiáveis. Começo a me dar conta disso um pouco tarde. É a vida",[6] escreve ela a Diego. Um fato preocupa a polícia: presente na avenida Viena poucos minutos depois do atentado, o coronel Leandro Sanchez Salazar é confrontado por um Trótski que responde às suas perguntas com uma calma olímpica. Ele acaba de escapar da morte e está tão relaxado quanto um homem que vai receber os amigos no alpendre de casa.

E Diego? Sua pendenga com Trótski não é segredo para ninguém. Há até quem diga que Rivera jurou matá-lo. Por causa disso, quando a polícia está se preparando para invadir a casa de San Ángel, ele escapa nas barbas de trinta homens do coronel de la Rosa, escondido sob telas, na traseira de um carro dirigido por Irene Bohus, com Paulette Goddard sentada no banco de trás. Diego Rivera deixou o território mexicano.

Em 20 de agosto de 1940, Frank Jacson acerta, de frente, um forte golpe com uma picareta de gelo na cabeça de Trótski, cujas últimas palavras vão para sua esposa – "Natacha, eu a amo" – e para suas tropas: "É preciso repetir aos nossos amigos que tenho certeza da vitória da Quarta Internacional... avante!".[7]

Mais uma vez presa, com Cristina, Frida é logo libertada, mas não pode assistir ao funeral de Trótski, organizado no dia seguinte à sua morte. Mais de 200 mil pessoas velam o corpo exposto no grande salão da empresa Alcazar, no centro da Cidade do México. Muitos trotskistas e católicos praticantes estão lá, mas também muitos trabalhadores, mendigos, camponeses, pobres e desfavorecidos: é um povo inteiro que chora e quer manifestar sua presença, dar um último adeus ao homem que consideram um dos principais líderes da maior Revolução do século XX. No cemitério, discursos duros são proferidos, *corridos* são cantados e insultos são lançados contra a imprensa soviética e seus intermediários mexicanos. Como os trotskistas americanos pretendem transportar o corpo para os Estados Unidos, o caixão é devolvido à sede da empresa Alcazar, onde permanece por mais cinco dias aguardando a resposta do Departamento de Estado estadunidense, que, como seria de se esperar,

6 *Frida Kahlo par Frida Kahlo*, *op. cit.*

7 Citado por Jean Van Heijenoort, *De Prinkipo à Coyoacán, sept ans auprès de Léon Trotski*, *op. cit.*

é negativa: conceder um visto para os restos mortais de um revolucionário equivale a correr o risco de que a propaganda comunista, mesmo em sua variante "infantil", se fixe ainda mais em solo americano.

Sete dias após o assassinato, o corpo de Trótski é finalmente cremado na câmara de cremação do Panteão, e suas cinzas enterradas no pátio da fortaleza da avenida Viena. Sobre seu túmulo, ergue-se uma pedra branca retangular, e, sobre essa pedra, uma bandeira vermelha é estendida.

Trótski morreu em 1940, e Frida, em 1954. Durante esses catorze anos, ela nunca se esqueceu de seu amante. Em várias ocasiões, ele ressurgiu em sua vida, sempre presente para ela. E para... Diego. Em 1953, finalmente se anuncia que a verdadeira identidade do assassino de Trótski é conhecida: Frank Jacson, cujo nome verdadeiro é Ramón Mercader del Río. Durante todos esses anos, Trótski continua a assombrar o casal. Um dia, entorpecida pelas drogas, Frida confidencia a um jornalista do *L'Excelsior* que Trótski era um covarde, um ladrão, um "louco" e que, se fosse por ela, nunca teria abrigado esse "revolucionário" em sua casa e que, aliás, desde que o conheceu, entendeu que ele estava enganado! Ela conclui dizendo: "Ele me irritou desde o momento em que chegou com sua pretensão, seu pedantismo, porque achava que tinha saído da coxa de Júpiter".

Em 1951, Diego inicia um processo de reintegração ao Partido Comunista. Provavelmente para ganhar o favor de seus membros influentes, ele explica da forma mais simples do mundo que trouxe Trótski ao México para atraí-lo para uma armadilha e que, de certa forma, foi o instigador da eliminação desse perigoso dissidente. Chega até mesmo a expressar, em privado, o desejo de usar a caneta de Trótski – a que Frida lhe dera de aniversário e que ele havia devolvido a ela – para assinar seu pedido de readmissão ao Partido Comunista Mexicano. Em 1954, por meio de uma sessão de autocrítica, na qual denuncia veementemente seus "erros trotskistas" dos anos 1930, Diego volta às fileiras do PCM.

Poucos dias antes de morrer, Frida confidencia a um jornalista: "Meu encontro com Trótski foi o período mais feliz de minha vida e um dos mais frutíferos".[8] Ela envia a Alejandro Finisterre um grande

8 Em *L'Excelsior*, 1954.

volume de documentos para serem preservados. Entre eles está o rascunho de uma carta a Trótski: "Agora que você se foi, preciso lhe dizer que, em um lugar específico da sua pele, uma garota se levanta para procurar a alma dos mortos escondida antes do tempo".[9]

9 *Ibid.*

Paris

"Em Paris não pintei nada, só me diverti e fiquei perfeitamente ociosa."

Quando Breton propõe a Frida que vá a Paris, se comprometendo a apresentar sua obra ao público francês, ela hesita. Ir à França é colocar um oceano entre Nickolas Muray – seu grande amor do momento – e ela, mas também entre Diego e ela. Além disso, seus problemas de saúde continuam lá, muito presentes. Nickolas a aconselha a aceitar o convite: ela não pode deixar passar uma chance como essa. Já Diego pula sobre a oportunidade. Muito contente em se livrar dela, agora que acaba de começar um novo caso de amor com uma de suas assistentes ou modelos ou admiradoras, ele lhe envia uma carta cujo jesuitismo está lá para não nos deixar esquecer de que o grande homem é dotado de uma covardia imensurável: "Cuspa em suas mãozinhas e faça algo que coloque todos os outros na sombra, assim você será *Fridita la mera dientona* (Fridita meu grande dragão); não seja tola. Não quero que, por mim, você perca sua chance de ir a Paris. Aceite tudo que a vida lhe oferece, seja o que for, desde que seja interessante e lhe dê prazer". A carta é assinada: "*Tu principal sapo-rana, Diego*" (Seu sapo-rã nº 1, Diego).[1]

Nos primeiros dias de janeiro de 1939, Frida deixa Nova York rumo a Le Havre. Faz pouco mais de um trimestre que Daladier e Chamber-

1 Citado por Bernadette Costa-Prades, *Frida Kahlo*, Meta-Éditions, 2007.

lain assinaram os acordos de Munique. A Guerra Civil Espanhola está chegando ao fim. Sobre a Europa reina uma calma precária.

Jacqueline Lamba e André Breton moram em um apartamento perto da Place Blanche, no número 42 da rua Fontaine, bem atrás do Le Ciel et l'Enfer. É a primeira coisa que Frida nota quando desce do carro: esse cabaré com um nome premonitório. Bem rapidamente, ela se irrita por ter de dividir um quarto minúsculo com a pequena Laure, que não é particularmente desagradável, mas que tem 4 anos, uma língua bem afiada e não para de ser mexer, como um mosquito. Além disso, obrigar uma mulher que não pode ter filhos a conviver tão intimamente com uma garotinha talvez não seja a melhor das ideias.

Os dias que se seguem à sua chegada dão a Frida mais motivos para se irritar. Os Bretons, sem dinheiro, vivem uma espécie de vida boêmia, em uma sujeira que não os incomoda nem um pouco, e têm uma relação estranha com a comida: comem a qualquer hora e o que quer que seja!

Na verdade, nada disso teria a menor importância se o projeto da exposição de suas obras tivesse progredido como deveria. Mas não foi isso que aconteceu. Os quadros de Frida continuam presos na alfândega, porque Breton nem se deu ao trabalho de ir procurá-los. Quanto à galeria que deveria exibi-los, Frida logo compreende que ela não existe: ninguém foi contatado para recebê-los. O papa do Surrealismo, que proclamava aos quatro ventos que era todo "honestidade e transparência", mentiu para ela.

Felizmente, em meio a toda essa pasmaceira, essa decepção, há Jacqueline, a luminosa, a dançante Jacqueline com corpo de liana. Ela é a única pessoa que a entende. Com Jacqueline, Frida caminha pela Place des Vosges, pelas margens do Sena, acende velas em Notre-Dame para as pessoas que ama. Com ela, vai ver *A Ópera dos Três Vinténs*, de Bertold Brecht, da qual copia, em seu alemão ruim, alguns versos:

E o tubarão tem dentes
E ele os leva no rosto,
E Macky, ele tem uma faca
Mas a faca, nós não a vemos.

Com ela, anda pelas ruas, pelos parques, noite e dia, faz uma rápida viagem a Chartres, aos castelos do Loire, passa longos momentos nas salas do Louvre. Com ela, perde-se nas ruelas do mercado de pulgas de Saint-Ouen, onde encontra maravilhada uma bonequinha de olhos azuis, vestida de noiva, "para substituir a que quebraram quando ela era criança".[2] Adquiriu o hábito de deixar pequenos bilhetes para Jacqueline, que encontramos copiados em seu diário, como este: "Gostaria que meu sol a tocasse. Que você tirasse minhas saias com babados de renda e minha blusa velha que sempre uso, e minhas pulseiras".[3] Ápice de seu encontro mexicano, de sua intimidade cada vez mais profunda, enquanto Breton está em Bucareste e a pequena Laure dorme na casa de uma amiga, elas passam três dias luminosos fazendo amor e bebendo conhaque.

Frida jamais se esquecerá desses momentos intensos. Com ela, isso é uma constante. Tudo o que vive é reinvestido, usado, sempre vai parar, em um momento ou outro, em sua obra. Como a boneca mencionada há pouco. Em uma carta que envia em 13 de fevereiro de 1939 para seu amante que permaneceu em Nova York, Nickolas Muray, ela confidencia que as únicas coisas que comprou em Paris são duas bonecas antigas. Embora ache ambas encantadoras, uma lhe é particularmente cara. Ela a descreve nos seguintes termos: "Loira de olhos azuis, os olhos mais magníficos que você pode imaginar. Ela usa um vestido de noiva. Suas roupas estavam sujas, cheias de poeira, mas eu a limpei e agora ela tem realmente um ar de alguma coisa. Sua cabeça não se ajusta muito bem ao corpo porque o elástico que a segura é muito velho".[4]

Essa boneca, comprada no inverno de 1939 em Paris, aparece quatro anos depois entre abacaxis, melancias e mamões em uma natureza-morta intitulada *A noiva assustada ao ver a vida aberta*.

Mas também dessa vez, novamente, sua felicidade dura pouco e o horizonte fica sombrio. Trótski escreve a Frida pedindo que ela interviesse junto a Diego, que acaba de se demitir da Quarta Internacional sob o pretexto de que Trótski havia sugerido, embora com a diploma-

2 *Frida Kahlo Confidences*, *op. cit.*

3 *Journal de Frida Kahlo*, *op. cit.*

4 *Frida Kahlo par Frida Kahlo*, *op. cit.*

cia necessária, que Diego não aceitasse um cargo burocrático que, de qualquer forma, ele seria incapaz de exercer. O sapo se enfureceu e saiu batendo a porta: "Nenhuma solidariedade mental me liga mais a Diego. É um golpe muito duro para nossa organização, mas também para Diego. Em que outra organização ele encontrará tanta simpatia e compreensão – como artista, como revolucionário, como homem? Eu suplico a você, minha fiel amiga, que me ajude".[5] Frida não faz nada. "Que os dois se virem", diz ela a Jacqueline. Afinal de contas, ela também tem seus problemas e não envia carta nenhuma, nem para Diego nem para Trótski!

Apesar de Jacqueline, Frida não pode ficar na casa dos Bretons. Está sufocando. Não aguenta mais. É Marcel Duchamp que encontra para ela o Hotel Regina, na Place des Pyramides.

Inaugurado em 1900 para a Exposição Universal, o Hotel Regina, de cujas janelas Frida vê os jardins do Louvre, é um hotel de luxo onde, depois de ser autorizada a montar seu cavalete para terminar *O suicídio de Dorothy Hale*, ela infelizmente só consegue ficar alguns dias. Com efeito, mal acaba de se instalar e uma inflamação renal bacteriana começa a lhe provocar dores atrozes. Sem conseguir andar, é levada de ambulância para o Hospital Americano, onde é internada em caráter emergencial e permanece em tratamento durante uma semana.

De volta ao hotel – "um maldito hotel onde ela está cansada de ficar sozinha"[6] –, os dias se passam em uma monotonia excruciante. Deitada na cama, Frida escreve para Jacqueline, que agora não pode ir visitá-la. Ela lhe confessa que o amor é a base de toda a sua vida e que é exatamente esse sentimento que tem por ela naquele momento. Também confidencia que é ciumenta, possessiva, e confessa que, quando está fazendo amor com uma mulher, se convence de que prefere as mulheres, e quando está fazendo amor com um homem, se convence de que prefere os homens. Ela envia a Nick várias cartas nas quais diz que o ama, que está feliz com a ideia de amá-lo, com a ideia de vê-lo novamente, com a ideia de que ele espera por ela. Numa noite em que o sofrimento a faz se contorcer de dor, ela chega a reconsiderar

5 Léon e Natalia Trotski, *Correspondance 1933-1938*, Gallimard, 1980.
6 Cartas a Nickolas Muray, em *Frida Kahlo par Frida Kahlo*, *op. cit.*

o convite para ir morar com ele em Nova York. Durante uns poucos segundos, ela fica persuadida de que essa é sua única solução para continuar vivendo.

O único raio de sol em seus dias no Hotel Regina é Mary Reynolds, a esposa de Marcel Duchamp, que vem passar todas as tardes com ela. Frida espera sua chegada e se entristece quando a hora de sua partida se aproxima. A jovem mulher, uma americana simpática, cheia de verve e que fala inglês americano com um sotaque sulista, não tem nada a ver com "o bando de idiotas fedorentos que lambem as botas de Breton".[7] É perceptível que Mary não está longe de pensar como Frida, exceto no quesito sexual: enquanto Frida pode se ver fazendo sexo com a americana frívola e luminosa na cama grande e macia do Hotel Regina, Mary não tem nenhuma inclinação lésbica.

Pouco a pouco, a infecção vai embora. "Durante dois dias inteiros, não consegui fazer xixi", Frida escreve para Nickolas, "parecia que eu ia explodir! Que merda!".[8] E como as boas notícias nunca vêm sozinhas, Marcel – "o único cara de verdade entre todos esses idiotas"[9] – um dia entra em seu quarto triunfante. Ele encontrou uma galeria, a de Pierre Colle, vendedor das obras de Salvador Dalí e de outros surrealistas. Já não era sem tempo, Frida está a ponto de pegar sua passagem de volta para a "*Isle-de-France*", partindo em 8 de março. Tirando proveito da calma que sua recuperação lhe proporciona, Frida aceita o convite de Mary e Marcel para passar o restante de sua estadia parisiense no apartamento deles em Montparnasse. Essas mudanças sucessivas a cansam, mas, afinal de contas, que outra solução pode haver?

Frida, que tem um senso aguçado de diversão e alegria de viver, se joga de cabeça nesses momentos felizes e leves que às vezes se oferecem a ela. Ela revê Jacqueline várias vezes, em sua casa ou na casa dos Duchamps quando eles não estão lá, e até tem um relacionamento, muito curto, com um militante trotskista que lhe traz documentos para os membros mexicanos da Quarta Internacional. A maneira de o jovem fazer amor é estranha, mas nova o suficiente para lhe dar um

7 *Ibid.*
8 *Ibid.*
9 *Ibid.*

prazer efêmero. Ela revive. Chega a escrever a Trótski que gostaria de caminhar com ele pelas ruas de Paris, sem fazer nenhuma alusão aos problemas que ele está tendo com Diego. Ela quase esquece a data de sua exposição: 10 de março. Ainda tem um pouco de tempo diante de si, que ela dedica a prazeres diversos.

Paris é uma festa, onde os encontros são inúmeros. Reais ou falsos, como os imaginados por Francisco G. Haghenbeck, que, em seu romance *O dia dos mortos*, evoca possíveis noites com Hemingway, Dos Passos, Henry Miller, Dalí ou Eugenio Granell, o grande pintor surrealista espanhol. E também outros: Benjamin Péret, Remedios Varo, Alice Rahon.

Paris é uma grande sala de jogos, como este inventado durante uma reunião na casa de Louis Aragon, o poeta francês: o jogo da verdade. É o jogo favorito de sua majestade Breton, que não tolera nenhuma contravenção ou piada durante as sessões. Quem se recusa a responder a uma pergunta recebe um desafio, como andar de quatro pela sala, com os olhos vendados, ou adivinhar quem o está beijando ou acariciando. Naquela noite, Frida não quer revelar sua idade. Já no México ela trapaceia quando o assunto é sua data de nascimento, portanto não é aqui que vai divulgá-la. Apesar das ordens reiteradas de Breton, ela se recusa terminantemente. O mestre de cerimônias escolhe o desafio. "Faça amor com esta poltrona", ele ordena, apontando para uma *bergère*, e acrescenta: "Uma poltrona do sexo feminino!". Sem problemas. Frida se deita no chão, começa a acariciar os pés da poltrona como se fossem pernas abertas, sobe em direção ao assento como se fosse uma vulva que finge abrir, depois os apoios de braço que ela pega nas mãos, um par de nádegas que ela finge acariciar.

Será que essas noites, esses dias despreocupados, são capazes de fazê-la esquecer o motivo pelo qual está em Paris: sua exposição? Não. Especialmente porque todos os dias ela se depara com esses "malditos surrealistas"[10] que ela realmente não suporta. Sem conhecer nada do movimento parisiense além de algumas obras, alguns escritos, fofocas, disse me disse ou o que Breton se dispôs a lhe contar, conhecer seus membros foi para ela uma decepção à altura de suas expectativas.

10 *Ibid.*

Embora ela se encontre regularmente com Desnos, Aragon, Éluard e muitos outros, e inicialmente tenha esperado fazer amizade com eles, percebe muito rapidamente que são "homens de gelo, inacessíveis e frios", que ela apelida de os "Grandes Merdas".[11] É verdade que ela os acompanha aos cafés de artistas e cabarés e vai com eles ouvir *jazz* e dançar, ou melhor, assistir a eles dançarem, nas boates da moda, mas não suporta suas discussões sem fim sobre revoluções que eles nunca farão, palavras de ordem que eles nunca terão condições de respeitar e teorias que jamais colocarão em prática.

Tudo que eles fazem, na opinião dela, é aquecer seus preciosos traseiros em cafés sinistros, falar sobre arte e cultura acreditando serem os deuses do mundo e desprezando o resto da espécie humana, sem esquecer dos textos pomposos que levam horas escrevendo. A carta que ela envia a Nick Muray é um modelo do gênero: "Essas pessoas são prostitutas. Elas me fazem vomitar. São tão 'intelectuais' e tão podres que não as suporto mais. É realmente demais para o meu caráter. Prefiro ficar sentada no chão vendendo *tortillas* no mercado de Toluca a ter qualquer coisa a ver com essas vagabundas 'artísticas' de Paris. [...] Nenhum deles trabalha e vivem como parasitas nas costas de um bando de putas ricas que admiram seu 'gênio' de 'artistas'. Merda e nada além de merda, é isso que eles são. Nunca vi você ou Diego perderem seu tempo com fofocas idiotas e discussões 'intelectuais'. É por isso que vocês são homens de verdade e não 'artistas' de merda – droga! Valeu a pena vir até aqui, só para ver por que a Europa está apodrecendo, por que todas essas pessoas – que não servem para nada – são a causa de todos os Hitler e todos os Mussolini. Aposto minha cabeça que odiaria este lugar e seu povo enquanto vivesse. Há algo de tão falso e irreal neles que me deixa louca".[12]

Alguns dias antes da abertura da exposição, Pierre Colle, o galerista, vem visitá-la. Mary e Duchamp estão lá para tranquilizá-la e demonstrar apoio. É preciso dizer que essa ajuda foi muito bem-vinda. Colle está acompanhado de um sócio irredutível: ou Frida aceita suas condições ou vai embora sem expor suas telas.

11 *Ibid.*
12 *Ibid.*

Quais são essas famosas condições? O homem – Maurice Renou, para identificá-lo – acha algumas telas chocantes. É verdade que falar em surrealismo é falar em escândalo, mas isso é demais. Todo esse sexo e esse sangue expostos, e pintados por uma mulher! Mesmo assim, um acordo é assinado. Dezoito pinturas são mantidas, numeradas de 68 a 85 na exposição. Dezoito telas, algumas das quais tiveram seus títulos alterados pelas altas instâncias do Surrealismo. Por exemplo, *Retrato do horticultor Luther Burbank* se tornou *Burbank, o fazedor de frutas*. Ao lado dele: *A praça é deles*; *Eu e minha ama*; *Eles querem aviões, mas só conseguem asas de palha*; *O coração*; *Meu vestido estava pendurado lá*; *O que a água me disse*; *Pitaias*; *Tunas*; *Alimento da terra*, *O desejo perdido*; *Nascimento*; *Vestida para o paraíso*; *Ela brinca sozinha*; *Apaixonadamente enamorado*; *Xochitl*; *A moldura*; *Suicídio*...

Finalmente, chega o grande dia. A galeria Renou & Colle abre suas portas no número 164 do Faubourg Saint-Honoré, no 8º *arrondissement*.

Percorrendo a exposição, na companhia de Pierre Colle e Maurice Renou, Frida sente lhe subir uma raiva que ela conhece bem: aquela de ter a sensação de ter sido enganada. A coisa começa no convite. Breton, apresentado como "o organizador" do evento, transformou a exposição Frida Kahlo em "Exposição México": arte pré-colombiana, objetos populares, pinturas dos séculos XVIII e XIX, fotografias de Manuel Álvarez Bravo... Parecia as ruelas do "Marché aux Voleurs" (Mercado dos Ladrões) da Rue des Rosiers. Um amontoado de objetos, dispostos numa ordem cuja coerência só o Mestre consegue entender. Além dos elementos indicados no convite, há um monte de coisas da coleção particular de Breton – candelabros de cerâmica, crânios de açúcar, artesanatos vendidos por quase nada nos mercados mexicanos subitamente transformados em obras de arte, além, é claro, da série de ex-votos que ele roubou das igrejas de Puebla durante seus passeios com Diego e Trótski. E, no meio de todo esse lixo surrealista, as telas de Frida. Esta última, que já cancelou sua exposição em Londres, programada para a primavera na galeria de Peggy Guggenheim – "Ir a Londres para perder meu tempo lá, não, obrigada!", diz ela a quem quiser ouvir –, está a dois passos de virar as costas e embarcar no primeiro vapor para o México.

Mas, muito rapidamente, sua raiva e sua tristeza desaparecem quando os primeiros convidados chegam. Ela é o centro das atenções. É a rainha da noite! Kandinsky fica tão tocado com suas pinturas que, depois de tomá-la nos braços e levantá-la do chão, conversa com ela sobre sua obra com lágrimas nos olhos. Picasso, a seus pés, lhe trouxe um presente: brincos de ouro e casco de tartaruga representando pequenas mãos, que ele pede que ela use "*inmediatamente*". Joan Mirò a abraça calorosamente. Paalen e Tanguy a parabenizaram. Até mesmo Max Ernst, o grande Max Ernst, que é um dos primeiros a se aproximar dela, lhe diz, com sua sobriedade costumeira: "Muito bem, você está no caminho certo". É de se acreditar que toda a seita surrealista combinou de se encontrar lá para aplaudir a mexicana! Na carta que escreverá mais tarde para Ella e Bertram D. Wolfe, Frida escreve: "Foi muita gente da alta sociedade no dia do *opening*, com muitas felicitações para a *chica* [...] Posso dizer que foi um sucesso e, a julgar pela qualidade da pomada (quero dizer, a ladainha de elogios), acho que podemos concluir que foi tudo bem".[13]

Durante a inauguração, Frida até encontra alguns de seus camaradas trotskistas que estão lá, perdidos na multidão de burgueses endinheirados e de revolucionários de salão, em particular uma jovem mulher, magra, frágil, com um rosto em forma de coração, um nariz curto, bochechas ocas, com óculos de lentes grossas para corrigir sua miopia. Sem parecer se importar com a maneira como estava vestida, não tem nenhuma distinção e atrai pouca simpatia. É a amiga americana que a acompanha, uma tal de Ruby Weil, comunista de primeira hora, que a apresenta a Frida: "Sylvia Ageloff, a irmã de Ruth, que trabalhou no secretariado de Leon Davidovich, na época dos julgamentos de 37", diz ela. Frida, educada, beija-a nas duas faces, embora na realidade esteja mais interessada no jovem que a acompanha. Aparentando ser mais velho que ela, magro e esguio, de ombros largos, dotado de uma cabeleira abundante e encaracolada e grandes olhos verdes, uma testa larga, alta, cortada por rugas profundas, ele esconde por trás de sua tez cor de oliva um charme real. Ele é Jacques Mornard Vandendreschs, o noivo de Sylvia.

13 Carta a Ella e Bertram D. Wolfe, em *Frida Kahlo par Frida Kahlo*, *op. cit.*

O jovem segura nas mãos um grande buquê de flores, que oferece a Frida: é absolutamente necessário que ele a conheça. A princípio tímido, depois que começa a falar não para mais, e não sai do lado de Frida durante toda a noite. Com o buquê de flores ainda nas mãos, ele conta a ela minúcias sobre sua vida na mais completa desordem, pulando constantemente de uma história para outra. Cheio de tiques, falando rápido, experimentando às vezes uma certa dificuldade em encontrar as palavras, o que o faz gaguejar levemente, ele diz ser filho de um diplomata, de nacionalidade belga, admite nutrir um total desinteresse por qualquer questão política, ganha a vida escrevendo artigos esportivos para o jornal *Ce Soir*, revela que nasceu em Teerã, que viveu em Bruxelas e estudou no Collège Saint-Ignace-de-Loyola, que estudou por três anos na École Polytechnique de Paris, que herdou uma fortuna colossal de três milhões de francos, que é um alpinista de alto nível, colecionador de automóveis antigos, hábil lançador de dardo e de martelo, que participou de várias regatas, que é fascinado por cirurgia e que, por isso, corta o frango assado com a precisão de um bisturi, que seu pai acaba de morrer em um acidente de carro na estrada Ostend-Bruxelas, que é dotado de uma memória visual extraordinária, que foi preso na Bélgica porque se recusou a prestar serviço militar, que foi casado com uma certa Henriette van Prouschdt, mas que, finalmente divorciado, pretende se casar com Sylvia o mais rápido possível.

Frida já está farta dessa ladainha, tanto que, quando Sylvia volta, dessa vez ela a beija copiosamente, já que ela a livra do infeliz que lhe parece, afinal de contas, um mitômano e tanto. Ele não disse a ela, no decorrer desse fluxo de palavras, que era obrigado a ficar na Europa porque não conseguia obter um visto americano? Por que o governo dos Estados Unidos recusaria um visto para o filho de um diplomata belga, que se interessa por esportes e não por política, e que desfruta de uma riqueza pessoal suficiente para torná-lo independente? É melhor rir do que chorar: esse belga que fala francês com um sotaque espanhol e em uma língua repleta de espanholismos é um mentiroso descarado, mesmo que, como Frida admite de bom grado, o jovem exale um tipo de magnetismo viril que ela gostaria de ter posto à prova.

A solução para o enigma nos é dada menos de um ano e meio depois, em 9 de agosto de 1940, dia do assassinato de Trótski: Jacques

Mornard não é outro senão Ramón Mercader. Em 13 de junho de 1954, em "Frida Kahlo es un mito" (Frida Kahlo é um mito), um artigo do jornalista Bambi dedicado a Frida Kahlo, as palavras desta última são transcritas pelo jornal *Excélsior*: "Conheci Mornard, o assassino de Trótski, em Paris. Ele queria que eu o levasse até ele. Eu lhe disse que não podia porque estava brava com o velho. Então, ele me pediu para encontrar uma casa próxima à dele. Ao que respondi que fosse ele mesmo procurá-la, pois eu estava doente demais para me fazer de agente imobiliário. E depois, acrescentei que não poderia hospedá-lo em minha casa e muito menos apresentá-lo a Trótski. Jamais vou apresentá-lo a ele, eu lhe repeti".[14]

Quando a exposição termina, Frida quer voltar para o México. Essas honras, essa glória efêmera, ela não as deseja. Não assim. Não aqui. O que ela quer é fugir de Paris e de todos aqueles surrealistas, de todas essas "democracias que não valem um prego".[15] O que ela quer é encontrar Nick, e depois seu amado México. O público francês teria de esperar 53 anos para que uma nova exposição das telas de Frida fosse organizada em Paris.

Em 25 de março de 1939, Frida Kahlo deixa o porto de Le Havre rumo a Nova York, retornando à Cidade do México menos de um mês depois. Ela adquiriu, ao menos no exterior, uma certa notoriedade, e isso independentemente de seu marido, de quem se divorcia em dezembro. Em setembro do mesmo ano, naquela Europa "apodrecida" da qual ela fugiu com tristeza, as tropas alemãs lançam o "Caso Branco" para invadir a Polônia, um ataque que atiraria o mundo na Segunda Guerra Mundial.

Podemos considerar que a viagem a Paris é um fracasso?

Não, ao contrário do que Frida escreve a Nickolas Muray: "As pessoas têm um medo enorme da guerra e todas as exposições foram um fracasso porque esses ricos canalhas não querem comprar nada".[16] Em primeiro lugar, porque a exposição foi um sucesso, embora apenas um quadro tenha sido vendido. A imprensa é muito elogiosa. A revista

14 Ana Cecilia Treviño, dita Bambi, "Frida Kahlo es un mito", em *Excélsior*, 13 jun. 1954.
15 *Frida Kahlo par Frida Kahlo*, *op. cit.*
16 *Ibid.*

La Flèche de Paris proclama: "Em uma época em que o truque e a impostura estão na moda, a honestidade e a precisão esclarecedora de Frida Kahlo de Rivera são para nós um descanso de muitas pinceladas de gênios". O *Le Soir de Paris* observa: "A beleza convulsiva que se expressa na beleza dramática desse corpo ferido". Já a revista *Les Arts pour tous* elogia a "autenticidade e a sinceridade dessa obra vinda de longe". Cúmulo do reconhecimento, a estilista Schiaparelli cria um modelo intitulado "Madame Rivera", e a *Vogue* estampa na capa a mão cheia de anéis da artista mexicana!

E isso não é tudo. O Louvre adquire um pequeno óleo sobre alumínio, de 32,2 × 24,4 cm – *Autorretrato "The Frame"* ou *A moldura* –, pintado em 1938. Em 4 de julho de 1939, Rose Valland inscreve o quadro no inventário sob o número 929.[17] É a primeira coleção do mundo a adquirir uma obra de Frida Kahlo e a última entrada oficial de uma obra em um museu francês antes da guerra. Muito colorida, muito viva, primaveril, vemos nela uma Frida com uma trança entremeada de uma fita verde na qual estão presas três grandes flores amarelas. Uma tela hoje em exibição no Centro Pompidou, que Frida descreve assim: "Uma foto podre em uma moldura decorada com papagaios. A merda mais horrível que já pintei".[18]

O que mais dizer? Que Frida conheceu Dora Maar, que tira fotos maravilhosas dela, uma das quais dedica "*To my dear Frida*". Que Frida teve alguns relacionamentos românticos encantadores – o que ela chama, em sua carta aos amigos Wolfe, de ter sido "bem comportada": "não tive aventuras ou amantes e não fui a festas nem nada do gênero"[19] –, um dos quais permanece em segredo até a publicação, em agosto de 2018, mais de oitenta anos após os fatos, do livro de Marc Petitjean *O coração, Frida Kahlo em Paris*, no qual ele relata a breve, mas intensa ligação – três semanas – entre seu pai, Michel Petitjean, e Frida.

O jovem etnólogo, que era próximo dos surrealistas e coordenou a exposição para a galeria Pierre Colle, tem 29 anos e Frida, 32. Marc

17 Todas as informações que se seguem estão no livro de Marc Petitjean, *Le Coeur, Frida Kahlo à Paris*, *op. cit.*

18 Citado por Marc Petitjean, *Le Coeur, Frida Kahlo à Paris*, *op. cit.*

19 *Frida Kahlo par Frida Kahlo*, *op. cit.*

Petitjean revela muitos elementos apaixonantes: a troca de cartas entre os dois; os jantares entre amigos (Georges Hugnet, Valentine Hugo, Jacques Villon e, é claro, Marcel Duchamp); as noites na casa de Marie-Laure de Noailles, onde Frida conhece Tanguy, Péret, Henri Sauguet, Balthus; suas idas ao Boeuf sur le Toit,[20] especialmente ao andar de cima, com um salão de danças com orquestra, onde às vezes Frida se senta ao lado do pianista; seus passeios pelo interior, onde Frida descobre a França dos vilarejos, das igrejas, dos campos onde pastam vacas tranquilas; suas escapadas a Vernon, às margens do Sena, às margens do Loire: uma outra vida, um outro ritmo totalmente novo. Mas também as visitas ao museu do Louvre. Recusando-se a usar uma bengala – "Prefiro sofrer como um burro a me mostrar deficiente"[21] –, ela descobre, deslumbrada, as telas de Giotto, Botticini, Mantegna... Finalmente, o endereço onde os dois amantes escondem seu amor – uma casa charmosa na rue Hallé, 14, a poucos passos do parque Montsouris, no 14º *arrondissement* de Paris, emprestada por Mary Reynolds, aquela que Frida chama de "americana maravilhosa".

É a Michel Petitjean que ela dá, como presente de despedida, *Memória* ou *O coração*, uma tela de 1937. Marc Petitjean conta: "Enquanto estão agachados em frente ao quadro, meu pai lhe pergunta por que ela representou um coração que sangra em uma cor verde. Ela responde: 'Mas ele não é verde, ele é vermelho, meu coração. Se ficar mais vermelho, você morre!'. Ele olha para ela com um sorrisinho questionador, tentando entender se ela está zombando dele. 'Você não consegue distinguir bem as cores? Será que você é um pouco daltônico?', ela diz a ele".[22]

Uma carta, encontrada por Marc Petitjean, esclarece esse relacionamento, situa-o no tempo e estabelece seus limites. Frida não podia não voltar ao México. Michel não podia segui-la. Sua vida estava em Paris. Fatalidade? Intromissão do destino nas decisões humanas?

20 *Music-hall* com restaurante localizado no 8º *arrondissement* e frequentado pela elite cultural parisiense no entreguerras. (N.T.)

21 Citado por Marc Petitjean, *Le Coeur, Frida Kahlo à Paris*, *op. cit.*

22 *Ibid.*

Michel conclui: "Foi uma paixão, ao estilo do livro *O amor louco*, de André Breton. Não podia durar, Frida tinha razão".[23]

A estadia em Paris, "*este pinche Paris*"[24] (essa Paris desagradável), um fracasso?

Voltemos uma última vez ao relacionamento entre Frida e Jacqueline. Durante sua viagem de volta, Frida escreve cartas apaixonadas a Jacqueline, nas quais relembra seus passeios, os *escargots* recheados degustados com avidez, a boneca noiva, suas saias com babados às vezes tiradas com fúria, o chão das ruas pisado por seus passos, seus cabelos entrelaçados: "Você é como a estrela vespertina quando não é nem noite nem dia, mas que, depois, eclipsa os dois".[25] Na véspera de sua chegada a Nova York, ela pensa em fazer um autorretrato de seu relacionamento com Jacqueline, uma forma, em suma, de ainda permanecer com ela. Poderia mostrar duas mulheres completamente nuas, uma de pele morena e a outra de pele clara. Elas estariam entrelaçadas, em um mundo hostil, entre uma floresta virgem e um túmulo aberto. O quadro poderia se chamar *Dois nus na floresta* ou *A própria terra*... Ela a iniciaria algumas semanas depois que o *La Fayette* atracasse no píer 17, em Nova York...

23 *Ibid.*
24 *Frida Kahlo par Frida Kahlo, op. cit.*
25 *Ibid.*

Frida e a comida

"Eu prefiro a natureza e seus frutos aos seres humanos."

Na entrevista que concede a Olga Campos nos últimos anos de sua vida, Frida declara: "Não sou difícil, mas comer não é um prazer para mim".[1] Nunca se deve acreditar no que os criadores confidenciam aos especialistas e outros jornalistas. É necessário que os motivos de suas criações, as fontes, as razões profundas ou ocultas permaneçam em segredo, razão pela qual eles muitas vezes lançam pistas falsas aos detetives no seu encalço. Quando um jornalista aponta que os primeiros nomes das heroínas de Pierre Benoit começam todos com A, o autor diz que esse é um projeto consciente, quando na verdade não é nada disso. Ernest Hemingway, para nada revelar de sua natureza profunda, se faz passar por um bêbado machista que só gosta de caça e boxe, quando não há analista mais sutil da alma humana do que ele. E o que dizer de Jean Cocteau, que decide seguir em frente usando uma máscara? Já que é chamado de leviano, já que é declarado suspeito, ele deixa na linha de frente esse Cocteau que não é ele, para que o outro – aquele que ele realmente é – possa criar com toda a tranquilidade.

Frida segue essa mesma lógica. Sem esquecer que, quando dá essa declaração, feita logo após sua tentativa de suicídio e em um momento em que a doença, as operações, os analgésicos, os diversos medicamen-

1 *Frida Kahlo Confidences, op. cit.*

tos a impedem de viver, ela certamente não tem mais com a comida a mesma relação hedonista que manteve com ela durante toda a sua vida. Porque, na verdade, Frida ama comer acima de tudo. Ela confidencia, ainda a Olga Campos, mas em um momento diferente, depois de admitir que preferia os doces aos salgados: "Houve uma época em que eu gostava de álcool; hoje eu odeio. Bebo muita água, mas ainda mais suco de frutas. A comida influencia meu estado de espírito: minha saúde melhora e meu desejo de viver fica mais forte".[2]

Acima de tudo, Frida adora cozinhar. Não é de sua mãe que vem esse talento, mas de... Lupe Marín, a segunda esposa de Diego. É ela quem passa a Frida algumas receitas de sua mãe, Isabel Preciado. Guadalupe Rivera, filha de Lupe e Diego, nos dá um belo relato: "A cozinha do prédio era bem pequena. Era equipada com um forno a carvão, utensílios de madeira, panelas e pratos de terracota. Quando Lupe e Frida cozinhavam, mal conseguiam se mexer, ocupando todo o espaço; Lupe, por causa de seu tamanho e estatura, e Frida, com seus vestidos com babados engomados".[3]

E o que elas cozinham? Pratos tradicionais mexicanos: pimentões frios recheados com carne moída, regados com um molho agridoce de tomate e cebola; alecrim fresco com bolinhos de camarão e pera espinhosa; feijão preto frito coberto com queijo e bolinhos de milho crocantes.

Esses pratos têm um denominador comum: todos agradam a Diego. Chegamos ao cerne da questão: Frida aprende a cozinhar os pratos favoritos de Diego. Aqueles que ela servirá na mesa de jantar da família e levará para ele em seu trabalho. Ela reproduz a cena que presenciou na Preparatória, assumindo o papel que havia sido de Lupe Marín, quando Diego é convidado, em setembro de 1929, menos de um mês após o casamento, para pintar um afresco nas paredes do Palacio de Cortés em Cuernavaca, chamado *História de Cuernavaca e do Estado de Morelos, conquista e revolução*: "Naquela época, eu passava meu tempo cozinhando, limpando a casa de cima a baixo, pintando às vezes e fazendo

2 *Ibid.*

3 Guadalupe Rivera, *Les Noces de Frida et Diego, Souvenirs et recettes du Mexique*, *op. cit.*

companhia para Diego no andaime todos os dias. Ele adorava quando eu chegava com o almoço em uma cesta coberta de flores".[4]

A preparação dessa cesta, conta Guadalupe Rivera,[5] "exige conhecimentos especiais. Ela consiste em vários recipientes de estanho azul que Frida enche com os pratos favoritos de Diego. Ela acrescenta bolos, feitos por ela própria, e pão comprado na padaria. É um pão fresco e perfumado. Em seguida, decora o conjunto dispondo harmoniosamente frutas e flores. Às vezes, acrescenta *pulque* de Iztapalapa, que leva em um pequeno pote de terracota. Finalmente, ela cobre o conjunto, para protegê-lo dos insetos e da poeira, com toalhas brancas bordadas com motivos florais ou de pássaros multicores. Sem esquecer os bilhetinhos que dirige ao marido adorado: "Até breve, meu amor", "Não se esqueça de que eu o amo"... Guadalupe Rivera diz ainda: "Quando Frida se sentia sozinha ou entediada, ela mesma levava a cesta para meu pai. Ela entrava no ateliê e colocava a mesa em um canto onde não atrapalhasse. Depois ela degustava o conteúdo da cesta que havia preparado com o mestre e seu assistente Manolo. Para mim, esses almoços encantadores mostravam o quanto Diego e Frida se amavam".[6]

Frida cozinha para Diego, mas também para seus amigos. Em uma carta para Bertram D. Wolfe, ela escreve: "Venha o mais rápido possível. Você será recebido com *mariachis*, *pulque* bem fermentado, *mole* de peru e um *zapateado*".[7] Nos dias do "banquete servido com toalhas de mesa compridas", que no México são as refeições dos dias festivos, Frida fica particularmente animada. Os relatos são unânimes. É preciso vê-la a toda na cozinha, repetindo para quem quiser ouvir que não deseja fazer feio com as amigas. Sua reputação como cozinheira está em jogo! É ela quem tempera os pratos, a começar pelo bacalhau, "que precisa estar excepcional". Preparado de acordo com uma receita caseira, ele é acompanhado por uma bisteca de porco com molho agridoce, *tortillas* de batata e salada de abobrinha. É ela quem verifica os ingredientes do *pico de gallo* – uma salada de frutas feita com *jícama*,

4 Ana Cecilia Treviño, dita Bambi, "Frida Kahlo es un mito", *op. cit.*

5 Guadalupe Rivera, *Les Noces de Frida et Diego, Souvenirs et recettes du Mexique*, *op. cit.*

6 *Ibid.*

7 Carta a Bertram D. Wolfe, 24 de março de 1936, em *Frida Kahlo par Frida Kahlo*, *op. cit.*

laranja, pera espinhosa, *xoconostles* e *chile piquín*. E também é ela que se certifica da presença do indispensável feijão preto frito servido com queijo, como em toda refeição mexicana que se preze. Como sobremesa, um sorvete de limão e, para terminar, abacaxi recheado e língua de gato, pecadilhos de Diego... A palavra de ordem? "Botar água no feijão", uma expressão mexicana que significa que deve haver comida em abundância para que todos possam comer à vontade. Para aqueles pequenos momentos de cansaço na cozinha, Frida propõe aos seus ajudantes que dividam copos de tequila com sal e limão!

Na casa de Frida, tudo é motivo para festejar, comer, beber e dançar. Em 1942, Guadalupe Rivera comemora seu aniversário de 18 anos. Frida está no fogão. Prato principal: cozido de fígado de porco e rins de vitela com pimentão e *pulque*. Em seguida: sopa de iogurte, macarrão com espinafre, frango com amendoim. Como sobremesa: pasta de marmelo, goiaba em calda, bolinhos de amêndoa. De passagem, Guadalupe confessa que essas também são receitas de família. Dessas que são passadas de mãe para filha. Nesse caso especificamente, as que sua avó Isabel Preciado preparava para os camponeses que trabalhavam nas terras de seu pai em Zapotlán el Grande, no estado de Jalisco.

Quando volta a morar na Casa Azul, repinta-a de acordo com seu gosto e a decora, Frida gosta de arrumar mesas admiráveis, que para ela são como um ritual. Cada objeto, cada tecido tem seu lugar. Para Frida, arrumar uma mesa é como pintar uma tela viva. Ela usa os talheres que herdou de seus pais. Dispõe tigelas azuis de vidro soprado, pratos com suas iniciais ou outros, mais espetaculares, em faiança maiólica ou esmaltados com estanho, conhecidos como Talavera. Tudo isso sobre uma toalha de mesa de Aguascalientes, branca e com bordado *ajour*. E, é claro, ela finaliza essa obra de arte efêmera com uma decoração floral própria, arrumando em vasos as flores que colheu no jardim e que combinam com as que adornam seus cabelos, na maioria das vezes "mimosas e margaridas amarelas de todos os tamanhos, mescladas com pequenas rosas pálidas e brancas, e jasmins que exalam um perfume estranho e dão a nota final ao conjunto".[8]

8 Guadalupe Rivera, *Les Noces de Frida et Diego, Souvenirs et recettes du Mexique*, *op. cit.*

Comer é praticar a arte da convivialidade. Por isso, quando caminha pelas ruas da Cidade do México, ela gosta de parar em certas lojas que são como refúgios. La Villa Guadalupe, por exemplo, onde ela compra *gorditas de maíz* (tortilhas de milho), recheadas com queijo e torresmo. Essa não é a única loja frequentada por Frida. A anedota a seguir é muito interessante e ilumina a maneira como algumas pessoas veem o casal Diego e Frida, que constituem aquilo que, hoje em dia, chamaríamos de um casal muito midiatizado.

Estamos em um 6 de janeiro, o dia da Epifania. Essa tradição de origem cristã, adotada no México a partir da conquista espanhola, é um evento muito importante para as famílias mexicanas. Come-se uma *rosca de Reyes*, um bolo de Reis. Significativamente diferente da *galette des Rois*, esse bolo tem o formato de uma coroa. É decorado com frutas secas – figos, cerejas, kiwi – e pedaços de pasta de marmelo que simbolizam as pedras preciosas incrustadas nas coroas. A pessoa que tira o feijão ganha o direito de vestir uma estátua de Jesus com roupas novas, depois leva-a para a igreja no dia 2 de fevereiro, dia da Apresentação do Senhor, e oferece aos convidados presentes na festa *tamales* – pedaços de frango ou porco cozido envoltos em palha de milho –, acompanhados de *atole* – uma bebida quente, doce, aromatizada com anis, baunilha, canela, cacau etc.

Assim, nesse 6 de janeiro, Frida decide ir à Cidade do México – Coyoacán fica na periferia – para comprar uma rosca na La Flor de Mexico, uma das melhores confeitarias da capital. Nas páginas que dedica a esse evento, Guadalupe Rivera enfatiza a localização geográfica desse estabelecimento: um bairro chique, burguês, habitado por opositores ferrenhos da Revolução. Nesse dia, o famoso salão de chá está lotado. Toda a velha aristocracia reacionária se encontrou para saborear uma fatia da *rosca de Reyes* acompanhada de chocolate quente ou café com leite. Frida, uma provocadora nata, "choca a burguesia" e tira disso um certo prazer: "Quando ela entrou, seu suntuoso vestido à moda tehuana e suas joias pré-colombianas chamaram a atenção das pessoas, mas assim que reconheceram 'a pintora comunista, a esposa do monstro Diego Rivera', comentários mais ácidos começaram a circular. Nossa chegada provocou uma hostilidade imediata. Eu quis ir embora, mas Frida começou a rir e disse em voz alta: 'Não perca a coragem,

Piquitos, tudo que essas pessoas merecem é ir para o inferno'".[9] De volta ao lar, Frida pode revelar todas as maravilhas compradas na La Flor de Mexico, para deleite dos convivas reunidos para a ocasião: *torta de cielo* (torta de arroz), *tacos* (panquecas com açúcar e creme azedo), *flautas* (panquecas enroladas de Guadalajara), *chalupas* (barquinhas de Puebla) e, evidentemente, as sublimes *roscas de Reyes*.

Para beber: chocolate quente, com água ou leite; chá preto ou de limão; mas também copos altos de bebidas feitas com frutas espremidas. Nada de Coca-Cola, que Frida e Diego consideram o "suco preto do imperialismo". E, finalmente, uma surpresa, porque Frida é sempre cheia de surpresas: em travessas grandes, ela oferece doces feitos por ela mesma – *macarons*, *gaznates*, biscoitos, *petits fours*... Para alguém que declara que não gosta de comer...

A comida é, sim, muito importante. Ela constitui um elo fundamental com o México. Por isso, quando Rina Lazo, uma jovem muralista nascida na Guatemala, é convidada para jantar na casa do casal Rivera em 1947, ela conta que se surpreende com a comida muito apimentada que Frida lhe serve, ao que Diego responde, em um tom quase de brincadeira, que, se ela quiser ser uma boa pintora muralista mexicana, deve começar a gostar de pimenta, ou jamais conseguirá! Em 15 de agosto, quando se celebra a nação, Frida sempre recebe amigos em casa. Todos eles são patriotas, nacionalistas. No México, essa festa dura um mês, estendendo-se refeição após refeição, durante as quais se degustam sopas de peixe, "arroz tricolor" e *chiles* com nozes. Todos esses pratos têm uma particularidade: são verdes, brancos e vermelhos, como a bandeira mexicana.

Durante sua longa estadia nos Estados Unidos, quando está em Detroit, Frida, que não aguenta mais a culinária da *Gringolândia*, decide voltar à culinária mexicana. Depois de encontrar os ingredientes necessários no bairro mexicano, para a surpresa de todos, ela leva para o pintor-muralista e seus assistentes as mesmas cestas que costumava fazer em Cuernavaca! Mas isso não basta e, embora tenha aprendido a gostar de leite maltado, compota de maçã com canela e *cheesecake*, ela

9 Citado por Guadalupe Rivera, *Les Noces de Frida et Diego, Souvenirs et recettes du Mexique*, *op. cit.*

escreve longas cartas para seus amigos dizendo que a comida mexicana lhe faz enorme falta e que tem dificuldade em se acostumar à monotonia da gastronomia americana: "Para meu retorno, quero que você me prepare um banquete de *quesadillas* com flor de abobrinha, com um bom *pulque*; só de pensar me dá água na boca".[10]

A comida ocupa um lugar importante em sua pintura. E, às vezes, quando vemos Frida, é difícil saber se ela está preparando um prato ou organizando os elementos para pintar uma natureza-morta. Assim, quando ela pega um sapoti, um melão, uma fruta-do-conde e bananas cor-de-rosa e os coloca em uma cesta, acrescentando uma pitaia, exaltando sua casca fúcsia e sua polpa cinza-claro pontilhada de pequenas sementes, um agave escarlate com manchas marrons e, acima de tudo, em majestade, uma melancia verde e vermelha, na realidade ela reúne parte dos ingredientes necessários para fazer um guacamole de pimenta.

Em 1938, ela pinta uma série de naturezas-mortas, que chama de Naturezas-vivas, compostas principalmente de frutas: *Tunas, "Frutos do cacto"*; *Pitaias*; *Os frutos da terra*; *Quando a tenho, vida, como a amo*. Em *A noiva assustada ao ver a vida aberta*, uma tela de 1943, Frida opõe o frescor da melancia ao coração de um papaia repleto de sementes, enquanto um abacaxi reina supremo. Cores, formas, escolha de algumas frutas e não de outras: o que se sugere nesses alimentos expostos é o México em seus aspectos mais nacionalistas. Como duas naturezas-mortas de 1951 (*Cocos chorando*, e *Natureza-morta com papagaio e bandeira*) e duas de 1952 (*Natureza-viva* e *Natureza-morta dedicada a Samuel Fastlicht*), decoradas com pequenas bandeiras mexicanas. Sua utilização de alimentos e frutos exuberantes culmina em 1954, na *Natureza-morta "Viva a Vida"*, uma ode à vida em um momento em que a morte se aproxima, expressa nas melancias abertas: "Que fruta extraordinária! Por fora, é toda verde e, por dentro, é de um vermelho e branco intensos".[11]

10 Carta a Isabel Campos, de 16 de novembro de 1933, em *Frida Kahlo par Frida Kahlo*, *op. cit.*

11 Citado por Guadalupe Rivera, *Les Noces de Frida et Diego, Souvenirs et recettes du Mexique*, *op. cit.*

Frida estuda o tema da comida em cerca de vinte telas. Dois quadros o abordam de uma maneira radicalmente diferente. Em *A mesa ferida*, pintada em 1940, a Última Ceia está vazia. Aqueles que poderiam comer alegremente, como nos jantares festivos preparados por Frida, têm diante de si apenas pratos vazios, maculados com vestígios de sangue. E, em 1945, Frida pinta *Sem esperança*, na qual representa a si mesma sendo alimentada à força por uma máquina que se assemelha a um dispositivo de tortura. São os dois extremos de sua relação com a comida.

Um último elemento digno de interesse: ela conta que um dia viu uma mãe amamentando seu bebê. Ela confessa que, quando assiste a uma cena que exala uma certa harmonia, esta lhe traz serenidade. Mas, ao contrário, quando não é esse o caso, ela sente nojo. Ela se lembra de ter sido amamentada por uma ama de leite, mas admite que não se recorda de como mamava, nem da sensação de mamar, e conclui: "O leite me repugna".[12] Essa é a única repulsa alimentar mencionada por Frida, presente na pintura *Minha ama e eu* ou *Eu mamo*, pintada em 1937.

Se tivéssemos que nomear a pintura na qual Frida melhor expressa a ligação que estabelece entre a comida e ela mesma, essa pintura seria, sem dúvida, a natureza-viva intitulada *Tunas, "Frutos do cacto"*. Tunas são cactos, peras espinhosas, típicos do México. Nesse pequeno óleo de 18,5 × 24 cm, há três tunas em diferentes estágios de maturação. Como uma imagem de nascimento, vida e morte. Esse quadro, que retrata uma fruta-alimento, exalta o México em sua integralidade, o país que Frida chama de *Mexicalpán de las Tunas*.

12 *Frida Kahlo Confidences, op. cit.*

Sangue

"Velho sangue de pera espinhosa, o mais vivo e antigo."

Frida está em Detroit desde abril de 1932, quando, em julho, grávida de dois meses, perde a criança. Dois meses depois, ela precisa voltar ao México, acompanhada de sua amiga, a fotógrafa Lucienne Bloch, para visitar sua mãe acamada, que falece em 14 de setembro.

Como sempre acontece com Frida, ela vai usar a dor causada por esses dois eventos para fazer deles uma obra de arte sob o signo do sangue. E, de fato, nesse mesmo ano, ela pinta *Nascimento* ou *Meu nascimento*, representado como um evento traumático: nessa tela, Matilde Calderón y González, com a cabeça coberta por um lençol que é também uma mortalha, parece um cadáver, e a cabeça da criança – a de Frida, reconhecível por suas sobrancelhas grossas e unidas –, que brota do meio das pernas da mulher, está banhada em sangue. Sangue do nascimento, sangue do aborto espontâneo, que escorre aqui pelo pescoço da criança natimorta. "Eu queria fazer uma série de pinturas sobre cada ano da minha vida", diz Frida. "Minha cabeça está coberta porque, quando eu estava fazendo esse quadro, minha mãe morreu".[1] É uma frase que precisamos relacionar com aquela de seu diário em que ela se refere a si como "aquela que pariu a si mesma".[2]

1 Citado por Hayden Herrera, em *Frida, Une biographie de Frida Kahlo*, *op. cit.*
2 *Journal de Frida Kahlo*, *op. cit.*

Como bem sugeriu Rauda Jamis, o sangue está por toda parte na vida e na obra de Frida:

> Sangue. Muito, sim.
> Sangue-vida.
> Sangue-mulher.
> Sangue-dor.
> Sangue-paixão.
> Sangue-coração.[3]

De onde ele vem? Do acidente inicial: quando, em 17 de setembro de 1925, um bonde bate no ônibus em que ela se encontra. Quando os socorristas começam a chegar, tirando os feridos dos destroços, descobrem uma jovem mulher deitada no chão. Alejandro Gómez Arias, seu noivo, que estava com ela no momento da batida, fala em um "corpo vermelho, sangrando".[4] Esse tema do sangue acompanhará Frida por toda a sua vida.

No início, esse sangue é aquele da morte natural. Quando, em 1937, ela pinta *O falecido Dimas Rosas, morto aos três anos de idade*, ela representa o pequeno indígena – morto por falta de cuidados, porque seu pai preferiu confiá-lo aos feiticeiros da aldeia em vez de aos médicos – segundo a tradição dos retratos funerários, sem deixar de acrescentar um toque pessoal realista. Em nenhum momento Frida decide, como queria a tradição dos retratos fúnebres, maquiar a morte, escondê-la dos olhos dos observadores. É como uma morte em processo de acontecer, como uma criança morrendo diante dos olhos de seus pais impotentes: gotas de sangue escorrem da boca do pequeno Dimas, que está de olhos abertos, que está tudo, menos tranquilo. Esse quadro fará parte da exposição de Frida em Nova York em 1938, na Galeria Julien Levy. Ela lhe dará um título que diz muito sobre seu projeto pictórico: *Disfarçado para o paraíso*.

3 Rauda Jamis, *Frida Kahlo*, *op. cit.*

4 Citado por Rachel Viné-Krupa, *Frida Kahlo 1907-1954*, *Portrait d'une identité*, *op. cit.*

O sangue também está presente na morte voluntária, o suicídio. Em 1938, Frida começa uma tela que só terminará um ano mais tarde: *O suicídio de Dorothy Hale*, do qual já falei. Vale lembrar, porém, que essa tela é pintada quando Frida está se separando de Diego, um processo difícil e tumultuoso. Essa jovem em desespero, que se joga no vazio, é ela. É, portanto, ela quem encontramos, nesse quadro particularmente sangrento, particularmente dramático, deitada no chão em uma poça cor de carmim, enquanto filetes de sangue escorrem de sua boca, nariz e orelhas. E, como que para aumentar o drama que se desenrola diante de nossos olhos, Frida inclui, no lado direito da legenda – ela mesma escrita em letras vermelho-sangue –, manchas sanguinolentas que realçam o verbo "se suicidar".

O sangue também está bastante presente quando o assunto são as intervenções cirúrgicas, do mundo hospitalar, nesse corpo esfolado, mutilado, ferido, maltratado. Dois quadros, entre outros, fazem referência a isso: *Árvore da esperança, mantenha-se firme* e *Hospital Henry Ford (O aborto)*. A primeira é uma tela encomendada por Eduardo Morillo Safa, diplomata e colecionador. Nela vemos Frida deitada em uma maca de hospital, com as costas talhadas por cortes profundos e sangrentos. Sentada ao lado dela está uma outra Frida, toda vestida de vermelho, radiante e magnífica, segurando em uma das mãos o colete que logo precisará usar e na outra um pequeno estandarte no qual se lê a seguinte frase: "Árvore da esperança, mantenha-se firme", um verso extraído de uma canção popular de Veracruz, *Cielito lindo*. Esse quadro conta nada mais nada menos que a história da intervenção cirúrgica que Frida acaba de sofrer, em junho de 1946, em Nova York: um enxerto ósseo na coluna. Cinco meses depois, ela envia uma carta a Eduardo Morillo Safa na qual fala sobre essa operação malfeita, que terá consequências graves e terríveis, e sobre o teor da pintura que estava pintando: "Estou quase terminando seu primeiro quadro, que, obviamente, nada mais é que o resultado dessa p... de operação! Estou sentada à beira de um precipício com meu colete de aço na mão. Atrás, estou deitada em uma cama de hospital, com o rosto voltado para uma paisagem; um pedaço das minhas costas está descoberto, e nele vemos as cicatrizes dos golpes de bisturi infligidos pelos cirurgiões, esses 'filhos de... suas mães'. A paisagem é noite e dia. Há um 'squelettor' (ou seja, a morte) fugindo, assustado com minha vontade de viver".[5] No quadro acabado, o "squelettor" desapareceu, mas o sol ardente que fustiga o corpo e uma terra toda rachada de tão seca continuam lá: na mitologia asteca, o sol se alimenta de sangue humano sacrificial.

A segunda tela, *O Hospital Henry Ford*, datada de julho de 1932, foi pintada após Frida sofrer mais um aborto espontâneo e ser hospitalizada no Hospital Henry Ford. Aqui, mais uma vez, o sangue dramatiza a tela: a jovem surge, totalmente nua, em uma poça vermelha que encharca os lençóis de sua cama. Uma lágrima escorre por sua bochecha. Seu ventre ainda está arredondado pela gravidez. Esse sangue, hemorrágico, recobre tudo. É uma tela fundamental na construção da obra de Frida. Diego, que pode ser de uma covardia sem precedentes e de um machismo execrável quando trata do domínio dos sentimentos e da emoção, é de uma precisão extrema ao abordar o trabalho pictórico de Frida. Falando sobre essa tela e das outras que Frida pintou nessa época, ele escreve: "Em Detroit, Frida se põe a trabalhar em uma série de obras-primas sem precedentes na história da arte – pinturas que exaltavam as qualidades femininas da resiliência, da verdade, da realidade, da crueldade e do sofrimento. Nunca antes uma mulher havia colocado na tela tanta angústia poética".[6]

O que Diego observa aqui é realmente fundamental: essa é a primeira vez que uma pintora coloca no centro de seu quadro o sangue menstrual, que é também o sangue do parto, cuja representação era até então proibida. Ao pintar esse sangue, ela pinta o útero, ela pinta as pernas abertas da mulher que pare. *O Hospital Henry Ford (O aborto)* forma, junto com *Nascimento* ou *Meu nascimento*, um díptico feminino.

Esse sangue que corre, que vem do parto, que vem do aborto, que vem da cirurgia, do suicídio, da morte, também pode significar a ferida moral: aquela que Barbey d'Aurevilly afirma que faz os corações sangrarem e, assim, "ouvir em seu peito o sangue que corre";[7] aquela sobre a qual Balzac afirma que tudo que resta é "a sombra e o silêncio".[8]

5 *Frida Kahlo par Frida Kahlo*, *op. cit.*

6 Citado por Patrick Marnham, em *Diego Rivera, Le rêveur éveillé*, *op. cit.*

7 Jules Barbey d'Aurevilly, *Les Diaboliques*, Folio, Gallimard, 2003.

8 Honoré de Balzac, *Le Médecin de campagne*, Le Livre de Poche, Hachette, 1999.

Esse sangue é o que é exibido em *Tunas, "Frutos do cacto"*, aquela natureza-viva de 1938 na qual a pera espinhosa mexicana, sangrenta, é um coração arrancado de um peito. É o coração de Frida, que vive com Diego um relacionamento caótico, o qual terminará em divórcio alguns meses depois. Esse coração machucado é o que encontramos – expressando muito claramente a separação – em *As duas Fridas*. A primeira, com o coração aberto e sangrando, tenta em vão impedir que o sangue escape por uma artéria, manchando de vermelho seu vestido branco. A segunda, com o coração cheio de sangue, segura a mão da primeira, tenta, numa doação final de sangue, trazê-la de volta à vida.

O historiador MacKinley Helm está presente no dia em que Frida, sentada em frente à sua pintura, está no processo de terminá-la. É nessa funesta tarde de dezembro de 1939 que lhe entregam os papéis do divórcio: "Quando eles chegaram, enquanto estudávamos a pintura, quase esperei que ela pegasse o instrumento ensanguentado e o jogasse do outro lado da sala".[9]

Sem dúvida, é com *Umas facadinhas de nada*, a famosa pintura de 1935, que Frida estabelece mais diretamente o vínculo existente entre a dor moral e o sangue. Esse pequeno óleo, vivo como um ex-voto, relembra o assassinato cometido por um marido ciumento que, depois de esfaquear a esposa, diz ao juiz que só havia lhe dado "umas facadinhas". Obviamente, mais uma vez é Frida que também está banhada em seu próprio sangue; um sangue tão abundante, tão vital, que até respinga na moldura em que a tela está montada. Traindo-a mais uma vez, Diego a cobriu de facadas, a fez sangrar, tirou toda a sua vontade de viver.

Num exame mais detalhado, vemos que o sangue está presente em toda a obra de Frida. Observemos *Moisés* ou *Núcleo solar*. Esse quadro, pintado em 1945, nos fala sobre Moisés e Freud, sobre a história do mundo. Cristo está ao lado de Alexandre, o Grande, Gandhi, Stálin, Epicuro e Napoleão. É um quadro ambicioso, potente. Em um comentário sobre ele escrito logo depois de terminá-lo, Frida começa falando de sua decepção – "o quadro me parece agora muito pouco satisfatório

9 Citado por Hayden Herrera, em *Frida, Une biographie de Frida Kahlo*, *op. cit.*

e muito longe de uma boa interpretação de *Moisés e o monoteísmo*",[10] livro que ela ganhou de seu amigo José Domingo Lavín – e então revela por que pintou aquela "maré de sangue". Ela explica que, depois de representar os deuses em seus respectivos céus, quis distinguir o mundo celestial, que aos seus olhos é "o da poesia", da fantasia do mundo terreno, que é "o da angústia e da morte". Esqueletos de homens e animais os separam. À medida que nos afastamos dos deuses, e depois dos homens importantes, gênios, especialistas, pensadores, revolucionários, chegamos à grande massa de humanos, separada desses últimos por uma "maré de sangue" que, aos olhos de Frida, "simboliza a guerra".

Em suma, como a própria Frida admite, o sangue tem muitos significados, dos mais íntimos aos mais abrangentes, dos mais concretos aos mais etéreos. Ele pode significar a dor física e também a dor moral e, portanto, também a tristeza, o desespero, a solidão – aquela que sentimos em *A mesa ferida*.

Ela trabalha sem descanso nesse quadro em janeiro de 1940, ou pelo menos é isso que confidencia em uma carta a Nickolas Muray, na qual escreve que está "trabalhando como louca"[11] para se preparar para a exposição surrealista da qual irá participar. Também nessa obra o sangue escorre à vontade. Mas com que objetivo? Mostrar sua profunda solidão. É uma Última Ceia mortífera. E o sangue está por toda parte. O judas de papel machê sangra, no pé e no peito, assim como a mesa, com seus nós deixando escapar um sangue que se espalha sobre os pés do judas e os do esqueleto. Essa mesa ferida que sangra é a imagem do casamento rompido de Frida e Diego. Quando Frida pinta essa tela, ainda não sabe que no dia 8 de dezembro desse mesmo ano vai se casar novamente com ele. Sim, o sangue acompanha as curvas da vida de Frida, irrigando seus meandros. É ela quem regula seu fluxo, quem o guia. Como o pintor de Jorge Luis Borges, citado em meu prólogo, que, no final da vida, percebe que nada mais fez além de pintar seu retrato, mesmo que tenha feito desvios por paisagens, mares e montanhas,

10 Citado por Rachel Viné-Krupa e Maud Guély, em *Un ruban autour d'une bombe, Une biographie textile de Frida Kahlo*, Nada, 2018.

11 *Frida Kahlo par Frida Kahlo*, *op. cit.*

objetos e pessoas, retratos e autorretratos, Frida sempre volta a si mesma: Frida em martírio.

Observemos o *Autorretrato com colar de espinhos*, pintado, como *A mesa ferida*, em 1940. Ao transformar a coroa de espinhos, um atributo da Paixão de Cristo, em um colar cujos espinhos perfuram seu pescoço e seu peito ensanguentados, Frida amplifica seu sofrimento, o dramatiza, acrescentando a ele um elemento essencial ao universo mexicano. Mas, acima de tudo, ela retrata a si mesma como uma mártir. Os espinhos que a machucam fazem o sangue dela mesma escorrer.

A metáfora proposta por Frida em seu diário – "Tinta, sangue, odor, não sei que tinta usar"[12] – é analisada por Susan Gubar, em *Writing and Sexual Difference* (Escrita e diferença sexual), como particularmente adequada à "produtividade feminina".[13] É necessário ir mais longe nessa imagem da tinta explicitamente assimilada ao sangue. Embora seja verdade que as manchas de tinta que regularmente mancham as páginas do diário e os fluxos que inundam os quadros de Frida sejam de um belo tom de vermelho, esse "sangue de tinta" não é apenas sangue menstrual. É também o sangue nutritivo que parte da artista e volta a ela; ele é nutrido por ela, mas também a nutre.

Em suma, o sangue machuca, leva ao sacrifício, mas também absolve e, portanto, sim, nutre. A tela intitulada *Raízes* ou *El Pedregal*, datada de 1943, é interessante. As raízes, brotando do corpo de uma Frida que está deitada no chão, são cobertas por folhas que, por sua vez, se prolongam elas mesmas por toda uma rede venosa repleta de sangue. Essas terminações, que são como artérias prolongando as veias da artista, não colocam Frida em nenhum tipo de perigo. Essa Frida não perde seu sangue; ao contrário, ela o usa para alimentar a planta. Em suma, uma Frida que nutre, uma deusa que se regenera. É por meio desse sangue que ela comunga e se comunica com as plantas e com a natureza. É por meio desse mesmo sangue que ela está para sempre ligada a Diego, como escreve explicitamente em seu diário: "Meu sangue

12 *Journal de Frida Kahlo*, *op. cit.*

13 Susan Gubar, "Writing and Sexual Difference", em *Critical Inquiry*, vol. 8, n. 2, inverno 1981.

é o milagre que corre pelas veias do ar do meu coração até o seu".[14] Portanto, Elena Poniatowska tem razão – e essa será minha conclusão – quando fala em "uma Frida com um pincel vermelho-sangue mergulhado em seu próprio sangue".[15]

14 *Journal de Frida Kahlo, op. cit.*

15 Elena Poniatowska, "Diego, je ne suis pas seule: Frida Kahlo", em *Frida Kahlo, Un portrait photographique, op. cit.*

Ménagerie

"Nós nos dirigimos em direção a nós mesmos por meio de milhões de seres pedras – seres pássaros – seres astros – seres micróbios – seres fontes em direção a nós mesmos."

Quanto mais difícil sua vida, mais Frida reforça seus laços com a natureza, nos conta Chantal Duchêne-Gonzalez. Quanto mais se sente tomada pelos tormentos da tortura física, mais sua união com a natureza se intensifica: "Ela adora seus cachorros, seus macacos, seus periquitos, animais familiares com os quais se cerca em seus autorretratos. As flores, os frutos a acompanham no dia a dia. A natureza, tanto na forma animal quanto vegetal, invade sua obra".[1]

O interesse de Frida pela natureza aparece muito cedo em sua pintura. Já em 1929, ela pinta um *Retrato de Lupe Marín*, para o qual faz a ex-mulher de Diego posar em um exuberante fundo floral. Trata-se de uma primeira abordagem: usar a natureza como pano de fundo. Haverá outras. Para registro, e em ordem cronológica: *Minha ama e eu* ou *Eu mamo* (1937), *Autorretrato dedicado ao dr. Eloesser* (1940), *Autorretrato com trança* (1941), *Retrato de Alicia Morillo Safa com seu filho Eduardo* (1944), *O sol e a vida* (1947). Todas utilizam um segundo plano formado por folhagens inextricáveis, uma selva de raízes, de caules

1 Chantal Duchêne-Gonzalez, "Frida Kahlo, la visionnaire", em *Frida Kahlo Leo Matiz, Un regard sur le Mexique des années 40*, Paris Musées, 2003.

arborescentes, de folhas emaranhadas. Esse é o caso, por exemplo, de *Pensando na morte* (1943). Nesse óleo de 44,5 × 36,3 cm, Frida surge de frente, com a testa perfurada por uma cavidade na qual repousam um crânio e ossos entrelaçados, como os das bandeiras dos piratas. Atrás dela, há uma parede espessa de grandes folhas nervuradas, de raízes que se enrolam como serpentes e que imaginamos estarem repletas de suco e seiva vital.

Em 1944, Frida pinta *Retrato de doña Rosita Morillo*, um óleo sobre tela montado em masonita, de 76 × 60,5 cm. É o retrato de uma senhora idosa, tranquilizadora à primeira vista na sua maneira de ocupar todo o espaço da tela e de se concentrar na peça que está tricotando, mas, como sempre em Frida, é preciso ir mais fundo para ver o que realmente diz a tela que ela oferece ao nosso olhar. A serenidade do primeiro plano é contrastada com a gravidade do emaranhado vegetal que obstrui, atrapalha, sobrecarrega o espaço logo atrás da mulher idosa: "A escuridão que aparece nos interstícios da folhagem trai a presença da noite, que, para Frida, simboliza o fim da vida. Entre outros sinais precursores da velhice e do último sono, vemos folhas marrons e cinco galhos mortos. No entanto, como sempre, Frida apresenta a morte como um elemento do ciclo da vida: os galhos cinza e nus retêm uma confusão de plantas verdes e espinhosas, cujos arabescos serpenteiam por toda a superfície do quadro e das quais brotam flores, cheias de energia".[2]

Não demora para que essa decoração, esse pano de fundo, não seja mais suficiente. É necessário que aconteça uma invasão, que a exuberância se instale. As flores estão presentes no enorme buquê de *Eu pertenço ao meu dono* (1937), um quadro hoje desaparecido que representa um jarro cheio de flores silvestres, secas, pungentes, vagens inchadas, cachos repletos de suco espesso. Também estão presentes como flores fúnebres em *O falecido Dimas Rosas, morto aos três anos de idade* (1937), e transbordando uma beleza sensual em *Cesta de flores* (1941) e *Magnólias* (1945). Para Frida, é evidente que certas flores se assemelham à genitália feminina, e as flores vermelhas sempre evocam o sangue: a flor engendra. Mas, para isso, a natureza precisa sair do pano

2 Hayden Herrera, *Frida, Une biographie de Frida Kahlo*, *op. cit.*

de fundo, ir além do buquê: precisa se tornar raízes e exuberância. Em uma palavra, não ser apenas uma parte integrante do quadro, mas sim sua própria alma.

A primeira vez que uma natureza exuberante se apropria do espaço nos quadros de Frida é em 1931, em *Retrato do horticultor Luther Burbank*. O famoso horticultor americano, ao qual devemos o desenvolvimento de oitocentas variedades de plantas, é representado por Frida em uma forma meio humana, meio vegetal. Seus pés são raízes e uma planta brota de seu corpo.

Essa pesquisa prossegue em 1939 com *Dois nus na floresta* ou *A própria terra*, quadro no qual duas amantes estão uma contra a outra, como se estivessem protegidas por uma rede de cipós e de grandes folhas que parecem sólidas, quase "emborrachadas". No ano seguinte, é uma Frida deitada em uma cama de dossel, sobre a qual descansa um esqueleto, que aparece em *O sonho* ou *A cama*. Com uma coberta amarela incrustada com uma folhagem tenra, Frida, como uma bela adormecida, não vê a folhagem se espalhando lentamente sobre seu rosto, seus cabelos pretos, se espalhando sobre um travesseiro branco imaculado. *Autorretrato em tehuana* ou *Diego em meus pensamentos*, datado de 1943, sugere uma estranha continuidade entre os fios de renda do tradicional adorno indígena que envolve o rosto de Frida e as nervuras das folhas que o circundam.

O abraço amoroso do Universo, da Terra (o México), eu, Diego e o Señor Xolotl (1949) marca uma etapa importante na abordagem do tema da vegetação. Frida, segurando no colo um estranho bebê Diego menina, está como que fixada a uma deusa-mãe maciça encimada por um *Echinopsis chamaecereus* (cacto de pepino). Nos flancos da deusa, prolifera uma vegetação vigorosa, tipicamente mexicana, composta de suculentas e cactos, embora as raízes não estejam presas na terra. Elas extraem seus nutrientes de todo o cosmos. Essa vegetação não reúne mais somente o homem à terra, mas inscreve a ambos em uma mesma força cósmica que os atravessa.

Pintada seis anos antes, *Raízes* ou *El Pedregal*, como vimos anteriormente, nos mostra uma Frida que alimenta dando à luz uma planta que emerge de sua matriz. Ela representa um oásis de vida no meio de uma terra árida, no momento mesmo em que seu corpo se deteriora e seu sofrimento físico piora sem parar. Dessa vez, o vínculo íntimo que une Frida ao reino vegetal é colocado em evidência. Vestida com uma túnica vermelha e uma saia laranja com babados brancos, ela aparece no meio de um deserto – o da terra vulcânica de Pedregal. Dessa vez, não é a terra que alimenta Frida, mas Frida que nutre e irriga a terra. É Frida que está louca de fertilidade, que faz brotar de sua ferida ventral galhos que correm pelo chão, veias vegetais, raízes-artérias, vasos sanguíneos-lianas. Frida se torna essa planta viva e permanente que sempre quis ser, o elo fértil que une numa mesma respiração a vida e a morte, mas também sua alma à terra do México.

Em contraste com toda essa exuberância vegetal, essa natureza em contínua expansão, não nos surpreende encontrar, em algumas telas, a presença persistente da aridez, do deserto. São as duas faces do México que nos são apresentadas. É a terra árida que serve de pano de fundo em *A coluna partida* (1944), *Sem esperança* (1945) e *Árvore da esperança, mantenha-se firme* (1946). Terras queimadas, terras secas, rachadas, esturricadas pelo sol. O escritor espanhol Ramón María del Valle-Inclán publicou um romance em 1926 intitulado *Tirano Banderas*, que narrava o fim de um ditador sul-americano, Santos Banderas. O subtítulo era *Novela de tierra caliente* (Romance de terra quente), e é exatamente essa terra quente que Frida pinta em algumas de suas telas. É também a terra à qual ela dá todo o espaço, como nesta tela pouco conhecida: *Paisagem*. Pintada em 1946-1947, ela é inteiramente mineral, preto e ocre: chão rachado, fissuras, uma desolação que também pode ser vista em três pequenas aquarelas – uma técnica que Frida pouco usou –, medindo 12 × 18 cm, realizadas em 1951, quando ela passa longas horas em sua cadeira de rodas e é constantemente acompanhada por uma enfermeira, que lhe administra doses cada vez mais fortes de analgésicos. O ponto máximo dessa oposição à exuberância é *Os fornos de tijolos*, uma de suas últimas pinturas, escura, terrosa, pintada como se a maestria pictórica tivesse abandonado a artista.

Esse é um estágio singular de sua aventura pictórica, pois ao mesmo tempo ela pinta uma série de telas cheias de cores e frutas mexicanas. Desespero sombrio de um lado, canto alegre do outro! Se tivéssemos de escolher uma representação feliz da natureza em Frida, obviamente esta seria o que ela chamou de naturezas-vivas. Das 23 presentes em sua obra, dezoito são dedicadas à valorização das frutas mexicanas: a fruta-do-conde; o sapoti ovoide com sementes pretas; a graviola verde-escura de gosto ácido, mas repleta de um suco espesso; o tunas ou pera espinhosa, ao qual Frida dedicou a natureza-viva em 1938; o sapota-mamei, de pele vermelha e polpa marrom-alaranjada; a goiaba com sua pele frágil que varia de verde a amarelo; além da melancia, da laranja, do coco, do limão.

Com exceção de algumas obras, como *Frutos da terra* (1938) e *A noiva assustada ao ver a vida aberta* (1943), a grande maioria dessas naturezas-vivas foi pintada em 1951 e nos anos seguintes. A última delas, uma das mais famosas, é um hino à vida e à melancia, um óleo sobre masonita de 59,5 × 50,8 cm intitulado *Natureza-morta "Viva a Vida"*, pintada pouco antes de Frida morrer.

Acabo de falar sobre a natureza, suas flores, suas raízes, suas folhas de acanto, seus galhos carnudos, seus cipós, suas gavinhas de videira, suas paisagens, seus frutos oferecidos e suculentos. Um elemento essencial desse mundo vegetal, onde a lua e o sol estão unidos – o masculino e o feminino, Quetzalcoatl e Huitzilopochtli – ainda não foi abordado. Na concepção de Frida sobre a natureza, na qual ela é tanto Xipe Totec, o deus da primavera, quanto Tlazoltéotl, a deusa da terra, há um elemento essencial: o animal. Chantal Duchêne-Gonzalez sugere que o animal está presente especialmente nos momentos de crise.[3] Isso é parcialmente verdade – por exemplo, quando Frida deixa o lar conjugal, ela não se esquece de levar seu pequeno macaco-aranha –, mas o animal é uma parte intrínseca de sua vida, assim como é parte integrante da tradição asteca do *nahual* (ou *nagual*) – o *alter ego* animal. Os relatos são unânimes: não apenas Frida, mas também o casal Frida e Diego, vive em um tipo de *ménagerie*[4] permanente, cercado por uma variedade abundante de cactos, plantas tropicais e flores exóticas. No jardim da casa de San Ángel passeia um tamanduá. No pátio da Casa Azul, o visitante encontra macacos-aranha (chamados Caimito del Guayabal e Fulang Chang) – o pintor entre os maias –, cachorros

3 Chantal Duchêne-Gonzalez, "Frida Kahlo, la visionnaire", em *Frida Kahlo Leo Matiz, Un regard sur le Mexique des années 40*, Paris Musées, 2003.

4 Coleção privada de animais vivos, geralmente exóticos, para exibição. (N.T.)

itzcuintli – um companheiro na outra vida –, mas também uma águia de nome Gertrude Caca Blanca, porque cobre o chão com excrementos brancos, caracóis, um cervo apelidado de "Granizo", um casal de perus, sem esquecer dos beija-flores, papagaios, periquitos, gatos. Frida tem um afeto maternal por seus animais – seriam eles os filhos que ela nunca teve? –, como atesta esta carta para sua amiga Emmy Lou Packard: "Acredita que o papagaio Bonito morreu? Eu o enterrei e tudo mais, e chorei muito, lembra-se de que maravilha ele era? Diego também ficou muito triste. A macaca El Caimito pegou uma pneumonia e também quase morreu, mas a 'sulfonamida' lhe fez bem. Seu pequeno papagaio está muito bem. Ele está aqui comigo".[5]

Pouco antes de partir para Paris, em janeiro de 1939, ela envia a Diego uma série de recomendações sobre como tratar seus amados animais: "Meu amor, não brinque muito com Fulang, você viu o que ele fez com seu pobre olho, contente-se em observá-lo de longe, e que ele não machuque você para sempre, porque eu o mato. E o querido guaxinim? Ele deve estar enorme agora. Não o deixe caçar com muita frequência, é ruim para ele".[6]

Em uma outra carta para Diego, de junho de 1940, Frida passa em revista uma lista de seus pequenos companheiros, dos quais ela cuida como se suas necessidades fossem as dos bebês: "Seus pequenos [animais] estão bem. A cachorrinha toda pequenininha, o papagaio e o guaxinim estão comigo, os dachshunds e o burro estão na casa de Arámburo, e eu deixei a macaca em San Ángel, mas Mary não a quer se Manuel não ficar, então vou trazê-la para cá".[7]

A presença excessiva de animais ao redor de Frida não agrada a todos. É verdade que os filhos de Cristina, Antonio e Isolda, como se pode ver em fotos antigas da família, se divertem com eles, especialmente com a cachorrinha apelidada de "*la señora Xolotzin*" (feminino de "*el señor Xolotl*"), mas outras pessoas ficam um pouco desconcertadas, como Gisèle Freund quando, em janeiro de 1950, constata que sempre sai do pátio da Casa Azul com as roupas cheias de fezes de

5 *Frida Kahlo par Frida Kahlo, op. cit.*

6 *Ibid.*

7 *Ibid.*

pombos; ou Jacqueline Lamba e André Breton em sua visita ao México em abril de 1938. Apesar da decoração no estilo Douanier Rousseau[8] do pátio da Casa Azul, é difícil para eles tolerar o grande número de animais, ou a visão inesperada do tamanduá andando livremente entre os vasos de agave em San Ángel.

Em *Frida íntima*, Isolda P. Kahlo conta algumas anedotas deliciosas, confessando que o papagaio Bonito come manteiga e adora beijar os convidados, enquanto um outro papagaio macho, bêbado de cerveja e tequila, grita para quem quiser ouvir: "Nunca vou me recuperar dessa maldita bebedeira!". Ela também nos revela que a macaquinha-aranha, Caimito, é tão apaixonada por Diego que recebe o apelido de "*la rival más salvaje de Frida*" (a rival mais selvagem de Frida). Sempre que Frida se aproxima do marido, Caimito mostra os dentes e grita. Quanto a Diego, de todos os animais da *ménagerie*, ele gosta mais das galinhas: "Porque elas dão ovos frescos dos quais ele não conseguiria abrir mão!".[9]

Já a muralista californiana Emmy Lou Packard, que viveu por um tempo na casa de Frida e Diego, nos conta que o par de perus cinzentos que perambulam entre as fontes, esculturas astecas e suculentas são uma fonte especial de diversão quando se envolvem em intermináveis desfiles amorosos, aos quais a fêmea parece pouco receptiva até que o macho pula sobre ela, batendo no chão com os pés, com as asas firmemente abertas. A atriz americana Marjorie Eaton, na época com cerca de 30 anos, futura Miss Persimmon em *Mary Poppins*, conta que, enquanto almoçava na Casa Azul, teve a banana que estava comendo gentilmente subtraída por um macaco-aranha que enrola a cauda em seu pescoço. E o que dizer de uma famosa rainha da beleza, cujo nome não mencionaremos, de quem a macaca apaixonada por Diego tira sangue com uma mordida, na frente do próprio Diego, que fica encantado ao ver essas duas "rivais" brigando? Por fim, a romancista Sylvia Reyes, bisneta do grande escritor Alfonso Reyes, conta que sua mãe e sua tia

8 "Aduaneiro Rousseau", referência a Henri Rousseau (1844-1910), pintor francês que trabalhava como inspetor da alfândega. Pouco apreciado pelo público e pela crítica durante seu tempo de vida, é mais conhecido por obras que têm como tema a natureza exótica. (N.T.)

9 Isolda P. Kahlo, *Frida íntima*, *op. cit.*

lhe disseram que, quando Diego e Frida vinham visitá-las na casa da família em Capilla Alfonsina, elas se escondiam, assustadas com a aparência gigantesca de Diego e o macaco "manso" de Frida.[10]

De todos os animais que povoam a Arca de Noé em Coyoacán, três aparecem várias vezes nas pinturas de Frida: o papagaio, o cachorro e o macaco.

Em 1942, Frida pinta *Autorretrato com macaco e papagaio*. No ano anterior, ela havia pintado *Eu e meus papagaios* – em que aparece de blusa branca, cercada por quatro pássaros – e *Autorretrato com Bonito*. Essa série de autorretratos, iniciada em 1937, na qual ela se retrata de busto ao lado de seus animais de estimação, e que obtém um certo sucesso – artístico e comercial – entre seu público de burgueses abastados, empresta da mitologia ameríndia o tema do pequeno animal protetor – o já citado *nahual* –, que acompanha, defende e protege. Aqui, há dois deles: um macaquinho e um papagaio. Mas isso não parece ser suficiente para proteger Frida. A folhagem ao seu redor está repleta de formas de vida ameaçadoras: lagartas a comem, uma teia de aranha é tecida entre as folhas que circundam o rosto e os cabelos de Frida. É preciso dizer que essas telas foram pintadas em um momento específico de sua vida: Frida atravessa um novo período de dificuldades financeiras, precisa lidar com uma depressão nervosa persistente, a guerra assola a Europa e seu pai, Guillermo Kahlo, morre em abril.

O segundo animal de estimação muito presente em suas telas é o cachorro. E não um cachorro qualquer: um cachorro pelado-mexicano, da raça itzcuintli, cujos ancestrais remontam aos astecas. Como já mencionamos, Frida chama seu cachorro de "*el señor Xolotl*" e sua cadela de "*la señora Xolotzin*", nomes que não são escolhidos ao acaso. Xolotl é um deus asteca com cabeça de cachorro que supostamente conduz as almas dos mortos para Mictlan, a terra dos mortos. Em uma página de seu diário, datada de janeiro-fevereiro de 1953, ela desenha seu *nahual* e escreve com tinta azul: "Senhor Xolotl EMBAIXADOR Chanceler da República universal de Xibalba Mictlan Chanceler Ministro Plenipotenciário Aqui – *How do you do M. Xolotl?*".[11]

10 Falas colhidas pelo autor.

11 *Journal de Frida Kahlo, op. cit.*

O cachorro Xolotl é um elemento importante de sua "*ménagerie*". Olga Campos é estudante de psicologia na Universidade Nacional Autônoma do México quando decide um dia visitar Frida Kahlo. Ela ainda não havia realizado as famosas entrevistas que faria mais tarde com ela, nem era amiga de Frida. Quem a apresenta a Frida é a nova enfermeira desta última, Amelia Abacasle, uma jovem refugiada espanhola. É a primeira vez que Olga Campos entra na Casa Azul. A primeira coisa que ela vê são os cachorros de Frida: "Amelia e Frida estavam tomando sol no pátio *de las ollas* (o pátio com os vasos) e me convidaram para entrar. Frida estava sentada a uma mesa, com três xoloitzcuintles, aqueles cães astecas sem pelos dos quais eu tinha ouvido falar, mas que nunca tinha visto antes. Eles têm só uma pequena crista na cabeça, um tufo na cauda, e sua pele reluz como se estivessem cobertos de óleo. Quando me viram, latiram, mas Frida os chamou e eles foram até ela, abanando o rabo e espalhando as pombas no pátio".[12]

O cão Xolotl também é, aos olhos de Frida, uma imagem da felicidade. Separada de Diego, que precisou passar por uma cirurgia, ela lhe escreve uma carta em 21 de abril de 1947: "Sinto sua falta a um tal ponto que sou incapaz de explicar, mas meu único desejo é que você melhore e que volte muito rapidamente a morar comigo e com o *señor* Xolotl e a *señora* Xolotzin".[13]

Em uma primeira tela, intitulada *Cão Itzcuintli e eu*, de 71 × 52 cm, pintada em 1938, Frida surge majestosa, com um vestido tradicional, escuro, de babados brancos, cabelos para trás, um penteado severo, um longo colar no pescoço, braços cruzados, sentada em uma cadeira. A seus pés, um minúsculo cachorro Itzcuintli, como os fotografados por Gisèle Freund em 1950. Seguiu-se uma outra pintura, de 1945, intitulada *Autorretrato com macaquinho*, na qual o macaco divide os holofotes com um Itzcuintli.

A presença de um cachorro pelado-mexicano em *O abraço amoroso do Universo, da Terra (o México), eu, Diego e o Señor Xolotl*, embora secundária nesse quadro tão carregado de cores, símbolos, formas e referências autobiográficas, é interessante. Esse Xolotl, cujo nome em

12 *Frida Kahlo Confidences, op. cit.*

13 *Frida Kahlo par Frida Kahlo, op. cit.*

náuatle significa “estrela da noite”, está aqui no exato lugar que lhe é atribuído pela mitologia asteca: na parte escura do quadro, noturna, já que seu papel consiste em conectar o mundo dos vivos ao dos mortos. É esse mesmo papel simbólico, potente, que lhe é atribuído em uma das *naturalezas vivas*, de 1951, na qual ele é representado ao lado de um conjunto de frutas mexicanas, entre uma pequena bandeira com as três cores nacionais – verde, branco e vermelho – e uma outra com o nome de Samuel Fastlicht, o médico que acompanhou Frida durante os meses de sofrimento que ela acaba de atravessar: ela passou por sete operações na coluna vertebral, contraiu uma infecção grave devido a enxertos ósseos que não deram certo e agora só consegue se locomover em uma cadeira de rodas. O cachorro Xolotl está no centro da tela. Não está vivo. É um cachorro de cerâmica escura com um limão amarelo na cabeça: ironia suprema de Frida enfrentando a morte, às gargalhadas. Esse cachorro sem vida é, de fato, aquele cuja missão é acompanhar os defuntos em sua jornada para o mundo dos mortos, o mundo do qual Frida acaba de escapar mais uma vez.

Mas o animal de estimação que Frida mais pinta é, sem dúvida, o macaco-aranha. Com ele, ela abole os limites entre o mundo animal e ela mesma. Por exemplo, no autorretrato *Fulang-Chang e eu*, pintado em 1937, ela faz com que a textura de seus cabelos seja absolutamente idêntica à dos pelos do macaco. Um presente de Diego, Fulang Chang foi o mais famoso macaco-aranha que Frida teve. Acostumado a viver em liberdade, tanto na Casa Azul quanto em San Ángel, Diego nunca para de brincar com ele. No ano seguinte, Frida pinta *Autorretrato com macaco*. Seguem-se outros dois, pintados em 1940. Um novo *Autorretrato com macaco*, muito escuro, austero, noturno, mas também um *Autorretrato com beija-flor e colar de espinhos*. Este último, como o nome sugere, também coloca em cena outros animais. O pescoço de Frida sangra, esfolado pelos espinhos do colar. Um colar estranho, feito de pequenos galhos entrelaçados dos quais pende um beija-flor – morto. Seres vivos são necessários para tirar Frida de seu desespero, de seu martírio. Ela então escolhe acrescentar borboletas, uma libélula, um gato e, finalmente, um macaco-aranha.

Ela ainda não terminou com os macacos... Em 1943: dois novos autorretratos, o primeiro com macaco e papagaio; o segundo com macacos – quatro no total, em seu braço, em seus ombros, nas folhas que a cercam. Em 1945, ela pinta *Autorretrato com macaco* e *Autorretrato com macaquinho*. O último é interessante em mais de um aspecto. Vemos uma fita tomar um caminho singular: ela circunda a assinatura da artista, cinge o queixo de uma pequena estatueta pré-colombiana e, finalmente, circunda o pescoço de Frida, o de um cachorro Xolotl e o de um macaco-aranha. É um autorretrato extremamente sombrio. A fita está presa por um prego, como os da Paixão de Cristo, que simboliza o sofrimento de Frida. A fita mais estrangula do que prende, e é amarela – uma cor que, na gama cromática da pintora, é sinônimo de doença e de loucura. É a última aparição de um macaco em uma pintura de Frida, mas não de um animal.

Em 1954, ela pinta um óleo que permanece inacabado. O traço é desajeitado. Intitulado *Autorretrato com o retrato de Diego no peito e Maria entre as sobrancelhas*, retrata uma Frida Kahlo muito estática, de frente, contra um fundo noturno desértico. Maria é uma mulher com quem Frida teve um relacionamento romântico – ela ocupa o lugar do sexto chakra, situado acima da ponte do nariz e entre as sobrancelhas, conhecido como o "terceiro olho". Mas não é isso que nos interessa. Um animalzinho preto, de olhos amarelos e orelhas pontudas, vela sobre o ombro esquerdo de Frida. Ele zela por ela, a protege e usa a mesma gargantilha que ela. O *nahual* pronto para acompanhá-la ao outro mundo.

Em minha opinião, um quadro pintado em 1946 reúne tudo o que a liga ao mundo vegetal-animal e tudo o que ela coloca de si mesma nessa pintura, que jamais deixa de ser autobiográfica. Trata-se da famosa *Veado ferido* ou *Pequeno veado*. Nessa tela, Frida exprime de uma só vez, como diz com precisão sua amiga Ella Wolfe, o suplício da vida com Diego e sua dor física. O dr. Philip D. Wilson acaba de operar sua coluna, realizando um enxerto ósseo. Forçada a usar novamente um colete de aço por oito meses, suas dores são tão intensas que ela precisa recorrer à morfina, cujas doses aumentam a cada dia. É tudo isso que Frida expressa nesse quadro, no qual ela surge com o corpo perfurado por flechas.

Mas há mais uma coisa. Ela jamais expressa seu sentimento de unidade com tudo aquilo que é vivo tão intensamente quanto ao pintar essa criatura híbrida – com o corpo de um cervo e a cabeça de Frida coroada com chifres. Aqui, ela abole definitivamente as fronteiras entre a artista e o mundo vegetal. Não nos esqueçamos de que o veado, ferido, ocupa um lugar especial na cultura mexicana. Canções folclóricas são dedicadas a ele, poemas de amor como os de Juana Iñés de la Cruz o celebram, e Frida gosta de ser fotografada na companhia de seu pequeno cervo, Granizo – como em uma imagem feita por seu amante Nickolas Muray em 1938, nos jardins da Casa Azul... Na véspera da amputação de sua perna direita em agosto de 1953, sua amiga Adelina Zendejas envia a ela um veado em argila com um macaquinho nas costas, junto com um bilhete no qual deseja que ela saia da operação tão alegre quanto esse pequeno veado.

Transformando-se ela mesma em um veado, Frida reivindica mais uma vez seu pertencimento à história asteca do México, em cujo pensamento, crenças e rituais ele desempenha um papel essencial. Ela é a indígena que sabe que o homem é apenas um elemento no todo maior, como as plantas, os animais, as árvores, os insetos, o sol, o vento. Na mitologia asteca, tudo é continuidade e renascimento. O homem pode ser um animal, uma árvore, uma montanha, uma pena, uma canção, lágrimas.

Não apenas nesse quadro, mas em toda a sua obra e em sua vida, Frida expõe uma visão animista do mundo. Sim, o homem, assim como as plantas ou os animais, não passa de um fragmento do universo. É isso que ela expressa em algumas páginas de seu diário, como aquelas em que desenha símbolos e animais flutuando em torno de rostos enormes e coloridos. Encontramos o sinal do yin e do yang, um grifo, um pássaro egípcio, mas também pegadas, códices, amuletos mágicos. Tudo se torna um símbolo. Tudo está em tudo: a terra, os animais, o ser humano. Tudo é natureza: "Não somos nada mais do que uma função ou parte de uma função total [...] somos [...] planta – terra – luz – raio – e – desde sempre – mundo criador de mundos – universos e células universos".[14]

14 Citado por Hayden Herrera, *Frida, Une biographie de Frida Kahlo*, *op. cit.*

O dinheiro

"Eu me recuso a ser para Diego só uma preocupação financeira."

Frida escreve essa frase em uma carta para seus amigos Ella e Bertram D. Wolfe, em outubro de 1934. É verdade que o dinheiro sempre foi um grande problema para ela, mas é importante ressaltar que, quando ela envia essa carta, está passando por um momento particularmente difícil, pois acaba de descobrir que Diego a está traindo com sua irmã Cristina. É uma carta terrível. O que se coloca é toda a questão de sua independência financeira: "Desperdicei a maior parte do meu tempo vivendo às custas de um homem, me contentando em fazer o que eu achava que era bom e útil para ele. Nunca pensei em mim mesma e, depois de seis anos, ele me diz que a fidelidade é uma virtude burguesa, que só existe para melhor explorar e obter alguma vantagem econômica".[1]

O momento é crucial. Frida pensa em se mudar para Nova York. Mas, muito rapidamente, descarta essa possibilidade: ela não tem dinheiro suficiente. Do que ela viveria? Escolhe, então, uma outra solução. Com o dinheiro que Diego havia lhe deixado, ela compra um apartamento, "barato", diz ela, porque não queria voltar para San Ángel, onde "sofreu tanto". Agora ela mora na avenida Insurgentes, número 432. Recusando-se a ser para Diego apenas um problema financeiro, ela escolhe se separar.

1 *Frida Kahlo par Frida Kahlo, op. cit.*

No fundo, tudo que ela fez até então foi seguir Diego para onde quer que ele tivesse encomendas: Cuernavaca, São Francisco, Nova York, Detroit e de novo Nova York. E quando o casal planeja retornar ao México, só consegue fazê-lo graças à generosidade dos amigos, que contribuem para a compra das passagens de volta. Como confidencia Isolda P. Kahlo com pudor, o dinheiro nunca foi muito importante na vida do casal: "Eles estavam mais preocupados com as necessidades do motorista, da cozinheira, dos pais, da senhora vendedora de flores do mercado ou de qualquer criança carente".[2]

Essa questão do dinheiro é um problema recorrente que acompanhará Frida durante toda a sua vida. Assim que cruza com o dr. Leo Eloesser, por volta de maio-junho de 1931, que, mais do que um médico, se tornará um verdadeiro confidente e, segundo alguns, até mesmo um amante, ela se pergunta como pagar por suas consultas.

É bom lembrar aqui que Frida vende sua primeira tela em novembro de 1938 – um pequeno óleo sobre metal, de 16,5 × 12 cm, emoldurado pela própria Frida em uma moldura artesanal de estanho de Oaxaca, intitulado *O sobrevivente*. Seu comprador, Walter Pach, um pintor americano, historiador da arte e grande promotor das vanguardas na primeira metade do século XX, compra-o pela modesta quantia de 100 dólares. Frida, então separada de Diego, passando por um divórcio e assombrada por pensamentos suicidas, descreve essa tela como "um reflexo de sua situação pessoal, sua solidão, símbolo de sua sobrevivência em um mundo tão instável".[3] Quanto à pequena estátua de terracota pré-colombiana, perdida no vasto deserto que a circunda – único personagem do quadro –, ela é, para Frida, o símbolo da insegurança, que faz com que, para ela, uma cidade como a Cidade do México seja agora tão incerta e mutável. Fora de circulação por décadas, *O sobrevivente* só reapareceu 72 anos depois, em um leilão na Christie's, em Nova York, em 2010. Com lances a partir de 100 mil e 150 mil dólares, foi vendida pelo valor recorde de 1.178.500 de dólares.

Como muitos pintores, Frida vendeu suas pinturas ao longo de sua vida, com mais ou menos sucesso. Se excluirmos alguns estetas,

2 Isolda P. Kahlo, *Frida íntima*, op. cit.

3 *Survivor*, em www.fridakahlofans.com

conhecedores e caçadores de gênios, são essencialmente os representantes da alta burguesia que encomendam suas obras, que podem ser agrupadas em duas categorias: os retratos e as naturezas-mortas. O engenheiro Eduardo Morillo Safa, uma figura importante do primeiro grupo, encomenda a ela nada menos que cinco retratos em 1944: o seu próprio, o de sua esposa Lupita, de sua filha Mariana, da avó Doña Rosita, do jovem Eduardo e de sua mãe Alicia. Em 1947, é a vez de seu dentista, o dr. Samuel Fastlicht, encomendar um autorretrato dela, no qual ela surge vestida de tehuana.

É preciso dizer que ela fez um acordo com ele: pagaria seus tratamentos dentários com pinturas. Assim, em 1951, ela "oferece" a seu mecenas duas *naturalezas vivas*, acompanhando o presente com um bilhete: "Meus molares estão maravilhosamente bem graças a você".[4] Marucha Lavín, esposa do engenheiro José Domingo Lavín; Natasha Gelman, esposa do engenheiro Jacques Gelman, ambos colecionadores eméritos, e o engenheiro Marte R. Gómez encomendam retratos a ela, respectivamente, em 1942, 1943 e 1944. Já ao arquiteto Sigmund Firestone, ao médico Leo Eloesser e a María Félix, atriz e amante, ela dedicará retratos dela mesma. Podemos acrescentar à lista, não desprezível, de compradores Carillo Gil, um amigo de Inés Amor, que compra *Árvore da esperança, mantenha-se firme*, e Arcady Boytler, que escolhe *O pequeno veado* ou *O veado ferido*. A sra. Florin Aquin é dona de *Diego e eu*; o engenheiro Eugenio Riquelme, de *O abraço amoroso do Universo, da Terra (o México), eu, Diego e o Señor Xolotl* – que Frida gosta de chamar de *O abraço na Terra*. Por fim, podemos acrescentar à lista a compra, por Helena Rubinstein, provavelmente durante sua viagem ao México em 1941, de uma *naturaleza viva*, hoje desaparecida.

Quando Frida oferece suas pinturas como presentes, essa é também uma forma de pagar suas dívidas, reais ou morais, como no caso de *Autorretrato com o retrato do dr. Farill* ou *Autorretrato com o dr. Juan Farill*, que ela lhe dá em 1951 porque sua saúde melhorou e ela se sente grata a ele e, de alguma maneira, devedora. Todos os pintores recebem encomendas de burgueses ricos, mas isso de modo algum é um

4 *Frida Kahlo par Frida Kahlo, op. cit.*

descrédito para sua obra, que muitas vezes é feita para "sobreviver", como escreve Jean-Marie G. Le Clézio em *Diego e Frida*. Frida, por exemplo, considera que *Retrato de Doña Rosita Morillo* é um de seus melhores quadros.

Em seu relacionamento com Diego, há duas Fridas. A primeira é a que administra a vida cotidiana – o que Diego é incapaz de fazer. É o que atesta esta carta que ela lhe envia em 11 de junho de 1940, quando, após o ataque a Trótski, ele vai se esconder em São Francisco: "Vou cortar o telefone da casa grande; diga-me se você combinou com Mary de ela pagar a luz, o telefone e a água da casa pequena, e se eu que devo pagar essas contas. Até agora, eles pagaram todas as contas em dia".[5] A segunda Frida é aquela que é incapaz de administrar as transações financeiras relacionadas à venda de suas telas. Conta-se que, diante de compradores em potencial, ela é capaz de dizer a eles que, com a quantia que estão dispostos a pagar por uma de suas pinturas, eles poderiam encontrar outras muito melhores em outro lugar, em outra galeria ou visitando o ateliê de um outro pintor! Frida está sempre dividida entre o desejo por reconhecimento e um constrangimento que não consegue conter. "Tenho direito à atenção que recebo? Minha obra vale mesmo alguma coisa?" É Diego quem cuida das transações. Assim, quando, no final de 1938, o ator e colecionador Edward G. Robinson compra quatro pinturas dela de uma só vez, por um total de 800 dólares, é Diego quem se encarrega da transação. Um entusiasta, ele escreve imediatamente ao crítico de arte Sam A. Lewisohn: "Amarga e terna, dura como o aço e frágil e fina como as asas de uma borboleta, gentil como um belo sorriso e atroz como a amargura da vida, esta é a sua obra. Eu a recomendo a você não porque sou seu marido, mas como um admirador fanático de sua obra".[6] A primeira reação de Frida a essas vendas é dizer aos amigos que finalmente está livre para fazer o que quiser, para viajar, para sair, "sem ter que pedir um centavo a Diego!".

O dinheiro, sempre o dinheiro, que continua sendo o grande problema. É preciso dizer que, entre o pagamento dos tratamentos médicos; certas despesas extravagantes, como a compra de obras de arte que

5 *Ibid.*
6 Citado por Raquel Tibol, *Frida Kahlo, una vida abierta*, Editorial Oasis, México, 1983.

Diego adora – no final de sua vida, sua coleção havia chegado a 55.481 peças –; e os delírios do próprio Diego, que prefere não descontar os cheques que lhe são enviados porque ir ao banco o incomoda, Frida tem muito trabalho a fazer. Em novembro de 1939, no entanto, uma solução parece ter sido encontrada. E se ela se candidatasse a uma bolsa da Fundação Guggenheim?

Um dossiê é montado. Ela tem dois padrinhos de prestígio: Meyer Schapiro, um renomado historiador de arte, e Carlos Chávez, um dos compositores mexicanos mais influentes do momento. A carta que ela envia a este último, pedindo que ele a ajude a reunir as informações necessárias para sua candidatura, é um desnudamento completo de si mesma. Ela confidencia a ele que começou a pintar aos 12 anos de idade, que não é de nenhuma escola, que não reivindica nenhuma influência, que busca, acima de tudo, uma expressão pessoal e, por fim, enumera suas exposições, que foram duas: uma em Nova York, em 1938, na galeria de Julien Levy; e a outra em 1939, em Paris, na galeria Renou & Colle.

Ela faz nessa carta uma outra confissão que nos interessa: nomeia as coleções particulares que possuem algumas de suas obras. Além das já mencionadas, aparecem os nomes da sra. Sam Levinson, Clare Booth Luce, Salomon Sklar, sr. Edgar Kaufmann, Nickolas Muray, Conger Goodyear, além do dr. Roose. Ela também cita seus apoiadores: Diego Rivera, Pablo Picasso, Sam Levinson, Marcel Duchamp, William Valentiner, diretor do Detroit Museum, e, finalmente, o já mencionado Conger Goodyear.

O dossiê é enviado a Henry Allen Moe com uma carta de Carlos Chávez: "Frida, como você sem dúvida sabe, é uma artista extraordinária. Ela sempre pintou, desde que era pequena. Quando se casou com Diego, tornou-se mais conhecida, mais admirada, mas apenas entre o pequeno grupo de amigos íntimos de Diego. Todos nós ficamos impressionados com sua incrível sensibilidade, seu refinamento. Ela faz seu trabalho com maestria [...]. Como esposa de Diego, nunca teve que se preocupar com contingências financeiras. Mas as coisas estão muito diferentes agora. Ela acabou de se divorciar de Diego, portanto não pode mais considerar seu trabalho apenas do ponto de vista artístico. Sugeri que Frida se candidatasse a uma bolsa do Guggenheim. Francamente, não consigo pensar em um caso mais óbvio de uma artista que precisa e merece ser estimulada pela Fundação".[7]

A carta de Meyer Schapiro é ainda mais elogiosa: "Ela é uma excelente pintora, de uma real originalidade, uma das artistas mexicanas mais interessantes que conheço. Seu trabalho não fica atrás das melhores pinturas de Orozco e Rivera; em alguns aspectos, é mais autenticamente mexicano do que o deles. Se ela não tem o senso de tragédia e heroísmo deles, está mais próxima da tradição mexicana e do senso da forma decorativa que conhecemos".[8]

Na carta resumo que envia a "Carlitos" Chávez, Frida conclui com estas palavras: "Estou trabalhando em quadros de grande formato, que exigem muito trabalho. Preciso de tranquilidade para pintar, e não consigo 'manter as contas em dia'. É por isso que estou me candidatando à bolsa Guggenheim".[9] O tom está definido. É o tom da dossiê. Ele é redigido em espanhol, cheio de erros ortográficos, mal construído, pouco convincente. Claramente, Frida não tem os códigos, as conexões certas, o apoio certo, não bateu nas portas certas e, como se diz, não "se promoveu" de forma nenhuma. Os homenzinhos grisalhos se recusam a lhe conceder a bolsa à qual ela tinha direito e, é claro, não acrescentam à recusa nenhuma explicação.

De volta à estaca zero. Depois de enviar à sua amiga Dolores del Río o quadro que lhe havia prometido, *Dois nus na floresta* ou *A própria terra* – "Fiquei feliz em saber que você gostou do quadrinho das garotas nuas" –, ela lhe envia a seguinte súplica: "Estou terrivelmente envergonhada por não ter conseguido lhe enviar os 250 dólares que você tão generosamente me emprestou. [...] Se você puder esperar um pouco, eu lhe enviaria 100 paus por mês e poderia lhe pagar com mais facilidade toda essa grana".[10]

A pergunta é sempre a mesma. Como viver sem pedir dinheiro a Diego, quando a venda de suas telas não é suficiente para pagar suas dívidas do cotidiano? Frida pode contar com seus amigos, numerosos

7 Notas, em *Frida Kahlo par Frida Kahlo*, *op. cit.*
8 Citado por Hayden Herrera, *Frida, Une biographie de Frida Kahlo*, *op. cit.*
9 *Frida Kahlo par Frida Kahlo*, *op. cit.*
10 *Ibid.*

e muito presentes. Anson Conger Goodyear lhe diz continuamente que queria outra de suas obras, mas que deseja escolher com prioridade entre as expostas na Julien Levy, em Nova York, e a incentiva a não aceitar mais nada de Diego, acrescentando que, se ela precisar de dinheiro, basta avisá-lo que ele o enviará a ela. Anita Brenner, antropóloga americano-mexicana, se oferece para ajudá-la a pagar suas despesas médicas. Frida não está sozinha. O dr. Valentiner se preocupa com a possibilidade de ela estar sem dinheiro e lhe dará algum se ela quiser. Mary Sklar lhe envia dinheiro algumas vezes, e Nickolas Muray decide lhe enviar uma quantia mensal para que ela arque com suas despesas. Como tudo isso é difícil! Ela não quer receber mais nenhuma ajuda material de Diego, mas também não gostaria de depender de nenhum outro homem. Em uma avaliação provisória de sua relação com o dinheiro, ela escreve: "Grana: pequena quantia, quase nada, mas o suficiente para as necessidades mais urgentes: comida, roupas, despesas diversas, cigarros e, de vez em quando, uma boa e velha garrafa de tequila Cuervo a 350 pesos o litro".[11]

A vida de Frida não é uma linha reta, menos ainda seu relacionamento com Diego. Em setembro de 1940, quando Diego ainda está em São Francisco, ela decide ir para lá a fim de se submeter a um tratamento médico prescrito pelo dr. Eloesser, mas também para encontrar Diego, com quem, como sabemos, ela planeja se casar novamente, com certas condições. Ela exige total liberdade sexual para ambos, nenhuma relação sexual entre os dois, e, acima de tudo, sua independência financeira: "Quero arcar com minhas necessidades financeiras com meu próprio trabalho. Quero pagar metade das despesas da casa". Diego aceita, e uma nova aventura começa. Será que vai ser tão diferente da que ela acabou de viver? Frida tem só 33 anos de idade.

Em 1943, contratada como professora por doze horas semanais pela novíssima Escola de Pintura e Escultura do Ministério da Educação, La Esmeralda, ela finalmente recebe um salário. É o famoso episódio dos Fridos. Mas o experimento é interrompido por seu mau estado de saúde.

11 Carta a Ella e Bertram D. Wolfe, 1944, em *Frida Kahlo par Frida Kahlo*, *op. cit.*

Existe uma questão que raramente é discutida, mas que é importante: Frida nunca buscou cortejar possíveis mecenas. Em essência, ela é com eles como foi com os jurados da Fundação Guggenheim: intransigente, honesta, direta, é pegar ou largar. Da mesma forma que pode ser "charmosa" na vida, em sua atitude em relação a possíveis amantes homens e mulheres, ela também pode ser frágil em determinadas situações.

A encomenda, já mencionada, de Clare Boothe Luce em memória de sua amiga, a atriz Dorothy Hale, é um exemplo perfeito. Clare esperava uma pintura comemorativa, mas recebe uma tela sangrenta, que ela inicialmente recusa, antes de aceitá-la com a condição de que a pintora modifique a legenda que acompanha o quadro. Vários anos depois, é a esposa do presidente mexicano Manuel Ávila Camacho que recusa a natureza-morta que Frida acaba de pintar para decorar sua sala de jantar. Motivo: as conotações fortemente sexuais das frutas e flores nesse exuberante óleo redondo de 63 cm de diâmetro. Como poderia ser diferente? A pintura de Frida é tudo, menos decorativa. Ela nunca poderia seguir outros caminhos que não os de sua paisagem interior, tão estranha, tão singular, que não se contenta em chocar a burguesia, mas a perturba profundamente. Lembremos da carta a Chávez: "Meu trabalho consiste em eliminar tudo o que não vem dos motivos líricos internos que me levam a pintar".[12]

Frida é incapaz de fazer a menor concessão, mas, acima de tudo, tem o maior desprezo pelos colecionadores de arte. Quando fica sabendo da morte de Albert Bender, um grande colecionador e zeloso defensor da obra de Rivera, que em 1931 havia encomendado a Frida um retrato do casal – *Frieda e Diego Rivera* ou *Frieda Kahlo e Diego Rivera* –, ela escreveu uma carta terrível para seu amigo Eloesser: "Não fiquei muito triste com sua morte, porque não gosto de Colecionadores de Arte. Não sei por que, mas agora, a cada dia que passa, a arte em geral me faz vibrar menos, e especialmente aquelas pessoas que exploram o fato de serem 'conhecedoras de arte' para se vangloriarem de terem sido 'escolhidas por Deus', muito frequentemente me dou melhor com

12 *Frida Kahlo par Frida Kahlo*, *op. cit.*

carpinteiros, sapateiros etc. do que com todo esse bando de idiotas, supostamente civilizados, que chamamos de 'pessoas cultas'".[13] Na carta que escreve a Nickolas Muray, irritada por não conseguir encontrar a data da morte de Dorothy Hale, o que a impede de terminar sua pintura, ela diz: "É urgente que essa Claire Luce finalmente receba seu quadro, para que possa me enviar sua grana".[14]

O dinheiro acaba não entrando nos cofres. É uma batalha constante. Seu livro de contabilidade, datado do outono de 1947, revela que, como não consegue encontrar compradores com rapidez suficiente para *As duas Fridas*, ela o vende por um preço irrisório ao Museu de Arte Moderna da Cidade do México, onde a obra permanece até hoje.

Falei anteriormente sobre o *Retrato de Marucha Lavín*, a bela tela em forma de medalhão na qual, no centro, a esposa do engenheiro José Domingo Lavín, que encomendou a pintura, aparece vestida com a camisa multicolorida das mulheres de Iucatã, a região de onde ela veio. Estamos em 1942, e mais uma vez Frida está enfrentando problemas financeiros, mas o dia 6 de julho se aproxima, seu aniversário. Ela quer organizar uma grande festa, uma daquelas refeições suntuosas em que ela é tão boa. A pintura ainda não está terminada. Em alguns dias, ela estará pronta. É preciso ir logo, sem perder tempo. Com o quadro entregue e o dinheiro no bolso, Frida organiza sua festa. Guadalupe Rivera, então com 18 anos, recorda: "Frida convidou meia Cidade do México! Contratou *mariachis* e pediu a Concha Michel e a Chabela Villaseñor que viessem vestidas à moda tehuana e trouxessem seus violões. Por fim, recomendou aos convidados que estivessem prontos 'para comer de tudo, se divertir e cantar a plenos pulmões', pois a festa entraria noite adentro".[15]

Um outro elemento contribui para essa eterna falta de dinheiro: a doença, que impede Frida de produzir com regularidade e abundância. Em 1946, enquanto pinta *Árvore da esperança, mantenha-se firme* e aguarda o dinheiro do Prêmio do Ministério Público, que ganhou por seu *Moisés* ou *Núcleo Solar* – "Ainda não o recebi! Você sabe como eles

13 *Ibid.*
14 *Ibid.*
15 Guadalupe Rivera, *Les Noces de Frida et Diego, Souvenirs et recettes du Mexique*, *op. cit.*

são, esses canalhas retardados",[16] escreve ela a Eduardo Morillo Safa –, ela explica a quem quiser ouvir que seu médico acaba de lhe dar uma boa notícia: agora ela podia pintar duas horas por dia. Embora ela não siga as recomendações do dr. Wilson, já que passou a trabalhar três horas por dia por conta própria, está muito longe dos dias intermináveis que Diego passa em seus andaimes, onde, segundo dizem, para não perder tempo e trabalhar da manhã à noite, ele usa fraldas que o impedem de realizar suas funções naturais.[17]

O pacto que Diego e Frida fizeram em 8 de dezembro de 1940 mudou a relação deles com o dinheiro durante os catorze anos em que ainda viveram juntos? Sim, tanto na forma como no conteúdo. Frida faz questão de, na medida do possível, dividir as despesas da casa, chegando ao ponto de dar a Diego a propriedade de um terreno que possuía e vender seu apartamento na avenida Insurgentes para ter algum dinheiro disponível. Estabelece-se um verdadeiro intercâmbio entre eles. Às vezes é Diego quem ajuda Frida financeiramente, às vezes o contrário, como no dia em que Frida, que estava doente, confidenciou à sua enfermeira que precisava absolutamente encontrar forças para pintar, porque "Diego não tem mais um centavo".[18] Mas cada um cuida das suas contas. Mesmo que à custa de muitos sacrifícios, Frida conquista a independência financeira que preza acima de tudo.

Entretanto, é preciso reconhecer que a leitura de sua correspondência, estritamente do ponto de vista das situações relacionadas ao dinheiro, acaba virando uma ladainha. Uma antologia: "Imploro-lhe que me envie 200 pesos, pois tenho de pagar as contas de todas as casas";[19] "Esqueci de pedir a ele a grana antes de partir, por isso estou sem um centavo";[20] "Vou implorar para que me faça um favor: me adiante o dinheiro da próxima semana, pois não me resta um centavo".[21] Em dezembro de 1941, ela escreve para Emmy Lou Packard: "Diga aos

16 *Frida Kahlo par Frida Kahlo*, *op. cit.*

17 Falas relatadas ao autor por Sylvia Reyes.

18 Citado por Hayden Herrera, *Frida, Une biographie de Frida Kahlo*, *op. cit.*

19 Carta a Alberto Misrachi, 1935, *Frida Kahlo par Frida Kahlo*, *op. cit.*

20 *Ibid.*

21 *Ibid.*

Arensberg que eu gostaria que eles comprassem de mim *Minha ama e eu* ou *Eu mamo*, seria uma grande ajuda. Especialmente no momento, pois estou totalmente sem dinheiro. Você não imagina como eu preciso do dinheiro![22] Às vezes, a pressão era insuportável. Em 17 de novembro de 1941, uma carta para Alberto Misrachi: "Você poderia me adiantar 500 pesos para dezembro? Não consegui enviar para Nova York o retrato que me pediram e estou de novo na miséria".[23] Em 10 de dezembro, novamente para Alberto Misrachi: "Vou incomodá-lo novamente para pedir um adiantamento de 500 pesos para janeiro".[24] E quando Paulette Goddard compra sua *A cesta de flores*, ela apenas comenta: "Na verdade, a pintura que Paulette comprou de mim só serviu para quitar os 'pagamentos atrasados' que eu estava arrastando".[25] Em 29 de outubro de 1953, alguns meses antes de sua morte, ela escreve a Dolores del Río: "Imploro que me passe o dinheiro que me prometeu (1.000 pesos) pela pintura. Nem tenho mais como pagar os médicos e os remédios. [...] Se você estiver em casa, tenha a bondade de enviar o dinheiro ao assistente de Diego (em cheque ou em espécie), ele é de total confiança".[26]

Eu pergunto: e se essa relação com o dinheiro vier antes de mais nada do que alguns chamam de "síndrome do impostor"? Vamos relacionar essa pergunta às palavras da muralista María Izquierdo, primeira mulher mexicana a expor seu trabalho fora do México – no Art Center de Nova York, em 1930 –, que diz, essencialmente, que não é fácil ser mulher e ter talento. Em resumo, Frida não sabe como se vender porque não tem autoconfiança, duvida constantemente de sua capacidade de concluir uma obra. Podemos dizer que uma parte de sua relação com o dinheiro vem dessa dificuldade, dessa impossibilidade. É exatamente isso que ela expressa na carta a Ella e Bertram D. Wolfe, na qual, depois de garantir que sem Diego ela não é "nada além de lixo", ela diz: "Não valho nada, não sei fazer nada, não consigo

22 Carta a Lou Packard, 1941, *Frida Kahlo par Frida Kahlo, op. cit.*
23 Carta a Alberto Misrachi, 1941, *Frida Kahlo par Frida Kahlo, op. cit.*
24 *Ibid.*
25 *Frida Kahlo par Frida Kahlo, op. cit.*
26 *Ibid.*

me sustentar; minha situação parece tão tola e ridícula que vocês não podem imaginar como me exaspero e me detesto".[27] Quando ela envia essa carta, em outubro de 1934, já pintou uma dúzia de autorretratos, incluindo o *Autorretrato "O tempo voa"*, o *Autorretrato com colar*, o *Autorretrato na fronteira entre o México e os Estados Unidos* e trinta de suas telas mais importantes: *O ônibus*, *Retrato do horticultor Luther Burbank*, *Frida e a cesariana* ou *O hospital*, *O Hospital Henry Ford* ou *A cama voando*, *O nascimento* ou *Meu nascimento*, *Meu vestido está pendurado lá...*

27 *Ibid.*

Surrealismo

"Eu detesto o surrealismo, essa manifestação decadente da arte burguesa."

Essa frase foi extraída de uma carta escrita por Frida Kahlo para o crítico de arte e fotógrafo Antonio Rodríguez em 1950. Como de costume, Frida não mede as palavras. Ela prossegue: "Alguns críticos tentaram me classificar como surrealista, mas eu não me considero uma. Na verdade, não sei se meus quadros são surrealistas ou não, mas sei que são a expressão mais franca de mim mesma. O surrealismo nada mais é do que um desvio da verdadeira arte que as pessoas esperam receber do artista".[1]

Podemos resumir o relacionamento de Frida com o Surrealismo a essa violenta rejeição? Quando e como ela passa a conhecer esse movimento? Se existe algo como um Surrealismo internacional, ele chegou ao México? Quando? Encontram-se vestígios dele em Cuba, com Alejo Carpentier, que fica amigo de Robert Desnos em 1928; no Chile, onde seus membros se reúnem em torno da revista *Mandrágora*; no Peru, em torno do poeta César Moro; na Argentina, onde, em 1926, dois anos após a publicação do *Manifesto surrealista* de André Breton, Aldo Pellegrini funda o primeiro grupo surrealista da América do Sul com Marino Cassano, Elias Piterbarg e David Sussman. E o México? Embora Octavio Paz descreva seu país natal como o "espelho mag-

1 *Frida Kahlo par Frida Kahlo, op. cit.*

nético do surrealismo",[2] não se pode dizer que ele tenha despertado um grande interesse em Frida Kahlo e seus amigos. Em contrapartida, muitos dos surrealistas europeus que visitaram o México na década de 1930 permaneceram no país durante a guerra de 1939-1945: Luis Buñuel, Leonora Carrington, Max Ernst, Mathias Goeritz, Kati e José Horna, Juan Larrea, Wolfgang Paalen, Benjamin Péret, Alice Rahon, Remedios Varo, Eva Sulzer etc. Nos círculos que frequentam, encontram-se Álvarez Bravo, Juan O'Gorman, Manuel González Serrano e, em menor medida, Frida Kahlo.

O primeiro surrealista a permanecer no México por um longo período, de fevereiro a outubro de 1936, que, embora excluído do grupo e agora chamado de "canalha" e de "carniça", continua a propagar seus valores, é Antonin Artaud. Dizendo-se um promotor da "irrupção inédita de um mundo tangente ao real",[3] ele dá uma série de palestras na Universidade do México, intitulada "Mensagens Revolucionárias"; publica artigos no *El Nacional*; e entra em contato com vários artistas e intelectuais do país, como o poeta e diplomata José Gorostiza. Mas não há nenhum vestígio de qualquer encontro entre Frida e Antonin Artaud, da menor influência de um sobre o outro. A pintora que, na época, fascina o criador do *Teatro da Crueldade* é María Izquierdo.

Artaud, que experimenta um "entusiasmo considerável"[4] pelo México, é um dos visitantes europeus que melhor compreenderam sua essência. No capítulo intitulado "O México e a civilização", extraído de seu livro *Os Tarahumaras*, ele escreve: "Talvez seja uma ideia barroca para um europeu ir buscar no México os fundamentos vivos de uma cultura cuja noção parece desmoronar aqui; mas confesso que essa ideia me deixa obcecado; existe no México, ligada ao solo, perdida nos fluxos de lava vulcânica, vibrando no sangue indígena, a realidade mágica de uma cultura cujos fogos precisariam de pouco para serem reacendidos materialmente. [...] Se o México atual copia a Europa, para mim é a civilização da Europa que deveria perguntar ao México qual é seu segredo. A cultura racionalista da Europa faliu, e eu vim à terra do

2 Octavio Paz, "Poema circulatorio", em *Estrella de tres puntos*, Vuelta, 1996.

3 Antonin Artaud, em *Le Théâtre et son double*, Folio, Gallimard, 1ª ed., 1938.

4 *Ibid.*

México buscar os fundamentos de uma cultura mágica que ainda pode brotar das forças do solo indígena".[5]

Portanto, se Frida toma conhecimento do Surrealismo, não é por meio de Artaud. Será que pode ter descoberto os manifestos surrealistas por meio da imprensa da época? Será que sabia da importância de Dalí, um pintor que expôs em 1931 e 1934 na galeria de Julien Levy, que abrigaria as pinturas de Frida em 1938? Mas, mais uma vez, não existem provas de nada disso, exceto por estas palavras ditas a Nickolas Muray em novembro de 1939: "Esse famoso Pierre Colle é o negociante de Dalí e de outros grandes nomes do surrealismo".[6]

Algumas pessoas sustentam, o que é concebível, que quadros como *Si Adelita* ou *Los Cachuchas* e *Retrato de Miguel N. Lira*, que estão entre suas primeiras telas – são pintadas em 1927 –, mostram que Frida não ignora em nada as pesquisas propostas na Europa pelos pintores cubistas ou futuristas. Uma pintora de 20 anos tem o direito de reconhecer suas influências.

O primeiro encontro real de Frida com o Surrealismo, como sabemos, ocorre durante a viagem de Breton ao México. Encarregado pelo Ministério das Relações Exteriores de dar no país uma série de palestras, é o papa do Surrealismo em pessoa, acompanhado de sua esposa Jacqueline, que chega à Cidade do México em 18 de abril de 1938. Vindo com o apoio do poeta Saint-John Perse, Breton é recebido por Diego Rivera. É verdade que ele está lá para descobrir nesse país que considera "o lugar surrealista por excelência"[7] uma nova dimensão do surrealismo, e para escrever, com Diego Rivera e Trótski, um "manifesto para uma arte revolucionária independente", mas sua primeira surpresa nasce do encontro com Frida Kahlo e sua obra. Depois de ficar com Lupe Marín por alguns dias, Breton e sua esposa se instalam na casa de Diego e Frida em San Ángel, partindo apenas alguns meses depois, em 1º de agosto.

Nesse meio-tempo, uma vida a seis – Diego e Frida, André e Jacqueline, Léon e Natalia – se organiza. Viagens extraordinárias de carro

5 Antonin Artaud, *Les Tarahumaras*, L'Arbalète, 1963.
6 *Frida Kahlo par Frida Kahlo*, *op. cit.*
7 "Souvenir du Mexique", *Minotaure*, n. 12-13, 1939.

nos arredores da Cidade do México mantêm os três casais ocupados por dois meses, divididos entre vários carros e acompanhados por doze guardas. O que eles veem? Sem uma ordem específica: a planície torrada de Teotihuacán e suas pirâmides sacrificiais, o mosteiro-fortaleza de Acolmán, a catedral neogótica de Tepic, o estranho campo de lava do Pedregal, as orquídeas da serra de Taxco, os horizontes infinitos do Deserto dos Leões, o Popocatépetl e o Iztaccíhuatl, vulcões cobertos de neve, os jardins de flores escarlates repletos de beija-flores de Cuernavaca, a pirâmide de Xochicalco, e Toluca, e Tenayuca e Calixtlahuaca, todos testemunhas vivas das culturas indígenas. Ao longo das estradas acidentadas, eles cruzam com vendedores de facas de caça, revólveres, câmeras fotográficas, lanternas de bolso, relógios, corais. Diego tem razão: "Aqui começam as coisas sérias, a nossa realidade, a dos nossos sonhos e da nossa imaginação".[8]

Os piqueniques são alegres, as noites são alcoólicas, para dormir encontram-se hoteizinhos, às vezes até se vai ao cinema em um vilarejo perdido, e o camarada Trótski se esconde debaixo de um lenço e assiste a um faroeste rindo à vontade.

Com frequência, as mulheres, cansadas das discussões sobre o estatuto da arte antes e depois da Revolução, aproveitam para jogar cartas, vasculhar os mercados, passear pelos vilarejos e, por fim, fumar em paz e se maquiar, duas atividades que Trótski não suporta e não para de repetir: "As mulheres não devem fumar, é deselegante! Nem se maquiar, é uma perda de tempo!".[9]

Durante esse período, Breton faz anotações, escreve e se impregna desse México, "surreal em seu relevo, em sua flora, no dinamismo que a mistura de suas raças lhe confere e também em suas mais altas aspirações",[10] mas, acima de tudo, como escrevi anteriormente, ele cai no feitiço da mulher que chama de "Frida Kahlo de Rivera", que lhe aparece "em 20 de abril de 1938, em um dos dois cubos – não sei se no azul ou no vermelho – de sua casa transparente [...], em tudo semelhante às

8 Citado por Patrick Marnham, *Diego Rivera, Le rêveur éveillé*, *op. cit.*

9 Jean Van Heijenoort, *De Prinkipo à Coyoacán, sept ans auprès de Léon Trotski*, *op. cit.*

10 André Breton, citado por Christine Frérot, *Théorie au pays des esprits*, Mélusine n. XIX, L'Âge d'Homme, 1999.

estatuetas de Colima, pela atitude, e também adornada como uma princesa lendária, com encantamentos nas pontas dos dedos, no traço de luz do pássaro *quetzal* que deixa opalas no flanco das pedras ao voar".[11]

Frida o seduz, mas ainda mais sua pintura. Como se, de repente, ele se deparasse com o que tinha vindo procurar: uma pintura que responde espontaneamente aos princípios do Surrealismo, um Surrealismo em seu estado puro. A cena da descoberta se passa no escritório de Trótski, na Casa Azul: "Na parede do escritório de Trótski, admirei por muito tempo um retrato de Frida Kahlo de Rivera feito por ela mesma. Com um vestido com asas de borboleta douradas, é bem realmente com esse aspecto que ela entreabre a cortina mental. A nós nos é dado assistir, como nos melhores dias do romantismo alemão, à entrada de uma jovem dotada de todos os dons da sedução, acostumada a se mover entre homens de gênio".[12]

A pintura que ele descreve é a que Frida deu a Trótski quando terminou com ele – *Autorretrato dedicado a Leon Trótski* ou *Entre as cortinas*. Uma outra pintura se aproxima mais dos critérios de Breton: *O que eu vi na água* ou *O que a água me deu*, que ele considera uma obra-prima surrealista absoluta. Voltarei a ela mais tarde. Portanto, aos seus olhos, a questão está resolvida, Frida é uma surrealista que não sabe disso, ele pode recebê-la na grande seita da qual é o guru: "Quais não foram minha surpresa e alegria ao descobrir, ao chegar ao México, que sua obra, concebida em total ignorância das razões que podem ter feito meus amigos e eu agirmos, estava florescendo com suas últimas telas em pleno surrealismo".[13]

O que Frida acha de tudo isso? Só coisas ruins. Enquanto Diego é visivelmente seduzido por André Breton, Frida o é muito menos. Ela acha que ele só fala sobre coisas sem importância e é de um pedantismo insuportável ao explicar e ela seu México, "essa terra vermelha, essa terra virgem impregnada do sangue mais generoso, terra onde a vida do homem não tem preço, sempre pronta como o agave a perder de

11 André Breton, "Frida Kahlo de Rivera", em *Le Surréalisme et la peinture*, Gallimard, 1965.
12 *Ibid.*
13 *Ibid.*

vista que a exprime a se consumir em uma flor de desejo e perigo".[14] O que ela odeia acima de tudo é sua maneira de tomá-la por uma idiota sem nenhuma cultura artística, que não conhece nada sobre os movimentos de vanguarda, sendo que ela e Diego recebem em San Ángel artistas de toda a Europa. O Surrealismo não a interessa, mas isso não significa que ela ignora sua existência! E, além do mais, essa maneira de se comportar como um ditadorzinho é insuportável: como ele pode se arrogar o direito de rotulá-la de surrealista se ela não está nem aí para o Surrealismo?

Uma frase basta para explicar o que ela pensa do cavalheiro: "O problema com o Señor Breton é que ele se leva tão a sério!".[15] Uma foto revela tudo sobre a não relação entre Frida e Breton. Ela é tirada em 27 de maio de 1938, na estrada para Puebla. Uma foto em preto e branco. Ao fundo, as arcadas de um palácio em ruínas, as colunas que as sustentam escondidas sob plantas trepadeiras. Frida, com o olhar perdido ao longe, muito bonita, mas como que ausente, tem um ar quase entediado. Ao lado dela, André Breton, de barriga para a frente, mãos atrás das costas, olha direto para a câmera, altivo, desdenhoso, como se fosse o único a ser fotografado... Nada se passa entre eles. Uma distância. Uma incompreensão. É Jacqueline Lamba quem tira a foto.

E depois, como levar a sério um homem que não passa de um ladrão? Explicação: dissemos que, entre duas sessões de trabalho, os três casais viajavam pela região ao redor da Cidade do México. Em uma de suas excursões, eles param perto de Puebla para visitar uma igreja. Breton, fascinado por essas obras-primas da arte popular, os ex-votos, coloca uma meia dúzia deles debaixo do paletó. Sem escrúpulos, porque diz que aquele é um ato supremo de anticlericalismo. Frida fica horrorizada; Trótski dá ao ladrão uma bela lição de moral política: "Meu caro André, como os bens eclesiásticos pertencem ao Estado desde a Revolução de 1907, não são os padres que você está roubando, mas o povo mexicano".

Nos últimos dias de julho de 1938, Breton e Jacqueline precisam retornar à França. A guerra ameaça, e ele corre o risco de ser convocado.

14 "Souvenir du Mexique", *Minotaure*, *op. cit.*
15 *Frida Kahlo par Frida Kahlo*, *op. cit.*

Em 1º de agosto, embarcam no transatlântico *Ibéria*. Mas, antes de partir, o Señor Breton não cede: Frida pertence à grande corrente surrealista, ela deve ir a Paris, deve mostrar suas pinturas lá. Padrinho ambíguo, ele garante que vai organizar para ela uma exposição.

Em vez de estreitar os laços com os surrealistas, a viagem a Paris só ampliará a distância que separa Frida dos adeptos do movimento. Fora de si, ela escreve a seus amigos cartas de uma violência sem precedentes. Os surrealistas? "Merda e nada além de merda, é isso que eles são".[16] Paris? "Uma cidade podre".[17]

Antes de Paris, Frida passou por Nova York, onde o carismático Julien Levy, proprietário de uma pequena galeria especializada em Surrealismo na East 57th Street, organizou para ela sua primeira exposição individual, ocorrida de 25 de outubro a 14 de novembro. Sucesso imediato. Metade das 25 pinturas é vendida. Chovem críticas elogiosas. Frida finalmente encontra seu lugar. É Breton quem escreve o texto do catálogo: "Não há pintura mais exclusivamente feminina no sentido de que, para ser mais tentadora, ela consente de bom grado em se mostrar alternadamente a mais pura e a mais perniciosa. A arte de Frida Kahlo é como uma fita colorida amarrada ao redor de uma bomba".[18]

Recapitulemos. O ano é 1939. Frida conheceu Breton e os surrealistas e participou de duas exposições patrocinadas por eles. Isso faz dela uma pintora surrealista? No sentido em que Breton entende o termo, certamente não. Um novo capítulo no vínculo frouxo que pode aproximá-la do movimento parisiense ocorre em janeiro de 1940, quando é realizada a "Exposição Internacional do Surrealismo" na Galería de Arte Mexicano de Inés Amor. Seus organizadores são Breton – o qual, retido em Paris, é a grande ausência –, César Moro, Diego Rivera e Wolfgang Paalen, que, tendo chegado ao México no ano anterior, se apaixona e se estabelece no país, onde publicará seis edições de uma revista de curta duração chamada *Dyn*.

Essa exposição é o grande evento cultural do ano no México. Frida, que não se engana, escreve com certa ironia a Nickolas Muray:

16 *Ibid.*

17 *Ibid.*

18 André Breton, "Frida Kahlo de Rivera", *Le Surréalisme et la peinture*, *op. cit.*

"A exposição surrealista será inaugurada no dia 17. No México, todos vão participar dela, até parece que eles todos se converteram ao surrealismo".[19] Vários artistas são convidados, divididos em dois grupos. No primeiro, os artistas mexicanos: Carlos Mérida, Agustín Lazo, Antonio Ruiz, El Corcito, Manuel Rodríguez Lozano, José Moreno Villa, Roberto Montenegro, Guillermo Meza... No segundo, os artistas internacionais, aqueles de renome mundial: Dalí, Duchamp, Ernst, Kandinsky, Klee, Magritte, Miró, Picasso, Giacometti, Ubac, Tanguy, Man Ray, De Chirico, Paul Delvaux, Meret Oppenheim, Matta Echaurren, André Masson, Henry Moore, Arp, Kurt Seligmann, Humphrey Jennings, Hans Bellmer. Mas também Manuel Álvarez Bravo, Diego Rivera e Frida Kahlo – que estão divorciados há menos de um mês: os três participam da inauguração.

Convites com as bordas queimadas anunciam o horário de abertura – 23 horas –, assim como a presença de Isabel Marin, toda vestida de branco, com uma cabeça de borboleta, supostamente representando a "Aparição da Grande Esfinge da Noite". O catálogo é prefaciado por César Moro, que escreve: "Pela primeira vez em séculos, assistimos a uma combustão celestial no México. Mil sinais se misturam, visíveis na conjugação de constelações que recriam a brilhante noite pré-colombiana. A noite mais pura do novo continente, onde um grande sonho de potencialidades faz se chocarem as poderosas mandíbulas das civilizações do México e do Peru. Países que conservam, apesar da invasão dos bárbaros espanhóis e de seus sucessores de hoje, mil pontos luminosos que rapidamente se unirão à linha de fogo do surrealismo internacional".

Diego exibe *Majandrágora Aracnilectrósfera en sonrisa* e *Minervegtanimortvida*, pinturas tão vertiginosas que Frida não encontra "palavras para descrevê-las",[20] ou ao menos é o que ela garante a Sigmund Firestone. Quanto a Frida, ela comparece com duas telas, pintadas às pressas para que possam ser incluídas na exposição: *A mesa ferida* e *As duas Fridas*.

19 *Frida Kahlo par Frida Kahlo, op. cit.*
20 *Ibid.*

Na realidade, essa grande missa surrealista tem gosto de cinzas, como a noite da inauguração, conservadora e burguesa. Depois da tragédia da Guerra Civil Espanhola, a Europa agora era esmagada pela bota nazista, e o movimento surrealista está em processo de morte. Há algo de medíocre nessa festa pusilânime e de infantil nessa exposição no fim do mundo. Frida certamente não se deixa enganar, mas é pragmática. Ela precisa desse reconhecimento, dessa oportunidade, ela, que tão pouco participa de exposições. Um artigo contundente é publicado na edição 28 da revista *Letras de México*. Assinado por Adolfo Menendez Samara, intitula-se: "Surrealismo, igual a zero?".

É fato: Frida não foi surrealista. Mas isso impede que o Surrealismo ofereça algumas chaves à sua pintura, para a compreensão ou a interpretação de seu universo tão pessoal, tão interior? No *Dictionnaire général du surréalisme et de ses environs* (*Dicionário geral do surrealismo e seus entornos*), Gilles A. Tiberghien, professor associado de filosofia, faz de Frida Kahlo de Rivera a (*sic*) "segunda esposa do pintor mexicano Diego Rivera, descoberta por Breton durante sua viagem ao México em 1938", e termina seu artigo com a seguinte afirmação: "O valor da obra de Frida Kahlo é o mesmo que Breton atribui a qualquer obra digna desse nome: ela 'dá' para o destino interior".[21] Quanto à obra representada, seu título é *My nurse and I*! Em uma palavra: a senhora de Rivera, descoberta por Breton, dá a suas telas títulos em inglês...

Analisemos algumas das obras de Frida para ver se elas se encaixam no molde definido por Breton. A primeira que tanto o fascinou foi *O que eu vi na água* ou *O que a água me deu*, um óleo sobre tela de 91 × 70,5 cm, que por muito tempo se pensou ter sido pintado em 1938, quando na verdade data de 1934. Quando Breton para em frente a essa tela, depois de detectar vínculos com a pintura de Dalí e o universo de Hieronymus Bosch, ele não pode deixar de apontar as correlações entre essa obra pictórica e o trabalho dos surrealistas: "Esse quadro, que Frida Kahlo de Rivera estava concluindo, ilustrava, sem saber, a frase que eu acabara de ouvir da boca de Nadja: 'Eu sou o pensamento na banheira no cômodo sem espelhos'".[22]

21 Gilles A. Tiberghien, *Dictionnaire général du surréalisme et de ses environs*, PUF, 1982.
22 André Breton, "Frida Kahlo de Rivera", *Le Surréalisme et la peinture*, *op. cit.*

Não se pode dissociar vida e criação, há sempre uma passagem de uma para a outra, uma operação de vasos comunicantes sempre acontecendo. Em Frida Kahlo, esse é um verdadeiro caso de manual. Tudo está dado. Basta observar, juntar os fatos para compreender e analisar. Observemos com atenção *O que eu vi na água*. Nessa tela, que é apresentada como um devaneio povoado por uma dúzia de pequenas cenas inquietantes ou dramáticas, de imagens nebulosas, de reminiscências, de símbolos da sexualidade e da morte, flutuando em uma banheira cheia de uma água salobra, notamos dois pés, um dos quais tem uma fratura sangrenta que vai até o dedão. Em seu diário, um dos últimos desenhos mostra esse mesmo pé direito, mergulhado em uma mancha de cor que o incha e deforma. Frida Kahlo acrescenta uma legenda: "Pegadas e impressões do sol". Sabemos que, desde 1932, o pé direito de Frida a faz sofrer terrivelmente com úlceras repetidas. Operada uma primeira vez em 1934, ela tem cinco falanges amputadas. Uma segunda operação é realizada em 1935: encontramos vários ossos sesamoides, perto das articulações e na espessura dos tendões. A cicatrização, muito lenta, leva seis meses, durante os quais ela mal consegue andar. Terceira operação em 1936: remoção dos ossos sesamoides, nova cicatrização muito lenta; tudo em vão, pois a úlcera trófica não desaparece. Essa água, portanto, não é uma água realista: o que ela representa é uma paisagem interior. Mais precisamente: Frida pinta de maneira realista uma paisagem que não o é. A carta que ela escreve em outubro de 1934 para Alejandro Gómez Arias nos dá a chave do enigma. Descrevendo uma pintura que pretende fazer – que não é nada menos que *O que eu vi na água* –, ela escreve: "Não consegui organizar o desfile de tarântulas e outras criaturas".[23] Essa descrição é luminosa: ela remete aos insetos e aos outros personagens que caminham sobre a corda que a estrangula enquanto ela se afoga, em uma pintura que se chamará *O que eu vi na água* ou *O que a água me deu*.

As representações dos dramas e tragédias que ela atravessa em seus quadros não têm nada a ver com uma concepção surrealista do mundo. Frida opta por uma visão viva, vitalista do mundo, e não por uma abordagem intelectual como a sugerida pelo Surrealismo. Basta olhar

23 *Frida Kahlo par Frida Kahlo, op. cit.*

atentamente para *Lembrança da ferida aberta* (1938), *O suicídio de Dorothy Hale* (1938-39), *O sonho* ou *A cama* (1940), *O sol e a vida* (1947), que mostram uma exploração particular da imaginação que pode ter feito Breton confundir bexigas com lanternas. E o que dizer de *Flor da vida*, uma natureza-viva pintada em 1943 e datada de 1944 na qual o pistilo fálico que ocupa o centro do quadro tem um estigma em forma de glande e uma corola em forma de vagina? Do estigma brota um orgasmo explosivo, um buquê de esperma. Surrealismo ou descrição interior de uma sexualidade exacerbada?

Ao longo dos anos, ela continua a atravessar esse Surrealismo, que não passa de uma aparência, às vezes em eventos menos importantes. Conhecemos o papel desempenhado pelos cadáveres esquisitos na mitologia surrealista: Frida os adora. É um jogo que causa furor. Sob o reinado de Luís XIV, os aristocratas jogavam *hoca*, reversi, piquê, *hombre*, lansquenê e faraó; os surrealistas, quando não estão entregues a "sonhar acordados", jogam "cadáver esquisito". Lucienne Bloch, a amiga fotógrafa de Frida, nos dá um relato fundamental no qual relembra que ela – que não é nada tímida –, "não sabia onde enfiar a cara e corou como uma adolescente" ao ver Frida, que, numa grande gargalhada, diz "ser uma pornógrafa", dotar seus cadáveres esquisitos com pênis eretos pingando esperma, mulheres com peitos enormes, sexos femininos peludos e úmidos de prazer.[24]

Mas, evidentemente, é em sua pintura que algumas pessoas não deixam de ver referências ao Surrealismo, como na estranha tela de 1938 intitulada *O sobrevivente* ou em um pequeno óleo de 1945, *O pintinho*, que talvez remeta a Max Ernst, mas no qual a presença de aranhas, de uma esperança-pavão em forma de folha e de lagartas devorando um buquê nos lembram que estamos de fato no universo de Frida Kahlo.

Hayden Herrera nos oferece uma pista, indicando que o diário íntimo de Frida é provavelmente seu trabalho mais surrealista. Uma pista que deve ser seguida com muita cautela. Porque, na realidade, mesmo que Frida descreva a figura 42, "o fenômeno imprevisto", como um "desenho surreal", suas páginas, nas quais se sucedem hipnoticamente desenhos e logorreias verbais, são mais parecidas com uma viagem in-

24 *Frida Kahlo par Lucienne Bloch*, Galerie de l'Instant, Imprimerie du Marais, 2020.

terior do que com as associações e outros desenhos automáticos defendidos no primeiro *Manifesto do Surrealismo* como um meio de causar um curto-circuito no pensamento racional e de liberar o inconsciente. É verdade que vemos *in progress* a elaboração de uma criação intuitiva, espontânea, lúdica, sim, de uma certa forma "automática", mas esta é regida acima de tudo por uma vontade interior de trazer à luz o que Frida chama de uma "beleza terrível", aquela que todo criador carrega dentro de si e que deve enfrentar para extrair o melhor de si mesmo. Existe em Frida um despojamento, uma verdade que não condiz com a superficialidade do bricabraque surrealista, tal como ele surge na exposição "México", da qual já falamos, onde obras de arte convivem com objetos encontrados em mercados ou roubados de igrejas.

A beleza terrível de Frida Kahlo é aquela que aparece na série de desenhos em grafite, alguns deles coloridos, que acompanha *Confidências*, o livro de entrevistas que ela realizou na década de 1950 com a psicóloga Olga Campos, sua amiga. Desenhos que os surrealistas certamente anexariam à sua doutrina: *Casa em harmonia* (1947), *Autorretrato com ligadura* (1949), *Autorretrato como genital* (1944), *Casa em chamas* (1947)... Em *Porta-objetos* (1947), uma mesa com as pernas nuas repousa sobre um pedestal no qual aparecem dois rostos, dos quais vemos apenas o nariz e a boca. *Fantasia* (1944) representa um olho-relógio afogado em uma paisagem antropomórfica. E em *Retrato de Irene Bohus* (1947), a amante com quem Diego foge para São Francisco na época da primeira tentativa de assassinato de Trótski, ela aparece – com os braços na forma de um sexo ereto, pernas peludas, sexo na forma de um demônio risonho – urinando, de pé, em um penico no qual está escrito "*yo te miro*" (eu olho para você).

Frida sempre fez uma distinção entre sua vida interior e as vicissitudes do mundo exterior, como quando, em julho de 1932, hospitalizada por treze dias no Hospital Henry Ford após outro aborto espontâneo, ela desenha, a lápis sobre papel, *O sonho* ou *Autorretrato onírico*, no qual aparece nua em uma cama, cercada de visões. "Nunca pintei meus sonhos. Eu pintei minha própria realidade", diz Frida a um jornalista do *Times* em abril de 1953, resumindo maravilhosamente sua atitude artística. Como salienta Carlos Fuentes, no México, os sonhos e a realidade, entrelaçados, indissociáveis, moldam uma identidade cultural:

"Frida Kahlo continua sendo a artista que nos lembra com mais força que o que foi codificado pelos surrealistas sempre foi, tanto no México como na América Latina, uma realidade cotidiana".[25] Carlos Fuentes lembra com razão que o que parece surrealista para Breton é apenas a realidade cotidiana dos ameríndios.

É nesse caldeirão específico que se banha toda a obra de Frida Kahlo, que na realidade vive o Surrealismo de uma forma lúdica. Sem hesitar em dizer que usa o Surrealismo para zombar dos outros sem que eles percebam e para fazer amizade com aqueles que percebem. Em uma nota escrita no verso de *Fantasia I*, um desenho de 1944, ela nos dá uma definição irônica do Surrealismo: "O surrealismo é a surpresa mágica de encontrar um leão em um guarda-roupa, onde tínhamos certeza de que encontraríamos camisas".

25 Carlos Fuentes, "Introduction" ao *Journal de Frida Kahlo*, *op. cit.*

Amizades

"Eu gosto que meus amigos sejam carinhosos comigo."

Para Frida, a amizade é uma "aliança entre duas pessoas que têm os mesmos centros de interesse; que às vezes serve para alguma coisa, às vezes para nada", e ela acrescenta que gosta de ter amigos, "poucos amigos", e que lhe "parece mais fácil ter amigos do sexo oposto".[1]

É um fato, a amizade é muito importante, tanto para Frida como para o casal Frida e Diego, e isso desde os primeiros dias de seu casamento. Assim que começam a morar juntos em seu apartamento no número 104 do bulevar de la Reforma, na Cidade do México, sua primeira casa, o Partido Comunista pede que recebam alguns camaradas, além da empregada Margarita Dupuy, que mora permanentemente com eles. Esses camaradas são David Alfaro Siqueiros e sua esposa, Blanca Luz Bloom, além de outros dois comunistas. Uma "casa marxista",[2] como Hayden Herrera a chama, que fracassa, durando até Diego ser excluído do partido em 3 de outubro de 1929.

Não importa, não faltam amigos. É preciso dizer que os tempos são propícios. Da década de 1930 até o final da Segunda Guerra Mundial, o México atrai artistas fugidos do fascismo ou que "desejam explorar

1 *Frida Kahlo Confidences, op. cit.*

2 Hayden Herrera, *Frida, Une biographie de Frida Kahlo, op. cit.*

as diversas culturas mexicanas",[3] mas também vindos de outros países latino-americanos e dos Estados Unidos. Marsden Hartley, John Dos Passos, Waldo Frank, Louise Bourgeois, Leonora Carrington, Sergei Eisenstein, Isamu Noguchi, Milton Avery, Philip Guston, D. H. Lawrence, além de Breton e Trótski, vêm ao México e conhecem Frida e seus amigos, e alguns deles chegam a morar com os dois. Um desejo de trocar, de compartilhar conhecimentos e emoções entre amigos nasce, sem dúvida, no coração do que Jorge Hernández Campos chama de "Belle Époque do México"[4] e que ele vincula diretamente ao ardor messiânico de José Vasconcelos, ministro da Educação Pública sob Álvaro Obregón.

A amizade é um sentimento revolucionário que torna o homem melhor. Colocada em um lugar propício, no coração da Revolução, e sob o signo dos intercâmbios culturais, ela pode ser a extensão da revolução em tempos de paz: "Sejamos os pioneiros de uma cruzada em favor da cultura geral. Os promotores de um entusiasmo pela cultura comparável ao ardor fervoroso demonstrado por nosso povo no passado em questões de religião e de 'Conquista'. Sejamos os pioneiros de uma cruzada pelo desenvolvimento, quero dizer, com isso, pelo ensino direto dos ignorantes por aqueles que sabem. O desenvolvimento cultural não pode ser alcançado até que se estabeleça uma relação estreita entre trabalhadores e intelectuais. Só o contato estreito entre trabalhadores e intelectuais conduzirá a um Renascimento espiritual que poderia elevar nossa época acima das outras".[5] Evidentemente, é mais provável que nos lembremos dos nomes famosos que cruzaram o caminho de Frida, mas devemos lembrar que sua vida em Coyoacán é feita justamente dessas trocas entre proletários, camponeses, servos, diversos trabalhadores, pequenos comerciantes, toda uma população humilde, trabalhadora, que ela coloca no mesmo nível de seus amigos intelectuais e artistas. Dá continuidade, assim, ao mito da revolução de 1910, do qual José Vasconcelos fala com lirismo.

3 Carla Stellweg, em *Frida Kahlo, Un portrait photographique*, *op. cit.*

4 Citado por Jorge Hernández Campos, "Souvenirs de la 'Belle époque' du Mexique, Lola Álvarez Bravo tourne un film sur Frida", em *Frida Kahlo la Casa Azul*, *op. cit.*

5 *Ibid.*

Frida não precisa fazer esforço. Ela é profundamente igualitária, humana, calorosa e, acima de tudo, tem um gosto pronunciado pela festa em todas as suas formas, como quando, para comemorar a festa da Santa Cruz, decide recompensar os pedreiros que estão construindo um ateliê para Diego na aldeia de San Pablo Tepetlapa soltando fogos de artifício para eles. Todos os aprendizes do vilarejo e parte dos habitantes locais são convidados. Diego trouxe pequenos touros feitos de madeira e papel machê, recheados com fogos de artifício, como manda a tradição. E, para completar a festa, Frida cozinha um cordeiro com *pulque*. Em uma troca de cortesias, os aprendizes trouxeram almôndegas com *chiles chipotle*, os pedreiros, feijão preto e contrafilé bovino, e a esposa do caseiro, rosquinhas de caramelo. Guadalupe Rivera, filha de Diego, presente na ocasião, lembra que todo mundo voltou para Coyoacán sob um céu repleto de estrelas. Essa propensão a se reunir, misturando classes sociais, é uma constante em Diego e Frida. Isolda P. Kahlo confirma isso: em sua mesa, sempre havia comida de sobra para quem aparecesse de improviso, para um pobre que passasse sob sua janela, para um sem-teto que batesse à sua porta.

Frida precisa de amigos, mas também os atrai e os faz com facilidade, porque, apesar de todas as suas dificuldades na vida, suas operações, seu desespero, suas feridas do corpo e da alma, ela é uma mulher luminosa com quem se convive por causa dessa alegria que emana dela. Isolda P. Kahlo lembra: "Ao contrário do que suas pinturas podem sugerir, que levaram algumas pessoas a apelidá-la de 'Nossa Senhora das Dores de Coyoacán', Frida não passava seu tempo chorando, ela adorava assobiar melodias populares mexicanas, cantar canções do repertório picaresco".[6]

Também é verdade que, ao lado desses amigos íntimos ou efêmeros – de Nelson Rockefeller a Paulette Goddard, passando por Neruda, Dolores del Río e Tina Modotti –, o casal parece amar, especialmente Diego, o que hoje chamamos de mídia. A imprensa sensacionalista não demora a se interessar pela vida do casal. Casos amorosos, cenas domésticas e ligações extraconjugais são expostos ao público. Diego

6 Isolda P. Kahlo, *Frida íntima*, *op. cit.*

Rivera e Frida Kahlo são celebridades – uma posição social que sempre atrai amigos verdadeiros e falsos em grande quantidade.

Essa sociabilidade exacerbada, que parece ser tanto para um como para outro tão necessária quanto respirar – não esqueçamos que, como pintores, ambos têm necessidade de uma certa representação, de uma forma de exposição permanente –, ocorre em dois lugares: a casa cúbica dupla de San Ángel e a Casa Azul.

A casa em San Ángel, de onde entram e saem as irmãs de Frida, os empregados e os motoristas, mas também os macacos, os papagaios e os cachorros, é um ponto de encontro incontornável para todos os artistas e intelectuais do México: é necessário ser recebido pelo casal. Como sua reputação em alguns círculos é mundial, não são apenas os mexicanos que frequentam o jardim cercado de cactos-órgão das duas casas de San Ángel. Passa por lá, então, o americano John Dos Passos, cuja sensibilidade política é próxima à de Frida e Diego. Waldo Frank, outro escritor e artista americano, também faz uma parada por lá. Entre os *habitués*: os fotógrafos Juan Guzmán e Lola Álvarez Bravo, acompanhados de seu filho Manuel; os poetas Salvador Novo e Carlos Pellicer; a muralista Aurora Reyes; o filósofo Antonio Gómez Robledo; a historiadora Anita Brenner; o maestro Carlos Chávez. Muitos espíritos livres, alguns dos quais desafiam a crônica, como a poetisa Pita Amor, aristocrata e rebelde, ou o polêmico escritor José Revueltas, sempre acompanhado de sua irmã Rosaura, uma mulher de múltiplos talentos, já que era escritora, dançarina e atriz. E, é claro, os amigos mais próximos, mais fiéis, "exes" de todos os tipos, esposas, amantes homens e mulheres, futuros amantes, futuras amantes: Lina Boytler, a grande protetora dos animais, e seu marido Arcardy, produtores de cinema, ambos amigos fiéis; Guadalupe Marín, ex-mulher de Diego, que mantém uma "amizade" ambígua com Frida; Jesús Ríos y Valles, amigo de juventude de Frida; Paulette Goddard e Dolores del Río, ambas atrizes de cinema, ambas amantes de Diego...

Ariadna Castellarnau faz uma bela descrição desses momentos de convivialidade: "Diego e Frida sempre se mostram alegres e agradáveis em sociedade. Eles brilham por sua inteligência, sua conversa cheia de espírito, seus comentários às vezes obscenos, seus modos casuais e desenvoltos. Frida adora entreter, ostentando sua extraordinária criatividade de artista em todas as oportunidades. Ela começa os preparativos no início da tarde, colocando na mesa uma suntuosa decoração de frutas e flores, que lembra as coloridas naturezas-mortas que ela pintará nas décadas de 1940 e 1950. Depois passa horas escolhendo o vestido tehuana que vai usar, acompanhado de um *huipil* bordado, uma anágua de brocado de seda preta e um *rebozo*".[7]

Após o assassinato de Trótski, Frida Kahlo decide se instalar definitivamente na Casa Azul. Divórcio, novo casamento; em abril de 1941, acompanhado por sua assistente Emmy Lou Packard, Diego, que não é mais suspeito de envolvimento na morte do líder revolucionário, retorna ao México e se junta a Frida na Casa Azul, transformando a casa de San Ángel em seu ateliê. A enxurrada de recepções e festas é retomada. Guadalupe Rivera: "Na Casa Azul, Frida gosta de aproveitar ao máximo cada momento da vida. O mundo ao seu redor é sempre um pretexto para se divertir. Ela celebra os batizados, os aniversários, as festas de todos, assim como a maioria das festas populares, profanas ou religiosas. Nessas ocasiões, ela reúne seus amigos, sua família, seus alunos e seus colegas, ou então se mistura à multidão nos mercados e festas dos patronos".[8]

Tudo é motivo para festa, provocando às vezes consequências inesperadas. Em uma noite de outono de 1948, Diego conta que conheceu a atriz María Félix e que queria pintar seu retrato. Especialista em melodramas românticos, desde seu primeiro filme, *A mulher sem alma*, de Fernando de Fuentes, ela conquistou o coração de espectadores e espectadoras de todo o mundo. Aos 34 anos, considerada a mulher mais bonita do mundo, ela é um verdadeiro ícone em seu país. Apelidada de "devoradora de homens", ela prefere aqueles particularmente feios e não desdenha das mulheres, como atestam suas numerosas aventuras femininas, algumas das quais bem turbulentas. Por que não convidar para almoçar a mulher que mais uma vez chegou às manchetes ao se casar com o grande compositor Agustín Lara, cuja feiura é lendária? Comentário da imprensa: é o casamento da Bela e da Fera! María Félix chega, acompanhada de sua secretária e amiga íntima Rebecca Uribe.

7 Ariadna Castellarnau, *Frida Kahlo*, *op. cit.*

8 Guadalupe Rivera, *Les Noces de Frida et Diego, Souvenirs et recettes du Mexique*, *op. cit.*

Frida se esmerou: sopa de peixe, *mole poblano*, peito marinado, bolo de milho, atum branco com anis, uma *horchata* à base de arroz e canela, água com limão e álcool – muito álcool. Amor à primeira vista. María se torna amante de Diego, que até considera a possibilidade de se divorciar de Frida para viver com ela. As opiniões divergem: pedido real, ferida legítima de Frida, um perverso jogo a três, empolgação da imprensa sensacionalista? Quando toda essa agitação termina, a vida "normal" entra novamente nos eixos. Diego não deixa Frida, que então tem um caso amoroso com a rival de ontem. E María Félix se torna uma frequentadora assídua da Casa Azul. Ela vem com frequência nos fins de semana para ver Frida em seu quarto. Elas bebem, riem, fumam, fazem amor, cantam canções do norte do México. E quando Diego e Frida dão suas festas, a presença da mulher que passaria a ser conhecida como "La Doña" (A Dama) atrai os amigos.

Na década de 1950 – pelo menos é isso que Olga Campos relata em *Confidências* –, o estado de saúde de Frida exige que as festas sejam um pouco modificadas, que o ritmo seja alterado. Assim, o sábado passa a ser o dia da recepção. Estão presentes as irmãs de Frida, com seus filhos, para aquelas que os têm, e Margarita, a religiosa. A família se reúne para o almoço e vai embora no início da tarde, abrindo espaço para os amigos: Jesús Ríos y Valles, Juan O'Gorman, Anita Brenner e sua irmã Suzi, o pintor Antonio Peláez, Aurora Reyes e Concha Michel, cujo filho toca violão. María Félix participa com frequência, assim como a fotógrafa Gisèle Freund, que fica no México de 1950 a 1952. Mais uma vez, canta-se – canções populares com letras alteradas – e bebe-se moderadamente, já que Frida quase não bebe mais nessa época – o que foi apenas temporário, já que ela voltaria a beber mais tarde. Como Frida se cansa rapidamente, as noites terminam cedo, por volta das 23 horas. E não se deve esquecer de que Coyoacán fica longe do centro da Cidade do México e é mal atendida, com um serviço de transporte inexistente. Gisèle Freund: "Aqui, a vinte minutos da capital mexicana, já se tem a impressão de se estar em pleno interior. As casas coloniais são baixas e as estradas são de terra".[9]

9 *Frida Kahlo par Gisèle Freund*, Albin Michel, 2013.

Nada detém o que poderíamos chamar de caravana de amigos. No verão de 1933, quando Diego e Frida vivem seus últimos meses em Nova York, que deixarão em dezembro, eles moram em uma casa no East Village, muito mais prática para eles do que seu apartamento em Upper Manhattan, vigiado por um porteiro que impede qualquer entrada e saída intempestiva. Louise Nevelson, uma escultora americana de origem ucraniana que mora em um prédio na 13th Street com a atriz de cinema Marjorie Eaton, frequenta regularmente as festas organizadas por Frida e Diego, que reproduzem em Nova York suas festas mexicanas: "A casa deles estava sempre aberta à noite; vinha quem quisesse. Eles eram muito sinceros em seu relacionamento com as pessoas: não faziam diferença. Nunca vi uma casa como a de Diego e Frida. Havia princesas e rainhas, uma senhora mais rica do que Deus, trabalhadores e operários. Eles não faziam nenhuma distinção, como se fossem um só grupo. Era simples. Todas as noites, as pessoas vinham visitá-los e eles levavam todo mundo a um pequeno restaurante italiano na 14th Street".[10]

Além de Louise Nevelson e Marjorie Eaton, entre os amigos habituais estão Ella e Bertram D. Wolfe, militantes do Partido Comunista Americano; a dançarina Ellen Kearns; o escultor John Flanagan; o fotógrafo Alfred Stieglitz; e a pintora Georgia O'Keeffe. Esses são apenas alguns exemplos, pois uma lista completa seria, além de tediosa, interminável. Especialmente se acrescentarmos os outros grupos formados pelos outros lugares onde os dois moraram, como São Francisco, onde Frida é fotografada por Edward Weston e Imogen Cunningham. Sem falar, é claro, dos mecenas, dos industriais ricos, médicos, engenheiros etc. Uma jornalista que vem entrevistar Frida logo após a demissão de Diego por Rockefeller observa que ela está sentada na beira da cama, "em um quarto cheio de amigos, de simpatizantes e de associados de seu marido".[11]

Tanto para Diego como para Frida, a celebração da amizade é um rito necessário. Nenhum lugar, nenhuma circunstância, pode impedir que isso aconteça. Em 1950, Frida precisa passar nove meses no Hospital Inglês na Cidade do México, para a realização de sete operações

10 Citado por Hayden Herrera, *Frida, Une biographie de Frida Kahlo*, *op. cit.*
11 *Ibid.*

na coluna e para lidar com uma grave infecção contraída durante seus enxertos ósseos. Ao seu lado está o dr. Farill, que havia se tornado um amigo muito próximo. Diego dorme durante a maior parte do tempo em um quarto contíguo ao dela. Relembrando esse período, Frida escreve: "Fiquei doente por um ano: de 1950 a 1951. Sete operações da coluna vertebral. O dr. Farill me salvou. Ele me devolveu a alegria de viver".[12] Ela também escreve: "Em relação à minha pintura, estou muito preocupada. Principalmente porque quero transformá-la em algo útil, porque até agora só criei por meio dela uma expressão franca de mim mesma, que infelizmente era completamente inadequada para servir ao partido. Tenho que lutar com todas as minhas forças para que as coisas positivas que eu possa fazer, apesar de tudo, também sejam úteis para a revolução. Essa é a minha única razão verdadeira para viver".[13]

Quando volta para casa, precisa usar um colete o tempo todo e se deslocar numa cadeira de rodas. O que Frida não diz é que, durante esses nove longos meses, ela se apropriou do espaço de seu quarto. Encheu-o de pôsteres comunistas e efígies de judas, caixas de tintas, pincéis, cadernos, folhas de papel, objetos pessoais – caveiras de açúcar, pombas de cera com asas de papel, livros, castiçais, até uma bandeira vermelha com a foice e o martelo... Sem esquecer os estoques de comida e as garrafas de tequila. Por quê? Para receber os amigos, e de novo cantar, beber, conversar, fumar. Frida chega até mesmo a organizar sessões de cinema graças a uma tela dobrável e um projetor de Arcady Boytler.

Essa necessidade constante de companhia é uma arma usada por Frida para afastar a infelicidade e o desespero, para evitar que ela caia. Os amigos nada mais fazem do que permitir que ela esqueça suas dores. Para recebê-los, ela tem de ser mais calorosa e atenciosa; é forçada a esconder o desânimo, de modo que se distancia de seu sofrimento e se beneficia de suas visitas. Visitas terapêuticas, necessárias, vitais. A jovem muralista americana de origem polonesa Fanny Rabel – futura integrante dos Fridos – observa que Frida, sobretudo, talvez, quando não se sente muito bem, quando a doença e os analgésicos estão presentes demais, precisa pedir apoio aos amigos. E Fanny observa

12 *Frida Kahlo par Frida Kahlo*, *op. cit.*
13 *Ibid.*

que, em alguns dias, o desfile de personalidades é tamanho que ela mal acredita no que vê: Jacqueline Breton, Leonora Carrington, Esteban Frances, Benjamin Péret, mas também outros artistas, colecionadores, muitas mulheres bonitas e muitas pessoas excêntricas, todos lá ao redor da cama da deusa asteca que reina suprema. Gisèle Freund novamente: "Frida está lá. Seus cabelos pretos e lisos cobrem seus ombros. Em volta do pescoço, ela usa vários colares indígenas de ouro e, sobre os ombros frágeis, um *sarape* de seda vermelha. Cada dedo de suas mãos é coberto por anéis enormes, com pedras preciosas, finamente cinzelados, no rosto de uma tez fosca, olhos negros profundos se destacam sob sobrancelhas grossas e largas; a boca, muito cheia, está cuidadosamente pintada".[14]

Há em Frida um amor pelos amigos íntimos, pelo círculo restrito da família. No fundo, o que ela gosta é de integrar elementos que ela escolheu, que ela sente que pode gostar, e – repitamos, porque isso é essencial – sem distinção de origem: "os melhores amigos do mundo podem ser de classes sociais e econômicas diferentes, isso não tem nenhuma importância".[15]

Em 1943, ela é convidada para dar aulas de pintura na La Esmeralda, a Escola de Pintura e Escultura que acaba de ser incorporada ao Ministério da Educação. É impossível para ela ficar fechada no ateliê, o que ela quer mostrar aos seus alunos é a terra, o ar livre, para que eles captem toda a beleza da vida cotidiana. Ela não tem nenhuma intenção de ensinar de uma maneira acadêmica. Para ela, "a pintura não pode ser ensinada, ela deve ser vista".[16] Assim, ela leva seus jovens alunos a todos os lugares, praças, mercados, frontões de igrejas barrocas, arcadas de conventos coloniais, cantinas, como a que aparece em uma de suas primeiras pinturas, *O ônibus*, de 1929, e os incentiva a visitar os murais de Rivera, Orozco e Siqueiros.

O que é apaixonante nessa experiência é que ela reúne meninos e meninas de origens modestas. Com problemas de locomoção devido à sua má saúde, Frida às vezes precisa de muletas. Não importa,

14 *Frida Kahlo par Gisèle Freund, op. cit.*
15 *Frida Kahlo Confidences, op. cit.*
16 Teresa del Conde, *Frida Kahlo, la pintora y el mito*, Cidade do México, 1992.

o desafio é tamanho que ela chega quase ao esgotamento. E quando não consegue mais se deslocar, ela os convida para sua casa, a Casa Azul. Reservando um cômodo para que guardassem seus materiais, ela coloca seu pátio e sua biblioteca pessoal à disposição deles. Quatro a seguem: Arturo García Bustos, Guillermo Monroy, Arturo Estrada e a já mencionada Fanny Rabel, todos reconhecendo sua vontade de viver, seu humor, sua *alegría*. Imediatamente, Frida os integra à sua família ampliada e nunca deixa de tentar conseguir encomendas para eles, como quando escreve a Carlos Chávez, elogiando os méritos desses jovens "talentosos, mas que não têm um tostão... [e] que trabalham arduamente há quatro anos, fazendo progressos constantes, sem jamais serem pedantes ou pretensiosos".[17]

Eles comparecem a todos os eventos. A experiência dura pouco, mas é maravilhosa. Eles expõem em lugares que descreveríamos como não convencionais, como o lavadouro de Coyoacán. Quando participam da exposição "*Arte libre 20 de noviembre*", criam uma enorme tela pintada em têmpera: *Aqueles que nos exploram e como fazem isso*. Depois de ser danificada, ela é comprada por um colecionador. Mas o momento de glória dos Fridos, como passam a ser chamados, é a decoração, em junho de 1943, de uma famosa *pulquería*. Situada na esquina das ruas de Londres e Aguayo, La Rosita é uma espécie de café ao ar livre onde se consume o *pulque*, uma bebida feita da fermentação da seiva do agave, muito popular no México. Fotos magníficas tiradas pelo grande fotógrafo colombiano Leo Matiz, então com 26 anos, mostram as diferentes etapas dos trabalhos.

Evidentemente, a inauguração do afresco, sob o patrocínio de convidados de honra como don Antonio Ruiz e doña Concha Michel, é marcada por uma celebração monumental. "Hoje, sábado, 19 de junho de 1943, às 11 horas da manhã, grande inauguração das pinturas decorativas da grande *pulquería* La Rosita", é o teor do folheto distribuído aos moradores do bairro de Coyoacán. Como mestre de cerimônia do evento, Frida fez bem as coisas. Biribinhas, confetes, fogos de artifício, balões, churrasco importado diretamente de Texcoco, *mariachis*. Durante todo o dia, o bairro está em festa. Uma festa popular, à qual

17 Carta de 18 de fevereiro de 1947, *Frida Kahlo par Gisèle Freund*, *op. cit.*

comparecem também artistas e intelectuais convidados por Frida e Diego. Ao longo de todo o trajeto que separa La Rosita e a Casa Azul, e nas ruas do entorno, decoradas com papel perfurado em cores vivas, assiste-se a um desfile dos mais coloridos, onde grandes nomes da arte e da política se misturam aos habitantes mais pobres, humildes e modestos do bairro, na mesma celebração desse mural pintado pelos Fridos, vestidos como buquês de flores. O desejo de Vasconcelos, mencionado anteriormente, é plenamente realizado aqui. E, mais uma vez, canta-se, ri-se, bebe-se. Guillermo Monroy entoa um *corrido* composto para a ocasião, no qual diz:

> Doña Frida de Rivera,
> nossa querida professora,
> nos diz: Venham, crianças,
> vou lhes mostrar a vida.

Dizem que Frida abandonou o colete, cantarolou a "Paloma", bebeu muitos cafés com canela e dançou a noite toda. Dizem também que um certo poeta francês, de nome Benjamin Péret, poeta e professor de La Esmeralda, que se recusou a dançar um *zapateado*, teve de fazê-lo sob a mira da arma de Diego e sob as risadas bem-humoradas dos espectadores. Um jornal nacional relatou o evento nos seguintes termos: "Hoje há uma tendência de ressuscitar a alma mexicana, e cada um o faz à sua maneira".

Os Fridos permaneceram fiéis a Frida durante toda a vida e muito tempo depois da morte dela. Eles não foram os únicos. Essa celebração da amizade, uma verdadeira regra de vida, seguida por Frida, nunca foi esquecida por várias pessoas muito próximas a ela. Como Alejandro Gómez Arias, que permaneceu seu amigo até sua morte, Carlos Pellicer, El Corzo, Carlos Chávez, los Cachuchas, seus médicos – dr. Eloesser, dr. Farill, dr. Velasco y Polo... Uma foto tirada em 1953, por um fotógrafo anônimo, diz tudo dessa bela amizade. Tirada no dia da inauguração da retrospectiva mexicana de suas obras, organizada por Lola Álvarez Bravo na Galeria de Arte Contemporânea da Cidade do México, em 13 de abril de 1953, a foto mostra Frida deitada em sua cama, cercada por vários de seus amigos. Em todos esses olhares voltados para ela, em todos esses corpos debruçados sobre ela, há um amor de uma tal intensidade que entendemos o que poderia unir todos esses amigos entre si. Estão lá Concha Michel, Antonio Peláez, o dr. Robert Garza, Carmen Farell e o Dr. Atl.

Frida ofereceu jantares até o fim de sua vida, até seu último suspiro, porque eles a regeneravam. Eles eram realizados na sala de estar ou na sala de jantar da Casa Azul e, quando ela estava muito cansada ou com dores para se locomover, uma pequena mesa era montada em seu quarto, ao redor da qual os amigos se reuniam. Às vezes, ela saía, de cadeira de rodas ou ia em um carro quando podia. Depois, ia para Puebla ou Cuernavaca com sua enfermeira, se lembrando provavelmente dos passeios com os Trótskis e os Bretons. Diego às vezes participava da festa, convidando Bernice Kolko, María Asúnsolo, ou Carlos Pellicer ou Salvador Novo. Até o final eles cantaram, beberam e dançaram. Frida adorava a alegria. Às vezes, também, ela preferia a solidão de um passeio de carro, dirigido pelo dr. Velasco y Polo.

Volto à entrevista com Olga Campos. Ela vai me servir de conclusão. Frida lhe confidencia que não acredita em uma amizade com pessoas com quem havia compartilhado relações sexuais. Ela lhe confessa que não deveria haver "modos" entre amigos, que isso é um obstáculo à amizade, e que nunca sentiu ódio de nenhum de seus amigos, e que não sabe o que estaria disposta a sacrificar para conservar a amizade de alguém. Ela diz: "Depende". Mas também diz – e isso ilumina tudo que ela pensa sobre a amizade, tudo que ela viveu em seu nome – isto: "Meus primeiros amigos foram uma amiga imaginária e uma garota na escola. Eu me lembro de cada uma delas em particular".[18]

18 *Frida Kahlo Confidences, op. cit.*

Diário íntimo

"Essa caneta não é adaptada para esse papel."

Dado a Frida por um amigo que o havia comprado em uma livraria de antiguidades em Nova York, um pequeno caderno revestido de couro vermelho, com as iniciais J. K. gravadas em ouro fino na capa – alguns dizem que pertenceu a John Keats –, teve um destino estranho. Durante dez anos, de 1944 a 1954, Frida, não mais ignorando os sinais que anunciavam uma profunda deterioração de sua saúde, manteve o que sempre se recusou a chamar de "diário".

Objeto singular, ele pode ser considerado uma obra de arte por si só. Lola Álvarez Bravo não estava enganada quando o exibiu durante a vida da artista na primeira retrospectiva mexicana da obra de Frida, que ela organizou em 13 de abril de 1953 na Galería de Arte Contemporáneo da Cidade do México.

Do que se trata? De um longo monólogo, de desenhos e de textos estreitamente entrelaçados, o que fez algumas pessoas dizerem que ele se assemelhava à escrita automática praticada pelos surrealistas. Essa, pelo menos, é a hipótese apresentada por vários estudiosos, incluindo Hayden Herrera: "Frida certamente conhecia a técnica surrealista do 'automatismo', e é por isso que as imagens e as palavras são agrupadas com tamanha liberdade. É interessante constatar que esse diário íntimo é, sem dúvida, sua obra mais surrealista".[19]

19 Hayden Herrera, *Frida, Une biographie de Frida Kahlo*, *op. cit.*

O primeiro *Manifesto do Surrealismo* confirma o papel fundamental desempenhado pela escrita automática no projeto realizado por Breton e seus correligionários. O experimento será conduzido da seguinte forma: "Peça a alguém que lhe traga algo para escrever, depois de você ter se acomodado em um lugar o mais favorável possível à concentração de sua mente. Coloque-se no estado mais passivo, ou receptivo, que puder [...]. Continue por quanto tempo quiser".[20] A pergunta legítima a ser feita é se essa "receita" permite proceder a uma renovação do estilo ou se ela apenas leva à descoberta de fantasias e pulsões que, ao mesmo tempo que criticam a linguagem, vão além do estágio de um simples procedimento literário. Contra aqueles que empregam a escrita automática apenas para fins estéticos, Breton afirma que durante anos ele "contou com o fluxo torrencial da escrita automática para a limpeza do estábulo literário".[21] Ele insiste no caráter vertiginoso, perigoso da escrita automática quando ela é praticada "com algum fervor". Não é mais o texto que conta, e sim o encadeamento, a cadeia singular. Uma prática descontrolada da escrita automática, como os "sonhos acordados", pode levar à loucura.

Realmente não creio que se deva estabelecer a menor ligação entre a experiência surrealista e a escrita praticada por Frida nas páginas desse caderno, no qual imagens e palavras, frutos de improvisações lúdicas sem limitações, desfrutam de uma liberdade jamais alcançada em nenhuma obra de Frida. No sentido estrito do termo, portanto, esse diário não pode ser considerado uma obra surrealista. Em contrapartida, ele nos permite acompanhar seções amplas, pessoais, intimistas e secretas da vida de Frida; chegar o mais perto possível de seu inconsciente e de sua vida cotidiana mais prosaica. É um *work in progress*, uma série de pequenos seixos, que Frida planta para aqueles que sabem como encontrá-los, como o personagem do conto de Perrault. Nesse sentido, o caminho sugerido por Carlos Fuentes me parece ser aquele que se deve seguir para iniciar uma jornada ao coração dessa obra de arte tão especial: "Esse diário é a tábua de salvação que liga Frida Kahlo ao mundo. Quando ela via a si mesma, ela pintava, e o fazia

20 André Breton, *Manifestes du surréalisme*, Gallimard, 1924.
21 André Breton, "Le message automatique", em *Le Minotaure*, n. 3-4, 1933.

porque estava sozinha, e o assunto que melhor conhecia era ela mesma. Mas, quando via o mundo, ela escrevia, paradoxalmente, seu Diário, um Diário pintado, graças ao qual descobrimos que sua obra é interior, certamente, mas sempre misteriosamente próxima do mundo material que a cercava, o mundo dos animais, das frutas, das plantas, da terra e dos deuses.[22]

Esse diário nos convida para um verdadeiro jogo de pistas. Ele nos permite acompanhar, ao longo desses dez anos, o jogo de gato e rato que ela joga com Diego, que ela nunca deixa de repetir ser seu grande amor: "Eu amo Diego e mais ninguém". Frida passa incessantemente de uma espécie de misticismo exacerbado para um desejo sexual não menos exacerbado, fazendo às vezes um desvio por pensamentos mais maternais. Diz ela em 1953:

Meu Diego
Eu não estou mais
sozinha
Asas?
Você me acompa
nha. Você me
adormece e me reanima[23]

Essa transcrição é a da batida de um coração que bate por Diego, que passa por todas as cores da esperança e do desespero, da alegria intensa, do desejo sem restrições. Um dia ela escreve: "Vou embora de mim mesma, um minuto de ausência. Capturei você e vou embora em lágrimas".[24] No dia seguinte, que também poderia ter sido o dia anterior, não importa, a flutuação é total, esse diário é um sismógrafo, ela admite: "Diego: Nada se compara às suas mãos e nada se iguala ao ouro verde dos seus olhos. Meu corpo se enche de você por dias e dias, você é o espelho da noite, a luz violenta do relâmpago, a umidade da terra. A cavidade das suas axilas é meu refúgio, as pontas dos meus dedos

22 Carlos Fuentes, "Introduction", em *Journal de Frida Kahlo, op. cit.*
23 *Journal de Frida Kahlo, op. cit.*
24 *Ibid.*

tocam seu sangue. Toda a minha alegria vem de sentir a vida brotar da sua fonte-flor que a minha guarda para irrigar todos os caminhos dos meus nervos que são os seus".[25]

Mas também descobrimos outras coisas, muitas, como a atenção especial que ela dá a Diego quando ele assume a construção de seu famoso museu no que hoje são os bairros do sul da Cidade do México, para exibir sua coleção de estatuetas pré-colombianas, suas antiguidades arqueológicas astecas, o Anahuacalli ou "casa dos ídolos": "Nunca vi maior ternura do que a que Diego sente e expressa quando com suas mãos e seus belos olhos ele toca as esculturas do México pré-colombiano".[26]

Frida não escreve todos os dias em seu caderno com capa de couro vermelho. Quando, em 9 de novembro de 1951, no final de uma carta parcialmente rasurada, surge um grande "DIEGO" em letras maiúsculas, ela não escreve em seu diário há nove meses.

Isso não tem importância e sugere a hipótese, portanto, de um diário que não é um diário. É um quebra-cabeça. É uma colagem. Diante de nossos olhos, uma vida se faz e se desfaz. É uma caixa de segredos. Uma caixa de ferro que, décadas depois de ter sido fechada, e depois de ser aberta por nós, ainda tem segredos a revelar. Ao copiar alguns versos da canção "Mack the Knife", Frida nos lembra que assistiu à *Ópera dos três vinténs*, que tanto a marcou. Ao brincar com o nome Olmedo, em um poema escrito com tinta marrom, ela quer que nos lembremos de Dolores Olmedo, modelo, depois fiel mecenas, depois amante de Diego. As conquistas de Diego, que tanto a fazem sofrer, ressurgem sempre aqui e ali. E quando, na mesma página, aparecem entrelaçados os corpos de uma filha, de uma mãe e de uma avó, esse não é, ainda e sempre, o grande drama de sua vida que de repente ressurge: a impossibilidade de ter sido capaz de levar uma gravidez a termo? Estamos muito longe da escrita automática surrealista, dessa intelectualização do íntimo, do interior do ser, do corpo que sofre.

Folhear essas páginas estranhas, repentinas, amargas, é também como ler as cartas não enviadas que Frida quis guardar nessas páginas, ou algumas outras que foram simplesmente copiadas, mas que, por es-

25 *Ibid.*
26 *Ibid.*

tarem envolvidas em um jogo de formas e cores, como se estivessem iluminadas, destacadas, assumem uma nova dimensão.

Esta, endereçada a Diego, tem oito páginas e termina com um desenho, um rabisco habitado por um desfile de fantasmas mal esboçados, entremeados por raízes, lábios carnudos, lágrimas escorrendo, olhos esbugalhados diante de uma teia de aranha.

Esta outra, enviada pelo correio a Jacqueline Lamba, cuidadosamente copiada, de repente traz à tona a viagem a Paris e a aventura lésbica entre as duas. "Não me esqueci de você. As noites são longas e difíceis",[27] diz Frida, antes de enumerar suas ternas lembranças e terminar com o vento da Cidade do México, que dispersa a cor dos olhos, da pele e dos cabelos de sua amante efêmera.

Frida, é claro, também toma seu diário como confidente, compartilhando com ele seus momentos de inquietude, solidão e dor. Mas essas confidências são transmitidas tanto pelas palavras quanto pelas imagens. Em 1947, quando Frida está participando da exposição coletiva organizada pelo Instituto Nacional de Bellas Artes da Cidade do México, "Quarenta e cinco autorretratos de artistas mexicanos", ela precisa lidar com as consequências da dolorosa operação realizada no ano anterior e sente que a loucura está à espreita: "Poder fazer o que me agrada por trás da máscara da 'loucura' [...] que não seria uma fuga do trabalho".[28] Alguns anos depois, em março de 1953 – em seu diário, apenas algumas páginas depois –, ela cobre uma página inteira com um desenho estranho: Frida, deitada à maneira de um sarcófago etrusco, vestida com uma blusa verde, com um sol vermelho nefasto acima dela, repousa em uma espécie de camada espessa, encharcada de sangue, raízes e podridão. Diz a legenda:

> Cor de veneno.
> Tudo do avesso.
> EU?[29]

27 *Ibid.*
28 *Ibid.*
29 *Ibid.*

Pouco depois de sua exposição individual na Cidade do México, em abril de 1953, a saúde de Frida piora, seu pé direito a faz sofrer muito, a gangrena avança e a depressão se instala, duradoura. Em seu diário, ela desenha uma árvore morta, acompanhada de um poema que contém esta constatação: o amor, com o passar dos dias, pouco a pouco a abandonou.

Virar as páginas desse terrível livro de bordo é também seguir a evolução da doença e a lenta aproximação da morte. Quantas vezes ela a invocou, quantas vezes ela se deixa invadir por pensamentos mórbidos. Junho de 1953: "Você está se matando";[30] 11 de fevereiro de 1954: "Continuo com vontade de me suicidar".[31] Quantas vezes também Frida escapa pela ironia, como nesta natureza viva, pintada nas páginas de seu diário, em 1952. Obrigada a ficar de cama – seu pé direito a faz sofrer um martírio, a gangrena não para de ganhar terreno –, ela dá como subtítulo à sua *naturaleza viva* "Natureza bem morta"!,[32] porque tem a impressão de que está "se tornando um vegetal"...[33]

Sim, essas páginas ardentes são uma mina de informações para quem quer que decida mergulhar nelas. Frida explica em detalhes seu trajeto quanto ao lugar que ela dá à arte e à política em seu trabalho. Sua devoção revolucionária permite a ela não apenas lutar por uma transformação do mundo – ela fala em um "mundo sem classes" –,[34] mas também, e provavelmente sobretudo, ao fazer parte desse grande movimento, se manter ainda mais viva: "Sempre uma revolucionária, jamais morta, jamais inútil".[35] E, evidentemente, ela vincula diretamente revolução e arte: "A revolução é a harmonia da forma e da cor".[36] Em 4 de novembro de 1952, usando lápis de cores diferentes, ela nos revela vários elementos relacionados ao sentido político com o qual quer agora nutrir seu trabalho. Ela diz: "É verdade que não sou uma

30 *Ibid.*
31 *Ibid.*
32 *Ibid.*
33 *Ibid.*
34 *Ibid.*
35 *Ibid.*
36 *Ibid.*

operária, mas sou uma artesã".[37] Também diz: "Pela primeira vez em minha vida, minha pintura tenta ajudar a linha traçada pelo Partido: realismo revolucionário".[38] Desse ponto de vista, as ilustrações 114 e 115 desse diário são fundamentais. À esquerda, ao redor de um sol vermelho, em grandes letras pretas: Engels, Marx, Lenin, Stálin, Mao. À direita: uma mulher vestida de tehuana, uma pirâmide, um sol marrom e uma inscrição: "*Una, Sol, Yo...*".[39] Aqui, Frida estabelece claramente um vínculo entre seu engajamento político e suas profundas raízes mexicanas. Sarah M. Lowe é obviamente muito pertinente ao afirmar que Frida "destila uma síntese purificada de suas duas crenças".[40] Com efeito, ela esquece ao mesmo tempo do autoritarismo e do recrutamento stalinistas e da divisão de classes da sociedade asteca.

Se esquecermos a política e passarmos para a arte, temos de reconhecer que esse diário também nos dá algumas chaves para o trabalho pictórico que Frida realiza em paralelo à sua escrita. Em agosto de 1947, por exemplo, quando ela faz um desenho monocromático intitulado *O Céu, a Terra, eu e Diego*,[41] é fácil reconhecer nele a matriz do quadro que ela pintará em 1949: *O abraço amoroso do Universo, da Terra (o México), eu, Diego e o Señor Xolotl.*

Em um desenho estilizado, representando um "estranho casal da terra do ponto e do traço, [do qual] nasce um filho com um rosto estranho cujo nome é Neferunique",[42] é fácil reconhecer a Rainha do Egito, representada por Frida em *Moisés* ou *Núcleo solar* (1945). E na magnífica corça vermelha sobre um fundo verde e marrom, chamada TAO, há uma lembrança do autorretrato pintado em 1946, *O veado ferido* ou *O pequeno veado*. A referência é duplamente autobiográfica, pois, na página anterior, Frida escreveu *venada* (corça) em letras maiúsculas vermelhas no retrato de Isabel "Chabela" Villaseñor, uma escultora em madeira e metal, amante que Frida coloca em oitavo lugar na lista

37 *Ibid.*
38 *Ibid.*
39 *Ibid.*
40 Sarah M. Lowe, "Avant-propos", em *Journal de Frida Kahlo*, *op. cit.*
41 *Journal de Frida Kahlo*, *op. cit.*
42 *Ibid.*

dos amores mais importantes de sua vida, encontrada nos papéis de Alejandro Finisterre.

Há ligações frequentes entre o diário e seus quadros. Os pés, numerosos, presentes nas páginas do diário, como aqueles intitulados *Pegadas e impressões do sol*,[43] são obviamente os mesmos que aparecem em *O que eu vi na água* ou *O que a água me deu* (1934). Quanto à boneca à qual Frida se refere na longa carta a Jacqueline Lamba, na qual ela fala de uma "boneca-noiva que também é sua, ou melhor, que é você, [que] usa esse mesmo vestido que ela não queria tirar no dia do casamento com ninguém, quando a encontramos quase dormindo no chão sujo de uma rua";[44] essa é, obviamente, a boneca que ela comprou no passeio pelo mercado de pulgas de Saint-Ouen e que mostra a cabeça, com seu vestido de noiva, na *natureza viva* de 1943: *A noiva assustada ao ver a vida aberta*.

Finalmente, ela também revela em seu diário, de forma mais abrupta, o que não pode dizer, mostrar ou exibir em outro lugar. Nessas páginas, ela não precisa de máscara ou maquiagem. Especialmente quando fala sobre seu estado de saúde. "Estamos em 21 de março. Fiz muito progresso. Confiança ao andar. Confiança ao pintar",[45] escreve ela, antes de agradecer aos médicos que cuidaram dela – dr. Farill, dr. Ramón Parrés, dr. David Glusker, marido de sua amiga Anita Brenner, dr. Eloesser... Ou este, datado de 1910-1953: "Durante toda a minha vida, passei por 22 intervenções cirúrgicas".[46] Nenhum enfeite, nenhuma tentação artística: o elemento bruto, o pensamento imediato, os fatos. À medida que ela os transcreve, as páginas se cobrem de uma escrita solta, hesitante. "Eu sou a desintegração",[47] ela acaba escrevendo, enquanto Judith Ferreto, sua enfermeira e amante, injeta nela doses maciças de Demerol para tentar conter dores tão intensas que a levavam a crises de choro e loucura.

43 *Ibid.*
44 *Ibid.*
45 *Ibid.*
46 *Ibid.*
47 *Ibid.*

O que espanta é a extrema liberdade na narração. Frida não hesita em inventar palavras, que ela engrena em potentes sucessões hipnóticas, implacáveis; nem em brincar com a sintaxe e com a gramática. Sua coerência é totalmente interna. Em alguns lugares, ela não hesita em recorrer ao *non-sense*, a pensamentos secretos que mal podem ser decifrados, escondidos em estruturas gráficas obsessivas, que ela às vezes comenta, legenda e intitula. Às vezes, ela chega ao ponto de inventar monstros híbridos, com múltiplos membros e cabeças, dotados de órgãos sensoriais e sexuais adicionais, em torno dos quais gravitam personagens estranhos, frutos de sua imaginação – mulheres nuas, casais, alguns dos quais com o olho único, o terceiro olho, que aparece em várias de suas telas, animais, cães astecas, estatuetas do Extremo Oriente, "Ojosauro", planta Xocoatl (chocolate em náuatle), criaturas hermafroditas, Minotauro com corpo de mulher; talismãs mágicos encarregados de evitar sofrimentos futuros.

As referências a certos pintores que parecem tê-la inspirado não poderiam ser mais claras – Hieronymus Bosch, "pintor maravilhoso",[48] Bruegel, o Velho, "meu amor"[49] – e realçam a liberdade gráfica que ela tem nesse diário.

Cores selvagens, borrões, hachuras, sinuosidades, rabiscos, tinta nanquim penetrando à vontade na espessura da folha, cera, guache, aquarela, caneta esferográfica, lápis de cor, lápis Conté, aguadas, pastéis a óleo, rendilhados, respingos. Tudo para ela tem serventia: fotografias pintadas, colagens, poemas intercalados com rios de tinta, tipografia digna das melhores páginas Dada, arabescos, volutas, meios-tons e cores berrantes. Frida inventa técnicas pictóricas.

Aquela a quem Diego Rivera chama de "Antiga Sacerdotisa Fisita" ousa toda as emulsões, todos os ingredientes, chegando a reproduzir em detalhes a receita de um medium à base de goma damar e de nos contar o simbolismo que atribui às cores usadas em seus quadros. Ela associa o verde à luz, o amarelo à loucura, o marrom à terra; o rosa violento, o violáceo, o *tlapali*, está sempre associado à imagem dos ancestrais; o azul-cobalto, à eletricidade, à pureza, ao amor etc.

48 *Ibid.*
49 *Ibid.*

No final dessa viagem pelas páginas do diário de Frida, certas conclusões podem ser tiradas. A primeira é que, no final das contas, Frida sempre volta ao autorretrato. É, aliás, uma foto dela mesma, tirada por sua amiga Lola Álvarez, que abre o caderno. Ela a envolveu cuidadosamente em guirlandas, com uma fita rosa ornamentada por um pássaro. Um título em violeta diz: "Pintado em 1916".[50] Em uma outra página, onde se destacam vários rostos tomados sob ângulos diferentes, autorretrato, cabeça de bebê, ela legenda: "Aquela que pariu a si mesma".[51]

Nas 75 páginas "ilustradas" desse caderno, há dezesseis autorretratos. Frida volta sempre a si mesma, à sua intimidade dolorosa. Aqui mais que em qualquer outro lugar. Mas essa intimidade é única, não aparece nunca nos outros autorretratos, que ela expõe, que ela vende. Aqueles são autorretratos premeditados, contextualizados. A decoração, as vestimentas, as joias, o penteado, os animais que a acompanham, a vegetação que a cerca, nada é deixado ao acaso, tudo é construído, com cuidado. É uma imagem fabricada que Frida deixa para a posteridade. A Frida dos autorretratos é um personagem público. A Frida dos autorretratos do diário é bem diferente: sem filtro, de certa forma "não maquiada", prova, no dia a dia, em sentido próprio, de seus estados de ânimo. A última passagem escrita no diário começa com agradecimentos aos médicos que cuidaram dela, aos enfermeiros, aos maqueiros, aos cuidadores, aos rapazes. E termina com estas palavras:

Espero que a saída
seja feliz – e espero
nunca mais voltar.[52]

A imagem que Frida deixa de si mesma é tão poderosa, tão perturbadora, que o diário agora tem apenas 171 páginas. Algumas delas foram arrancadas. Alguns dizem que Frida as deu aos seus amigos. É pouco provável. Seriam essas páginas desaparecidas a marca de uma vontade de preservar uma certa imagem de Frida ou a vontade de cen-

50 *Ibid.*
51 *Ibid.*
52 *Ibid.*

surar certas revelações perturbadoras para os vivos? Ninguém jamais saberá. A prima de Cyrano de Bergerac queimou a maior parte de sua obra, 80% inédita, para evitar que ele fosse para o inferno; quanto a Leonard Woolf, ele fez cortes extensos no diário de sua esposa Virginia sob o pretexto de ser "pessoal demais para ser publicado integralmente"... Frida sabia que Diego lia seu diário, e é por isso que certas passagens são cuidadosamente rasuradas, que as referências a suas conquistas masculinas não existem, enquanto suas aventuras femininas – que Diego tolerava – são mencionadas, e que muitas páginas são dedicadas a declarações apaixonadas a Diego.

Esse é um ponto teórico essencial. Em seu prefácio à coleção de cartas de Frida Kahlo, Raquel Tibol observa que seu diário não é uma "transcrição de suas experiências, mas uma série de alegorias, confissões indiretas, adulações poéticas, lamentações, nas quais as expressões verbais e visuais se completam com uma intensidade surrealista".[53] Penso exatamente o contrário.

Esse diário é, acima de tudo, um texto realista no sentido de que não reinterpreta. Quando Frida escreve "Eu sou a desintegração",[54] ela não está atuando, ela realmente se sente esmagada, liquidada, invisível. Seu livro nunca foi destinado ao grande público; ela o escreveu para si mesma. Em 27 de abril de 1954, menos de três meses antes de sua morte, ela volta à sua infância e conta sua história, com uma caligrafia insegura – em um conjunto de oito folhas nas quais fornece alguns elementos fundamentais, como este que abre o texto:

Esboço da minha vida.
1910 – Nasci no quarto
na esquina das ruas de Londres
e Allende em Coyoacán. À uma hora da manhã.[55]

Duas mentiras. Ela não nasceu na Casa Azul. Ela não nasceu em 1910 (o ano da Revolução Mexicana), mas em 1907. Será que ela já

53 Raquel Tibol, "Préface", em *Frida Kahlo par Frida Kahlo*, *op. cit.*
54 *Journal de Frida Kahlo*, *op. cit.*
55 *Ibid.*

começa a criar uma lenda para si? Essa é a razão que darei para essa mentira, como a que está no final dessa confissão, na qual ela relembra o episódio da luta que teria ocorrido diante de seus olhos, quando criança, entre os zapatistas e os carrancistas: o homem agachado que ela vê de sua janela, que tenta calçar os sapatos, apesar de estar ferido na perna. Na verdade, suas mentiras permitem que ela toque em sua verdade profunda, aquela que aparece em cada página de seu diário. Aquela que a faz dizer que tem "asas demais"[56] e que é preciso cortá-las; aquela que a faz simplesmente se perguntar se sua hora não chegou e dizer que não é mais hora de lutar: "Você está indo embora? Não, asas quebradas".[57]

56 *Ibid.*
57 *Ibid.*

Religião

"Minha primeira comunhão me marcou profundamente."

O relato que Frida faz de sua primeira comunhão mostra até que ponto esta, e, portanto, a religião católica, a "marcou profundamente". Ela se lembra do cheiro do incenso, da confissão com o padre Castro, da pompa e da seriedade da cerimônia, das flores oferecidas à Virgem, de suas roupas, que ela acha muito feias, sem esquecer o fato de que foi obrigada a pedir perdão à mãe: "Isso me deixou louca. Comecei a chorar e não conseguia parar, porque [minhas irmãs e eu] nunca tínhamos feito nada de errado com ela".[1] Ela tinha 8 anos de idade.

Ela também conta uma anedota interessante, que deve ser colocada no contexto histórico de uma nação mexicana em meio a uma revolução que começou em 20 de novembro de 1910 e terminou dez anos depois, com a chegada ao poder de Álvaro Obregón, o último líder revolucionário a derrubar seu antecessor em um golpe de Estado. Durante todo esse período, muitas igrejas são fechadas, e Frida se lembra de que sua mãe "deixava os padres celebrarem a missa em casa".[2] A pequena Frida já não se deixa conter. Uma tarde, durante uma aula de catecismo ministrada por uma certa María y Campos, ela questiona os Santos Mistérios e, por quinze dias, é enviada a um retiro para

1 *Frida Kahlo Confidences, op. cit.*
2 *Ibid.*

se purificar e se reconciliar com Deus: "Os lençóis eram limpos e os colchões colocados no chão mesmo. Eu fiz tantas perguntas ao padre que eles me mandaram embora: 'E como você explica o nascimento de Cristo? E a Virgem, ela era virgem mesmo?' etc. Eles me expulsaram por medo de que eu influenciasse as outras crianças".[3] No centro dessa educação religiosa, Matilde, a mãe, que impõe às filhas uma visita diária à igreja, um retiro anual de Páscoa e também a leitura de um livro piedoso que ela recebeu de sua própria mãe, Isabel González: lições de moral em versos de José Rosas. Todos os domingos, Matilde, cercada por seus empregados e filhas impecavelmente vestidas, dirige-se à igreja de San Juan Bautista, a poucos metros de sua casa, onde a família tem um banco reservado. O pato manco é Frida. Luis-Martín Lozano, em *El Círculo de los afectos*,[4] observa corretamente que, durante toda a sua vida, as irmãs de Frida sempre rezam por ela e "se preocupam com sua salvação". Matilde e Adriana lhe escrevem cartas reconfortantes para ela quando está doente ou no hospital, assim como María Luisa e, evidentemente, Margarita, que em uma idade precoce entra para a Igreja. Essa atmosfera religiosa está muito presente. Luis-Martín Lozano conclui que ficou muito surpreso com o espaço ocupado pelos aspectos religiosos e espirituais que descobriu ao consultar a correspondência das mulheres da família, comprovando o impacto do ensino religioso que Matilde deu às suas filhas.

Durante um desses retiros de Páscoa, Frida escreve para seu noivo, Alejandro Gómez Arias: "Os exercícios espirituais foram maravilhosos porque o padre que os conduzia era muito inteligente e quase um santo. Durante a Grande Comunhão, recebemos a bênção papal e muitas indulgências, e podemos pedir quantas quisermos [...] Pedi a Deus e à Santa Virgem que tudo corra bem para você e que você sempre me ame, e também rezei por sua mãe e sua irmãzinha".[5] Estamos em 1924. Um ano mais tarde, pouco depois de seu terrível acidente, em 12 de novembro, ela escreve a ele: "Domingo, às 7 horas, provavelmente vai

3 *Ibid.*
4 Luis-Martín Lozano, *Frida Kahlo, El círculo de los afectos*, *op. cit.*
5 *Frida Kahlo par Frida Kahlo*, *op. cit.*

haver uma missa para agradecer a Deus por ter me mantido viva".[6] Com dezoito anos, a rebelde da Preparatória pode encenar a contestadora junto com os Cachuchas e continuar a acreditar em Deus e a ir à missa...

Dito isso, devemos imediatamente relacionar essa impregnação religiosa com uma frase que Frida profere no final de sua vida, em 1950: "Não gosto de ser vista como religiosa; o que eu gosto é que as pessoas saibam que não o sou".[7] Entre essas duas datas, 1925 e 1950, o que vemos são 25 anos de uma vida plena, movimentada, e toda a relação, evolutiva, cambiante, que Frida tem com a religião.

A religião católica ocupa um lugar importante e complexo em toda a América Latina. Em Cuba, a Santería ou Regla de Ocha associa a cada santo católico um orixá equivalente. Obatalá, rei de tanga branca, corresponde a Nossa Senhora das Graças; Yemayá, orixá dos oceanos e da criação, corresponde à Virgem de Regla; Elegguá, orixá do destino, é Santo Antônio de Pádua; Oggún, guerreiro ferreiro, é São João Batista etc. Na Bolívia, Pachamama, a Mãe Terra, é associada à Virgem Maria, frequentemente representada por uma montanha com um rosto feminino e duas mãos abertas. Na Venezuela, Maleïwa, o deus criador dos índios guajiros, é Jesus Cristo. Isso que chamamos de sincretismo indígena obviamente também é encontrado no México. Em 1531, a Virgem de Guadalupe aparece ao indígena Juan Diego, sob o disfarce de uma jovem mestiça vestida como uma princesa asteca. Essas constantes viagens entre a religião católica e as espiritualidades do mundo pré-colombiano são um dos principais elementos da pintura de Frida Kahlo.

Distinguem-se três estágios na visão de Frida sobre a religião: a infância, a idade adulta e o fim da vida.

Já mencionei o primeiro estágio. O que surge dele é a imagem de uma Frida fortemente marcada pelos rituais da religião católica e frequentemente tentada por uma forma de transgressão. Deve-se dizer que ela não está sozinha, mas acompanhada de sua irmã Cristina. Frida, que às vezes reconhece que sua mãe é um pouco "histérica" quando o

6 *Frida Kahlo Confidences*, *op. cit.*
7 *Ibid.*

assunto é a questão religiosa e que suas outras irmãs tendem a seguir o molde das injunções maternas, ri baixinho, com Cristina, quando pedem às duas que façam uma oração antes da refeição: "Cristi e eu trocávamos olhares tentando não rir",[8] ela confessa. E, às vezes, as duas preferem pular a catequese e ir comer marmelos e cerejas no pomar ao lado da sala de aula. E, se observarmos atentamente algumas fotos, veremos que por muito tempo Frida usou uma corrente no pescoço ornada com uma cruz, mesmo quando já estava na Preparatória, como qualquer boa garota mexicana de classe média no início do século XX. Em 17 de setembro de 1927 – ela tem 20 anos –, ela escreve uma carta a Alejandro Gómez Arias que diz muito sobre os laços que ainda mantém com a religião católica. Claramente, não se deve enxergar nestas palavras nenhuma ironia: "Pode parecer exagerado para você, mas às vezes tenho a impressão de que sou a mais infeliz das mulheres (é um pouco vulgar se fazer de mártir). Pensando bem nisso, digo a mim mesma que isso não é totalmente falso, mas que a grande mão de Deus ainda não se esqueceu completamente de mim".[9]

Passemos ao segundo período, o da idade adulta. Margarita Kahlo Cardeña, que se compara a uma flor no jardim do paraíso, acompanha Frida durante toda a sua vida adulta, enviando-lhe carta após carta em que lhe fala de Deus, da religião, garante amá-la e lhe diz o quanto reza por ela todos os dias. É um apoio genuíno, nunca questionado, nunca menosprezado por Frida. Há um vínculo profundo e indestrutível entre as duas irmãs, a freira enclausurada que sempre ajuda Frida nos momentos difíceis de sua existência e aquela que afirma ser uma militante comunista desde os treze anos. Na realidade, a religiosidade de Frida é evidente. Embora se possa argumentar que ela tenha abandonado a prática da religião católica por volta de 1928, seu interesse pela religiosidade asteca e pelas filosofias orientais só faz crescer. No entanto, a mudança da prática da religião católica para o seu abandono, pelo menos em parte, ocorreu de fato.

Elena Poniatowska deixa Frida falar: "Se Deus existisse, eu não teria passado minha vida inteira em hospitais. Não teria tomado tantos

8 *Ibid.*
9 *Ibid.*

remédios. Se Deus existisse, eu teria percorrido Sua criação correndo, teria saltado no ar, dançado no mar. Meu pai não teria sido epilético. Eu teria carregado o filho de Diego, o teria segurado em meus braços; Diego não teria me traído e eu não teria sido infiel a ele".[10] Eu acredito que se trata do contrário. Frida nunca teria dito essas palavras. Ela precisa dessas provações para pintar. Ela precisa de toda essa dor, repitamos, para transformá-la em arte. Ela não se sacrifica. Ela não exibe suas feridas. Ela está em uma operação alquímica.

Frida sofre, mas usa seu sofrimento para superá-lo. Como se o abençoasse, como se essa provação, essas repetidas provações, permitissem a ela encontrar uma felicidade – na superação – que nunca teria conseguido se tivesse tido uma vida mais fácil. Aqui, sem dúvida, é preciso olhar para os santos e místicos: Iñes de la Cruz, Santa Teresa de Ávila...

Passemos para o terceiro estágio: o fim da vida. A militante vai transformar a ação política em mística religiosa. A principal crítica de Frida à sua mãe é ter chegado à história por meio da religião. Poderíamos argumentar que Frida chega à religião por meio da história. É exatamente isso que demonstram as pinturas tardias de 1954, como *O marxismo curará os doentes*, em que um Karl Marx santificado desce do céu para curá-la, ou *Autorretrato com Stálin* ou *Frida e Stálin*.

A impregnação da religião católica em sua pintura é uma obviedade. Assim, nos primeiros meses de 1940, quando está mais assombrada do que nunca por questões de morte, sangue e sofrimento, Frida tenta encontrar respostas pintando, especialmente um autorretrato no qual ela usa a coroa de espinhos de Cristo como colar, uma referência imediata ao episódio da Paixão. *A mesa ferida* (1940) lembra a Última Ceia. *Minha ama e eu* ou *Eu mamo* (1937) é uma interpretação da Virgem e do Menino. *Pensando na morte* (1943) é uma *vanitas*.[11] Quanto a *Raízes* ou *El Pedregal* (1943), como não ver neles uma analogia entre Jesus e a videira no Evangelho de São João: "Eu sou a videira e vós os

10 Elena Poniatowska, "Diego, je ne suis pas seule: Frida Kahlo", em *Frida Kahlo, un portrait photographique*, *op. cit.*

11 Gênero específico de natureza-morta dotado de um alto valor simbólico, que se desenvolve no século XVII, especialmente na pintura holandesa do Barroco. Nas *vanitas*, os objetos representados simbolizam o vazio da existência terrestre. (N.T.)

ramos. Aquele que permaneceu em mim, e eu nele, este produz muito fruto"?

Essa evidência aparece também em sua maneira muito pessoal de desviar os ex-votos de sua função original. No sentido original do termo, ex-voto é um quadro – ou mesmo um objeto simbólico – colocado em uma igreja, ou em qualquer outro lugar venerado, após um voto ou em agradecimento a uma graça recebida. Tradicionalmente, vemos o santo, ou o Cristo, ou a Virgem, surgir no céu cercado por uma nuvem leve enquanto a pessoa doente, ferida, incapacitada ou ameaçada está vivendo a cena imediatamente antes da intervenção milagrosa. Esses quadrinhos, também conhecidos como "*retablos*", de formato modesto, contêm uma parte escrita que pode tanto descrever a cena como extrair uma moral. Diego Rivera tem razão ao afirmar que os *retablos* pintados por Frida não se parecem realmente com *retablos*. Pois, ao contrário de um ex-voto tradicional, no qual o pintor, doador ingênuo, nunca toma partido, Frida pinta ao mesmo tempo o interior e o exterior de seu ser, enquanto comenta sua ação. O ex-voto de Frida – pintado em uma placa de alumínio previamente coberta com uma camada de base, o que o torna semelhante à técnica do afresco a óleo – deriva diretamente da tradição católica, muito presente em todas as igrejas mexicanas. Depois de *O Hospital Henry Ford (O aborto)* (1932), a primeira obra a abordar esse tema, retomando até mesmo o formato reduzido, outras se seguiram, como *Umas facadinhas de nada* (1935), *O suicídio de Dorothy Hale* (1938-39), e *Autorretrato com o retrato do dr. Farill* ou *Autorretrato com o dr. Juan Farill* (1950).

Um outro elemento fundamental no aspecto religioso em Frida é, obviamente, o vínculo que ela mantém com o sagrado indígena. Deuses, deusas, rituais e crenças de origem pré-colombiana estão muito presentes em suas pinturas. Em 1944, ano de seu décimo quinto aniversário de casamento, Frida pinta *Diego e Frida 1929-1944* ou *Retrato duplo de Diego e Frida 1929-1944*. Nessa pintura, seu rosto se funde com o de seu marido, criando uma figura composta cujo gênero é impossível de determinar. Esse elogio da dualidade se origina diretamente da iconografia pré-hispânica. Entre os antigos mexicanos, estatuetas, máscaras, esculturas e deuses de dupla face exaltam todos os benefícios da dualidade. O "dois", o "muitos" é sempre preferido ao "um". Nessa tela, ao mesclar seu rosto ao de seu marido, Frida concretiza o encontro de dois opostos, como sugere também a presença do Sol e da Lua, elementos fundadores duplos da mitologia asteca.

Essa mesma dinâmica também pode ser vista em *Árvore da esperança, mantenha-se firme* (1946), quadro no qual Frida coloca a ilustração trágica de sua aventura médica sob o signo da renovação e da ressurreição, tão caro à mitologia indígena. Xipe Totec, deus da pele esfolada, está presente em Frida deitada em sua cama de hospital, com as costas laceradas por incisões sangrentas; assim como estão presentes, mais uma vez, o Sol e a Lua, astros primordiais mantidos em movimento graças à renovação dos sacrifícios humanos.

Mas Frida não se contenta em se referir seja às suas raízes católicas, seja aos poderosos vínculos que a unem às religiões ameríndias. Sua pintura está na encruzilhada, e em uma mesma tela ela pode fazer referência a uma ou a outra dessas religiões.

Observemos atentamente *Minha ama e eu* ou *Eu mamo* (1937). De um lado, ela se baseia no tema da Virgem e do Menino; do outro, na mitologia asteca, nessa matrona que alimenta Frida. Essa é uma ama imensa, de pele negra, com seios "majestosos", que, obviamente, também simboliza a herança indígena do México, ainda mais porque seu rosto está coberto por uma máscara de Teotihuacan. Outro exemplo é *A coluna partida*. Pintada em 1944, essa pintura dolorosa, executada durante os cinco meses em que os médicos de Frida a obrigam a usar um espartilho de aço, lembra ao mesmo tempo o martírio dos santos – em particular o de São Sebastião, cujo corpo é perfurado por flechas, enquanto o de Frida é perfurado por pregos – e o ritual asteca ligado ao culto de Quetzalcoatl, que consiste em perfurar certas partes do corpo com espinhos de agave. A força das pinturas de Frida está nessa conjunção de duas religiões, duas formas de pensar o mundo, duas espiritualidades.

Dois últimos exemplos: em *Sem esperança*, de 1945, Frida, deitada, é literalmente alimentada à força por uma máquina semelhante a um instrumento de tortura. Ela é, ao mesmo tempo, Cristo na Cruz, que se sacrifica para salvar a humanidade, e aquela que não pode deixar de se submeter à eterna guerra entre a luz e as trevas, representadas na religião asteca pelo Sol e pela Lua. Vamos terminar com uma pintura de 1949, *O abraço amoroso do Universo, da Terra (o México), eu, Diego e o Señor Xolotl.* No centro da tela há uma majestosa Virgem com o Menino. Uma Virgem bastante estranha, que segura Frida em seus braços, que segura Diego nos seus… Uma Virgem ídolo, maciça como uma pirâmide pré-colombiana, uma deusa da Terra, em plena representação do México ancestral. Alguns chegaram a ver nesse "abraço amoroso" uma visão fantástica da Assunção.

A conclusão dessa circum-navegação do universo espiritual de Frida é de Luis-Martín Lozano: "Frida, que decidiu se tornar comunista, continuou sendo uma mulher profundamente imbuída de espiritualidade".[12] Isso é, de fato, o que emerge de um estudo atento de seu universo pictórico. Em uma foto tirada por Guillermo Kahlo por volta de 1920-1921, uma Frida de doze ou treze anos posa diante de nossos olhos. É o dia de sua comunhão solene. Sua irmã, Cristina, está ao seu lado, com a mesma roupa. Frida segura uma vela na mão, é a imagem de Cristo que a guia e ilumina. Em sua cintura, pende uma pequena bolsa de esmolas, na qual ela guardou cuidadosamente um missal e um rosário, auxiliares indispensáveis àqueles que querem lutar, pelo resto de suas vidas, contra todas as tentações e todos os pecados.

12 Luis Martín Lozano, *Frida Kahlo, El círculo de los afectos, op. cit.*

Naturezas vivas

"As flores como flores nos ensinam verdades ocultas."

Para além da definição do dicionário de natureza-morta como "a representação de objetos inanimados ou de cadáveres", vale lembrar que a natureza-morta se originou nos Países Baixos por volta de 1650, com uma acepção principalmente técnica. Quando um pintor holandês fala em "natureza-morta", ele está se referindo especificamente a uma "natureza imóvel" ou, ainda, "que posa como um modelo". Claramente, o que caracteriza a natureza-morta é a ausência de movimento: a ideia de morte fica subentendida. Essa mesma noção é encontrada no alemão *Stilleben* e no inglês *still life*. Nas línguas latinas, a situação é bem diferente. A tecnicalidade pura é abandonada em favor de uma terminologia mais dramática. O italiano propõe *cose naturale* ou *natura in posa* antes de optar por *natura morta*. O francês, passando pelo latim *natura*, escolhe, no século XVIII, *nature morte*. Já o espanhol, esquecendo-se de uma terminologia quase profissional – *floreros*, *fruteros*, *bodegones* –, acaba propondo *naturaleza muerta*, termo que encontramos sendo usado por Frida Kahlo.

O que é necessário guardar da noção de natureza-morta é também a ideia de uma construção premeditada, pensada, refletida. Diversos testemunhos relatam que Frida dava uma atenção particular à disposição de cada elemento de sua vida – quer se trate de sua maquiagem, suas roupas, suas joias, de todo o aspecto físico e visual que tanto a caracteriza –, mas também de um certo número de momentos de sua vida diária, e isso toca muito diretamente na questão da natureza-morta.

Daí, por exemplo, sua maneira muito especial de preparar a cesta com a marmita que ela leva nos primeiros dias de seu casamento para Diego, que passa grande parte do dia sobre os andaimes montados em torno de seus grandes murais. Ela dispõe com muito cuidado e harmonia frutas e flores para decorar o conjunto. Essa cesta, com suas frutas, suas flores, seus pratos, seus vasos de terracota, seus guardanapos bordados e o doce bilhete que a acompanha, é como uma natureza-morta efêmera, oferecida ao homem que ela ama.

Em sua casa, nada é deixado ao acaso. Quando convida seus amigos, ela arruma a mesa das ágapes com muito cuidado. Tudo tem de combinar: a cor da toalha de mesa com a dos copos, os pratos brancos decorados em azul-cobalto, as jarras de vidro soprado, o caminho de mesa, as flores dispostas em um vaso específico, que devem estar de acordo com as que são colhidas no jardim e que ela coloca nos cabelos. É Guadalupe Rivera quem conta: "Em setembro, os mercados estão cheios de peras espinhosas verdes, brancas e vermelhas provenientes das áreas quase desérticas do país, e de saborosas limas particularmente suculentas. É por isso que, no centro da mesa, Frida coloca essas frutas, acompanhadas de bandeirinhas mexicanas e de duas ou três romãs abertas, dispostas com muita elegância, em uma travessa com motivos florais de Tehuantepec. Como que por mágica, a mesa se transforma em uma obra pintada por Frida".[1]

Quando volta do mercado com sacolas cheias de frutas e legumes, Frida é capaz de passar longos momentos comentando sobre a beleza de cada um deles, sua cor e textura, antes de organizá-los em uma das muitas travessas mexicanas que já são obras de arte por si sós. Às vezes, a diferença entre uma tigela cheia de frutas por motivos estéticos e um recipiente contendo os ingredientes de um prato que vai ser preparado é imperceptível. Mais uma vez, o testemunho de Guadalupe Rivera é crucial: "Ela pegou um sapoti, um melão, uma fruta-do-conde e um cacho de bananas rosa (suas preferidas) e os colocou em uma cesta. Acrescentou alguns abacates que pareciam esplêndidos, não para com-

1 Guadalupe Rivera, *Les Noces de Frida et Diego, Souvenirs et recettes du Mexique*, *op. cit.*

por uma natureza-morta, mas para reunir os ingredientes para um delicioso guacamole com pimenta".[2]

Da cesta para a mesa, vimos que é fácil passar para a fruteira, onde as frutas são dispostas. Já estamos na natureza-morta. É em 1937 que Frida dá esse passo, com *Eu pertenço ao meu dono*, sua primeira natureza-morta. Nela, em um jarro de terracota no qual se lê "Viva México!", ela exibe flores silvestres, flores do deserto secas e espinhosas, com as formas mais sexuais, enquanto sobre a mesa jaz uma rosa prestes a morrer. A composição floral será pouco abordada na obra de Frida, e menos ainda nas naturezas-mortas. Em 1945, ela pintará uma pequena tela intitulada *Magnólias*.

A natureza-morta não é o coração vibrante da criação pictórica de Frida. Ao todo, ela pintará apenas 28 delas, muito espaçadas no tempo e em ondas. Mas aqui novamente, como em seus autorretratos, ela se coloca em cena, superando sua dor ao pintá-la. No livro que dedica a Diego e Frida, Jean-Marie G. Le Clézio lembra, com razão, que o medo e a angústia que atormentam Frida podem ser encontrados em suas naturezas-mortas. Elas contradizem a origem desse gênero pictórico: não são nem estáticas nem silenciosas, mas muito vivas e pulsantes. E Le Clézio cita com precisão um trecho do diário de Frida que poderia servir de epígrafe para essa obra pictórica: "Murta sexo chave doce brota licor amor graça viva".[3]

Entre 1937 e 1945, ela pinta apenas oito naturezas-mortas. Quatro em 1938: *Os frutos da terra*; *Tunas, "Frutos do cacto"*; *Xóchitl, flor da vida*; e *Pitaias*. Essas quatro obras podem ser vistas como uma ode ao México e à sexualidade. As frutas escolhidas por Frida transbordam de sumo, algumas são imperfeitas, sangrentas, outras são sensuais suculentas. Reconhecemos facilmente vulvas abertas e pênis eretos. Elas evocam o ciclo da vida: nascimento e morte. Pingam humores, sucos, transpiram. Ao parar em frente a *Pitaias*, Breton crê enxergar, por trás dessa "maravilha de carne cinzenta, um gosto de beijo, de amor e de desejo".

Em 1941, ela pinta uma pequena natureza-morta em formato redondo, intitulada *Cesta de flores*, e, em 1942, *Natureza-morta*, uma tela

2 *Ibid.*

3 Jean-Marie G. Le Clézio, *Diego et Frida*, *op. cit.*

também muito fortemente sexualizada com uma história particular. Em uma carta a Carlos Chávez, datada de dezembro de 1952, ela pede que ele lhe empreste essa obra, que pertence a ele, para que ela possa exibi-la em sua primeira retrospectiva mexicana, que Lola Álvarez Bravo deseja organizar na Galería de Arte Contemporáneo, na Cidade do México. Carlos Chávez concorda com o pedido de Frida, mas nunca mais voltará a ver sua tela. Após uma disputa com Diego, este último nunca aceitou devolvê-la. Em uma carta datada de 24 de fevereiro de 1978, enviada a Fernando Gamboa, ele escreve: "Diego Rivera me roubou o quadro de Frida".[4]

A noiva assustada ao ver a vida aberta, pintada em 1943, é sem dúvida uma de suas obras das mais enigmáticas e perturbadoras. De tamanho relativamente grande, Frida põe em cena a boneca que encontrou com Jacqueline Lamba durante sua viagem a Paris. Em seu vestido de noiva branco, a boneca observa a vida: o coração dividido do papaia, como um sexo aberto, a suculenta melancia da cor do sangue, a pequena coruja com os olhos esbugalhados. A noiva parece se perguntar o que a estaria esperando. Os sofrimentos físicos de Frida pioram a cada dia. É nessa época que Diego publica, na revista *Seminario de Cultura Mexicana*, o famoso artigo intitulado "Frida Kahlo e a arte mexicana". Lê-se, notadamente, o seguinte: "A arte de Frida Kahlo é individual e coletiva ao mesmo tempo. Seu realismo é tão monumental que nela tudo assume novas dimensões. É por isso que ela pinta ao mesmo tempo o lado interno e externo de si mesma e do mundo. E na história da arte, Frida é a única a ter aberto seu peito e seu coração para contar a verdade biológica e qual é a sensação ali".[5] *A jovem noiva assustada ao ver a vida aberta* é uma natureza-morta que exprime uma espécie de arrependimento pelo tempo que passou.

Os anos 1950 marcam uma data importante na relação que Frida tem com a natureza-morta. Em quatro anos, ela pinta catorze delas, o mesmo número que no resto de sua vida. Por quê? O ano de 1950 é terrível: Frida passa por uma amputação dos dedos do pé direito e é submetida a seis operações na coluna vertebral. O novo enxerto ósseo

4 Citado nas notas de *Frida Kahlo par Frida Kahlo*, *op. cit.*

5 Citado em *Frida Kahlo, la Casa Azul*, *op. cit.*

tentado pelos médicos acaba dando errado. A ferida infecciona. É necessário tirar o colete colocado com dificuldade e reabri-lo várias vezes. Frida, hospitalizada durante quase um ano inteiro, sofre um martírio. Ela, que sempre questionou a utilidade de sua pintura, duvida ainda mais da necessidade de pintar a si mesma o tempo todo. E se ao pintar autorretratos tivesse escolhido o caminho errado? "Tenho de lutar com todas as minhas forças para que o que resta de positivo em meu estado de saúde sirva à revolução. É a única razão que eu teria para continuar vivendo".[6] Mas é preciso sobreviver. É preciso encontrar forças. É preciso continuar ganhando a vida. A natureza-morta é um gênero que vende bem. Costuma-se acreditar que é inofensivo. Não se corre o risco de chocar a burguesia. E depois, como pintar quando se é obrigada a passar horas inteiras deitada de costas?

Frida nunca se deixa abater. Ela vai provocar uma reviravolta na arte da natureza-morta. Vai fazer dela uma outra coisa. Vai mudar tudo. Vai chamá-la assim: *naturaleza viva* (natureza viva). Ela pinta seis delas em 1951, quatro no ano seguinte, duas em 1953. Citando John Berger, Rachel Viné-Krupa chama essa arte de "sedentária".[7] É uma boa definição para uma pintura que não é sedentária, mas usa o que está ao alcance do pintor. As frutas são dispostas bem próximas a ela, perto de sua cama. Seu rosto e suas mãos estão a apenas alguns centímetros da tela que ela está pintando.

E então, tudo mudou. Uma *Naturaleza viva*, título que ela dá a uma pintura de 1952, indica a direção dessa mudança. A começar pelo envolvimento do México, como nação, em suas telas. Pequenas bandeiras verdes, brancas e vermelhas aparecem espetadas aqui e ali em cinco delas. Pode-se dizer que essas naturezas vivas fazem política. Há uma reviravolta no assunto. Bandeiras em algumas, pombas da paz em outras, inscrições militantes, como esta: "Congresso dos povos pela paz".

Isso não é tudo. A técnica usada não é mais a mesma. Como nas páginas escritas de seu diário, o traço é menos seguro, mais interiorizado, mais próximo ainda da respiração interior. Reina sobre essas naturezas vivas uma espécie de febre, de agitação. Como se, de repente, faltasse

6 *Frida Kahlo par Frida Kahlo*, *op. cit.*

7 Rachel Viné-Krupa, *Frida Kahlo 1907-1954, Portrait d'une identité*, *op. cit.*

tempo. Houve quem dissesse que esse trabalho parece quase apressado. Isso é falso. Frida luta pela vida, o lado muito refinado, muito polido, de sua pintura não é mais conveniente. Existe urgência. Existe necessidade. Existe uma necessidade vital de criar – mesmo deitada, mesmo com dor, mesmo entorpecida pelas doses de analgésicos de todos os tipos. É esse o sentimento que se experimenta ao mergulhar com atenção em *Fruto da vida* ou *Natureza-morta com melancias*.

Voltemos à pintura intitulada *Naturaleza viva*. As frutas estão espalhadas pelo chão, amassadas, abertas. O quadro não é de forma alguma sereno. Há elementos demais vibrando nele: a terra, o céu, o dia, a noite. As raízes, tão presentes em outras telas de Frida, apertam, abraçam, nutrem, brotam de si mesmas, conectam-se à terra e ao mundo – ao México. Como em outras telas, mais ambiciosas, as raízes remetem à Revolução Mexicana, ao solo nutritivo, à Deusa Mãe dos astecas. Quem disse que essas naturezas vivas são sinônimos de paz? Essas são telas repletas de forças subterrâneas. Essas forças já transpareciam em *Natureza-morta com papagaio e bandeira*, ou em *Olhares – Natureza-morta – Os cocos*, ambas de 1951. Também em uma outra natureza viva, iniciada em 1951 e concluída em 1954, de dimensões modestas, 39 × 65 cm, vemos nela uma pomba, o Sol e a Lua, ambos com rostos, frutas exóticas e, é claro, uma melancia, e uma bandeira verde-branca-vermelha, com um mastro imóvel em seu centro e inscrito com uma letra manuscrita "*Viva la Vida*". E não esqueçamos: o humor de Frida é brutal. Quando ela pinta o quadro em cuja legenda se lê "*Naturaleza viva*", ela afirma a quem quiser ouvir que essa tela fala dela mesma, pois exprime uma impressão estranha: a de se transformar em vegetal – são as palavras dela – por ser obrigada a ficar acamada durante um tempo interminável.

Na sexta-feira 13 de março de 1953, em uma das páginas de seu diário, ela faz um comovente elogio a Isabel Villaseñor, sua amiga morta. Nele, invoca a Regra de Ouro, fala de sua poesia, de sua luz, de sua energia, também de todo esse sangue vermelho, "que escorre como quando se mata um cervo",[8] e ela desenha na parte inferior da página o esboço de uma natureza viva.

8 *Journal de Frida Kahlo, op. cit.*

Frida sabe que é essa energia que a acompanhará em seus últimos momentos, em seus últimos momentos de lucidez artística. Mais uma vez, é na pintura que ela encontra uma fonte inesgotável de conforto. Criadas nos interstícios deixados pelas doses cada vez maiores de Demerol, de calmantes e de drogas, pelas doses de álcool de que ela abusa, essas naturezas mortas são mais vivas do que nunca.

O título dado a uma de suas últimas telas não poderia ser mais claro: *Natureza-morta "Viva a Vida"*. Um conjunto, em um céu dividido em dois – um escuro, o outro claro –, repousa sobre uma base de terra seca. De um lado, azul-cobalto, símbolo de eletricidade, pureza e amor. Do outro, azul-marinho, outra forma da distância e da ternura. Uma estranha natureza viva feita inteiramente de melancias: inteiras, cortadas, divididas, de frente, de perfil, cortadas em pedaços, com a carne aberta, oferecida. Para esse tributo final à vida, Frida usa todas as cores de sua paleta, e sabemos que a cada cor ela atribui um significado simbólico. O verde-escuro da melancia, por exemplo, é a cor dos maus presságios e dos bons negócios. O verde-claro, cor de luz morna e boa; e o verde--pálido, cor de folhas e de tristeza. O vermelho da fruta aberta: "Solferino – Azteca Tlapali – velho sangue da pera espinhosa",[9] o mais vivo, o mais antigo: cor arquetípica. Assim como o vermelho magenta: "cor de sangue, quem sabe?". O marrom da terra é a cor do *mole* – o molho temperado com cacau amargo tão típico do México. Cor das folhas que caem. E o que dizer do verde-amarelo da casca da melancia, louco e misterioso? Frida escreve: "Todos os fantasmas usam roupas dessa cor, ou pelo menos roupas íntimas". Sim, nenhuma nuance é esquecida. Como se Frida quisesse, pela última vez, prestar uma homenagem viva à paleta que a acompanhou por toda a vida. O preto tem seu lugar, mesmo que "nada seja preto, realmente nada"; mesmo que o amarelo também esteja lá, presente nos reflexos das fatias de melancia, brincando com a luz, o amarelo que quer dizer "loucura, doença, medo, parte do céu e da alegria". Em um gesto final dirigido à vida, Frida inscreve em uma fatia de melancia, e em letras maiúsculas, "*VIVA LA VIDA*", seguido de seu nome, o local onde pintou o quadro e a data em que o fez.

9 Como todas as outras citações deste capítulo relativas à paleta de cores estabelecida por Frida, esta foi retirada da página do *Journal de Frida Kahlo* dedicada a esse tema.

Morte

"Eu penso na morte com frequência. Muita frequência. Demasiada."

Trata-se de duas pequenas telas, sobre metal, pintadas em 1938, intituladas *Menina com máscara de caveira*. A primeira, da qual só conhecemos a foto em preto e branco tirada por Lola Álvarez Bravo, mostra uma menina usando meias soquetes brancas e sandálias pretas de verniz, com um vestido claro plissado com colarinho. Com a mão, ela segura o nó de seu cinto. Ao fundo, um céu escurecido por nuvens pesadas. No chão, uma região desértica sem relevo. Seu rosto, de três quartos, está escondido por uma máscara: uma caveira em papelão cozido pintado.

A segunda tela, uma citação de uma pintura de Diego Rivera – *Menina com máscara* – mostra uma menina descalça com um vestido rosa pálido. Ela segura na mão um crisântemo amarelo. Ao fundo, um céu tempestuoso. No chão, uma região desértica em terra de siena. Seu rosto está escondido por uma máscara: uma caveira em papelão cozido pintado. Aos seus pés: uma máscara assustadora, como as que estão penduradas nas paredes da Casa Azul. Esse tigre com dentes afiados e língua para fora não é outro senão Mictlantecuhtli, "Senhor de Mictlan", o lugar mais profundamente enterrado do submundo. Na mitologia asteca, ele é o deus inconteste da morte. De pronto, notemos que essa máscara não é a usada pela ama no autorretrato de 1937 intitulado *Minha ama e eu* ou *Eu mamo*. Esta última, um tipo específico de máscara funerária, não implica, de forma alguma, uma conotação trágica. Frida, carregada pela Mãe Terra mexicana, é nutrida por ela. Ela não é oferecida em sacrifício, mas, ao contrário, recebe da própria memória de ancestrais distantes um leite nutritivo. A tela foi dada a Dolores del Río, que afirma que Frida a pintou quando estava desesperada com a ideia de não ter um filho de Diego.

Muito presente em sua vida, Frida tenta domar a morte dando-lhe todos os tipos de nomes alegres: a *Pelona* (a Puta Careca), a *Tostada* (a Grelhada), a *Catrina* (a Bela do Baile), a *Mera Dientona* (os Dentes Velhos de Coelho), a Chingada (a Fodida); a Tía de las Muchachas (a Tia das Meninas). Como conta Isolda P. Kahlo, Frida adora repetir: "Zombe da morte sem moderação! O importante é o que você faz agora. Ajude as pessoas enquanto você ainda está vivo. Depois, será tarde demais".[1] Ela também diz: "Eu rio da morte, para que ela não leve a melhor sobre mim".

É interessante notar que essa mesma morte, zombada e domada, contornada e evitada, está muito menos presente em suas pinturas. Como se esse não fosse um tema fundamental que precisasse ser abordado permanentemente. Apenas cerca de uma dezena de suas pinturas faz referência explícita a ela.

Existem diferentes maneiras de representar a morte. Considerada no México uma espécie de "fatalidade nacional", ela pode aparecer nos brinquedos dados às crianças, tomar a forma de bombons, assim como de todos os tipos de gêneros alimentícios, roupas, anúncios, fronhas, almofadas. O essencial é torná-la absurda pela multiplicação de sua efígie. Lembremo-nos do longo plano, filmado em um cemitério em Cuernavaca, no dia da Festa dos Mortos, que abre *Sob o vulcão*, o filme crepuscular de John Huston baseado no romance homônimo de Malcolm Lowry; e de Diego Rivera, que, compreendendo que Leon Trótski havia sido amante de sua esposa e querendo se vingar dele, dá a ele, nesse mesmo *Día de los Muertos*, 2 de novembro, uma caveira de açúcar na qual se lê "Stálin". As *muertes* ou *calaveras*, literalmente "caveiras", fazem parte da vida cotidiana no México. Elas aparecem em muitas páginas do diário de Frida, notadamente na página intitulada *Mortos festejando*, e em várias de suas pinturas.

1 Isolda P. Kahlo, *Frida íntima*, *op. cit.*

Se excluirmos os dois quadros já mencionados, o emblema da caveira aparece em quatro de suas pinturas. Em 1932, ela jaz, abandonada, no lado mexicano do *Autorretrato na fronteira entre o México e os Estados Unidos*. Cinco anos antes, podemos vê-la em *Retrato de Miguel N. Lira*. É preciso esperar mais de dez anos, até 1943, para vê-la representada, na posição do terceiro olho, na testa de Frida, em *Pensando na morte*. Finalmente, em *Moisés* ou *Núcleo Solar*, ela surge na parte da tela dedicada à herança asteca.

Há uma outra representação da morte, o esqueleto, novamente presente como emblema em algumas telas. Exatamente três, o que é pouco. Em *Quatro habitantes da Cidade do México* (1938), Frida parece apreender seu futuro por meio de um esqueleto, acompanhado por três acólitos, atravessando uma praça. Dois anos depois, em *O sonho* ou *A cama*, dormindo em uma cama de dossel coberta de plantas trepadeiras, ela pinta um esqueleto na forma de um judas, que parece velar por ela. Ele está lá, acima dela, quieto, atencioso, com a cabeça apoiada, como a de Frida, em dois travesseiros. Com os olhos bem abertos e a boca numa careta, ele oferece aos espectadores uma resposta bastante curiosa às suas perguntas: envolvido por arames e explosivos, ele ameaça explodir tudo a qualquer momento. No mesmo ano, em *A mesa ferida*, ela convida para a Última Ceia um esqueleto com ares mecânicos, que se agarra a uma mecha de seus cabelos, enquanto seu cervo favorito, Granizo, aparece do outro lado da mesa.

A morte também pode se fazer presente em uma tela de maneira mais metafórica, até mesmo brutal. Em 1932, Frida cobre com uma mortalha o rosto da mulher que está dando à luz em *Nascimento* ou *Meu nascimento*. Como se, em suma, ela tivesse nascido de si mesma ou de uma mãe morta. *Umas facadinhas de nada*, uma pintura de 1935, retrata nada menos do que a própria morte: um assassinato cometido por um homem ciumento que esfaqueia sua esposa dezenas de vezes. *O suicídio de Dorothy Hale*, uma pintura encomendada e concluída em 1939, também é um relato no calor da morte de uma jovem atriz de cinema, mundana e sem um tostão. Na noite de seu suicídio, ela recebeu amigos em sua casa e disse-lhes que iria fazer uma longa viagem. Depois de passar parte da noite escrevendo cartas de despedida para algumas pessoas, ela se jogou do décimo sexto andar de seu estúdio no

Hampshire House. Foi encontrada na manhã seguinte, vestida com seu vestido de veludo preto "*Madame X femme fatale*",[2] segurando na mão um pequeno buquê de rosas amarelas que havia ganhado.

Frida só retrata uma pessoa morta em *O falecido Dimas Rosas, morto aos três anos de idade*, uma pintura de 1937. Em *O suicídio de Dorothy Hale*, o objetivo era, acima de tudo, mostrar a morte em ação, a queda do corpo. Em *O falecido Dimas Rosas, morto aos três anos de idade*, a questão é diferente. Aqui, é uma criança que é pintada, lavada, penteada, maquiada e vestida como morto, como há muito tempo é tradição na cultura funerária mexicana.

A menos que consideremos que o retrato pintado em 1933 e intitulado *Autorretrato "very ugly"* acrescente um novo título à lista de representações da morte na pintura de Frida Kahlo, o que não acredito que vá acontecer, pois, embora tenha sido inspirado nos retratos de Faium, de forma alguma foi realizado para ser instalado em uma múmia embalsamada – como era o caso no Egito greco-romano –, então por que representar tão pouco a morte? Embora Frida confesse que tem um "medo terrível da morte", ela imediatamente acrescenta: "Mas a ideia dela pairando sobre minha vida como uma sombra não me incomoda, tento dizer a mim mesma que é normal e que não devo ter medo".[3]

É preciso dizer que Frida conhece a morte ainda muito jovem. Como todas as meninas e meninos de sua geração, ela viveu os dez anos da Revolução, de 1910 a 1920, na angústia e no medo. O balanço dos combates, particularmente ferozes e sangrentos, foi estimado em dois milhões de homens e mulheres mortos em uma população total de pouco mais de quinze milhões. A título de comparação, o número de mortos na guerra de 1914-1918, somente na França, foi de um milhão e setecentos mil para uma população de pouco menos de quarenta milhões de habitantes.

Mas Frida também conheceu a morte muito cedo em seu corpo e em sua carne. Em seu diário, ela escreve: "Durante toda a minha vida, passei por vinte e duas intervenções cirúrgicas. Primeira doença aos

2 Referência à tela *Madame X* de John Singer Sargent, de 1870, hoje no Metropolitan Museum of Art em Nova York. (N.T.)

3 *Frida Kahlo Confidences*, *op. cit.*

seis anos de idade. Paralisia infantil (poliomielite) 1925 – acidente de ônibus com Alex".[4]

Teresa del Conde resume muito bem esse terrível companheirismo com a morte quando escreve: "O lento suicídio de Frida, alimentado por frequentes explosões de autodestruição, misturadas a uma vontade de viver que às vezes beirava a fúria, começou muito cedo, assumindo a forma de uma peregrinação dolorosa que a levou de consultas a hospitais, de intervenções cirúrgicas a períodos de convalescença intermináveis. E isso começou muito cedo, bem antes de 1925, desde 1913, em sua primeira infância".[5]

Essa vida de sofrimento, durante a qual a morte nunca deixa de observá-la e aguardá-la, pode ser resumida em três grandes momentos.

O primeiro é, sem dúvida, o acidente de 1925, do qual todos se perguntavam como ela havia escapado. Um acidente fundador, tanto em sua vida como na mitologia que, ao longo das décadas, formou uma grande parte de sua lenda. Frida nunca o pintou. Embora presente em muitas de suas pinturas – ao menos em suas consequências –, esse acidente de bonde em 17 de setembro de 1925, no final da tarde, quando o país acabava de comemorar sua independência, Frida foi incapaz de representá-lo de maneira "realista" em uma pintura. A única referência a esse drama está em um desenho a grafite, feito em uma folha de papel medindo 20 × 27 cm, exatamente um ano após o evento, intitulado *O acidente*. Vemos nele um bonde e um ônibus, esmagados um contra o outro, uma jovem deitada (Frida), pessoas no chão e uma inscrição: Cruz Vermelha.

O segundo momento consiste em suas repetidas tentativas de suicídio. Como se a morte nunca saísse do lado de Frida. Sempre lá, espionando-a, observando-a, lembrando-a de que é capaz de esperar uma vida inteira, que tem o tempo a seu favor. Não importa. Sua última tentativa de suicídio data de 27 de abril de 1954, três meses antes de sua morte. Ela foi precedida por muitas outras: "Pensei em me matar, faz um ano [1950], e também em 1935. Na segunda vez, tomei barbitúricos. Na verdade, é o que eu recomendaria, para dormir tranquilamente".[6]

4 *Journal de Frida Kahlo, op. cit.*

5 Teresa del Conde, "Frida la gran ocultadora", em *Frida Kahlo/Tina Modotti, op. cit.*

6 *Frida Kahlo Confidences, op. cit.*

Sem esquecer – terceiro momento – da morte lenta presente nas dores infernais provocadas pelo uso de coletes de couro, gesso e aço, seguido por períodos de perda de peso e, depois, de alimentação forçada. Sim, a morte espreita. A cada crise de desespero, de infelicidade, de decepção, a cada traição, a cada nova operação, a cada radiografia, punção lombar, transplante, injeção, analgésico, tônico, doses excessivas de Seconal, de Demerol, aquele calmante próximo à morfina: "Não me sinto bem para mais nada e todos usurparam meu lugar nesta vida de merda...".[7]

O ano de 1945 é uma data importante. Frida ainda não tem quarenta anos. Ela já passou por três operações no pé direito. Pela primeira vez, um sapato ortopédico com sola compensada é feito para ela. A máquina entra em movimento. Em 26 de janeiro de 1950, seu amigo dr. Eloesser nota que as pontas de quatro dedos de seu pé direito estão pretas. Algumas semanas depois, com sérios problemas de circulação afetando sua perna direita, alguns dos cinco médicos consultados mencionam a possibilidade de uma gangrena. Um deles, o dr. Juan Farill, chega a recomendar a amputação do pé na altura do tornozelo. E se a morte entrasse por essa porta estreita?

As referências ao pé direito são frequentes nas pinturas de Frida, mas principalmente nas páginas de seu diário: textos em todas as cores, desenhos em pastel, aquarela e lápis grafite. Aqui um pé decepado sozinho, acolá um outro que se torna um pássaro, mais adiante uma mancha de tinta que atravessa a página. As cores usadas por Frida contribuem para a atmosfera mórbida: azuis alaranjados, aguadas violeta e lilases que lembram equimoses, sangue coagulado, coágulos, hematomas e efusões sangrentas. Uma mulher com a cabeça cortada dança, outra com seios grandes mostra uma perna inteira prestes a ser cortada. Em um outro desenho, mais uma perna, envolta em bandagens, um lembrete da possível operação. "Certeza que vão me amputar a perna direita", escreve Frida. "Tenho medo dos detalhes, mas as opiniões são muito sérias."[8]

7 *Frida Kahlo par Frida Kahlo, op. cit.*
8 *Journal de Frida Kahlo, op. cit.*

Lentamente, a morte escondida nas sombras aguarda. O jogo foi jogado. Os dados foram lançados. Uma luta desigual. Ela dá seu primeiro golpe, violento, em agosto de 1953. Frida, que completou 46 anos em julho, precisa enfrentar a operação anunciada há anos: ela tem a perna direita amputada.

Uma vez fora do hospital, o retorno a Coyoacán é difícil. De acordo com algumas testemunhas, Diego cuidará de Frida mais do que nunca. A qualquer hora do dia ou da noite, ele vai até sua cama. Ele é uma das poucas pessoas capazes de acalmá-la, de secar suas lágrimas, de remediar sua ansiedade. Essa é a versão menos dura. A mais favorável a Diego. Existe uma outra que diz que ele passa a maior parte do tempo nos bares de Coyoacán para evitar cruzar com Frida e que, mais do que nunca, continua a ver sua amante do momento, Emma Hurtado, que é a gestora de suas obras desde 1946 e que, aliás, se muda para a casa de San Ángel. Uma situação tão insustentável que é a causa da tentativa de suicídio de Frida em abril de 1954: "Todas as noites ele fica acordado. Ele não chega cedo em casa, nem uma vez sequer. Para onde ele vai? Eu nunca lhe perguntei mais nada".[9]

Frida abusa do álcool e dos medicamentos, torna-se irritadiça, agressiva; como poderia não ser assim? O sofrimento é intolerável a esse ponto. Dizem que ela não suporta mais as crianças, que não quer mais ver ninguém, que não hesita em aplicar bengaladas quando julga necessário, que atira projéteis na direção das pessoas próximas a ela, que usa mil e um truques para conseguir dinheiro para comprar medicamentos para se entorpecer. Seis meses após a amputação, ela escreve em seu diário: "Me amputaram a perna... e às vezes eu achava que tinha perdido a razão. Continuo com vontade de me suicidar".[10] Mariana Morillo Safa conta, horrorizada: "Ela ficava deitada sem poder se mexer. Eu não suportaria vê-la daquele jeito novamente. Seu caráter havia mudado totalmente...".[11] A morte está a caminho. Frida não consegue mais fazer nada sozinha, exceto se maquiar excessivamente. Incapaz

9 *Ibid.*

10 *Ibid.*

11 Citado por Rachel Viné-Krupa e Maud Guély, em *Un ruban autour d'une bombe, Une biographie textile de Frida Kahlo, op. cit.*

de controlar os gestos, de dosar as cores. Ainda Mariana Morillo Safa: "Era grotesco: ela parecia uma imitação horrível da antiga Frida Kahlo".[12] Nada ajuda. Nem mesmo a presença de sua irmã Cristina, que permanece ao lado da cama de sua amada Frida sem interrupção, nem a de Jesús "Chucho", o motorista, o faz-tudo que permanecerá ao lado de Frida até sua morte.[13]

A vida, no entanto, tem que continuar. Em seu diário, ela desenha uma perna amputada cujas veias são um espinheiro, colocada em um pedestal, e escreve uma legenda agora famosa: "Por que eu iria querer pés quando tenho asas para voar?".[14] Ela também desenha uma boneca caída de um pedestal, com apenas uma perna, e escreve em letras maiúsculas: "Eu sou a desintegração".[15]

Cada dia que passa é um novo calvário. Diego foge da Casa Azul e de sua atmosfera nociva, correndo para encontrar sua amante em San Ángel. Quando consegue se levantar, Frida passa noites inteiras perambulando pela casa. Ela escreve:

Você está se matando! [...]
Saída muito silenciosa
que me levava para a morte
eu estava tão abandonada!
que ainda era o meu melhor negócio.[16]

É nessa época que ocorre um evento estranho. Frida percebe que Diego está roubando objetos, cartas, roupas, lembranças, que ele tranca no banheiro – aquele que ele exigirá que não seja aberto até anos depois de sua morte. Então, ela decide colocar o que puder em um lugar seguro. Como fazer isso? Em 1948, como já mencionei, ela teve um caso romântico com o galego Alejandro Finisterre, um republicano espanhol exilado, a quem ela chamava de "meu adorado menino poeta,

12 *Ibid.*
13 Isolda P. Kahlo, *Frida íntima*, *op. cit.*
14 *Journal de Frida Kahlo*, *op. cit.*
15 *Ibid.*
16 *Ibid.*

meu admirado lutador social". O homem até pensou em se juntar a ela no México. Em 1954, o relacionamento com ele continua vivo. Os dois amantes ainda trocam cartas apaixonadas. Nos primeiros meses de 1954, Frida escreve a ele: "Não tenho mais medo da morte. Tenho medo da dor. Hoje que não tenho pernas, que minha coluna está em migalhas; hoje que só posso inspirar pena, acho que me matar seria uma prova de coragem e salvaria minha honra. Não tenho outra saída".[17] A resposta de Alejandro Finisterre é imediata: "De agora em diante, e apesar da distância, serei sua outra perna, seu outro corpo, sua outra vida, sua outra morte. Metade de você mesma. Você é tudo em minha existência".[18]

É, portanto, a ele que ela dirige uma parte daquilo que quer salvar das mãos de Diego. A carta que lhe escreve então não poderia ser mais clara: "Diego está colocando um monte de merda em uma sala secreta, escondida de todos, para ser descoberta mais tarde por arqueólogos, para que o mundo saiba do que nossas vidas foram feitas! Ele já enfiou lá todo tipo de coisa: papéis, fotos, anotações, telas, objetos de artesanato".[19] As remessas começam: primeiro, uma parte da correspondência secreta entre Frida e seus amantes homens e mulheres, seguida de itens comprometedores, desenhos e objetos importantes para ela. Logo chega a vez de todas as cartas que Frida e Alejandro haviam trocado. O conjunto, encontrado recentemente bem fechado em uma caixa protegida por três cadeados, cada chave em poder de três pessoas diferentes, continha nada menos que cem páginas e, entre elas, um tesouro inestimável: a lista de amantes homens e mulheres, elaborada pela própria Frida, com os nomes daqueles que realmente significaram algo para ela. Conclusão de Frida: "Tudo isso não tem nenhum 'valor de mercado', mas para mim é um tesouro inestimável. Esses objetos, essas cartas vêm do meu coração, da minha caixa de Pandora. Acho que não há mãos melhores do que as suas para guardá-los. Um dia, se você achar necessário, não hesite em queimar tudo – as cinzas são o que resta da vida quando o fogo se apaga".[20]

17 Citado por Rafael Lena Mouzo, em *"Adiante Galicia" diario dixital.*
18 *Ibid.*
19 *Ibid.*
20 *Ibid.*

No final dessa vida que se desintegra, no entanto, Frida continua lutando, apesar de seus momentos de profundo desespero, apesar das "trevas da dor" da qual Rivera fala. Ela diz a quem quiser ouvir, quando recobra a lucidez por um momento, que está doente, é verdade, que está quebrada, mas que viverá enquanto puder pintar, e que isso a faz feliz. Mais uma vez, uma última vez, é a pintura que pode salvá-la, que pode adiar o prazo final.

É claro que os medicamentos – em excesso – estão lá para ajudá-la, o álcool também. Ela bebe demais? Não interessa. Conhaque, tequila, kahlúa – aquele licor de café que se bebe bem gelado – estão ao alcance da mão. Mais uma vez, é a pintura que a mantém viva. Presa por correias à sua cadeira de rodas, ela encontra forças para pintar alguns minutos por dia: *O marxismo curará os doentes*, *Autorretrato com Stálin* ou *Frida e Stálin*, duas pinturas "revolucionárias" nas quais reinam o Pai dos Povos e o autor de *O capital* como deuses protetores. Ela também pinta *Os fornos de tijolos*, uma tela muito sombria, escura, desesperada: adivinhamos um homem usando um *sombrero*, armado com uma vara, sentado em frente a uma fileira de fornos sinistros, de onde se eleva uma pesada nuvem de fumaça. Várias páginas de seu diário atestam o declínio de sua saúde, e os desenhos e textos, feitos sob a influência das substâncias que tomava, revelam uma forma de delírio – linhas incertas, traçados desajeitados, sinais enigmáticos, palavras obsessivas. A última passagem escrita desse diário é um autorretrato com bordas borradas, quase apagadas. As cores usadas falam por si: amarelo e verde. Em sua paleta gráfica, o amarelo denota loucura e mistério. Aqui, o verde está associado ao ciúme. O subtítulo, escrito em letras maiúsculas, diz: "INVEJOSA".

O retorno da estação chuvosa, tradicional no México no mês de junho, marca uma melhora que não é realmente uma melhora. Frida se ilude. Ela cultivou muitas amizades femininas nos últimos tempos – María Félix, Teresa Proenza, Elena Vásquez Gómez, Machila Armida. Diz-se até mesmo que teve uma relação homossexual com sua enfermeira, a bela e masculina Judith Ferreto, uma linda morena com botas altas de couro preto.

Em 2 de julho, tendo acabado de se recuperar de uma broncopneumonia, ela participa de uma manifestação contra a intervenção da CIA na Guatemala, que permitiu ao general Castillo Armas se instalar no poder. A pintura, o amor, a política, três incentivos que sempre levaram Frida a agir, a provar que estava viva. Como ela poderia recusar uma oportunidade dessas? Contra o conselho de seus médicos, ela convence o arquiteto Juan O'Gorman, seu amigo – o homem que construiu a casa deles em San Ángel –, e Diego a levá-la com eles e se revezar para empurrar sua cadeira de rodas pelas ruas da Cidade do México. Fotos são tiradas e circulam em todos os jornais. Frida, a militante comunista, está bem viva. Ela está ali com seus companheiros, sob uma chuva torrencial, com a cabeça mal protegida por um lenço amarrado às pressas, gritando *slogans* hostis aos americanos e ao ditador guatemalteco, levantando o punho bem alto e cantando a *Internacional*. Como ela adora essa vida de luta, de engajamento, e toda essa amizade, essa fraternidade. É isso que ela confia a uma amiga ao voltar da manifestação: "Só quero três coisas da vida: viver com Diego, continuar pintando e pertencer ao Partido Comunista".[21] Essa seria sua última aparição pública.

Dia 3 de julho. Os médicos estavam certos. A recaída era inevitável. Ela escreve em seu diário: "Espero que o final seja feliz. E espero nunca mais voltar".[22] Mas Frida nunca está onde esperamos que esteja. Quando pensamos que ela está em meio a uma crise de desespero, de repente ela se recupera. Por que razão? Em 21 de agosto, vai comemorar seu vigésimo quinto aniversário de casamento: suas bodas de prata! Quer fazer uma grande festa, com a presença de toda Coyoacán! Uma verdadeira festa mexicana, com cantos, danças, pirâmides de comida e álcool em abundância. Além disso, ela já comprou o presente que quer dar a Diego: um anel de ouro, antigo, magnífico. A generosa Frida sempre gostou de dar presentes.

E que melhor maneira de deixar transparecer sua alegria de viver do que voltar mais uma vez à pintura? Sempre. Esquecidas as dores recorrentes, eliminada a tristeza de sua última pintura, *Os fornos de tijolos*, o anjo negro subindo ao céu que ela desenha em seu diário, ela é mais uma vez a mulher sedutora, mordaz e irônica que sempre foi, a pintora original, única. Ela pega uma placa de masonita de bom

21 *Frida Kahlo par Frida Kahlo*, *op. cit.*
22 *Journal de Frida Kahlo*, *op. cit.*

formato, 59,5 × 50,8 cm, fixa-a em seu cavalete, prepara as cores, pega várias melancias e as corta, em fatias, na metade, deixa algumas delas inteiras, uma aberta, outra amassada. A melancia, sua fruta favorita, tão sensual, tão sexual, tão suculenta, verde e rosa, vermelha, sangrenta, suave. Ela pinta uma *naturaleza viva*, para celebrar a vida no limiar da morte. Na carne escarlate e tenra de uma fatia de melancia, bem visível, em primeiro plano, ela escreve algumas palavras, como costuma fazer, como nos ex-votos, algumas palavras que são como uma declaração de intenções, uma última pirueta. Afinal, ela não vai deixar que aquela maldita *Pelona* a pegue tão facilmente! Ela escreve *Viva la Vida*, com dois V maiúsculos: "Viva a Vida".

Dia 6 de julho. Frida completa 47 anos. A seu pedido, sua amiga Teresa Proenza passou a noite na Casa Azul. Frida queria a amiga com ela quando acordasse. Queria que ela tocasse o disco *Las Mañanitas*, a tradicional canção mexicana que entoamos para festejar os aniversários.

Frida passou parte da manhã na cama, entorpecida pelo abuso de medicamentos. Depois, ela se levantou, se maquiou, um pouco mais do que o habitual – excessivamente, diriam alguns. Muitos tecidos, joias, ornamentos. Mas é preciso receber apropriadamente os cerca de cem convidados para o jantar de gala. Frida revive. A amizade, sempre a amizade. A das mulheres do Partido Comunista, que lhe enviam uma carta, e a de Carlos Pellicer, que lhe escreve um soneto hoje famoso, que começa com estes versos: "Você estará sempre na terra viva, será sempre um tumulto cheio de auroras, a flor heroica de auroras sucessivas".[23]

Durante o dia, Olga Campos liga para ela de Acapulco, onde está hospedada.[24] Seu testemunho é crucial. Ela nota que a voz de Frida está cansada. Quando ela lhe diz que iria vê-la o mais rápido possível na Cidade do México, Frida pede, antes de desligar, que a amiga lhe traga algumas conchas para que ela possa ouvir o mar. Olga Campos conclui: "Depois disso, nunca mais ouvi sua voz".[25] Essa é a moral da história

23 Carlos Pellicer, "Tres sonetos a Frida Kahlo", em *Poemas*, Editoriales Mexicanas S.A., 1979.

24 *Frida Kahlo Confidences*, *op. cit.*

25 *Ibid.*

daquele dia. Dizem que a festa continuou em seu quarto, para onde ela foi levada. Para quem já percorreu os corredores da Casa Azul, o mito se torna realidade: uma escadinha, a cama de dossel, um quarto desarrumado, não muito grande, a janela que dá para o pátio, o barulho dos pássaros, os galhos das árvores se agitando e a morte à espreita.

Dia 11 de julho. Frida, muito fraca, pede a Diego que vá até sua cama. Ela quer lhe dar um presente. Por que esperar até 21 de agosto para lhe entregar o anel antigo que comprou para ele? "Porque sinto que vou deixá-lo em breve",[26] ela diz a Diego.

Dia 12 de julho. Frida cai em um sono profundo. Em suas memórias, Diego conta que ficou ao lado da cama dela até as 2h30 da manhã e que, às 4 horas, ela reclamou de um forte desconforto. Na verdade, ele não estava na Casa Azul quando Frida morreu, mas em San Ángel, com sua amante. Em seu artigo sobre a morte de Frida no *Excélsior*, publicado no dia seguinte, a jornalista Ana Cecilia Treviño, mais conhecida como "Bambi", escreveu: "Às 4 horas da manhã, Frida acordou, ligeiramente indisposta. A sra. Meyer, a enfermeira, ajustou a altura de seus travesseiros e voltou para sua cama. Frida voltou a dormir. Duas horas depois, a sra. Meyer ouviu uma batida na porta da frente da Casa Azul e se levantou para abri-la. Tendo que passar pelo quarto de Frida, ela constata que Frida está de olhos abertos e mãos geladas. Imediatamente, ela chama Manuel, o motorista, para que vá contar a Diego a triste notícia".[27]

O que realmente aconteceu naquela noite de 12 para 13 de julho de 1954, ninguém sabe ao certo. Diz-se: embolia pulmonar. Afirma-se: suicídio, overdose deliberada ou acidental de medicamentos. Por que tentar descobrir? Frida escreve: "Não sei o que faria se me dissessem que me resta uma hora de vida. Imagino que, se eu estivesse morrendo, eu pensaria em Diego".[28]

Diego, tendo chegado ao local, nos conta o seguinte: "Quando entrei em seu quarto para vê-la, seu rosto estava tranquilo e parecia mais

26 *Ibid.*

27 Ana Cecilia Treviño, dita Bambi, em "Frida Kahlo es un mito", *Excélsior*, 13 jun. 1954, *op. cit.*

28 *Frida Kahlo Confidences*, *op. cit.*

bonito do que nunca".[29] Olga Campos, informada por sua mãe sobre a morte de Frida, corre para a rua Allende, vê que já há muita gente lá – carros, curiosos, amigos, Lupe Marín, Lola Álvarez Bravo e outros. Diego a encontra na escada que conduz ao quarto de Frida e a leva até lá, segurando-a pelo braço: "Frida estava deitada, na cama, morta, maquiada e penteada, em um *huipil* de Yalalag. Ela parecia adormecida. Eu me inclinei para beijar seu rosto, como havia feito tantas vezes antes. Senti algo sob meus lábios. Então vi que a penugem de seu rosto estava eriçada. Beijei-a de novo e de novo, até os pelos de seus braços estavam arrepiados. Então comecei a gritar sem parar: 'Ela está viva, ela está viva!'. Me levaram para a cozinha em um estado histérico".[30]

Tradicionalmente, para confirmar a morte de um defunto, cortam-se suas veias com um bisturi. É Diego quem realiza o gesto ritual.

O que se segue é um reflexo da vida de Frida: grandiosa, grandiloquente, inesperada, dolorosa, política. Durante um dia e uma noite, seu corpo é velado no saguão do Palácio de Belas-artes da Cidade do México. É Andrés Iduarte, diretor-geral da venerável instituição e ex-companheiro da Preparatória, que autoriza a realização dessa homenagem nacional. Frida repousa em seu caixão aberto, vestindo seu *huipil* de Yalalag, como Diego mencionou, e uma saia preta de tehuana, aquela reservada aos enterros. Nos seus cabelos: fitas e flores. Brincos, um colar de Tehuantepec, mãos cobertas de anéis. Nos dedos de seu único pé: esmalte bem vermelho. Em um travesseiro enfeitado com renda: um buquê de rosas. Em 24 horas, mais de seiscentas pessoas vêm se recolher diante do corpo de Frida, a começar pelo ex-presidente dos Estados Unidos Mexicanos Lázaro Cárdenas, mas também amigos íntimos, personalidades do mundo da cultura e da política, muitos militantes, companheiros de estrada, camponeses, trabalhadores, desconhecidos.

Rebelde enquanto viva, Frida continuou assim após a morte. Essa cerimônia de luto não poderia ocorrer pacificamente; tinha que haver um escândalo. Ele acontece. Apesar do último desejo de Frida, que queria uma "saída monumental e silenciosa". Vários camaradas

29 *Diego Rivera, Mi Arte, mi Vida, op. cit.*
30 Lola Álvarez Bravo, em *Frida Kahlo Confidences, op. cit.*

comunistas, liderados por Diego, decidem cobrir o caixão com a bandeira vermelha com a foice e o martelo. Drama imediato. Não se deve esquecer que, naquela época, o Partido Comunista estava proibido no México e que esse gesto constitui, efetivamente, uma violação da lei. No dia seguinte, a imprensa vai à loucura, descrevendo a cerimônia como um "drama russofílico", e Iduarte é imediatamente destituído do cargo.

De volta aos majestosos domínios do Palácio de Belas-artes. Apesar de tudo, a cerimônia continua, e aqui e ali ouvem-se *corridos*. Em seguida, parte o cortejo. Sob uma chuva torrencial, uma multidão compacta segue o caixão ao longo da avenida Juárez, em direção ao cemitério civil de Dolores. Em frente à porta do crematório – Frida queria ser cremada, porque havia "passado muito tempo deitada..." – começa um empurra-empurra. Todos querem ver a *niña* Frida uma última vez, como a chama carinhosamente Manuel, o motorista que a conhecia desde criança.

Ocorre um fato singular. Até o fim, Frida surpreende seus conhecidos. Siqueiros, o muralista implicado no assassinato de Trótski, relata que, quando o corpo de Frida pega fogo, as chamas cercam seu rosto "desenhando grandes girassóis, como se ela quisesse pintar seu último autorretrato".[31]

Fim. Diego recupera as cinzas de Frida em uma urna pré-colombiana no formato de uma mulher sem cabeça, sobre a qual é colocada uma máscara mortuária. Ela agora repousa sobre a cama de dossel na Casa Azul. Continuemos a história até o fim. Menos de um ano depois, Diego Rivera é finalmente reintegrado ao Partido Comunista Mexicano, casa-se com Emma Hurtado e parte para Moscou para se submeter a um tratamento contra o câncer de próstata. Ao retornar, ele se apaixona por Dolores Olmedo, se divorcia e vai morar com ela em sua casa em Acapulco. Ele morre em 24 de novembro de 1957. Embora tenha expressado o desejo de misturar suas cinzas com as de Frida na cripta do Museu Anahuacalli, a autorização é recusada, e ele é enterrado na Rotunda dos Homens Ilustres no Panteão Civil de Dolores.

31 Citado por Jean-Marie G. Le Clézio, em *Diego et Frida*, *op. cit.*

Pendurada sobre a cama de Diego até sua morte, reinou a foto de Frida tirada em 1939 por seu amante húngaro, o fotógrafo Nickolas Muray: aquela na qual ela aparece usando seu *rebozo* magenta. Essa mesma fotografia serviu de base para a representação de Frida no afresco autobiográfico de Diego intitulado *Sonho de um domingo à tarde em Alameda*. Vestida com um *rebozo* vermelho, dessa vez ela simbolizava a vida.

Ícone

"Eu não gostaria de ser famosa. Nunca fiz nada na vida que mereça reconhecimento."

Um artigo publicado no *Figaro Madame* em julho de 2019 e assinado por Mooréa Lahalle observa que a imagem da pintora mexicana, que morreu há mais de sessenta anos, "nunca esteve tão na moda". Camisetas, tequila, esmaltes de unhas, ímãs de geladeira, malas, vasos de cactos, capas de telefone, relógios Swatch etc. Frida Kahlo vende. E a jornalista prossegue listando uma série de provas: a marca americana Ultra Beauty, que está lançando uma linha de maquiagem com a imagem da artista; a plataforma Google Arts & Culture, que está inaugurando uma exposição interativa on-line dedicada a Frida; e a *hashtag* #FridaKahlo, que lista mais de três milhões de publicações, às quais poderíamos acrescentar os 37 milhões de resultados obtidos no Google. Frida se tornou um "vetor de marketing". Como uma tal virada pôde ocorrer? Quando ocorreu, e por quais razões?

Examinemos três quadros. O primeiro se chama *Meu vestido está pendurado lá* ou *New York* e foi pintado em 1933, "na época em que Diego estava pintando o afresco do centro Rockefeller", explica Frida. Nele vemos Manhattan, a cidade do capitalismo, da miséria, das sequelas da crise de 1929, e, no centro, pendurado em um cabide azul pastel, o traje de tehuana de Frida: corpete vermelho, vestido verde, fitas cor-de-rosa e babados brancos. Frida exibe, no coração dessa *Gringolândia* que ela detesta, seu traje mexicano. Mas seu corpo está ausente, está em outro lugar: ele ficou em Coyoacán.

A segunda pintura, *Memória* ou *O coração*, é um autorretrato de 1937. No centro da composição está Frida, de cabelos curtos, saia e blusa brancas e jaqueta de couro bordada. Se não uma Frida moderna, pelo menos diferente. Por quê? Ela ainda convive com a lembrança da traição de sua irmã Cristina. A Frida de cabelos curtos é emoldurada por dois trajes, que correspondem a duas fases de sua vida. À direita, a blusa branca e a saia azul que ela usava quando era estudante. À esquerda, seu traje de tehuana: saia verde com babados brancos, *huipil* vermelho decorado com uma franja de motivos geométricos. Em um mesmo quadro, três vestimentas para contar sua vida.

O terceiro quadro é o muito famoso *As duas Fridas*. Estamos em 1939. Frida, nessa época, adquiriu o hábito de usar roupas típicas de Tehuantepec e de Yalalag. Sem nos determos no que pode ter motivado essa pintura – a reação de dor e decepção após seu divórcio com Diego –, é interessante notar que sua dualidade na época é materializada pela presença de duas vestimentas. De um lado está a mulher mexicana, vestida de tehuana – *huipil* azul e amarelo, saia verde com babados brancos – e, do outro, a mulher europeia – a que mostra um coração dilacerado e sangrento. Mais exatamente, trata-se de uma mulher da alta burguesia da época de Porfirio Díaz, em um vestido de noite tradicional que imita o estilo europeu, em uma época em que o retorno à mexicanidade, reivindicado pela Revolução, ainda não era admissível. Esse vestido de renda de seda branca, com a parte de baixo da anágua bordada com rosas vermelhas, pertence ao estilo de vestuário trazido pelos colonos espanhóis e adotado pela elite após a conquista. Mais uma vez, Frida exprime sua dualidade por meio de suas roupas: em tehuana e em traje vitoriano. Mais uma vez, exprime também sua dupla ascendência europeia e indígena, mestiçagem que está na origem do México contemporâneo.

Frida sempre atribuiu uma importância especial às suas vestimentas. Erika Billeter resume bem essa questão ao explicar que, particularmente nos autorretratos de Frida, é sempre necessário prestar muita atenção aos elementos externos, aos objetos que a circundam, ao fundo, mas também a suas roupas, seu penteado, suas joias: "Ela está sempre vestida com elegância em todos os retratos. Ela cumpria um ritual diário, escolhendo as diferentes partes do traje de tehuana e as joias que o acompanhariam. Seu penteado muda a cada dia. Era talvez a expressão mais evidente do seu humor. Seu vestido se tornou para ela uma segunda pele, um equipamento mágico que a protegia do mundo, uma afirmação de que o traje de tehuana era o retrato ausente de uma única pessoa".[1]

Em todos os momentos importantes de sua vida, em todas as fases, as vestimentas têm um papel. Por exemplo, ela se recorda vivamente do prazer que sentiu quando, ainda criança, ganhou da mãe sua primeira roupa de marinheiro: "Uma saia plissada, um chapeuzinho e uma túnica de marinheiro".[2] Quando já era um pouco mais velha, adota o uniforme escolar, obrigatório: saia plissada azul-marinho, blusa branca, gravata, meias com punhos, botinas, chapéu com fitas. Na adolescência, como membro da gangue de alunos rebeldes Cachuchas, esconde-se debaixo de roupas masculinas. Em 1928, amiga de Tina Modotti, que lhe convida a entrar para o Partido Comunista, começa a usar uma saia reta, um casaco de couro e, na camisa preta ou vermelha, um broche esmaltado com a foice e o martelo. Mais tarde, nos últimos anos da sua vida, quando o tempo está fresco, ela cobre os ombros com um xale de crochê e, em ocasiões especiais, usa roupas luxuosas, como capas, saias e túnicas longas com bordados de seda.

Sua prática muito pessoal do autorretrato permite, evidentemente, que acompanhemos dia após dia sua relação com as vestimentas, com essa "segunda pele" da qual fala Erika Billeter. São raros os pintores que encenaram as vestimentas a tal ponto em seu trabalho que as dramatizaram e exibiram dessa forma, que lhes deram um lugar preponderante. Desde sua primeira pintura, *Autorretrato com vestido de veludo* – isto é, em 1926, quando Frida tem 19 anos –, ela surge como uma jovem frágil, "modiglianesca", usando um vestido de veludo grená com um grande decote. Um ano mais tarde, o quadro cubista *Pancho Villa e Adelita* mostra-a como uma jovem mulher à procura de uma identidade, com o corpo moldado por um vestido de noite de cetim

1 Erika Billeter, em *Frida Kahlo la Casa Azul*, *op. cit.*

2 *Frida Kahlo Confidences*, *op. cit.*

cinza-pérola tomara que caia – total ausência de joias. Em 1929, com o *Autorretrato "O tempo voa"*, ela abandona os ares de sofisticação para dar lugar a marcadores mexicanos visíveis: rosto de indígena, sobrancelhas grossas, blusa de mangas curtas em algodão branco, pesado colar pré-colombiano, brincos coloniais, pingente central com o símbolo *ollin*, que, na mitologia asteca, significa movimento.

Obviamente, não vou passar em revista todos os 75 autorretratos pintados por Frida, mas sua relação com as vestimentas em cada um deles contribuirá para a criação do mito e, mais tarde, para seu transbordamento para aquilo que alguns chamam de "vetor de marketing". Como vimos, as vestimentas lhe permitiram passar do estatuto de jovem da burguesia para o de jovem do povo e, depois, para o de mexicana em contato direto com as orientações da Revolução. Nas festas tradicionais mexicanas, ela usa uma camisa tradicional amarela com bordados vermelhos, uma saia preta de brocado com babados brancos, uma mantilha em seda amarelo-ouro: é uma tehuana.

Mas as vestimentas lhe servem também para nos falar sobre sua vida. Quando o dr. Farill lhe amputa a perna na altura do joelho, ela se recusa a usar uma prótese até esta assumir a forma de um par de botinas de couro vermelho bordadas com fio de ouro e ornamentadas com um sino. Quando se divorcia de Diego, joga fora seus trajes tradicionais mexicanos e começa a se vestir ao estilo europeu: saias justas e casacos sóbrios. E quando as coisas melhoram, ela consegue escrever a Lucy – apelido de sua amiga Lucienne Bloch: "Não mudei muito desde a última vez que você me viu. Só voltei a usar minhas roupas mexicanas completamente loucas, meus cabelos cresceram e continuo magra".[3]

Nessa imagem que ela deseja apresentar ao mundo de si mesma, as roupas, evidentemente, vêm acompanhadas por acessórios. Primeiro, as joias. Um livro inteiro poderia ser escrito sobre esse assunto. Frida as adorava e tinha uma coleção impressionante: colares de pérolas de jade pré-colombianos, brincos de ouro e prata, anéis que lhe cobriam os dedos, também de ouro e prata, adornados com pedras de diferentes cores, de origens diversas, sem esquecer, nos dias de festa, das correntes de casamento guatemaltecas que ela usava como colares, com

3 Carta de 14 de fevereiro de 1938, *Frida Kahlo par Frida Kahlo*, *op. cit.*

pérolas ou figuras pré-colombianas. Quando ela vai a Paris, em 1939, e tem um caso com o poeta Michel Petitjean, este acha que ela se veste maravilhosamente bem e fica fascinado com seus brincos em forma de jarra, de jade, muito pesados, a serem preenchidos com orquídeas: "Era uma joia absolutamente extraordinária. No Boeuf sur le Toit, as pessoas se ajoelhavam diante de Frida".[4] E quando Guadalupe Rivera, então com dezoito anos, descreve sua madrasta, caminhando pelo Jardim do Centenário para a festa nacional, em Coyoacán, de braços dados com Diego, salienta que ela prendeu flores nos cabelos, que se enfeitou com sua corrente de ouro de Tehuantepec, um presente de seu pai, e com oito dos seus mais belos anéis, e acrescenta: "Numa palavra, parecia uma das senhoras mais ricas do istmo de Oaxaca".[5]

É claro que não podemos esquecer de acrescentar a essa panóplia o perfume. O de Frida era o *Shocking*, de Schiaparelli – o perfume que fez Leon Trótski perder a cabeça. Olga Campos observa: "Outras mulheres que conheci sem dúvida o usavam, mas nela ele cheirava diferente".[6]

É de se acreditar que em Frida tudo parece diferente, único. Já falamos das joias, do cabelo, do perfume e, agora, para completar o retrato: a maquiagem. Só Isolda P. Kahlo para dizer que a tia não gostava de se maquiar, que quase não usava batom nem base e muito menos cremes antirrugas! Eis o testemunho de Olga Campos: "Ela tinha um talento para se maquiar conservando um aspecto natural e passava muito tempo a fazê-lo. Usava *blush* e pó de arroz Coty. O batom e o esmalte das unhas eram sempre de cores vivas, e nas sobrancelhas e cílios ela usava pó preto Talika. Usava uma loção Trushay nas mãos. Estava sempre maquiada e bem vestida, mesmo se não estivesse esperando ninguém. Raras vezes eu a vi sem maquiagem. Ela sabia se transformar em uma beldade sensacional, única e irresistível".[7]

Acrescentemos, o que Olga Campos não menciona, que a cor de batom preferida de Frida é o fúcsia.

4 Marc Petitjean, *Le Coeur, Frida Kahlo à Paris*, *op. cit.*

5 Guadalupe Rivera, *Les Noces de Frida et Diego, Souvenirs et recettes du Mexique*, *op. cit.*

6 *Frida Kahlo Confidences*, *op. cit.*

7 *Ibid.*

Frida também cuidava muito bem de seus longos cabelos escuros, trançando-os de várias maneiras, entrelaçando-os com pedaços de lã de cores vivas, de fitas de seda, como as mulheres de Cuetzalan e otomís, usando uma variedade de *peinatas*, pequenos pentes decorativos e populares, ou espetando nos cabelos flores colhidas no seu jardim. Penteados que ela considera verdadeiros objetos de orgulho e que encontramos em suas telas, como *Autorretrato com trança* (1941), em que ela exibe um incrível penteado em forma de *pretzel* (o das mulheres de San Felipe Usila, no estado de Oaxaca), ou *Autorretrato como tehuana* ou *Diego em meus pensamentos* (1943), em que usa um espetacular adorno cerimonial em renda engomada que emoldura seu rosto. Outros autorretratos fazem parte dessa ênfase nos cabelos: *Autorretrato com Bonito* (1941), *Eu e meus papagaios* (1941), *Autorretrato com macaco e papagaio* (1942)... Até o terrível *Autorretrato com os cabelos soltos*. Nessa tela de 1947, ela aparece desnudada: foi traída mais uma vez por Diego, emagreceu muito, sofre de depressão. Olga Campos, mais uma vez: "Normalmente ela dividia os cabelos ao meio e fazia duas tranças com fitas ou fios de lã. Em casa, deixava-as cair pelas costas, mas quando se vestia, erguia-as na cabeça, coroando-as com uma tiara de fitas, e enfeitava-as com flores e pentes cobertos de diamantes falsos".[8]

Se fossem necessárias duas anedotas para resumir essa relação tão particular de Frida com sua aparência, com a imagem que quer projetar para os outros, seriam estas. A primeira diz respeito às suas longas estadias no hospital. Frida nunca abandona sua vontade de viver, de sobreviver, de lutar. Ela sabe que essa vontade se esconde nos menores detalhes de sua vida, por mais insignificantes que possam parecer para alguns, como a maneira de se vestir e de se enfeitar quando é levada à sala de operações para sua enésima intervenção cirúrgica. As enfermeiras, que sistematicamente caem em seu feitiço, sempre a ajudam a se vestir, a se pentear, a pôr as joias, a se maquiar. Descuidar da aparência é morrer. Por isso, sempre que Frida tem de ir para uma sala de operações, Cristina, sua irmã, penteia cuidadosamente seus cabelos e maquia seu rosto. Ela nunca vai embora antes de Frida adormecer com a anestesia. Por quê? Simplesmente porque, antes de perder a consciência,

8 *Ibid.*

Frida tira um lenço e guarda nele suas pontes. Uma vez terminada a operação, Cristina é a única que pode entrar na sala de recuperação. Veste a irmã, ajuda-a a recolocar as pontes, arruma de novo seus cabelos e a maquia mais uma vez. Frida está de novo apresentável. Conta-se até mesmo que ela se esforçava muito para estar bonita, mesmo no quarto de hospital – especialmente no quarto de hospital, mesmo acamada. Ela jamais se mostrava sem seus dentes, sem estar maquiada, e jamais esquecia de pintar os cabelos. Quando, em 1949, o dr. James Bridges Harris lhe aplica alguns testes para realizar uma avaliação psicológica, parece surpreso ao ver uma Frida Kahlo com os cabelos pintados de castanho, bem penteados, maquiada cuidadosamente e vestida com um vestido mexicano de cores vivas.

A segunda anedota diz respeito à sua morte. No dia do funeral de Frida, antes de a colocarem num caixão cinza, seu corpo foi despojado de todas as joias que o adornavam, exceto por uma corrente de Tehuantepec adornada com pérolas falsas e por seus anéis. Eram 18h30 do dia 13 de julho de 1954.

Rauda Jamis encontra as palavras certas para descrever o uso que Frida faz dos objetos da moda, em todas as circunstâncias, o que em Frida é como um ato militante e uma forma muito pessoal de estar no mundo, uma verdadeira obra de arte: "Todas as manhãs, você escolhe cuidadosamente sua roupa, as fitas multicores e os pentes que vai pôr nos cabelos, ou as flores frescas a serem colocadas nas tranças. 'Estou me vestindo para o paraíso', você diz, rodando o vestido. Só você para usar esse traje pelo resto da vida, vestida até mesmo no seu leito de morte como uma princesa asteca".[9]

Como já ficou claro, tudo isso faz com que Frida nunca passe despercebida. Durante sua viagem a Nova York, conta-se que passava dias inteiros pechinchando em Chinatown, na companhia da sua amiga Lucienne Bloch, à procura de um colar estranho, um tecido de seda, um xale indígena ou pedras incomuns com as quais pudesse fazer brincos. Intrigadas com aquela mulher estranha, usando anáguas, vestidos com babados coloridos, blusas bordadas, *rebozos* deslumbrantes, joias e colares tão extravagantes, tão distantes das criações dos grandes costu-

9 Rauda Jamis, *Frida Kahlo*, *op. cit.*

reiros ou de roupas mais severas, as crianças de Manhattan a seguem, perguntando aos pais se algum circo tinha acabado de se instalar no Central Park. E, quando encontra o grande fotógrafo Edward Weston, antigo amante de sua amiga Tina Modotti, este não hesita em compará-la a uma boneca para a qual todos os habitantes olham: "Que contraste com Lupe, ela é tão magra, parece uma bonequinha, mas só é pequena no tamanho, porque é forte e bonita, e não mostra muito do sangue alemão de seu pai. Está vestida com roupa indígena, até as sandálias, e provoca muita curiosidade nas ruas de São Francisco. Quando ela passa, as pessoas param para olhá-la com espanto".[10] Em 16 de novembro de 1933, Frida envia uma carta à mulher a quem chama de "Minha bela Chabela". Está na *Gringolândia*, onde passa seu tempo sonhando com o México, e escreve: "Não mudei, continuo louca como sempre, e tomei o hábito de usar essas roupas tão fora de moda quanto possível; há até umas americanas que querem me imitar 'à mexicana', mas, coitadas, parecem nabos, juro, como são feias!".[11]

Vamos acompanhá-la. As pessoas começam a querer se vestir como ela. Será esse o início da "Fridamania"? A imprensa entra no assunto. Quando chegou a Detroit, o *Detroit News* estava lá para recebê-la. O artigo insiste em seu vestido preto de brocado muito decotado, no xale verde de seda bordada e nos sapatos de salto alto. O jornalista escreve um parágrafo inteiro sobre seu pesado colar de pérolas de âmbar, seus pingentes barrocos. E ela traz consigo um ukulele. Ao fundo, é sempre a mesma coisa: o grande muralista Diego Rivera e, ao lado dele, a bonita boneca mexicana de língua solta. Quando lhe perguntam se ela também se entrega aos pincéis, ela responde na lata: "Sim, sim, eu também sou pintora: a maior pintora do mundo!".[12]

Voltemos atrás alguns anos. À cerimônia de casamento, às roupas usadas pelos noivos. As análises divergem. Há quem diga que a personalidade de Frida se alterou profundamente à medida que sua relação com Diego avançava e que, para agradar ao marido, ela "se tornou

10 Edward Weston, *Journal mexicain*, *op. cit.*

11 *Frida Kahlo par Frida Kahlo*, *op. cit.*

12 Declaração para o *Detroit News*, abr. 1932.

pouco a pouco mais mexicana do que os mexicanos",[13] diz Rauda Jamis. Jean-Marie G. Le Clézio sustenta que, "para agradar a Diego, Frida mudou até sua aparência".[14] Salomon Grimberg chega a afirmar que "Frida começou a se comportar, a se vestir e a pintar como ele a amava", num certo sentido, continua o analista, Frida "era comparável à maior obra de Pigmalião, aquela pela qual ele se apaixonou".[15] Em suma, uma transformação trágica, com Diego "moldando" Frida ao seu bel-prazer. Até Hayden Herrera sugere que Frida teria escolhido os trajes folclóricos de tehuana porque o marido o exigia. Poderia Frida ser assim tão desprovida de personalidade? Discordo absolutamente dessa análise.

O erro dos comentaristas reside, provavelmente, nesta afirmação de Diego, que ele gostava de repetir: "A roupa clássica mexicana foi criada pelo povo para o povo. As mulheres mexicanas que não a usam não pertencem ao povo, mas dependem mental e emocionalmente de uma classe estrangeira à qual gostariam de pertencer, a grande burocracia americana e francesa".[16]

Para provar o que digo, basta folhear o muito instrutivo *Frida Kahlo sus Fotos*.[17] O primeiro capítulo intitula-se "Importância da herança materna em Frida Kahlo". Inclui especialmente três fotografias, todas elas de Matilde Calderón y González, a mãe de Frida, que ela dizia parecer uma "sineta de Oaxaca". Na primeira, está vestida com uma roupa extravagante, como se fosse a uma festa de carnaval. Usa um chapéu estranho que a faz parecer um tipo de borboleta ou inseto saído diretamente de um livro de Lewis Carroll. Na segunda, está vestida como uma camponesa mexicana: chapéu de abas largas, flores nos cabelos, colares muito presentes, tranças, saia comprida estampada, *rebozo* cruzado sobre o peito. Numa terceira, aparece numa fotografia de família. Quinze pessoas, quatro homens e onze mulheres. Várias delas estão vestidas com roupas muito chiques, herdadas dos espanhóis,

13 Rauda Jamis, *Frida Kahlo*, *op. cit.*
14 Jean-Marie G. Le Clézio, *Diego et Frida*, *op. cit.*
15 Salomon Grimberg, em *Frida Kahlo Confidences*, *op. cit.*
16 Citado por Carla Stellweg, em *Frida Kahlo, Un portrait photographique*, *op. cit.*
17 Notas, em *Frida Kahlo sus Fotos*, *op. cit.*

aquelas que, segundo o poeta Ramón López Velarde, têm colarinhos que sobem até as orelhas e saias que vão até os tornozelos. Quatro dessas mulheres – entre elas Matilde e sua mãe Isabel – usam o penteado tradicional das mulheres de Oaxaca. O mesmo que Frida usa no quadro já citado, mas também em seu autorretrato de 1948. Por isso, não é preciso procurar uma suposta necessidade de ela se vestir com trajes tradicionais para agradar ao marido e se conformar com os desejos deste último. Deve-se, em vez disso, olhar para essa filiação assumida, uma identidade reivindicada, de ser como que uma encarnação de uma nação mestiça. Essa identidade, muito importante para Frida, pesou mais para suas escolhas de vestimentas que os desejos de seu marido.[18]

E, nesse sentido, o traje de tehuana será muito rapidamente reconhecido como a "marca" ligada a Frida. O mito de Frida Kahlo foi construído em parte em torno desse traje, e isso muito antes de sua morte, já que rapidamente se tornou moda entre as mulheres de seus círculos, fossem elas mexicanas ou estrangeiras: "O traje tehuana é a festa por definição. Na magnificência das roupas se expressam o orgulho e a sedução. O ouro não é suficiente para brilhar; todo o patrimônio cultural dá ao traje de tehuana seu caráter de mito".[19]

Limitar o uso do traje de tehuana à necessidade de Frida de esconder seus defeitos físicos é igualmente redutor. É verdade que essas roupas são uma maneira de esconder as sequelas da poliomielite e do seu terrível acidente, mas são também, e sobretudo, uma maneira de criar um personagem icônico que reúne a arte, a política e o corpo numa só obra. Essa escolha refletida não é de modo algum arbitrária. As mulheres que vestem os trajes de tehuana são, acima de tudo, as mulheres do istmo de Tehuantepec, conhecidas por sua beleza, mas também por seu papel preponderante na esfera social. São livres, responsáveis, e dizem que nunca baixam o olhar diante de um homem. Para Frida, adotar o traje de tehuana numa época em que as mulheres mexicanas são totalmente submissas aos homens é um ato de independência. É um gesto altamente político que encarna o poder da mulher.

18 Marc Petitjean, *Le Coeur, Frida Kahlo à Paris*, *op. cit.*

19 Guillermo Estrada, *Del Istmo y sus mujeres-Tehuanas en el Arte Mexicano*, Museo Nacional de Arte, México, 1992.

Nos anos 1930, graças a Frida, esse traje adquiriu uma outra dimensão, tornando-se até mesmo um tema muito apreciado, indissociável da pintura mexicana. Os afrescos e as telas enchem-se de mulheres vestidas de *rebozos*, com rostos acobreados, todas elas com o traje de tehuana. "Os rostos indígenas invadem as grandes seções de paredes da escola mexicana de pintura. Indígenas com rostos bronzeados, olhos oblíquos e maçãs do rosto altas, vestidos como camponeses ou dançando com seus trajes cerimoniais nas festas dos vilarejos",[20] observa o antropólogo Guillermo Bonfil Batalla.

Gisèle Freund, que chegou ao México em 1950, só partiria dois anos mais tarde. Graças ao motorista e ao carro que o governo mexicano coloca à sua disposição para que ela realize uma incrível reportagem fotográfica – mais de três mil fotografias –, Gisèle Freund percorre todo o país, visitando os sítios maias de Iucatã, atravessando o istmo de Tehuantepec, vai ao lago Patzcuaro, às margens do Michoacán, visita os indígenas Tetzotl, fotografa camponeses, aldeões, crianças e mulheres, especialmente as tehuanas, que descreve com paixão num texto escrito em Buenos Aires em 1950, chamado "Mulheres mexicanas", que pode ser consultado na coleção Gisèle Freund do IMEC (Institut Mémoires de l'Édition Contemporaine). Ao descrever essas mulheres, descreve também Frida, que durante essa estadia se torna sua amiga. É um documento de uma importância considerável: "O charme das mulheres mexicanas está sem dúvida na mistura de sangue indígena e espanhol, que lhes confere um caráter muito particular, e muito romântico, ouso dizer. A maioria delas é esbelta, de movimentos graciosos, e tem a pele morena e os cabelos pretos e lisos de seus antepassados indígenas. Além disso, a mulher mexicana mantém as tradições de seu país. O *rebozo*, um grande lenço que ela coloca em volta dos ombros em dobras harmoniosas, é usado por todas as mulheres. Nas regiões mais quentes, é feito de tecidos leves e sedosos; nos planaltos, onde o clima é mais frio, é frequentemente feito de lã; de cores vivas, às vezes listrados, mas quase sempre de uma só cor. A mulher mexicana gosta muito de joias. Desde a época asteca, o artesão mexicano se especializou na arte

20 Citado por Arturo López Rodríguez, "Apparences du corps dans l'art", em *L'Art mexicain 1920-1960 éloge du corps*, *op. cit.*

menor do ouro e da prata, e esse país, rico em minas desses metais preciosos, lhe fornece todas as matérias-primas. Também se encontra no México um grande número de pedras semipreciosas, como jade e ametista, que são mais frequentemente utilizadas na joalheria. A tehuana do istmo de Tehuantepec, que tem a reputação de ser uma das mais belas do México, prefere sobretudo as joias de ouro e filigrana, e vemos nessa região camponesas humildes e vendedoras de mercado cobertas de joias de fazer inveja à maioria das mulheres do mundo".[21]

É evidente que, a partir dessa transformação significativa na forma de se vestir, visível no *Autorretrato "O tempo voa"* (1929), Frida fez do traje de tehuana o tema de cerca de vinte composições. É um número considerável. Ela constrói seu mito. Ela fabrica sua imagem. Repito: no México pós-revolucionário, adotar o traje de tehuana, exibi-lo, pintá-lo, é reivindicar uma identidade. Em Frida, essa reivindicação é dupla: pertencer à história nacional e assegurar que o traje seja para sempre identificado com ela própria. Quando hoje se fala em tehuana, pensa-se imediatamente em Frida Kahlo. Mais do que uma segunda pele que ela adotaria até a morte, trata-se realmente de algo que eu chamaria de uma "primeira pele". Não é um disfarce, é o ser mais íntimo que está envolvido nele. Além disso, quando Frida quer significar sua aflição, seu mal-estar, ela se representa com roupas que já não são as de tehuana – como em *Autorretrato na fronteira entre o México e os Estados Unidos*, pintado em 1932. Nele, a mulher que agora pede para ser chamada de Carmen Rivera, mais um sinal de sua inquietação identitária, pinta-se com um vestido colonial rosa, as mãos enluvadas segurando uma bandeira mexicana. Ela está na fronteira, está em território inimigo, e só retomaria o traje de tehuana quando retornasse ao México.

Todos aqueles que conheceram Frida ficaram fascinados por ela, todos se sentiram como que magnetizados pela sua personalidade fora do comum. Quando Carlos Fuentes, então um escritor muito jovem, a vê num concerto no Palácio de Belas-artes da Cidade do México, em 1954, ele descreve a entrada de "uma deusa asteca, talvez Coatlicue, a deusa-mãe, envolvida em sua saia de pele de cobra, exibindo as mãos laceradas e ensanguentadas como outras mulheres ostentam um

21 Gisèle Freund, "Femmes mexicaines", Fonds Gisèle Freund de l'IMEC.

broche".[22] Durante sua viagem a Paris, conhece várias personalidades do mundo cultural, entre as quais Robert Desnos, que sussurra no ouvido de Michel Petitjean: "Bonita a sua amiga, parece até que saiu diretamente de uma vitrine do seu museu de etnografia...".[23] Michel Petitjean, amante apaixonado que tem todo tempo do mundo para admirar a mulher com a qual tem uma relação breve, mas intensa, faz uma descrição deliciosa daquela que apelidou de "mastro de Cocanha", por causa de seus penteados sofisticados. O casal se arruma para encontrar os amigos, Frida lhe parece uma atriz que se prepara longamente para, metamorfoseada, dar vida ao personagem que vai encarnar no palco: "A escolha dos anéis e dos colares é um verdadeiro ritual. Ela trouxe cerca de vinte peças avulsas em sacos de tecido, que combina de acordo com sua inspiração. A maquiagem consiste em iluminar a pele morena com base e pó de arroz. Usa um batom num tom saturado, próximo do magenta. O penteado é um exercício de autocontrole e perícia, que ela executa com a máxima atenção diante do espelho. Os longos cabelos pretos são pacientemente penteados e depois trançados; ela insere nas tranças tiras finas de tecido colorido, azul ou vermelho, mistura essas tiras com as tranças ou as amarra como as fitas que colocamos nos ovos de Páscoa, ou então enfia pentes com pedras falsas. O conjunto é então erguido na cabeça numa espécie de coque, mais ou menos alto, mais ou menos largo".[24] Poderíamos continuar por muito tempo com a lista de testemunhas, todas elas com a sensação de terem conhecido um personagem lendário que recordarão pelo resto da vida. Terminemos essa lista, sem nos estender, com o testemunho de Guadalupe Rivera. É sem dúvida o mais comovente. É a primeira vez que encontra Frida. Ela chega, conforme conta, segurando na mão sua malinha de adolescente. Frida está preparando a refeição com a cozinheira Eulalia, rindo das piadas que contam uma à outra: "Desde o início, suas roupas me impressionaram. Ela vestia uma camisa preta com bordados vermelhos e amarelos, e uma saia esvoaçante com uma estampa floral que parecia voar a cada passo que dava. Da cabeça aos

22 Carlos Fuentes, "Introduction", *Journal de Frida Kahlo*, *op. cit.*
23 Marc Petitjean, *Le Coeur, Frida Kahlo à Paris*, *op. cit.*
24 *Ibid.*

pés, do penteado à bainha do vestido, tudo nela revelava uma personalidade alegre e brincalhona".[25]

À medida que avançamos no processo que fará de Frida um mito, fica claro que o personagem sobreviverá ao tempo e que a sua obra pictórica não será esquecida. No final, tudo que poderia ter restado dela seria o que alguns consideram um envelope, suas roupas – o que, em todo caso, é um erro, porque se compreende bem que essa roupa designa algo maior do que ela própria –, ou a pura obra pictórica, sem referência a quem a pintou. Mas não é esse o caso: a lenda não apagou a obra. Duas citações de Diego Rivera nos iluminam.

Ambas são extraídas de uma entrevista que Diego deu a Raquel Tibol em 1953. Podemos censurar Diego Rivera por muitas coisas, mas certamente não por não ter contribuído ativamente para a promoção e difusão da obra de sua mulher: "Embora suas obras não cubram superfícies imponentes como nossos murais, seu conteúdo e profundidade fazem de Frida Kahlo a maior das pintoras mexicanas, e sua obra está destinada a ser multiplicada por meio da reprodução. Apesar de ela não se exprimir nas paredes, falará a todos por meio dos livros. Sua pintura é um dos melhores e mais importantes documentos plásticos e um dos mais intensos documentos humanos autênticos do nosso tempo. Terá um valor inestimável para o mundo de amanhã".[26]

A segunda citação confirma que, em Frida, as vestimentas são uma forma de reforçar os laços que a conectam à sua profunda identidade mexicana: "Frida Kahlo é uma mulher extraordinariamente bela, não de uma beleza trivial, mas de uma beleza tão excepcional e caraterística quanto aquilo que produz. Frida exprime sua personalidade nos seus penteados, nas suas roupas e no seu gosto pronunciado pelas joias, mais estranhas e belas do que luxuosas. Ela adora os jades milenares e usa o *huipil* e o traje de tehuana [...]. Suas roupas são a própria encarnação do esplendor nacional. Ela nunca traiu o espírito nacional e sempre reivindicou seu nacionalismo".[27]

25 Guadalupe Rivera, *Les Noces de Frida et Diego, Souvenirs et recettes du Mexique*, *op. cit.*

26 Raquel Tibol, *Una vida abierta*, UNAM, Mexico, 2002.

27 *Ibid.*

A última frase de Diego Rivera conecta claramente os dois aspectos: a imagem e a obra. Por isso, não é de estranhar que, ao longo dos anos, a sociedade tenha inicialmente se apropriado da imagem do duplo, Frida e Diego. É essa imagem que surge em 21 de agosto de 1929, dia do casamento dos dois – Diego vestido "à americana" e Frida em trajes de mulher mexicana: *rebozo*, penteado *tacotli*, Xochitl nos cabelos. Também na foto tirada em 8 de dezembro de 1940, data do segundo casamento, por Nickolas Muray, antigo amante de Frida, na qual passam a imagem de um casal respeitável abraçado, Rivera com seu habitual chapéu Stetson na mão. Para não falar do reconhecimento midiático proporcionado pelo artigo, acompanhado de uma fotografia, publicado na edição de setembro de 1931 da *Vanity Fair Magazine*: nela vemos Diego Rivera de pé, majestoso, com a mão no ombro de uma Frida sentada, com a legenda: "*Señor and Señora Diego Rivera*".

Juan Rafael Coronel Rivera resume muito bem por que essa sociedade reservou a esse casal um tratamento quase hagiográfico, um verdadeiro culto, identificando-se com eles, criando espécies de antepassados que depois se tornaram espíritos protetores.[28] O que Juan Rafael Coronel Rivera não estuda é a passagem gradual para Frida sozinha, o que acabou por deixar na sombra a elevada estatura de Diego Rivera. Hoje em dia, são inúmeras as exposições coletivas de pintura mexicana em todo o mundo que utilizam apenas a imagem de Frida Kahlo nos materiais de divulgação. Por exemplo, a exposição "L'Art mexicain 1920-1960 – Éloge du corps" (A arte mexicana 1920-1960 – Elogio do corpo), que ocorreu de 30 de junho a 6 de outubro de 2013 no Centro Bellevue em Biarritz, fez toda a sua publicidade – cartaz, capa do catálogo – em torno de Frida, reproduzindo seu *Autorretrato com macaco*, pintado em 1945.

Podemos fixar como ponto de partida para essa midiatização de Frida o interesse que a revista *Vogue* demonstra por ela. A edição de 1º de outubro de 1937 da versão americana publica uma fotografia de Frida tirada por Toni Frissell. A sessão fotográfica é intitulada pela redação "*Señoras of Mexico*". A mulher apresentada como "a esposa

28 Juan Rafael Cornel Rivera, "Diego et Frida, les anormaux", em *Frida Kahlo et Diego Rivera, l'art en fusion*, *op. cit.*

do célebre artista mexicano" aparece em frente a uma iúca gigante, vestindo uma blusa azul-celeste, saia branca com babados, segurando sobre a cabeça, num gesto gracioso e elegante, um longo xale cor de ameixa. Em suma, Frida adotou o *vintage* bem antes de ele se tornar um conceito.

O segundo momento é o artigo publicado, na mesma revista, no número de novembro de 1938. A manchete afirma que algumas pessoas viam nas pinturas de Frida Kahlo "toda fertilidade e gestos sangrentos", como que "um D. H. Lawrence que tivesse trocado a caneta pelos pincéis". O artigo, assinado por Bertram D. Wolfe, escritor e jornalista norte-americano, membro do Partido Comunista dos Estados Unidos até sua dissolução na época do pacto germano-soviético, e amigo íntimo de Frida, escreve: "Foram o tédio e o sofrimento que fizeram de Frida Kahlo a pintora que ela se tornou. Cada uma de suas telas é a expressão de uma experiência pessoal, e ela não precisa aparecer num quadro para impregná-lo inteiramente com sua presença. Desde os laços de lã colorida que trança nos cabelos pretos, o *blush* que aplica nas bochechas e o vermelho com que cobre os lábios, até os pesados colares mexicanos e suas saias cintilantes de tehuana, a sra. Rivera parece ser ela mesma um produto de sua arte. Como toda a sua obra, ela é maravilhosamente composta, numa mistura de instinto e cálculo".

O terceiro momento é a viagem a Paris, quando é convidada por Breton em 1939. O mundo da alta-costura fica fascinado por ela e seu traje de tehuana a tal ponto que Elsa Schiaparelli, seduzida pela mistura de elegância e extravagância das roupas de Frida, cria um vestido "Madame Rivera" para suas clientes. É Michel Petitjean que, por intermédio de Bettina, modelo famosa e braço direito de Elsa, organiza o encontro no número 21 da Place Vendôme, no Hôtel de Fontpertuis, onde a chefe da Maison ocupa noventa e oito cômodos distribuídos em cinco andares: "Elsa era uma grande amiga minha. Nós nos víamos com frequência, era como se fôssemos da família... Elsa adorava o aspecto principesco, o porte de Frida. No campo da moda, era maravilhoso. Era tão bonito, tão coordenado. Elsa ficou fascinada com todas aquelas joias antigas com pedras".[29] Pequena retificação relativa a uma notícia

29 Marc Petitjean, *Le Coeur, Frida Kahlo à Paris*, *op. cit.*

falsa: alguns jornalistas afirmaram na época que a cor Shocking Pink – um rosa violeta intenso – tinha sido introduzida na moda por Schiaparelli porque ela teria se inspirado no vermelho magenta dos *rebozos* de Frida. Isso não é verdade, mas prova que a lenda já estava em ação, acentuada pela edição de 1939 da *Vogue*, que, dessa vez, apresenta na capa a mão da sra. Rivera coberta de anéis. Setenta e três anos mais tarde, a mesma revista, em novembro de 2012, a propósito da exposição organizada conjuntamente pela revista e pelo Museu Frida Kahlo – "As aparências enganam: as roupas de Frida Kahlo" –, apresenta na capa de sua edição mexicana uma fotografia de Frida tirada por Nickolas Muray, intitulada *Frida em um banco branco*. A lenda, que começou na roupa, continua na fotografia.

Com efeito, poucas pessoas foram tão fotografadas como Frida, cuja história de vida é tão singular. Como não reparar que essa jovem frágil, ferida, que todos os dias se confronta com a mais dura realidade, se tornou ao longo dos anos, para as pessoas interessadas em preservá-la por meio da fotografia, um objeto de interesse estético? É apaixonante ver como essa jovem mulher, que ao longo de toda a sua vida precisou ultrapassar um sentimento infinito de insegurança provocado pela fragilidade de seu corpo, acaba por forjar – com o passar do tempo – sua própria imagem e, finalmente, consegue se dotar de uma personalidade poderosa, que alguns veem como avassaladora: a de uma sacerdotisa que usa todos os ornamentos mexicanos.[30]

Sem deixar de nos oferecer um pedaço da realidade, a fotografia opera para a fabricação daquilo que pode tornar visível o que é invisível. Em Frida, isso começa muito cedo, desde a infância passada com o pai, Guillermo, fotógrafo de profissão, a quem ela acompanha em suas viagens profissionais. Ele a ensina a utilizar uma máquina fotográfica, a revelar o filme, a retocar e colorir as fotografias, a pintar aquarelas: "Eu era fascinada pelo estúdio do meu pai. Eu o ajudava a lavar as fotografias, a cortá-las, a prensá-las e, depois, a vendê-las, porque éramos pobres".[31]

30 Teoria sugerida por Sergio Uribe em *Frida Kahlo Leo Matiz, un regard sur le Mexique des années 40*, *op. cit.*

31 *Frida Kahlo Confidences*, *op. cit.*

As fotografias de Frida tiradas por seu pai são documentos insubstituíveis. Nós a vemos aos quatro anos, sentada numa pequena cadeira com um buquê de rosas, que, segundo dizem, já são suas flores preferidas. Depois adolescente, num terno de três peças, com lenço de bolso e gravata, imitando a masculinidade, uma mão no bolso, a outra segurando uma bengala. Outra mostra-a em trajes de estudante, no ano em que fez dezoito anos, no pátio da Casa Azul. Outra, datada de 1932, mostra-a abatida pela morte recente da mãe, vestida de preto, com o rosto taciturno, inexpressivo, coberto pela asa escura do luto. Mas já podemos ver que Frida posa, que é difícil capturá-la naturalmente, roubar dela uma realidade de momento. Como nas fotografias "roubadas ao tempo": aquela tirada em 1947, muitos anos mais tarde, pelo jovem Antonio Kahlo, seu sobrinho muito amado, que a mostra em pijama chinês e com os cabelos soltos.

Essas imagens, tiradas pelo que poderíamos chamar de sua família, corroboram as oferecidas por seus amigos e pessoas próximas. Por exemplo, Esther Born Baum, fotógrafa de arquitetura que esteve no México entre 1935 e 1936 para fotografar a arquitetura modernista. Aqui, em papel fotográfico, está uma Frida sorridente ou pensativa, com um penteado baixo, cabelos repartidos ao meio, vestido inesperadamente sóbrio e, como único ornamento, uma enorme gargantilha pré-colombiana. Um período sombrio, particularmente difícil, durante o qual Frida, que tinha rompido com Diego, vive muitas aventuras e encontra forças para pintar algumas de suas telas mais famosas e também mais sombrias: *Umas facadinhas de nada*, *Autorretrato com cabelos cacheados*. Quando é realizada uma terceira intervenção no pé direito, Frida, muito deprimida, nervosa, sofre de fadiga e de falta de apetite e sente fortes dores na coluna. Tudo isso está nas fotografias de Esther Born Baum.

As fotos dos amigos dizem muito da personalidade de Frida, pois não são tiradas para uma exposição, nem para a posteridade, embora, independentemente de seu objetivo inicial – conservar uma memória –, elas tenham contribuído, uma após outra, para a edificação de um objeto mitológico. Como a foto de Frida vestida de tehuana, tirada em 1939 por Dora Maar, com a legenda "Para minha querida Frida". Ou outras tiradas por Emmy Lou Packard, entre 1940 e 1941. A pintora, como fotógrafa improvisada, surpreende Frida em seu pátio, de calças jeans azuis em homenagem aos operários, com um blusão de homem e cabelos cobertos de flores colhidas. Ela está ao lado de Diego, encostados um ao outro, na sala de jantar da Casa Azul. É um instante fugaz: Frida parece exprimir o momento de serenidade que esse segundo casamento lhe proporciona.

Há, é claro, amigas e amigas. Quando a fotógrafa se chama Lucienne Bloch e suas fotografias cobrem os anos de 1930 a 1938, é fácil compreender que a ideia de uma Frida Kahlo desconhecida é absurda. Essas fotos circulam, na imprensa, por ocasião das exposições. Lucienne fotografa sua amiga Frida no Wardell Hotel em Detroit, no Barbizon-Plaza Hotel em Nova York, em Laredo no Texas, no pátio da Casa Azul, a caminho da Cidade do México, em Belle Island no Michigan, em frente aos afrescos do Unity Panel, com sua irmã Cristina, com Diego na New Worker's School, com o pequeno George Ernest Dimitroff, filho de Lucienne, de quem Frida é madrinha. É uma vida em exibição. Frida passa de 23 para 31 anos. Cada foto conta uma história, como aquela em que aparece de cabelos curtos e roupas americanas em protesto contra o caso entre Cristina e Diego; ou aquela em que olha, sonhadora, para a lente, embalando uma garrafa de Cinzano como a criança que não pôde ter depois de mais um aborto espontâneo. Ou aquela outra, finalmente, em que ela cobre os cabelos com um guardanapo de renda, feito pela mãe de Lucienne, arrumado ao estilo dos penteados de tehuana. Essas fotos exalam uma estranha melancolia, uma dor, um bom humor que na verdade é uma máscara.

No outono de 1938, quando Frida está em Nova York para sua primeira exposição individual na Galeria Julien Levy, ela tem um breve, mas intenso, caso com o jovem galerista, promotor da vanguarda surrealista. Ele tira dela uma série de fotos íntimas, muito bonitas, que nunca se destinaram a sair do contexto de sua história de amor. Fotos ternas de um homem apaixonado que fotografa a mulher que ama, nua, arrumando os cabelos. Essas fotos, pouco conhecidas, estão entre as mais comoventes de Frida. Ela mal tinha trinta anos. Está radiante, brincalhona. Uma dessas fotografias foi utilizada na capa do meu livro *Frida Kahlo, la beauté terrible* (*Frida Kahlo, a beleza terrível*).

Durante esse outono em Nova York, Frida dá continuidade à sua relação amorosa com o grande fotógrafo americano Nickolas Muray, que ela conheceu no México algum tempo antes. Aqui, a intimidade se une à notoriedade. Ser fotografada por um dos maiores fotógrafos de seu tempo – ele é uma das estrelas da *Vanity Fair* – é ter a garantia de passar para a posteridade. Nickolas Muray tira de Frida dois tipos de fotografias. As primeiras são muito íntimas: vemos uma Frida sorridente, vestida com cores vivas, como naquela em Color Kodachrome, tirada na Casa Azul, ou aquela em preto e branco em que Frida está deitada de bruços – cama desarrumada, olhar malicioso, uma fotografia pós-amor, um lençol branco sugestivo, revelando a parte inferior das costas e as ancas nuas de Frida. Um outro conjunto, datado de 1939-1940, mostra uma Frida diferente, que faz pose, que exibe a pedido do fotógrafo seu estilo *mexicanista*, inclinando a cabeça, também a pedido deste, "para que seu olhar felino faça lembrar os rostos femininos dos afrescos de Diego".[32] Hoje, essas fotos contribuem para a construção do mito Kahlo. Nós a vemos posar com a americana Emmy Lou Packard, pintora e assistente de Diego; ao lado de Diego, que segura nas mãos a famosa máscara de gás que usa para pintar. Nickolas Muray também fotografou Frida em arnês, utilizando os equipamentos recomendados pelos médicos para aliviar suas dores na coluna, e no seu pátio em Coyoacán, com seu cervo Granizo.

Olhando para esses tipos de relatos fotográficos, é fácil compreender que o mito pouco a pouco toma forma. Essa impressão é confirmada quando constatamos que muitos fotógrafos, incluindo os mais importantes da época, fotografaram ou quiseram fotografar Frida. E isso desde muito cedo, já que em 1930, quando Frida tem apenas 23 anos de idade, Imogen Cunningham, fotógrafa de retratos renomada e membra do grupo f/64, que incluía Ansel Adams e Edward Weston, a fotografa, capturando dela duas imagens hoje famosas, quando Frida está acompanhando Diego, que vai pintar os afrescos da Bolsa de Valores de São Francisco. Mais uma vez, essas são fotografias de estúdio, posadas, preparadas. Frida de frente, xale com motivos geométricos nos ombros, penteado rigoroso, brincos e colares mexicanos muito evidentes. As

32 Fala relatada por Carla Stellweg, em *Frida Kahlo, Un portrait photographique*, *op. cit.*

fotos de Edward Weston, amigo de Tina Modotti e fotógrafo mundialmente famoso, são dessa mesma época – 1930, São Francisco.

É necessário reservar um lugar especial a dois outros grandes fotógrafos, que, à sua maneira, também depositaram uma pedra no monumento edificado à glória de Frida: Leo Matiz e Gisèle Freund.

Em dezembro de 1940, o jovem artista colombiano Leo Matiz tem 23 anos e acaba de atravessar a América Central a pé, vindo do Panamá. Rapidamente integrado ao círculo intelectual da Cidade do México, não pode deixar de cruzar com o emblemático casal Frida e Diego, ainda mais porque os dois acabam de se casar pela segunda vez. Ele os fotografará até 1948. Leo Matiz capta Diego e Frida em diferentes momentos de sua vida cotidiana, despojados de sua aura de celebridade e tornados mais humanos por meio de suas imagens. Ele sabe como torná-los mais próximos e familiares, mas, paradoxalmente, é essa proximidade, essas imagens roubadas que vão ajudar a construir a lenda de Frida. Ao estudar a obra de Leo Matiz, Sergio Uribe garante que ele contribui para a preservação da memória de Frida, "tanto nas hemerotecas de imagens e nos livros de história da arte como no nosso inconsciente coletivo".[33] E acrescenta: "Frida personifica uma infinidade de conceitos e sentimentos, e se a fotografia, como dizia Cocteau, nos preserva da morte, aqui o olhar de Leo se soma ao daqueles que puderam capturá-la em um instante mágico e único".[34]

As fotografias de Frida tiradas por Leo Matiz são uma viagem maravilhosa. Ali está ela, no seu jardim em Coyoacán, sozinha ou com sua irmã Cristina, sentada em frente a uma iúca ou deitada languidamente; nas ruas de Xochimilco, na companhia de Diego ou de Miguel Covarrubias. Nós a vemos pintando ou posando, encostada na porta de um carro; na companhia dos Fridos, decorando La Rosita. Quase sempre em traje de tehuana, como na foto tirada em 1944: uma silhueta ereta, porte de rainha, tranças e fitas e flores misturadas, brincos compridos emoldurando o contorno perfeito do rosto. Ainda Uribe: "As imagens de Frida, capturadas pela câmera de Leo – tal como as dos indígenas, das paisagens, dos artistas, dos artesãos e dos horticultores –, esta-

33 Sergio Uribe em *Frida Kahlo Leo Matiz, un regard sur le Mexique des années 40*, *op. cit.*
34 *Ibid.*

belecem uma espécie de contato ao mesmo tempo instantâneo e profundo, que constitui um momento inefável, uma impressão que nos perturba, uma experiência que nos comove. A arte de Frida Kahlo e as fotografias de Leo Matiz nos permitem viver o que Freund chama de sentimento oceânico – essa espécie de iluminação na qual o indivíduo perde a noção dos seus próprios limites e, subitamente, tem a impressão de poder conter todo o universo. Essas obras preservam instantes dos anos 1940: o físico, as roupas e o olhar penetrante de Frida atravessam as barreiras do tempo, do eu, da língua e da cultura".[35]

A outra grande fotógrafa a acrescentar sua pedra ao edifício Frida Kahlo é, evidentemente, Gisèle Freund. Suas fotografias foram tiradas entre 1950 e 1952. Assim que chega a Coyoacán, Gisèle Freund logo se torna amiga do casal. Frida e Diego não só a levam consigo para todo lado, mostrando a ela "seu" México: o dos camponeses, dos trabalhadores, das festas votivas, rituais e locais e dos rituais pagãos praticados nas igrejas, mas também permitem que ela fotografe sua intimidade. Nós os vemos sorrir, gargalhar, se divertir, pintar. Ela capta com suas lentes a fragilidade dos dois, seus desejos, suas angústias. Um fato muito interessante: eles nunca aparecem juntos em nenhuma dessas fotos.

Muito poucas fotografias de Diego e Frida, tiradas por Gisèle Freund, apareceram. A vida dos artistas é feita desses esquecimentos misteriosos. Descobri algumas dessas fotos por acaso no Institut Mémoires de l'Édition Contemporaine (IMEC), numa caixa vermelha que continha negativos, fotografias, artigos inéditos e até uma curta-metragem em cores filmado por Gisèle Freund, em que vemos Diego pintando. O livro sobre esses dois anos mexicanos, durante os quais Gisèle Freund tirou milhares de fotografias, ainda precisa ser feito.

Gisèle Freund é uma espécie de espectadora privilegiada do casal. Ela vê Frida e Diego vivendo o dia a dia, criando, discutindo violentamente (o que a choca). Ouve até mesmo algumas confidências, pois Frida lhe diz que sofre demais, que "não quer viver por muito tempo".[36]

Vejamos os fatos. Em 1950, Frida passa por seis intervenções cirúrgicas. No ano seguinte, é condenada à cadeira de rodas, com uma

35 *Ibid.*
36 Gisèle Freund, *Frida Kahlo par Gisèle Freund*, *op. cit.*

enfermeira a acompanhá-la em tempo integral. Durante esses dois anos, ela termina *Retrato da família de Frida* ou *Minha família*, *Retrato do meu pai*, *Autorretrato*, *Retrato do dr. Farill* ou *Autorretrato com o dr. Juan Farill*, e alguns outros. Em 1952, inicia uma série de naturezas-mortas. Diego, por sua vez, continua a defender publicamente a União Soviética, termina finalmente as obras do Palácio Nacional e, pela quarta vez, tem seu pedido de reintegração ao Partido Comunista do México rejeitado.

Antes de se tornar uma especialista em arte pré-colombiana, Gisèle Freund fotografava sobretudo retratos. Encontramos esses dois interesses principais nas fotografias do casal Kahlo/Diego que ela tira durante sua estadia. Ela própria afirma que o mundo do fotojornalismo consiste, antes de mais nada, em contar uma história usando apenas imagens. Essas fotografias são sua história, sua vida cotidiana – durante dois anos. Ela também diz que é no México que se torna verdadeiramente uma "fotojornalista".[37]

Gisèle Freund, que adora fotografar o mundo, nunca está mais à vontade do que quando fotografa a intimidade. No México, capta com suas lentes o que ela mesma chama de "o choque da surpresa que subsiste em nós".[38] Está no auge de sua arte, a da procura de uma geografia individual. Ela repete: sempre preferiu fotografar uma pessoa na sua intimidade, em meio aos seus objetos pessoais, seus móveis, nesse universo familiar. Diz ela: "A decoração de uma casa reflete as pessoas que a habitam. Capturar alguém junto ao bibelô que lhe é caro torna a foto mais expressiva".[39] É exatamente o que acontece aqui no México, na casa de Frida e Diego.

O que é perturbador nas fotos que Gisèle Freund tira de Frida, nas quais ela aparece ora feliz e sorridente, ora triste, quebrada, é o fato de que constituem às vezes instantes roubados e às vezes momentos muito posados. Essas fotografias mostram claramente a relação de Frida com a fotografia: interesse e desinteresse, amor e ódio. É isso que se depreende das fotos tiradas, em sua maior parte, em Coyoacán.

37 *Ibid.*
38 *Ibid.*
39 *Ibid.*

Aqui, Frida posa ao lado de uma estátua de basalto representando uma divindade pré-colombiana; ali, uma Frida séria e nostálgica aparece ao lado de seu amigo cirurgião, o dr. Juan Farill. Mas há também Frida na privacidade de seu quarto de dormir, ou posando em frente aos seus pés de milho. Ela já é mítica: é Xochipilli, a deusa do milho da mitologia asteca, que é também a deusa da dança, da poesia e da literatura.

Frida e a fotografia: uma longa história.

Acabamos de mencionar os amigos que a fotografaram, os amantes, os grandes fotógrafos da época, tudo isso iniciado pelo pai que, desde muito cedo, colocou sua filhinha diante de uma lente, ensinando-a, em alguma medida, sobre poses, representação e uma certa forma de afetação. Por isso, não é de admirar que fotojornalistas, publicitários e fotógrafos envolvidos na política quisessem tirar de Frida fotografias que perdurassem para a posteridade. É interessante seguir essa "questão" cronologicamente.

A história começa em 1930, com Peter A. Juley e Filho, donos de um estúdio de publicidade em Nova York, que pedem a Frida e Diego para posarem quando os dois estão de passagem por São Francisco. A seguir vem Guillermo Davila, que abre no México a primeira galeria de arte publicitária. A foto que ele tira de Frida não tem data, mas é fácil situá-la na década de 1930. Frida é muito jovem, é um domingo, ela usa um vestido branco leve rendado e está a caminho de Xochimilco, o balneário nos arredores da Cidade do México. Seguem-se Bernard G. Silberstein – encarregado de fotografar os muralistas para uma agência fotográfica americana, ele faz de Frida um objeto fotográfico de 1943 a 1945 – e Fritz Henle. Este último, que já tinha fotografado Frida em 1937, retorna em 1943, enviado por um jornalista. Seu vizinho durante um ano, ele aproveita esse tempo para fotografá-la na Casa Azul. Em 1949, é o grande jornalista e fotógrafo Hector García que a surpreende em casa, nessa época muitas vezes acamada, e pintando *O abraço amoroso do Universo, da Terra (o México), eu, Diego e o Señor Xolotl*. Três anos mais tarde, uma outra fotógrafa, Bernice Kolko, jornalista especializada em fotografias da história do México pós-revolucionário e seus artistas, tira de Frida um foto em claro-escuro: acamada, ela posa, vestida, maquiada, com uma coroa de flores nos cabelos – deificada. 1952: Juan Guzmán, o grande fotógrafo alemão, consegue que

Frida, então internada no Hospital ABC, pose para ele enquanto pinta *Autorretrato o Círculo, Minha família*, iniciado em 1950, no qual ela trabalhará até 1954, e que permanecerá inacabado. Em 1953, quando resta menos de um ano de vida a Frida, Guillermo Zamora, fotógrafo mexicano famoso por suas imagens arquitetônicas, surpreende-a no pátio da Casa Azul, debruçada no poço, com um aspecto envelhecido, cansada e com os cabelos soltos. No mesmo ano, são os irmãos Mayo, uma famosa família de fotojornalistas, que nos revelam uma Frida confinada à sua cadeira de rodas, depois de o dr. Farill amputar uma de suas pernas. Unhas pintadas, cabelos trançados, fumando seu eterno cigarro – tabaco e maconha misturados –, ela está com um vestido muito colorido com bordados finos, das camponesas Mazahuas, "mulheres do povo veado".

Manuel Álvarez Bravo, considerado por André Breton o maior fotógrafo surrealista do México, tirou vários retratos de Frida desde a década de 1930. São fotos muito posadas, construídas, como a que foi tirada no telhado da Casa Azul, que inclui um vestido pendurado no varal – referências a *Meu vestido está pendurado lá* ou *New York* e *Memória* ou *O coração* –, ou aquela em que ela posa ao lado de uma bola de mercúrio pintada, na entrada dessa mesma Casa Azul. Manuel tinha uma mulher, Lola, que o papa do Surrealismo tem o cuidado de não mencionar, talvez porque ela o deixou em 1934 para viver com a pintora María Izquierdo. Muitas vezes apresentada como alguém que "fazia o trabalho de câmara escura para o marido", Lola é na realidade uma grande fotógrafa, muito envolvida na vida intelectual e artística de seu tempo. Torna-se muito próxima de Frida e tira uma série de fotografias muito femininas, muito empáticas, muito justas de sua querida amiga. Sua última foto de Frida e tirada na tarde de 13 de julho de 1954, não é a de uma mulher morta – é Lola que, com a filha de Diego, Ruth, vestirá Frida para seu funeral –, mas a de uma mulher pronta para se tornar uma lenda.

Frida foi fotografada constantemente, razão pela qual – entre outras – não é verdade dizer que ela passou por um período de esquecimento, de purgatório. Além disso, a partir do dia seguinte à sua morte, sucedem-se as exposições: Lima (1954), Berlim (1955), Varsóvia (1955), São Francisco (1956), Zurique (1959), sem esquecer as seis exposições na Cidade do México entre 1955 e 1960. No outono de 1977, o Palácio de Belas-artes da Cidade do México organiza uma retrospectiva de sua obra. As paredes são cobertas de ampliações fotográficas gigantescas ilustrando os principais acontecimentos de sua vida. Seus quadros, minúsculos, parecem perdidos. A lenda tomou a frente. Isso é ruim? Não. São os mitos que dão vida à realidade.

Desde a "Homenagem a Frida Kahlo", organizada em 2 de novembro de 1978, por ocasião do Dia dos Mortos, no bairro hispânico de São Francisco, as exposições coletivas e pessoais, associadas ou não à obra de Diego, não pararam de crescer. Entre essa data e 1979, seis museus americanos acolheram retrospectivas de sua obra. Em 1982, a Whitechapel Art Gallery de Londres organizou uma exposição que reuniu dois ícones, Tina Modotti e Frida Kahlo, apresentada posteriormente na Alemanha e nos Estados Unidos. Frida Kahlo é atualmente exposta em todo o mundo, de Monterrey a Nova York, de Oaxaca à Filadélfia, de Phoenix a Puebla, de Roma a San Diego, em Estocolmo, Tóquio, Varsóvia, Zurique, Bruxelas. Em Paris, a exposição intitulada "Frida Kahlo Diego Rivera, l'art en fusion" (Frida Kahlo Diego Rivera, a arte em fusão), realizada no Musée de l'Orangerie em 2013, foi prolongada por vários meses, e foi necessário abrir mostras noturnas para acolher todo o público desejoso de ver de perto as obras da famosa pintora mexicana. E, mais recentemente, entre dezembro de 2020 e março de 2021, apesar da covid, a muito parisiense e valorosa Galerie de l'Instant lotou a casa ao expor uma série de fotografias de Frida Kahlo tiradas por Lucienne Bloch. Pouco mais de trinta anos antes, em 1992, algumas obras de Frida foram expostas no último andar da loja de departamentos Printemps, que escolheu homenagear o México "no momento em que o mundo inteiro celebra o quingentésimo aniversário da descoberta do Novo Mundo".

Foi necessário passar por várias etapas antes que essa notoriedade – será essa a palavra correta? –, crescendo de ano em ano, se tornasse aquilo que alguns chamam hoje de "Fridamania".

A primeira etapa teve lugar por volta dos anos 1960, na aurora do feminismo, quando mulheres artistas que pesquisavam a história da arte para estudar que lugar a criação feminina poderia ocupar nela decidem homenagear a obra de Frida Kahlo. Dez anos mais tarde, nos

Estados Unidos, a comunidade *chicana* da Califórnia faz de Frida um modelo para a construção e a reivindicação de uma identidade cultural mexicana alternativa. No início dos anos 1980, são as mulheres, abertamente engajadas no feminismo, que encontram em Frida um modelo histórico, assim como o movimento lésbico, que vê nela uma precursora de suas reivindicações. Frida se torna, então, uma fonte de inspiração para muitas mulheres, uma companheira de estrada que as compreende, que as retrata, que expõe seu ser profundo, suas dificuldades em viver num mundo governado pelos homens. A crítica de arte e curadora de exposições Julie Crenn define com exatidão o problema: "Frida Kahlo simboliza e sintetiza muitas lutas. Tinha uma sexualidade libertada, reivindicava sua bissexualidade e não se importava com o olhar dos outros. Ela é o próprio símbolo da liberdade, e é isso que me agrada nela. Ainda mais porque ela é como uma esponja: quer sejamos mestiços, deficientes, bissexuais, vítimas de acidentes, feministas, *queer*, existe necessariamente uma parte de nós que permite a identificação com ela".[40]

A máquina acaba saindo de controle, e o preço dos quadros dispara. *Autorretrato com macaco*, um quadro comprado por Jean Paul Gaultier no final dos anos 1980, chega a um milhão de dólares, trinta vezes o preço do quadro na sua venda anterior na Sotheby's. Em 2016, a Christie's anunciou a venda de *Dois nus na floresta* por oito milhões de dólares, um recorde absoluto para uma artista latino-americana em um leilão.

Na seca criada por essa disparada dos preços, o fenômeno Frida Kahlo se amplifica. Frida se torna personagem de desenho em quadrinhos, como em *Frida Kahlo*, de Jean-Luc Cornette e Flore Balthazar; e de romances: Gregorio León escreve *O Último Segredo de Frida K.*; Barbara Kingsolver, *Um outro mundo*; Leonardo Padura, *O homem que amava os cães*... Rapidamente, o cinema toma conta de sua vida. E enquanto Joseph Losey a elimina completamente do roteiro de *O assassinato de Trótski*, filme que dirige em 1972, *Frida Kahlo a Profile*, documentário de Eila Hershon e Roberto Guerra, filmado dez anos depois, a devolve ao seu devido lugar. Ofelia Medina, que interpreta Frida com muita mexicanidade no filme *Frida, Naturaleza Viva*,

40 Mooréa Lahalle, em https://madame.lefigaro.fr/societe/frida-kahlofridamania.

de Paul Leduc, explica a um jornalista que o personagem de Frida atingiu um tal nível de notoriedade que estava, de certa forma, para além de qualquer interpretação e que, por isso, não haveria nada de extraordinário nessa personalidade "magnética" ter se tornado não só a musa e a fonte de inspiração dos fotógrafos, mas uma espécie de ídolo a ser venerado. Em 2002, Julie Taymor presta a Frida uma homenagem vibrante, rapidamente aclamada pelo público, no filme *Frida*, em que Salma Hayek encarna uma imagem crível da pintora mexicana aos olhos do público. Pelo seu papel nesse filme produzido pelos irmãos Weinstein, a atriz mexicano-americano-libanesa ganhou o Oscar de melhor atriz. Na ocasião, afirmou: "Frida é a mexicana por excelência; mais que mexicana, ela é uma princesa exótica, uma fonte de cores, de fascínio e de miragens que sabe – e isso é sem dúvida o mais importante – o que significa ser ela própria, no sentido de ser autêntica e original".[41] Em 2017, é a vez da dupla Lee Unkrich e Adrian Molina, dos estúdios Pixar, transformarem Frida numa personagem de desenho animado no filme *Coco*, no qual ela é uma "figurante inteligente". Três anos mais tarde, Aurel dirige um longa-metragem de animação – *Josep* – que retrata a vida do artista Josep Bartolí, cujo nome aparece várias vezes neste livro, um combatente antifranquista e um artista excepcional. Uma grande parte desse filme é dedicada à relação de Josep Bartolí com Frida Kahlo entre 1946 e 1952.

O centenário do nascimento da artista deu origem a uma série de eventos, expandindo ainda mais o que alguns hoje chamam de "fã-clube" de Frida Kahlo. No mesmo ano, a enorme retrospectiva da Tate Modern começa a adaptar os produtos derivados de Frida Kahlo ao gosto atual, e já são mais de cinquenta os livros sobre sua vida e obra. Leïla Jarbouai observa, em 2013: "De ídolo mexicano e modelo artístico, Frida se tornou não só uma estrela, mas também um logotipo e uma marca registada. O fenômeno cultural é cada vez mais comercial: no momento em que as exposições de Frida contribuem para que sua obra seja conhecida em todo o mundo, sua imagem está disponível das mais variadas formas e chega a um público muito vasto. A artista se

41 Declaração de Salma Hayek na época da estreia do filme *Frida*, em 2002.

converteu em uma pop star, sempre um pouco exótica, para o prazer dos turistas e dos fashionistas".[42]

A lenda se instalou em detrimento da arte. Na peça *Un amour de Frida Kahlo* (*Um amor de Frida Kahlo*), quando a atriz que interpreta Frida, Katia Miran, entra em cena, o público não aplaude, em um primeiro momento, nem o desempenho da artista nem a suposta qualidade da peça, mas a aparição de uma Frida Kahlo conforme à imagem que ele faz dela. E vemos também, de fato, muitos fotógrafos de moda recriarem uma atmosfera *à la* Frida Kahlo, para colocar em cena, pelo tempo de um clique, modelos e atrizes. É assim que Laura Ponte dá sua visão de Frida Kahlo na *L'Officiel* de fevereiro de 1998; Chiara Mastroianni é penteada como Frida para a *Vogue Italia* em 2001; Mariacarla Boscono é vestida de Frida para a *Harper's Bazaar* em 2001; Claudia Schiffer posa em 2010 para a *Vogue Germany*; Guinevere Van Seenus representa Fridas lânguidas para a mesma *Vogue Germany* quatro anos mais tarde. A Fridamania toma conta dos estúdios fotográficos: Gara Noel, Alexandra Liedtke, Åsa Engström, Aymeline Valade, Kasia Struss, Crystal Renn e Monica Bellucci são fotografadas como Frida. Coral Emanuel, da Martinica, sob as lentes de Anthony Maule, chega ao ponto de reproduzir a foto fúnebre tirada por Lola Álvarez Bravo em julho de 1954!

Nessa mitologia nascida em grande parte da aparência, não é surpresa que a moda tenha se apoderado do assunto. Quem apresentou Frida Kahlo a Jean Paul Gaultier foi Madonna, para quem ele criou o famoso "cone" bustiê durante a turnê *Madonna's Blond Ambition*, em 1990; assim como o traje de Leeloo em *O quinto elemento*, de Luc Besson. Após uma visita à Casa Azul, ele lança a coleção Primavera 1998 e pede às modelos que adotem durante o desfile uma espécie de "atitude Frida". O visual delas é uma homenagem à grande artista mexicana: uma mulher usa um xale idêntico aos de Frida, além de brincos em forma de olho, e todas ostentam a monocelha! Alberta Ferretti faz várias referências a Frida nos brincos e vestidos com bordados florais usados por suas modelos. Em 2010-2011, a coleção de outono-inverno da Givenchy, desenhada por Riccardo Tisci, tem como temas: a reli-

42 Leïla Jarbouai, "La Fridamania", em *Frida Kahlo e Diego Rivera, l'art en fusion*, *op. cit.*

gião, a sensualidade, os esqueletos, a anatomia – temas caros a Frida. Em 2017, a coleção *Creatures of Comfort* revela uma jaqueta na qual está escrito "Frida Kahlo" em todas as letras e também um arnês, uma referência direta à obra *A coluna partida*, pintada em 1944. O objeto de tortura que tanto fez Frida sofrer se tornou um acessório de moda! Naeem Khan cita Frida Kahlo nominalmente como fonte de inspiração. Em 2016 é a Dolce & Gabbana que lança uma variação dos penteados florais da artista, adaptados pelas "*festival girls*".[43] Por sua vez, a estilista espanhola Maya Hansen faz referência explícita a Frida Kahlo em sua coleção intitulada *Skully Tulum*, na qual uma modelo aparece com grandes sobrancelhas pintadas em forma de asas de corvo. A estilista japonesa Rei Kawakubo, criadora da marca Comme des Garçons, constrói todo o seu desfile de 2005 em torno da pessoa de Frida Kahlo.

Sim, a máquina, já fora de controle, agora parece não poder mais ser detida. Em 2006, quando foram abertos os famosos banheiros fechados a chave onde Diego escondeu relíquias que haviam pertencido a Frida, essa coleção de 180 peças – contendo especialmente vários trajes tradicionais mexicanos que haviam pertencido a Frida, bem como todos os tipos de objetos pessoais, desde batons a calcinhas, estojos de maquiagem, pentes, chocalhos de cascavel, cadernos, fotos, cartas de amor... – despertou um interesse mundial. No total, 22.105 objetos! A exposição realizada seis anos depois gerou um interesse considerável. O artista Ishiuchi Miyako aproveitou a oportunidade para fazer uma série de fotografias coloridas, que foram exibidas em uma galeria de Londres que, mais uma vez, passou meses tendo de recusar visitantes.

Nesta etapa de nossa investigação, a pergunta ainda permanece sem uma verdadeira resposta. Essa mercantilização da imagem de Frida Kahlo prejudica sua memória? É evidente que, ao contrário da obra de Diego Rivera, que pertence por direito próprio e com um grande poder à história da pintura mexicana, mas não deu origem a uma descendência real, a obra de Frida Kahlo influenciou e continua a influenciar a história da arte. Muitos artistas, especialmente mulheres, reivindicam a influência exercida por Frida sobre seu trabalho. As obras exibidas por iniciativa de Léa Virginie, durante as reuniões

43 Garotas que frequentam festivais de música. (N.T.)

que ela organizou em Milão em 1980, são um testemunho vivo disso. Trata-se de uma pintura considerada um retorno à arte autobiográfica e narrativa. No México, Dulce María Nuñez e Rocio Maldonado são representantes desse movimento, assim como Julio Galán, Nahum B. Zenil, Javier de la Garza e Lucía Maya. Na América do Norte, há Judith Chicago. Kiki Smith admite admirar a obra de Frida Kahlo acima de tudo. Durante uma viagem à Ucrânia, uma jovem pintora de vinte anos, Dasha Skorubskaya, me mostrou uma série de pinturas, todas tendo Frida Kahlo como tema.

Não faremos um levantamento exaustivo dessa influência viva. Mas quando a fotógrafa Hannah Wilke nos mostra fotos de sua degradação pessoal devido à quimioterapia, ela espontaneamente as compara ao calvário vivido por Frida e reconhece o quanto deve à obra *A coluna partida*. Quando Yoko Ono, durante uma *performance*, convida o público a estraçalhar suas roupas, ela admite que quer reencenar a violência da pintura intitulada *Umas facadinhas de nada*. Já Lesley Dill chama uma de suas esculturas de arame na forma de um vestido pendurado de *Homenagem a Frida Kahlo*, citando, ao mesmo tempo, *Meu vestido está pendurado lá* ou *New York* e *Memória* ou *O coração*. A influência de Frida é tão forte e tão vívida – ela obviamente tem uma grande influência sobre dramaturgos, atores, dançarinos e músicos – que Leïla Jarbouai a chamou, com razão, de "Frid'Art".[44] Sim, é de fato a Frid'Art que viaja pelo mundo. A fotógrafa Dina Goldstein, que faz um pastiche de *Autorretrato com cabelos cortados*, é canadense. Yasumasa Morimura, que se coloca em cena em seus quadros fotográficos, é japonesa. Carolina Gallo, que sobrepõe um autorretrato de Frida Kahlo a uma foto de Amy Winehouse em uma de suas obras, nasceu na Argentina, assim como Claudio Roncoli, cujas colagens de acrílico apresentam imagens de Frida. Na realidade, todos se apropriam da imagem de Frida Kahlo porque todos acreditam encontrar nela respostas para suas perguntas. Frida, fonte suprema de inspiração que faz, por exemplo, a atriz Salma Hayek – que, como eu disse anteriormente, foi uma Frida muito boa na tela – agora pintar quadros "à maneira de Frida".

44 *Ibid.*

Deixemos a pintura e voltemos à Fridamania, e façamos novamente esta pergunta, feita por Judy Chicago, artista feminista e acadêmica americana, à qual ela dá uma resposta positiva: "A apropriação trivial da imagem de Frida Kahlo destrói o poder de impacto de sua arte?".[45] As centenas de milhares de Fridas enfileiradas em vitrines de lojas, reproduzidas em camisetas, canecas, caixas de fósforos, bules, garrafas de tequila, roupas íntimas e toalhas de praia, e até mesmo usadas pelo artista californiano Trek Thunder Kelly, que transforma Frida em um ícone gay em seu anúncio de cuecas Calvin Klein, ocultam, como diz Leïla Jarbouai, "a pintora Frida ao reduzir a criadora a um clichê despojado de sua polissemia"?[46] Em uma palavra, a imagem anticonformista, extraordinária e anormal que é a de Frida está se tornando um estereótipo? Acho que não.

Frida pode ter se tornado um ícone, mas não perdeu nada de sua substância inicial. Não é preciso uma dose incomum de originalidade, força e indestrutibilidade para resistir a todos os produtos derivados da fonte inesgotável que é Frida Kahlo? Uma das mais recentes dessas cópias sem alma é o lançamento no mercado de uma boneca Barbie Frida Kahlo, na qual, é claro, toda a aspereza foi apagada, como foi apagado tudo que define o caráter fundamentalmente rebelde da pintura de Frida, toda a dor, a crueldade, o horror e o infortúnio, dos álbuns e outros livros infantis cujo objetivo é mostrar às crianças uma pintora que pode ser uma amiga, já que ela pinta em cores vivas flores e plantas, animais e insetos – mesmo que isso signifique torná-la uma artista decorativa. Já imaginamos papéis de parede reproduzindo eternamente imagens de *Meu nascimento*, de *Umas facadinhas de nada*, *A coluna partida*, *Sem esperança*... Em dezembro de 2021, as Galeries Lafayette convidaram seus clientes a fazer suas compras de Natal: entre uma "Duffle Bag" da marca Balibaris e um biscoito Speculoos da House of Dandoy, reinava uma "máscara ícones culturais Miss Frida Umasqu"[47] de madeira! Mesmo assim, que destino estranho,

45 Judy Chicago, *Face to face*, Prestel, 2010.

46 Leïla Jarbouai, "La Fridamania", em *Frida Kahlo et Diego Rivera, l'art en fusion*, *op. cit.*

47 Uma máscara Miss Frida, a #2, ainda pode ser adquirida no site da marca: https://www.umasqu.com/products/miss-frida-2?_pos=1&_psq=Frida%20&_ss=e&_v=1.0. (N.T.)

transformar Frida em um personagem tão suave, ela que era toda aspereza; transformá-la em uma fonte de lucros capitalistas, ela que era comunista; um ícone das convenções, fazendo com que a plataforma Stylight dê conselhos sobre como se vestir e se maquiar como ela para mulheres de todo o mundo, quando suas roupas eram, antes de tudo, um gesto político e nacionalista.

Eu adoro, acima de tudo, esta anedota contada por Guadalupe Rivera, que nos mostra uma Frida feliz, sempre anticonformista, sempre provocadora, sempre pronta para provocar a burguesia – tudo, menos uma boneca Barbie: "Em meio a críticas e protestos, finalmente chegamos ao parque de diversões. Experimentamos não sei quantas atrações: os carrosséis, as montanhas-russas, os carrinhos de bate-bate. E, acima de tudo, subimos na roda-gigante. Quando chegamos ao topo, as saias de Frida se levantaram e cobriram seu rosto. Lá embaixo, os espectadores começaram a gritar e depois se calaram quando a roda desceu e as saias voltaram para o lugar. Isso acontecia todas as vezes. Foi assim que o povo de Coyoacán descobriu que a célebre pintora não usava calcinha! Imagine o escândalo! Para completar, assistimos à missa da meia-noite, que pareceu ainda mais chocante do que nossa apresentação na roda-gigante. Os fiéis não prestaram muita atenção ao sermão, pois estavam ocupados demais assistindo a "Frida Kahlo, a comunista ímpia", que ouvia o padre como se nada houvesse".[48] Isso diz tudo sobre a Frida real, tão distante da imagem edulcorada que circula aqui e ali, mas que é tão fácil de redescobrir quando, no silêncio da observação minuciosa, nos deixamos levar pela contemplação de uma de suas telas.

A transição para mito sempre leva a uma distorção da realidade, uma redução, uma banalização. O Surrealismo se torna um adjetivo que significa "estranho", e o Barroco nada mais é que um "exagero". Kafka deu origem a "kafkiano"... O grande argentino Jorge Luis Borges explica muito bem que o pior risco para um autor ou uma obra é se tornar um adjetivo. Assim, por "borgeano" não se entende mais a complexidade de uma das principais obras literárias do século XX, mas apenas um universo estranho e fantástico. E quem hoje se lembra que,

48 Guadalupe Rivera, *Les Noces de Frida et Diego, Souvenirs et recettes du Mexique*, *op. cit.*

por trás da imagem de marketing de Che Guevara com seu rosto angelical e boina estrelada, tão comum em camisetas e pôsteres, se esconde na realidade um assassino responsável pela morte de várias centenas de pessoas, muitas delas inocentes dos crimes dos quais eram acusadas, quando dirigia a fortaleza de Cabaña em Havana?

Vamos fazer a pergunta uma última vez: essa comercialização excessiva que faz de Frida um objeto de marketing é prejudicial à sua imagem? O monopólio da Frida Kahlo Corporation, que detém os direitos de imagem de Frida Kahlo desde 2007 e que temos todo o direito de suspeitar que esteja "ganhando dinheiro" com a artista, poderia afastar aqueles que talvez se interessassem pelo mundo de Frida? Ou, pelo contrário, deveríamos pensar que esse interesse comercial renovado pode suscitar nas pessoas um desejo de ir ver esse trabalho único na fonte, fazendo com que a imagem e o trabalho da artista perdurem, por assim dizer? Sim, essa é a pergunta. Estou olhando para um cartão quebra-cabeça de uma ilustradora, Aurélia Fronty, inspirado no mundo de Frida Kahlo. É uma imagem bastante polida, que atesta um certo profissionalismo, mas, mais uma vez, a quilômetros de distância do universo de Frida, cheio de aspereza, de sensualidade tórrida e da presença permanente da morte. Se eu não conhecesse Frida Kahlo, uma obra como essa me afastaria ou seria como um convite para que eu fosse conhecer a original? Estou inclinado a pensar que é justamente essa imagem suave que torna Frida aceitável para o grande público, para usar a expressão de Mathilde Miquel, criadora da butique on-line Casa Frida, que acrescenta: "Se a imagem dela é tão fascinante, muitas décadas após sua morte, é porque existem cada vez mais personalidades superficiais, desde mulheres fúteis até estrelas de *reality shows*, com as quais ninguém consegue se identificar".[49]

Não importa. Frida Kahlo continua sendo Frida Kahlo. Fico fascinado com o número de meninas adolescentes que compram meus livros dedicados a Frida Kahlo. Em meu romance *Os amantes de Coyoacán*, que narra a paixão tórrida e efêmera entre Leon Trótski e Frida Kahlo, o que lhes interessa não é o criador do Exército Vermelho, mas Frida, o que ela pensa, o que ela vive, seus engajamentos, uma mulher que

49 Mooréa Lahalle, em https://madame.lefigaro.fr/societe/frida-kahlofridamania.

também apresento como uma mulher feliz, alegre, que canta, bebe, adora fazer amor, cozinhar para os amigos, e que xinga como um carroceiro. Para elas, Frida é uma irmã, uma amiga, uma mulher entre mulheres, jovem, frágil, que tem sangue indígena, que busca constantemente sua própria autonomia financeira e sexual, que ama homens e mulheres, que se desespera por não ter filhos, que morre de tantos abortos, que cria uma obra totalmente original e que, sessenta anos após sua morte, continua a ser de uma modernidade extraordinária. Frida Kahlo: nossa contemporânea.

Referências cronológicas

1907

6 de julho. Nascimento de Magdalena Carmen Frieda Kahlo, em Coyoacán, uma localidade então situada na periferia da Cidade do México. Seu pai, Guillermo Kahlo, um judeu húngaro nascido na Alemanha que emigrou para o México em 1891, exerce a profissão de fotógrafo. Sua mãe, Matilde Calderón y González, cuja família é originária de Oaxaca, é uma *mestiza* católica: de ascendência espanhola por parte de mãe e indígena por parte de pai. Casados há nove anos, já têm duas filhas, Matilde e Adriana, além de Luisa e Margarita, que Guillermo teve com sua primeira esposa, María Cerdena, falecida em 1898. Toda a família mora no número 247 da rua de Londres, naquela que mais tarde se tornará a famosa Casa Azul. Ao contrário do que se diz, Frida não nasceu nessa casa, mas um pouco mais longe, no número 1 da rua de Londres, onde mora sua avó.

1910

20 de novembro. Início da Revolução Mexicana. Uma insurreição armada, liderada por Francisco Madero, se opõe à ditadura do general Porfirio Díaz. No ano seguinte, após a multiplicação dos movimentos de revolta – ampliados no norte por Pancho Villa e no sul por Emiliano Zapata –, Díaz é forçado a se exilar. Francisco Madero vence a eleição presidencial em outubro de 1911. A Revolução Mexicana chega oficialmente ao fim em 1917, com a promulgação de uma nova Constituição, mas numerosos confrontos continuarão a ocorrer nos anos seguintes. Frida fingirá ter nascido em 1910 para que sua data de nascimento coincida com a Revolução, o que posteriormente levará a uma certa confusão na cronologia de sua vida e obra.

1914

Frida contrai poliomielite. Deve ficar acamada por nove meses. Como sequela dessa doença, ela terá pelo resto da vida uma leve atrofia da perna direita. Seus jovens colegas a apelidam então de "Frida *pata de palo*" (Frida perna de pau). Algumas biografias indicam a data desse evento como 1913 ou 1918.

1922

Frida, uma das 35 meninas entre os 2 mil aprovados no exame de admissão, entra para a Escola Nacional Preparatória, a famosa Preparatória. Ela viaja todos os dias para a Cidade do México para iniciar seus estudos em medicina. Membra do grupo Los Cachuchas, ela se apaixona pelo "líder" deles, Alejandro Gómez Arias. O governo pós-revolução inaugura um vasto programa pedagógico: contar ao povo mexicano sua história. De que maneira? Cobrindo as paredes das igrejas, das escolas, das bibliotecas, dos edifícios públicos, com afrescos educativos. À frente desse movimento dos "muralistas": Diego Rivera. Um dia, quando vai ao anfiteatro Bolívar, ela observa longamente o trabalho do artista, que está pintando um afresco cujo tema é *A Criação*. É o primeiro encontro entre eles.

Um dos primeiros desenhos a lápis grafite preservados de Frida, no qual ela se representa em pé, com roupas de colegial, uma bolsa pequena e um livro na mão, de cabelos curtos e cacheados, chama-se: *Aqui, lhe mando meu retrato para que você se lembre de mim.*

1923

Julho. Assassinato de Pancho Villa. No final de novembro, eclode uma revolta contra o presidente Álvaro Obregón. A Cidade do México é palco de violentos confrontos. Frida, que tem dezesseis anos e não pode ignorá-los, torna-se "noiva" de Alejandro Gómez Arias. Diego Rivera, David Alfaro Siqueiros e Xavier Guerrero coassinam o *Manifesto do Sindicato dos Trabalhadores Técnicos, Pintores e Escultores* em apoio a uma arte monumental de "utilidade pública".

Utilizando a técnica do afresco, Frida pinta, sobre metal, um pequeno quadro de 62,8 × 48,2 cm. Não assinado, esse autorretrato, provavelmente copiado de uma foto tirada por seu pai, teria sido pintado, segundo alguns especialistas, entre 1923 e 1933.

1924

Frida divide seus dias em dois momentos. Pela manhã, ela assiste às aulas na Preparatória; à tarde, ajuda seu pai no ateliê de fotografia. Ela planeja partir para os Estados Unidos com Alejandro Gómez Arias.

1925

Durante alguns meses, Frida tem aulas de desenho com um dos amigos de seu pai, o impressor e gravurista Fernando Fernández, com quem tem um breve relacionamento sexual. Durante esses poucos meses, ela copia três obras do pintor e gravurista sueco Anders Leonard Zorn. Paralelamente, faz um curso de estenografia e datilografia na Academía Oliver.

17 de setembro. Voltando da escola para casa, o ônibus em que ela viaja, na companhia de Alejandro Gómez Arias, colide com um bonde. Frida sofre numerosas fraturas no quadril, na coluna vertebral e no pé direito, que vão marcá-la para o resto da vida.

Depois de passar um mês no hospital da Cruz Vermelha, e quando se pensa que ela não se recuperaria, Frida começa a andar novamente e, durante sua convalescença, planejando fazer desenhos científicos para revistas médicas, ela examina amostras biológicas de tecido no microscópio. Também desenha em grafite, em uma folha de papel de 20 × 27 cm, pela primeira e única vez, o acidente que acaba de virar sua vida de cabeça para baixo. Faz ainda experimentos com aquarela: *Tome mais uma* e *Menina de cidade pequena*.

1926

Vendo que Frieda pretende dedicar muito tempo à pintura, sua mãe coloca um suporte móvel em sua cama. Este último, montado sobre um dossel munido de um espelho, permite que ela veja o desenho que está fazendo.

O primeiro de uma longa série de autorretratos: *Autorretrato com vestido de veludo*. Ela também pinta *Paisagem urbana* e *Retrato de Adriana Kahlo*.

1927

Ano de tensões políticas devido à modificação da Constituição mexicana proposta por Álvaro Obregón, que agora permite que um presidente em exercício se candidate para um novo mandato. Reeleito no ano seguinte, Obregón é assassinado poucos dias após tomar posse. Enquanto isso, Frida luta contra sua dor. Coletes de gesso, talas, a perspectiva de múltiplas operações, tratamentos pesados, órteses, uma mais invasiva que a outra, fazem com que ela inunde Alejandro Gómez Arias, que foi morar na Alemanha por oito meses, com cartas tristes e desesperadas.

Embora Frida ache o *Retrato de Miguel N. Lira* particularmente "terrível" e diga que o de Jesús Ríos y Valles lhe dá "nojo", ela sente que sua salvação virá apenas da pintura.

Nesse ano, além desses dois retratos, ela pinta nada menos que cinco telas: *Pancho Villa e La Adelita*, *Retrato de Alicia Galant*, *Si Adelita ou Los Cachuchas*, *Retrato de Ruth Quintanilla*, *Retrato de Angel Salas*. Também desenha um autorretrato, no qual a sobrancelha dupla está claramente visível, intitulado *Primeiro desenho da minha vida*.

1928

Depois de conhecer a fotógrafa italiana Tina Modotti, que a apresenta ao círculo dos intelectuais de esquerda, Frida se torna membra do Partido Comunista Mexicano. Em uma festa organizada no apartamento de Tina, que havia se tornado uma espécie de ponto de encontro para todos os exilados, ativistas políticos, militantes e extremistas de todas as estirpes da Cidade do México, Tina apresenta Frida ao grande Diego Rivera, ainda recém-chegado de sua viagem a Moscou para participar do décimo aniversário da Revolução de Outubro. Nesse instante, surge um amor avassalador entre os dois. Frida, confiando nele, chega a lhe mostrar suas últimas pinturas. Frida e Diego dão início a um relacionamento. Diego, que está concluindo o enorme afresco intitulado *Balada da revolução proletária*, contratado para o terceiro andar do Ministério da Educação, toma-a como modelo para sua pintura *Distribuição de armas*. Nela, Frida é representada como uma revolucionária distribuindo armas ao povo, daí o nome às vezes dado a essa obra: *O arsenal – Frida Kahlo distribuindo armas*.

Frida, por sua vez, continua a pintar: *O retrato de Cristina, minha irmã*, *Retrato de Agustín M. Olmedo*, *Menina sentada com Pato*. Notam-se também várias aquarelas, entre as quais *O pequeno cavaleiro mexicano*.

1929

1º de junho. Frida consegue um emprego como professora de desenho e trabalhos manuais no Departamento de Belas-artes.

21 de agosto. Frida e Diego se casam e se mudam para um grande apartamento no centro da Cidade do México, no Paseo de la Reforma, número 104. Ele tem 40 anos, ela, 21.

Nomeado diretor da Escola Nacional de Belas-artes, Diego logo é demitido: alega-se que seus métodos de ensino são muito "revolucionários". Respondendo a uma encomenda do governo, ele inicia um ciclo de afrescos – *A Epopeia do Povo Mexicano* –, destinado a adornar a escadaria monumental do Palácio Nacional. Em setembro, e em sinal de solidariedade a Diego, excluído do Partido Comunista Mexicano, Frida desiste de sua filiação. Um mês depois, o casal parte para Cuernavaca e é recebido na casa do embaixador americano no México, Dwight W. Morrow, que havia encomendado a Diego a pintura de um afresco para as paredes do Palácio de Cortés. O tema: *História de Cuernavaca e do estado de Morelos, conquista e revolução*. Frida e Diego ficam lá por um ano, durante o qual Frida continua a desenvolver sua pesquisa pictórica: *O ônibus*, *Retrato de menina com colar*, *Menina com cueiro*, *Retrato de menina*, *Retrato de menina com uma fita na cintura*, *Índia nua*, *Retrato de Lupe Marín*. Ela também pinta um autorretrato: *Autorretrato "O tempo voa"*.

1930

Gravidez, seguida de um aborto induzido pelo Dr. Jesús Marín (irmão de Lupe, ex-mulher de Diego) por causa de uma deformidade na pélvis que poderia ter consequências graves. Frida e Diego se mudam para São Francisco, onde Diego é contratado para pintar afrescos no clube da Bolsa de Valores de São Francisco e na Escola de Belas-artes da Califórnia. Eles moraram no estúdio do escultor Ralph Stackpole e sua esposa Francine Mazen, apelidada de "Ginette". Durante sua primeira estada nos Estados Unidos,

Frida descobre a cidade, especialmente Chinatown, participa de conferências, festas e exposições, e faz muitos amigos, incluindo Edward Weston, Imogen Cunningham e o dr. Leo Eloesser. E, é claro, ela pinta – *Portrait of a Lady in White* e um novo autorretrato – e desenha: *Nude of My Cousin Ady Weber*, *The Hand*, bem como *Frida Kahlo e Diego Rivera*. Apesar disso, sente-se entediada.

1931

Abril. Enquanto o dr. Eloesser, agora seu amigo íntimo e principal conselheiro médico, lhe prescreve vários exames, Frida pinta o retrato de seu casamento, que ela intitula *Frieda e Diego Rivera* ou *Frieda Kahlo e Diego Rivera*.

Maio. Diego termina *Alegoria da Califórnia*. Aproveitando um momento de calma em sua produção de murais, ele é recebido na casa de campo da família Stern, onde pinta um afresco na sala de jantar. Frida pinta *Retrato do horticultor Luther Burbank*.

Junho. Frida e Diego retornam ao México, onde permanecem por cinco meses. Eles conhecem o diretor de cinema soviético Sergei Eisenstein.

Novembro. Frida e Diego vão a Nova York para preparar a retrospectiva de Diego Rivera. Eles se hospedam no hotel Barbizon-Plaza. Pela primeira vez, uma obra de Frida – *Frieda e Diego Rivera* ou *Frieda Kahlo e Diego Rivera* – é exibida, por ocasião da sexta exposição anual da sociedade de mulheres artistas de São Francisco.

Dezembro. Retrospectiva de Diego Rivera no Museum of Modern Art de Nova York. Lá, Frida conhece Georgia O'Keeffe e reencontra suas amigas Lucienne Bloch e Anita Brenner. Ela também conhece o fotógrafo Nickolas Muray, com quem terá um longo relacionamento.

Durante todo esse ano passado nos Estados Unidos, Frida não para de trabalhar. Além das telas já mencionadas, ela pinta: *Retrato de Mrs. Jean Wight*, *Vitrine (em uma rua de Detroit)*, *Retrato de Eva Frederick*, *Retrato do dr. Leo Eloesser*, *Retrato de mulher*. Também desenha muito: *Autorretrato sentada*, *Retrato de Luther Burbank*, *Nu de Eva Frederick*, *Retrato de Lady Hastings*.

1932

Abril. Frida acompanha Diego a Detroit, onde ele vai trabalhar em um afresco para decorar o pátio do Institute of Arts: *A indústria de Detroit* ou *O homem e a máquina*. É uma encomenda da Ford Motor Company. Eles se instalam no Hotel Wardell e visitam várias fábricas em uma cidade que não agrada a Frida.

4 de julho. Frida, grávida de dois meses, apesar dos conselhos do dr. Pratt, decide ficar com a criança. Depois de mais um aborto espontâneo, ela é hospitalizada por treze dias no Hospital Henry Ford.

Setembro. Frida retorna ao México, acompanhada por Lucienne Bloch, para visitar sua mãe acamada, Matilde Calderón y González, que falece pouco depois (no dia 14).

Lucienne Bloch e Frida partem para Detroit em 16 de outubro, chegando no dia 21. Frida faz aulas de litografia.

Nesse período, pinta alguns de seus quadros mais importantes: *Frida e a cesariana* ou *O hospital*, *O Hospital Henry Ford* ou *A cama voando*, *Nascimento* ou *Meu nascimento* e, finalmente, um novo autorretrato, *Autorretrato na fronteira entre o México e os Estados Unidos*. Ela também faz vários esboços em grafite: *A filha de Sarah*, dois *Sonho* ou *Autorretrato onírico*, entre outros.

1933

Março. Frida e Diego se instalam no Barbizon-Plaza, em Nova York. Diego pintará na cidade um vasto ciclo de murais para a sede da Radio Corporation of America, no Rockefeller Center. Seu tema: *O homem na encruzilhada, zelando com esperança e firmeza pela escolha de um futuro novo e melhor*. Eles estão acompanhados pelos dois assistentes de Diego: Ernst Halberstadt e Andrés Sanchez Flores.

4 de maio. Interrupção imediata do trabalho em andamento. Motivo: o pintor incluiu um elemento que não havia sido previsto em seu afresco: a figura de Lênin! Destruído no ano seguinte, o mural será refeito de forma idêntica no Palácio de Belas-artes da Cidade do México, com o título *O homem controlador do universo*.

8 de maio. Como resultado desse escândalo, a General Motors cancela sua encomenda para os edifícios construídos ao longo da margem do lago Michigan para a exposição "Century of Progress" (Século de progresso), que seria realizada em Chicago de maio a novembro.

Junho. A convite do ativista comunista Bertram D. Wolfe, Diego aceita a encomenda de um afresco para a New Worker's School: 21 pinturas intituladas *Retratos da América do Norte*, uma obra que se perdeu.

Embora o estilo de vida americano agrade a Diego, é difícil para Frida se adaptar a ele.

20 de dezembro. Após graves discussões, Frida e Diego embarcam no vapor *El Oriente*, que os levará a Veracruz via Havana. Seus amigos americanos conseguiram reunir o dinheiro necessário para que os dois retornassem ao México. Eles agora vivem na casa-ateliê em San Ángel (atualmente sede do museu Casa Rivera), localizada nos então subúrbios da Cidade do México, na esquina da rua Palma (hoje Diego Rivera) com a avenida Altavista. Essa casa dupla – dois blocos unidos por uma passarela – é o primeiro exemplo de arquitetura modernista no México e foi projetada pelo arquiteto Juan O'Gorman.

Durante esse período, Frida pinta pouco: *Autorretrato com colar* e *Meu vestido está pendurado lá* ou *New York*, uma pequena tela de 46 × 50 cm, misturando óleo e colagem sobre um painel de masonita. Desenho a grafite: *Vista de Nova York*.

1934

Novo aborto, dessa vez realizado no terceiro mês de gravidez pelo dr. Zollinger. Operação do pé direito e amputação de vários dedos. Frida também é submetida a uma apendicectomia. Enquanto ela está no hospital, Diego começa um relacionamento com sua irmã Cristina.

Lázaro Cárdenas, amigo pessoal do casal, é eleito presidente da República.

Cansada, deprimida e atormentada pela dor, Frida não pinta nenhuma obra importante. Depois de seus problemas conjugais, Frida e Diego se separaram.

Produção pictórica paralisada. Seu único trabalho é um desenho a grafite, de 21 × 30,5 cm: *Olho vigilante*.

1935

Frida começa um caso com o escultor Isamu Noguchi, bolsista da Fundação Guggenheim na Cidade do México, que cria um mural de concreto em relevo no recém-reformado Mercado Rodríguez.

Depois de alguns meses, e quando Noguchi e Frida já planejam viver juntos, Frida, contra todas as expectativas, se reconcilia com Diego e volta para a casa em San Ángel. A separação durou apenas alguns meses. Diego, que está pintando *O México de hoje e de amanhã* nas paredes do Palácio Nacional, representa as duas irmãs, Frida e Cristina, e contrata Cristina como sua secretária.

Em julho, Frida viaja para Nova York com Anita Brenner e Mary Shapiro, irmã do historiador de arte Meyer Shapiro. De volta à Cidade do México, ela começa um novo relacionamento, dessa vez com o pintor, gravurista e muralista Ignacio Aguirre, a quem dá o apelido de Nachito.

Dezembro. Mais um aborto espontâneo e outra operação no pé. Sua convalescença dura seis meses.

Durante esse período particularmente difícil, Frida Kahlo encontra forças para pintar uma de suas telas mais famosas e sombrias, *Umas facadinhas de nada*, e também *Autorretrato com cabelos cacheados*, um pequeno óleo sobre estanho medindo 19,3 × 14,7 cm. Faz também um desenho a lápis grafite – *Autorretrato deitada* ou *Frida adormecida* – e um "afresco": *Autorretrato "very ugly"*.

1936

Terceira intervenção no pé direito. Muito deprimida e nervosa, Frida sofre de fadiga, falta de apetite e fortes dores na coluna.

Julho. Início da Guerra Civil Espanhola. Frida e Diego participam de um comitê de solidariedade aos republicanos espanhóis. Cárdenas funda a Confederação dos Trabalhadores do México.

Setembro. Diego entra para a seção mexicana da Liga Comunista Internacional Trotskista.

Frida pinta *Meus avós, meus pais e eu*, uma ode às suas raízes familiares e às horas da infância passadas no pátio da Casa Azul.

1937

Cárdenas concede asilo político a Leon Trótski e a Natalia Sedova, sua companheira. Hospitalizado com uma infecção hepática, Diego não pode recebê-los. Frida vai a Tampico, acompanhada por Max Shachtman (fundador do movimento trotskista nos Estados Unidos) e de George Novack (secretário do comitê americano para a defesa de Trótski). Eles se instalam na Casa Azul.

Frida e Leon têm um caso amoroso que termina em junho.

Curto caso com Jean Van Heijenoort, secretário, tradutor e segurança de Trótski.

23 de setembro. Frida participa da exposição coletiva realizada na Galeria de Arte do Departamento Social da UNAM (Galeria da Universidade da Cidade do México). Ela exibe quatro pinturas, incluindo *Meus avós, meus pais e eu*.

7 de novembro. No quinquagésimo oitavo aniversário de Trótski, Frida o presenteia com seu *Autorretrato com Trótski*.

A breve história de amor que ela vive com ele por alguns meses lhe dá uma grande vontade de pintar. Esse é um dos períodos mais produtivos de sua vida: *Retrato de Alberto Misrachi*, *O falecido Dimas Rosas, morto aos três anos de idade*, *Retrato de Diego Rivera*, *Memória* ou *O coração*, *Autorretrato sentada na cama* ou *Eu e minha boneca*, *Minha ama e eu* ou *Eu mamo*, *Fulang-Chang e eu*, *Eu pertenço ao meu dono*.

1938

Abril. Jacqueline Lamba e André Breton visitam o México. Fascinado por Frida, o papa do surrealismo quer incluí-la no movimento surrealista. Rivera, Breton e Trótski publicam "Por uma arte Revolucionária Independente" na *Partisan Review*.

Primeira grande venda de Frida: o ator e colecionador Edward G. Robinson compra quatro pinturas dela por um total de 800 dólares.

25 de outubro a 14 de novembro: primeira exposição individual de Frida na Galeria Julien Levy, em Nova York. O catálogo contém um texto introdutório de André Breton, com a agora infame frase: "A arte de Frida Kahlo é como uma fita colorida amarrada ao redor de uma bomba". Enorme sucesso, metade das 25 obras é comprada por colecionadores americanos.

Frida dá continuidade ao seu caso com o fotógrafo Nickolas Muray, iniciado alguns meses antes, quando Muray visitou o México.

Frida fica gravemente doente. O dr. Glusker, marido de sua amiga Anita Brenner, cura-a de um tumor que crescia em seu pé. Frida participa, com um grupo de amigos, da elaboração de um folheto de protesto contra a destruição de dois dos três afrescos de Juan O'Gorman no aeroporto da Cidade do México. O país passa por uma fase delicada de ditadura nacionalista com tendências socialistas, e achava-se que esses painéis eram muito satíricos em suas referências a Mussolini e Hitler.

Produção pictórica muito importante: *Flores de cacto*, *Os frutos da terra*, *Xochitl*, *Flor da vida*, *Quando a tenho, vida, como a amo*, *A moldura*, *Cachorro Itzcuintli comigo*, *Menina com máscara de caveira I*, *Autorretrato com macaco*, *Menina com máscara de caveira II*, *Asas de palha* ou *Eles querem aviões, mas só conseguem asas de palha*, *Lembrança da ferida aberta*, *Quatro habitantes da Cidade do México*, *O acidente de avião* ou *O sobrevivente*.

1939

Frida viaja para Paris, na França. Ela se hospeda na casa da família Breton, onde o papa do Surrealismo havia prometido organizar uma exposição para ela. Na verdade, nenhuma providência foi tomada. Sem a intervenção de Duchamp, é possível que a exposição nunca tivesse ocorrido.

10 de março. Inauguração na galeria Renou & Colle de uma exposição intitulada "México". São exibidas dezoito pinturas de Frida, além de obras do fotógrafo Manuel Álvarez Bravo, pinturas mexicanas dos séculos XVII e XVIII e a coleção pessoal de arte popular mexicana de Breton. Na noite da abertura, ela conhece Kandinsky, Max Ernst, Paul Éluard, Joan Miró, Yves Tanguy, Wolfgang Paalen e até mesmo Ramón Mercader. O Louvre compra um quadro seu chamado "The Frame" ou *A moldura*, que permanecerá nos porões do museu por várias décadas sem nunca ser exibido.

Relacionamento com Michel Petitjean, um escritor surrealista a quem ela dá a pintura *Memória* ou *O coração*, Marcel Duchamp e Jacqueline Lamba.

Hospitalização por causa de uma inflamação nos rins. Ela se muda para o apartamento de Mary Reynolds, amiga de Duchamp.

25 de março. Frida parte para Nova York, onde Muray lhe diz que planeja se casar.

Abril. Retorno ao México. Diego diz a ela que rompeu com Trótski, após uma disputa política, e que deixou a Quarta Internacional. Motivo de fachada: ele finalmente percebeu que Frida e Trótski tiveram um relacionamento amoroso. Leon e Natalia agora moram em outra casa, na avenida Viena.

Caso com um jovem refugiado republicano espanhol: Ricardo Arias Viñas.

Outono. Frida contrai uma infecção nas mãos. Sua coluna lhe provoca dores excruciantes. O dr. Juan Farill ordena que ela faça repouso e alongamentos.

6 de dezembro. Seu divórcio com Diego é finalizado. Frida volta a morar na Casa Azul.

Solicita uma bolsa Guggenheim por meio de seu amigo Carlos Chávez. Meyer Schapiro, Duchamp, Breton, Walter Pach e Rivera apoiam sua candidatura, mas ela é rejeitada.

Triste, muito sozinha e atormentada por sérios problemas financeiros, abatida por doses excessivas de álcool, que ela usa para combater suas dores físicas, Frida pinta aquela que alguns consideram sua principal obra: *Dois nus na floresta* ou *A própria terra*. Mas também: *As duas Fridas* e *O suicídio de Dorothy Hale*.

1940

Frida também expõe no Palácio de Belas-artes de São Francisco, como parte da exposição "Contemporary Mexican Painting and Graphic Art" (Pintura e artes gráficas mexicanas contemporâneas), e em Nova York, como parte da exposição "Twenty Centuries of Mexican Art" (Vinte séculos de arte mexicana).

Maio. Atentado fracassado contra a vida de Trótski. David Siqueiros, sobre o qual pesam muitas suspeitas, desaparece antes de ser encontrado. Frida e sua irmã Cristina são interrogadas. Diego Rivera vai se esconder em São Francisco. Com a colaboração de Emmy Lou Packard, ele começa um afresco em painéis móveis cujo tema é o continente americano. Esse trabalho, encomendado pelo arquiteto Timothy Flueger para a Golden Gate International Exposition, em Treasure Island, é realizado em público. Em um dos afrescos, Frida, vestida como tehuana, com pincel e paleta na mão, supostamente representa a cultura do sul.

20 de agosto. Trótski é assassinado. Frida é interrogada pela polícia durante dois dias.

Setembro. Frida vai a São Francisco para tratamento médico com o dr. Eloesser, que se opõe aos médicos mexicanos que querem operá-la. Os exames médicos revelam uma nova infecção renal e uma anemia. Em seguida, ela vai para Nova York para uma exposição na galeria de Julien Levy, que acaba não acontecendo. Caso com Heinz Berggruen, o famoso jornalista, colecionador, galerista e negociante de arte alemão. É um caso tórrido e "desconfortável", sobre o qual ele escreve longamente em seu livro de memórias *J'étais mon meilleur client* (Eu era meu melhor cliente).

8 de dezembro. Após estabelecer uma série de condições – arcar com metade das despesas domésticas, não ter mais relações sexuais etc. –, Frida se casa novamente com Diego em São Francisco, e depois retorna ao México sozinha para passar as festas de fim de ano com sua família. Novas dores agudas nas costas.

Pinta novas telas: *Autorretrato com cabelos cortados*, *Autorretrato dedicado ao dr. Eloesser*, *Autorretrato dedicado a Sigmund Firestone*, *Autorretrato com colar de espinhos*, *Autorretrato com macaco* e *A mesa ferida*.

1941

14 de abril. Morre Guillermo Kahlo.

Diego, não mais sob suspeita, retorna ao México com sua assistente Emmy Lou Packard, muda-se com Frida para a Casa Azul e transforma a casa de San Ángel em seu ateliê. Dificuldades financeiras: Frida tenta vender seus quadros.

Frida participa da exposição "Modern Mexican Painters" (Pintores mexicanos modernos) no Instituto de Arte Contemporânea de Boston.

Nomeada pelo Ministério da Educação como um dos 25 membros e intelectuais fundadores do Seminário da Cultura Mexicana.

Vítima de uma violenta depressão nervosa, Frida ainda consegue pintar algumas telas: *Autorretrato com Bonito*, *Eu e meus papagaios*, *Autorretrato de trança*, *Autorretrato*, *Cesta de flores*.

1942

Começa a construção de Anahuacalli, o museu que abrigaria a coleção particular de artefatos pré-colombianos de Diego Rivera. Para ajudar a financiar o projeto, Frida vende seu apartamento e solicita um financiamento público junto a vários funcionários do governo.

Em um acordo com o Ministério da Educação, Antonio Ruiz cria a Escola de Pintura e Escultura La Esmeralda. Frida é convidada a participar do corpo docente. Ela dá doze horas de aulas de desenho por semana. Devido à sua saúde debilitada, acaba dando aulas em casa. Seus alunos, Arturo García-Bustos, Guillermo Monroy e Arturo Estrada, logo adotam o nome Fridos. Todos reconhecem sua vontade de viver, seu humor, sua *alegría*.

Nova York. Frida participa de duas exposições. A primeira (com o *Autorretrato com trança*) no Museu de Arte Moderna, na seção "Twentieth-Century Portraits" (Retratos do século XX). A segunda, intitulada "First Papers of Surrealism" (Primeiros papéis do Surrealismo), é financiada pelo Coordinating Council of French Relief Societies. Realiza: *Natureza-morta*, *Retrato de Marucha Lavín*, *Autorretrato com macaco e papagaio*, *Lucha María, menina tehuacana* ou *Sol e Lua*.

1943

Diego publica, na revista *Seminario de Cultura Mexicana*, o famoso artigo intitulado "Frida Kahlo e a arte mexicana".

Frida participa de várias exposições. Na galeria de *Art of this Century* de Peggy Guggenheim, em Nova York, durante a "Exhibition by 31 Women" (Exposição por 31 mulheres). No Museu de Arte da Filadélfia: "Mexican Art Today" (Arte mexicana hoje). No Primer Salon de la Flor, organizado como parte da exposição anual de flores da Cidade do México pelo Ministério da Agricultura e do Desenvolvimento (ela envia *Xochitl, flor da vida*). Na Biblioteca Benjamin Franklin, na Cidade do México, onde expôs o *Retrato de Marucha Lavín*, como parte da exposição "Um século de retratos mexicanos". Por fim, participa da coordenação do Salon Libre 20 de Noviembre, no Palácio de Belas-artes, onde pendura sua *Mesa ferida*.

Junho. Inauguração da primeira exposição de seus Fridos nas ruas da Cidade do México: a decoração das paredes externas *da pulquería* de Rosita. Apesar da piora de suas dores físicas, ela não para de pintar: *Autorretrato com macaco*, *Pensando na morte*, *Autorretrato como tehuana* ou *Diego em meus pensamentos*, *A noiva assustada ao ver a vida aberta*, *Flor da vida*, *Retrato de Natasha Gelman*, *Raízes* ou *El Pedegral*.

1944

Começa a escrever seu diário, que mantém até sua morte. Continua a se ocupar de seus Fridos, para os quais consegue encomendas e exposições. Mas o afresco executado para o Hotel Pasada del Sol não agrada ao proprietário, que manda destruí-lo.

Diego e Frida comemoram seu décimo quinto aniversário de casamento. Frida presenteia Diego com o retrato duplo *Diego e Frida, 1929-1944*.

Participa de diversas exposições coletivas. Do Segundo Salon de la Flor de San Jacinto. Da exposição "A criança na pintura mexicana", na Biblioteca Benjamin Franklin, na Cidade do México. Na Galeria dos Pintores Mexicanos Contemporâneos de Nova York.

Frida visita a grande retrospectiva de Picasso no Museu de Arte Moderna de Nova York.

Como sua saúde continua se deteriorando, o dr. Velasco-Zimbrón a obriga a usar um colete de aço e ordena que permaneça deitada.

Ela pinta várias telas, incluindo a famosa *A coluna partida*, mas também: *Retrato de Doña Rosita Morillo*, *Retrato de Eduardo Morillo Safa*, *Retrato de Alicia Morillo Safa e seu filho Eduardo*, *Retrato de Mariana Morillo Safa*, *Retrato de Lupita Morillo Safa*, *Retrato de Marta Porcel*, *Retrato do Eng. Marte R. Gomez*, *Diego e Frida 1929-1944 (1)*, *Diego e Frida 1929-1944 (2)*.

1945

Após ler *Moisés e o monoteísmo*, de Freud, ela pinta o quadro *Moisés* ou *O núcleo solar*.

Dando continuidade a uma série de trabalhos fotográficos iniciados no ano anterior, Lola Álvarez Bravo toma Frida como modelo.

Os Fridos participam da exposição coletiva na Alameda Central e da realização dos afrescos no lavadouro público em Coyoacán, assim como na Casa de la Mujer Josefa Ortiz em Dominguez.

As dores pioram. Usa um colete de gesso e sapatos especiais para compensar o encurtamento de sua perna direita.

Algumas telas: *Moisés* ou *Núcleo solar*, *Autorretrato com macaco*, *Autorretrato com macaquinho*, *A máscara*, *Sem esperança*, *O pintinho*, *Magnólias*. Série das *Emoções*, um grupo de dezessete desenhos que vão do "pânico" à "dor", passando pelo "ódio".

1946

Junho. Nova York. Frida é operada da coluna vertebral pelo dr. Philip D. Wilson, para a realização de um enxerto ósseo. Enquanto está no hospital, mais precisamente em 29 de agosto, Cristina a apresenta a José Bartolí, um jovem artista espanhol refugiado no México que se torna seu amante. O caso deles continua depois que ambos retornam ao México, até 1952. Forçada a usar novamente um colete de aço por oito meses, sua dor é tão intensa que ela recorre à morfina, em doses que aumentam a cada dia.

Setembro. Frida ganha uma bolsa do governo e recebe o Prêmio Nacional de Pintura do Ministério do Ensino e da Educação por seu quadro *Moisés*.

Novas telas: *O veado ferido* ou *O pequeno veado*, *Árvore da esperança, mantenha-se firme*, *Autorretrato em miniatura*, *Paisagem*.

E muitos desenhos, nove no total, incluindo os surpreendentes *Carma I* e *II*, e também *Desenho com um pé à esquerda e seios à direita*, e três autorretratos, um dos quais, muito bonito, é dedicado a Marte R. Gómez.

1947

Com José Clemente Orozco e David Alfaro Siqueiros, Diego forma a Comissão para a Pintura Mural do Instituto Nacional de Belas-artes.

Março. Diego é hospitalizado com pneumonia brônquica.

6 de julho. Frida, que na verdade tem quarenta anos, mas continua tirando três anos de sua idade, comemora seu trigésimo sétimo aniversário. Ela sofre com estados depressivos e perde muito peso.

Inauguração do Museu Nacional de Artes Plásticas no Palácio de Belas-artes da Cidade do México. Uma obra de Frida é exposta nele.

Na exposição coletiva "Quarenta e cinco autorretratos de artistas mexicanos", organizada pelo Instituto Nacional de Belas-artes da Cidade do México, ela expõe ao lado de María Izquierdo, Isabel Villaseñor e Olga Costa. Título de sua tela: *Diego em meus pensamentos*.

Realiza poucas pinturas, mas notáveis: *Autorretrato com os cabelos soltos*, *O sol e a vida*. Três desenhos que podem ser considerados "surrealistas" por alguns: *Ruína*, *O louco*, *Retrato de Arcady Boitler*.

1948

Organização pela Sociedade para a Promoção das Artes Plásticas de uma exposição da qual Frida participa.

Frida volta a se filiar ao Partido Comunista Mexicano. Diego não é alheio a essa decisão.

Diego tem um caso com a atriz María Félix, e Frida começa um caso com Alejandro Finisterre, um editor galego exilado no México com quem ela inicia uma longa correspondência. Ela lhe envia diários íntimos, cartas e anotações que não quer que caiam nas mãos de Diego, incluindo uma lista manuscrita dos dezoito amantes homens e mulheres que mais tiveram importância para ela.

Uma nova obra: *Autorretrato como tehuana*.

1949

Frida pinta para a exposição inaugural do Salão da Arte Mexicana *O abraço amoroso do Universo, da Terra (o México), eu, Diego e o Señor Xolotl*.

Uma retrospectiva de Diego Rivera é organizada no Palácio de Belas-artes.

Surgem em seu pé direito os primeiros sinais de gangrena. Ela faz um tratamento com dr. Glusker.

As obras desse ano são particularmente tingidas pelo amor de Frida por Diego: *Diego e eu*, *O abraço amoroso do Universo, da Terra (o México), eu, Diego e o Señor Xolotl*, e algumas obras em grafite sobre papel: *O Céu, a Terra, eu e Diego* e *Retrato de Isolda Kahlo*.

1950

Frida passa nove meses no hospital inglês, submetendo-se a sete operações na coluna vertebral, e precisa enfrentar uma grave infecção contraída durante os enxertos ósseos. Ao seu lado está o dr. Farill, que se torna um amigo muito próximo. Diego dorme a maior parte do tempo em um quarto contíguo ao dela.

Quando volta para casa, precisa usar um colete durante todo o tempo e se deslocar em uma cadeira de rodas.

Bienal de Veneza: Diego, Orozsco e Siqueiros representam o México. E por que não Frida? E por que não nenhuma mulher?

Diego e Frida comemoraram o décimo aniversário de seu novo casamento. Uma foto eterniza a cerimônia: Frida usa um véu e uma coroa, Diego, uma capa e um *chambergo*, um chapéu de abas largas.

Apesar desse ano sombrio, ela continua a pintar, primeiro no hospital e depois de volta à Casa Azul, na maior parte do tempo deitada em sua cama.

Continua a escrever seu diário, que adorna com inúmeros desenhos, uma verdadeira obra de arte em si. Ela pinta o *Autorretrato O Círculo*, um quadro que permanecerá inacabado; *Retrato da família de Frida* (1950-1954) e *Autorretrato como menina*.

1951

Frida passa longas horas em sua cadeira de rodas e uma enfermeira a acompanha em tempo integral, administrando doses cada vez mais fortes de analgésico.

10 de junho. A revista *Novedades* publica um dossiê sobre Frida Kahlo – *Homenaje a Frida Kahlo* –, com vários artigos dedicados a ela.

O trabalho continua, potente, transcendendo a dor: *Retrato do meu pai* e *Autorretrato com o retrato do dr. Farill*. Ela também pinta três aquarelas – *Paisagem 1*, *Paisagem 2*, *Paisagem 3* – e várias naturezas-mortas: *Natureza-morta*, *Natureza-morta com papagaio e bandeira*, *Olhares – Natureza-morta – Os cocos*, *Natureza-morta com "Viva a Vida"* (1950-1954), *Natureza-morta com papagaio*, *Lágrimas de coco*.

1952

Diego pinta nas paredes do Instituto Nacional de Belas-artes um afresco transportável, *Pesadelo de guerra, sonho de paz*, destinado a viajar pela Europa como parte da exposição "Vinte Séculos de Arte Mexicana". Nele, Frida é retratada em uma cadeira de rodas, coletando assinaturas para o Apelo de Estocolmo. Oferecido à China, esse afresco hoje está desaparecido.

Frida aprofunda seu trabalho nas naturezas-mortas, que ela chama de "*Naturalezas vivas*", naturezas vivas. Em dois anos, ela pintará treze delas.

O estado de saúde de Frida piora. Seu pé direito lhe provoca muita dor. A gangrena avança. A depressão se instala, duradoura. Frida pinta muito pouco: *Congresso dos povos pela Paz*; *Natureza-morta*; *Natureza-morta (1952-1954)*; *Natureza-morta*.

1953

13 de abril. Primeira retrospectiva mexicana das obras de Frida, organizada por Lola Álvarez Bravo na Galeria de Arte Contemporânea da Cidade do México. Contra todas as expectativas, Frida comparece à abertura em uma cama de dossel, transportada por seus amigos. A exposição e a inauguração são um enorme sucesso. É a única exposição individual de seu trabalho a ser realizada no México durante sua vida.

Agosto. Com a gangrena avançando, o dr. Guillermo de Velasco y Polo e o dr. Juan Farill decidem internar Frida no hospital inglês. Ela acaba sofrendo uma amputação da perna na altura do joelho.

O sofrimento é apenas um dos muitos princípios de vida de Frida. Apesar da terrível operação e de suas consequências, ela pinta duas de suas telas mais intensas: *Fruto da vida* e *Natureza-morta com melancias*, além de duas aquarelas: *O riso* e *Sr. Coiote*.

1954

Abril. Frida tenta o suicídio. Ela é internada no hospital inglês, onde é tratada pelo dr. David Glusker. Sai oito dias depois.

6-12 de maio. Nova hospitalização.

2 de julho. Frida, em uma cadeira de rodas, e Diego, que finalmente foi reintegrado ao Partido Comunista Mexicano, participam de uma manifestação contra a intervenção da CIA a favor de um golpe militar na Guatemala. Essa seria sua última aparição pública.

6 de julho. Comemora seu aniversário com amigos.

13 de julho. Frida, que contraiu uma pneumonia durante a manifestação, morre aos 47 anos de idade na Casa Azul. Embora a provável causa da morte tenha sido uma "embolia pulmonar", alguns acreditam em um possível suicídio. Não se pode descartar nenhuma hipótese, e a ingestão de grandes quantidades de medicamentos com o objetivo de aliviar uma dor lancinante deve ser considerada.

14 de julho. Uma grande multidão comparece ao seu funeral no Palácio de Belas-artes. Uma guarda de honra composta de David Alfaro Siqueiros, Lola Álvarez Bravo e o ex-presidente Lazaro Cárdenas cerca os restos mortais. A urna funerária com suas cinzas está guardada na Casa Azul.

Menos de um ano depois, Diego Rivera se casa com Emma Hurtado. Ele morre em 24 de novembro de 1957. Embora tenha expressado o desejo de misturar suas cinzas com as de Frida na Casa Azul, ele foi enterrado na Rotunda dos Homens Ilustres no Panteão Civil de Dolores, na Cidade do México. Em 30 de julho de 1958, é inaugurado o Museu Frida Kahlo na Casa Azul.

Frida teria pintado até seu último suspiro. Suas últimas obras têm como títulos: *Autorretrato (inacabado)*, *Natureza-morta com bandeira*, *Autorretrato com Stálin* ou *Frida e Stálin*, *O marxismo curará os doentes*, *Stálin*, *Os fornos de tijolos*, *Autorretrato com o retrato de Diego no peito e Maria entre as sobrancelhas*, *Autorretrato dentro de um girassol*, *Natureza-viva "Viva a Vida"*.

Lista das obras

1922

Aqui te mando mi retrato, “Aqui, lhe mando meu retrato para que você se lembre de mim” – desenho a lápis grafite sobre papel (14,2 × 9 cm)

1923

Autorretrato, “Autorretrato” – afresco sobre metal (62,8 × 48,2 cm)

1925

Apuntes para Pancho Villa y Adelita, “Esboços para Pancho Villa e La Adelita” (1925-1928) – lápis sobre papel (21 × 28 cm)

Échate la otra, “Tome mais uma” – aquarela e lápis sobre papel (18 × 24,5 cm)

Muchacha pueblerina, “Menina de cidade pequena” – aquarela e lápis sobre papel (23 × 14 cm)

Paisaje urbano, “Paisagem urbana” – óleo sobre tela (34,4 × 40,2 cm)

1926

Accident, “O acidente” – desenho a lápis grafite (20 × 27 cm)

Autorretrato con traje de terciopelo, “Autorretrato com vestido de veludo” – óleo sobre tela (79,9 × 59,5 cm)

Retrato de Adriana Kahlo, “Retrato de Adriana Kahlo” – óleo sobre tela (dimensões não referenciadas)

1927

Primer dibujo de mi vida, “Primeiro desenho da minha vida” – desenho a lápis grafite sobre papel (42,5 × 31 cm)

Frida en Coyoacán, "Frida em Coyoacán" – lápis sobre papel (21 × 28 cm)

Cantina Tu Suegra, "Cantina Sua Sogra" – aquarela e lápis sobre papel (18,5 × 24,5 cm)

Frida em Coyoacán, "Frida em Coyoacán" – aquarela sobre papel (16 × 21 cm)

Retrato de Miguel N. Lira, "Retrato de Miguel N. Lira" – óleo sobre tela (99,2 × 67,5 cm)

Retrato de Jesús Ríos y Valles, "Retrato de Jesús Ríos y Valles" – óleo sobre tela (dimensões não referenciadas)

Pancho Villa y la Adelita, "Pancho Villa e Adelita" – óleo sobre tela (65 × 45 cm)

Si Adelita... ou Los Cachuchas, "Si Adelita... ou Os Cachuchas" – óleo sobre tela (dimensões não referenciadas)

Retrato de Alicia Galant, "Retrato de Alicia Galant" – óleo sobre tela (107 × 93 cm)

Retrato de Ruth Quintanilla, "Retrato de Ruth Quintanilla" – óleo sobre tela (dimensões não referenciadas)

Retrato de Angel Salas, "Retrato de Angel Salas" – óleo sobre tela (dimensões não referenciadas)

1928

Caballito mexicano, "Cavalinho mexicano" – aquarela sobre papel (27 × 33 cm)

Retrato de Cristina, mi hermana, "Retrato de Cristina, minha irmã" – óleo sobre madeira (99 × 81,5 cm)

Sin título – Pequeña vida (I), "Sem título, Pequena vida (I)" – aquarela sobre papel (31 × 36 cm)

Sin título – Pequeña vida (II), "Sem título, Pequena vida (II)" – aquarela sobre papel (31 × 36 cm)

Cochinito y caballo, "O pequeno cavaleiro mexicano" – aquarela sobre papel (28 × 34,3 cm)

Retrato de Agustín M. Olmedo, "Retrato de Agustín M. Olmedo" – óleo sobre madeira (79 × 59 cm)

Niña sentada con pato, "Menina sentada com pato" – óleo sobre tela (100,3 × 40,3 cm)

1929

Dos mujeres, "Duas mulheres" – óleo sobre tela (dimensões não referenciadas)

El Camión, "O ônibus" – óleo sobre tela (135 × 108 cm)

Retrato de niña con collar, "Retrato de menina com colar" – óleo sobre tela (dimensões não referenciadas)

Niña en pañales, "Menina com cueiro" – óleo sobre tela (65,5 × 44 cm)

Retrato de muchacha, "Retrato de menina" – óleo sobre tela (118 × 80 cm)

Niña Virginia, "A menina Virginia" – óleo sobre tela (78 × 61 cm)

Autorretrato al reverso de "Niña Virginia", "Autorretrato no verso de 'A menina Virginia'" – pastel a óleo (84 × 68 cm)

Retrato de niña con listón en la cintura, "Retrato de menina com uma fita na cintura" – óleo sobre tela (dimensões não referenciadas)

India desnuda, "Índia nua" – óleo sobre tela (dimensões não referenciadas)

Retrato de Lupe Marín, "Retrato de Lupe Marín" – óleo sobre tela (dimensões não referenciadas)

Autorretrato "El tiempo vuela", "Autorretrato 'O tempo voa'" – óleo sobre masonita (86 × 68 cm)

Retrato de una dama en blanco, "Retrato de uma dama de branco" – óleo sobre tela (119 × 81 cm)

1930

Retrato de una dama con aretes, "Retrato de uma dama com brincos" – óleo sobre tela (dimensões não referenciadas)

Desnudo de mi prima Ady Weber, "Nu de minha prima Ady Weber" – lápis sobre papel (61 × 48 cm)

La mano, "A mão" – desenho a lápis grafite (29,2 × 21,6 cm)

Frieda Kahlo y Diego Rivera ou *Diego y Frieda*, "Frieda Kahlo e Diego Rivera *ou* Diego e Frieda" – desenho a lápis grafite (29,2 × 21,6 cm)

Autoportrait, "Autorretrato" – óleo sobre tela (65 × 55 cm)

1931

Autorretrato sentada, "Autorretrato sentada" – lápis preto e de cor (29 × 20,4 cm)

Retrato de Luther Burbank, "Retrato de Luther Burbank" – lápis sobre papel (30,3 × 21,5 cm)

Retrato de Luther Burbank, "Retrato do horticultor Luther Burbank" – óleo sobre masonita (86,7 × 61,7 cm)

Desnudo de Eva Frederick, "Nu de Eva Frederick" – desenho a lápis grafite (61,6 × 48 cm)

Retrato de Lady Cristina Hastings, "Retrato de Lady Cristina Hastings" – desenho a lápis grafite (61,6 × 38,5 cm)

Frieda y Diego Rivera ou *Frieda Kahlo y Diego Rivera*, "Frieda e Diego Rivera *ou* Frieda Kahlo e Diego Rivera" – óleo sobre tela (100 × 78,7 cm)

Retrato de Mrs. Jean Wight, "Retrato de Mrs. Jean Wight" – óleo sobre tela (63,5 × 46 cm)

El aparador (en una calle de Detroit), "Vitrine (em uma rua de Detroit)" – óleo sobre tela (30,3 × 38,2 cm)

Retrato de Eva Frederick, "Retrato de Eva Frederick" – óleo sobre tela (81 × 44 cm)

Retrato dr. Leo Eloesser, "Retrato do dr. Leo Eloesser" – óleo sobre tela (85,1 × 59,7 cm)

Retrato de mujer, "Retrato de mulher" – óleo sobre masonita (65 × 60 cm)

1932

La hija de Sarah, dos veces, "A filha de Sarah, duas vezes" – desenho a lápis grafite sobre papel (22,1 × 14,6 cm)

La hija de Sarah con sombrero, "A filha de Sarah com sombrero" – desenho a lápis grafite sobre papel (22,1 × 14,6 cm)

La hija de Sarah de perfil, "A filha de Sarah de perfil" – desenho a lápis grafite sobre papel (22,1 × 14,6 cm)

La hija de Sarah acostada más el bosquejo de una espalda, "A filha de Sarah deitada e esboço de suas costas" – desenho a lápis sobre papel (22,1 × 14,6 cm)

Autorretrato "very angry", "Autorretrato 'very angry'" – desenho a lápis sobre papel (28 × 20,30 cm)

Retrato de Ernst Halberstadt, "Retrato de Ernst Halberstadt" – desenho a lápis sobre papel (dimensões não referenciadas)

Autorretrato "9 de julio 1932", "Autorretrato '9 de julho de 1932'" – lápis sobre papel (20,5 × 13,2 cm)

Henry Ford Hospital, "Hospital Henry Ford (O aborto)" – lápis sobre papel (14 × 21 cm)

El sueño o *Autorretrato onirico (I)*, "O sonho *ou* Autorretrato onírico (1)" – desenho a lápis sobre papel (27 × 20 cm)

El sueño o *Autorretrato onirico (II)*, "O sonho *ou* Autorretrato onírico (2)" – desenho a lápis sobre papel (26,8 × 20,8 cm)

San Baba, "Papai Noel" – aquarela, lápis, folha de prata sobre papel (22 × 26 cm)

Cabeza, "Cabeça" – aquarela e pastel sobre papel (30 × 22,5 cm)

Salón de belleza o *El permanente (1)*, "Salão de beleza *ou* O Permanente (1)" – aquarela e papel sobre papel (26 × 22 cm)

Frida y el aborto ou *El aborto*, "Frida e o aborto *ou* O aborto" – litografia (dimensões não referenciadas)

Frida y la cesárea ou *l'Hôpital*, "Frida e a cesariana *ou* O Hospital" – óleo sobre tela (73 × 62 cm)

Henry Ford Hospital ou *La cama volando*, "O Hospital Henry Ford *ou* A cama voando" – óleo sobre tela (30,5 × 38 cm)

Nacimiento o *Mi Nacimiento*, "Nascimento *ou* Meu nascimento" – óleo sobre masonita (30,5 × 35 cm)

Autorretrato en la frontera entre México y los Estados-Unidos, "Autorretrato na fronteira entre o México e os Estados Unidos" – óleo sobre metal (31,9 × 34,9 cm)

1933

Vista de Nueva York, "Vista de Nova York" – lápis e tinta sobre papel (27 × 20,5 cm)

Autorretrato con collar, "Autorretrato com colar" – óleo sobre metal (34,5 × 29,5 cm)

Allá cuelga mi vestido ou *New York*, "Meu vestido está pendurado lá *ou* New York" – óleo e colagem sobre masonita (46 × 50 cm)

Autorretrato "very ugly", "Autorretrato 'very ugly'" – afresco sobre masonita (27,4 × 22,2 cm)

1934

Ojo avisor, "Olho vigilante" – desenho a lápis sobre papel (21 × 30,5 cm)

1935

Mi chata ya no me quiere, "Meu amor não me ama mais" – desenho a lápis sobre papel (dimensões não referenciadas)

Unos cuantos piquetitos, "Umas facadinhas de nada" – óleo sobre metal (38 × 48,5 cm)

Autorretrato accostada o *Frida dormida*, "Autorretrato deitada *ou* Frida adormecida" – desenho a lápis grafite e lápis de cor sobre papel (20,7 × 29,7 cm)

Autorretrato con pelo chino, "Autorretrato com cabelos cacheados" – óleo sobre estanho (19,37 × 14,7 cm)

1936

Mis abuelos, mis padres y yo, "Meus avós, meus pais e eu" – óleo e têmpera sobre metal (30,5 × 34,5 cm)

1937

Autorretrato dibujando, "Autorretrato desenhando" – grafite e lápis de cor sobre papel (29,7 × 21 cm)

Autorretrato dedicado a Leon Trotski o *"Between the Curtains"*, "Autorretrato dedicado a Trótski *ou* 'Entre as cortinas'" – óleo sobre tela (87 × 70 cm)

Retrato de Alberto Misrachi, "Retrato de Alberto Misrachi" – óleo sobre metal (34,5 × 27 cm)

El Difuntito Dimas Rosas a los tres años de edad, "O falecido Dimas Rosas, morto aos três anos de idade" – óleo sobre masonita (48 × 31,5 cm)

Retrato de Diego Rivera, "Retrato de Diego Rivera" – óleo sobre madeira (46 × 32 cm)

Recuerdo o *El Corazón*, "Memória *ou* O coração" – óleo sobre metal (40 × 28,3 cm)

Autorretrato sentada en la cama o Yo y mi muñeca, "Autorretrato sentada na cama *ou* Eu e minha boneca" – óleo sobre metal (40 × 31 cm)

Mi nana y yo ou *Yo mamando*, "Minha ama e eu *ou* Eu mamo" – óleo sobre metal (30,5 × 34 cm)

Fulang-Chang y yo, "Fulang-Chang e eu" – óleo sobre masonita (40 × 28 cm)

Soy de mi dueña, "Eu pertenço ao meu dono" – óleo (dimensões não referenciadas)

1938

Cuerpo sin cabeza con corazón roja o *Mostrando la cicatríz*, "Corpo sem cabeça com coração vermelho *ou* Mostrando a cicatriz" – lápis preto e de cor sobre papel (28,6 × 19,7 cm)

Salón de belleza (1), "Salão de beleza (1)" – aquarela sobre papel (26 × 22 cm)

Pitahayas, "Pitaias" – óleo sobre metal (27 × 36 cm)

Tunas, "Frutos do cacto" – óleo sobre tecido (18,5 × 24 cm)

Los Frutos de la Tierra, "Os frutos da terra" – óleo sobre masonita (40,6 × 60 cm)

Xochitl, Flor de la vida, "Xochitl, Flor da vida" – óleo sobre metal (55,9 × 33,6 cm)

Cuando te tengo a ti: Vida cuanto te quiero, "Quando a tenho, vida, como a amo" – óleo sobre masonita (55,9 × 35,6 cm)

Autorretrato "A Moldura", "Autorretrato 'A Moldura' *ou* A Moldura" – óleo sobre alumínio (32,2 × 24,4 cm)

Perro Itzcuintli conmigo, "Cachorro Itzcuintli comigo" – óleo sobre masonita (71 × 52 cm)

Survivor o Sobreviviente, "O sobrevivente" – óleo sobre metal (16,5 × 12 cm)

Niña con máscara de calavera I, "Menina com máscara de caveira I" – óleo sobre metal (20 × 14,9 cm)

Niña con máscara de calavera II, "Menina com máscara de caveira II" – óleo sobre metal (20 × 14,9 cm)

Autorretrato con mono, "Autorretrato com macaco" – óleo sobre masonita (40,6 × 30,5 cm)

Alas de petate o *Piden aeroplanos y les dan alas de petate*, "Asas de palha *ou* Eles querem aviões, mas só conseguem asas de palha" – óleo sobre suporte desconhecido

Recuerdo de la herida abierta, "Lembrança da ferida aberta" – óleo sobre suporte desconhecido (20,3 × 25,4 cm)

Cuatro habitantes de la ciudad México, "Quatro habitantes da Cidade do México" – óleo sobre metal (32 × 47,6 cm)

El avionazo o *El sobreviviente*, "O acidente de avião *ou* O sobrevivente" (dimensões não referenciadas)

Lo que vi en el agua o *Lo que el agua me dio*, "O que eu vi na água *ou* O que a água me deu" – óleo sobre tela (95 × 75 cm)

El suicidio de Dorothy Hale, "O suicídio de Dorothy Hale" (1938-39) – óleo sobre masonita (60,4 × 48,6 cm)

1939

Dos desnudos en un bosque o *La tierra misma* o *Mi nana y yo*, "Dois nus na floresta *ou* A própria terra *ou* Minha ama e eu" – óleo sobre metal (25 × 30,5 cm)

Los dos Fridas, "As duas Fridas" – óleo sobre tela (173,5 × 173 cm)

1940

Antonio Kahlo de niño, "Antonio Kahlo bebê" – lápis e tinta sobre papel (25,3 × 20,3 cm)

El sueño o *La cama*, "O sonho *ou* A cama" – óleo sobre tela (74 × 98,5 cm)

Autorretrato con pelo cortado, "Autorretrato com cabelos cortados" – óleo sobre tela (40 × 28 cm)

Autorretrato dedicado al dr. Eleosser, "Autorretrato dedicado ao dr. Eloesser" – óleo sobre masonita (59,5 × 40 cm)

Autorretrato dedicado a Sigmund Firestone, "Autorretrato dedicado a Sigmund Firestone" – óleo sobre masonita (61 × 31 cm)

Autorretrato con collar de espinas, "Autorretrato com colar de espinhos" – óleo sobre tela (63,5 × 49,5 cm)

Autorretrato con mono, "Autorretrato com macaco" – óleo sobre masonita (55,2 × 43 cm)

La mesa herida, "A mesa ferida" – óleo sobre tela (121,8 × 245,1 cm)

1941

Autorretrato con Bonito, "Autorretrato com Bonito" – óleo sobre masonita (55 × 43,5 cm)

Yo y mis pericos, "Eu e meus papagaios" – óleo sobre masonita (82 × 62,8 cm)

Autorretrato con trenza, "Autorretrato com trança" – óleo sobre masonita (51 × 38,5 cm)

Autorretrato, "Autorretrato" – óleo sobre masonita (39,5 × 29 cm)

Canasta de Flores, "Cesta de flores" – óleo sobre cobre (64,5 cm de diâmetro)

1942

Naturaleza muerta, "Natureza-morta" – óleo sobre metal (63 cm de diâmetro)

Retrato de Marucha Lavín, "Retrato de Marucha Lavín" – óleo sobre cobre (65 cm de diâmetro)

Autorretrato con chango y loro, "Autorretrato com macaco e papagaio" – óleo sobre cobre (53,4 × 43,2)

Niña Tehuacana Lucha María o *Sol y Luna o Mujer de Sarape*, "Lucha María, menina tehuacana *ou* Sol e Lua *ou* Mulher de Sarape" – óleo sobre cobre (54,6 × 43,1)

1943

Autorretrato con monos, "Autorretrato com macaco" – óleo sobre tela (81,5 × 63)

Pensando en la muerte, "Pensando na morte" – óleo sobre tela (44,5 × 36,3 cm)

Autorretrato como Tehuana o *Diego en mi pensamiento* o *Pensando en Diego*, "Autorretrato como Tehuana *ou* Diego em meus pensamentos *ou* Pensando em Diego" – óleo sobre masonita (76 × 61 cm)

La novia que se espanta de ver la vida abierta, "A noiva assustada ao ver a vida aberta" – óleo sobre tela (63 × 81,5 cm)

Flor de la vida, "Flor da vida" – óleo sobre masonita (27,8 × 19,7 cm)

Retrato de Natasha Gelman, "Retrato de Natasha Gelman" – óleo sobre tela (30 × 23 cm)

Raíces o *El Pedregal*, "Raízes *ou* El Pedregral" – óleo sobre metal (30,5 × 49,9 cm)

1944

Fantasía (I), "Fantasia (I)" – grafite e lápis de cor sobre papel (24 × 16 cm)

Fantasía (II), "Fantasia (II)" – grafite e lápis de cor sobre papel (24 × 16 cm)

Autorretrato dedicado a Toño, "Autorretrato dedicado a Toño" – sépia sobre papel (28 × 21,5 cm)

Retrato de Doña Rosita Morillo, "Retrato de Doña Rosita Morillo" – óleo sobre masonita (76 × 60,5 cm)

Retrato del Ing. Eduardo Morillo Safa, "Retrato do engenheiro Eduardo Morillo Safa" – óleo sobre masonita (39,5 × 29,5 cm)

Retrato de Alicia Morillo Safa y su hijo Eduardo, "Retrato de Alicia Morillo Safa e de seu filho Eduardo" – óleo sobre tela (56 × 88,5 cm)

Retrato de Mariana Morillo Safa, "Retrato de Mariana Morillo Safa" – óleo sobre tela (40 × 28,5 cm)

Retrato de Lupita Morillo Safa, "Retrato de Lupita Morillo Safa" – óleo sobre masonita (58,7 × 53,3 cm)

Retrato de Marta Porcel, "Retrato de Marta Porcel" – óleo e lápis sobre masonita (70 × 61 cm)

Retrato del Ing. Marte R. Gómez, "Retrato do engenheiro Marte R. Gómez" – óleo sobre masonita (32,5 × 26,5 cm)

La columna rota, "A coluna partida" – óleo sobre tela sobre masonita (40 × 30,7 cm)

Diego y Frida 1929-1944 ou *Retrato doble Diego y Frida (I)*, "Diego e Frida 1929-1944 *ou* retrato duplo de Diego e Frida 1929-1944 (I)" – óleo sobre masonita (12,3 × 7,4 cm; 26 × 18,5 com a moldura de conchas)

Diego y Frida 1929-1944 ou *Retrato doble Diego y Frida (II)*, "Diego e Frida 1929-1944 *ou* Retrato duplo de Diego e Frida 1929-1944 (II)" – óleo sobre masonita (13,5 cm × 8,5 cm)

1945

Sin título, "Sem título" – grafite sobre papel (19,5 × 16 cm)

Las Emociones, un groupo de trece dibujos, "As emoções, um grupo de treze desenhos (*Amor*, "Amor"; *Inquietud*, "Inquietude"; *Miedo*, "Medo"; *Angustia*, "Angústia"; *Odio*, "Ódio"; *Ira*, "Ira"; *Sin titulo*, "Sem título"; *Paz*, "Paz"; *Pánico*, "Pânico"; *Dolor*, "Dor"; *Alegría*, "Alegria"; *Sin titulo*, "Sem título") – aquarela

Moisés o *Nucleo Solar*, "Moisés *ou* Núcleo solar" – óleo sobre masonita (61 × 75,6 cm)

Autorretrato con changuito, "Autorretrato com macaquinho" – óleo sobre masonita (57 × 42)

Autorretrato con mono, "Autorretrato com macaco" – óleo sobre masonita (60 × 42,5 cm)

La máscara, "A máscara" – óleo sobre tela (40 × 30,5 cm)

Sin esperanza, "Sem esperança" – óleo sobre tela (28 × 36 cm)

El Pollito, "O pintinho" – óleo sobre masonita (27 × 22 cm)
Magnolias, "Magnólias" – óleo sobre masonita (41 × 57 cm)

1946

Carma (I), "Carma (I)" – sépia sobre papel (18,3 × 27,1 cm)
Carma (II), "Carma (II)" – sépia sobre papel (21,7 × 28,5 cm)
Sin titulo, "Sem título" – sépia sobre papel/cartão-postal (19,5 × 27 cm)
El verdadero vacilón, "O verdadeiro indeciso" – grafite sobre papel (21,4 × 27,4 cm)
Forma Poliforma, "Forma poliforme" – sépia sobre papel (27 × 16 cm)
Autorretrato dedicado a Marte R. Gómez, "Autorretrato dedicado a Marte R. Gómez" – grafite sobre papel (38,5 × 32,5 cm)
Autorretrato dedicado a Estela, "Autorretrato dedicado a Estela" – grafite sobre papel (17,7 × 14 cm)
Autorretrato, "Autorretrato" – grafite sobre papel (19,5 × 16 cm)
Dibujo con un pie a la izquierda y senos a la derecha, "Desenho com um pé à esquerda e seios à direita" – tinta e lápis de cor (21,7 × 28,7 cm)
Paisaje, "Paisagem" (1946-47) – óleo sobre tela (20 × 27 cm)
El venado herido o El venadito o Soy un pobre venadito, "O veado ferido *ou* O pequeno veado *ou* Eu sou um pobre veado pequeno" – óleo sobre masonita (22 × 30 cm)
Árbol de la esperanza mantente firme, "Árvore da esperança, mantenha-se firme" – óleo sobre masonita (55 × 40, 6 cm)
Autorretrato en miniature, "Autorretrato em miniatura" – óleo sobre madeira (4,8 × 4 cm)

1947

Ruina, "Ruína" – grafite sobre papel (16,5 × 23 cm)
El loco, "O louco" – grafite (25 × 18,5 cm)
Retrato de Arcady Boitler, "Retrato de Arcady Boitler" – grafite sobre papel (dimensões não referenciadas)
Autorretrato con el pelo suelto, "Autorretrato com os cabelos soltos" – óleo sobre masonita (61 × 45 cm)
El sol y la vida, "O sol e a vida" – óleo sobre masonita (50 × 39,5 cm)

1948

Autorretrato, "Autorretrato como tehuana" – óleo sobre masonita (50 × 39,5 cm)

1949

El Cielo, la Tierra, Yo y Diego, "O Céu, a Terra, Eu e Diego" – grafite sobre papel (23,5 × 14,5 cm)
Retrato de Isolda Kahlo, "Retrato de Isolda Kahlo" – grafite sobre papel (53 × 44,5 cm)
Diego y Yo, "Diego e eu" – óleo sobre tela montado sobre masonita (29,5 × 22 cm)

El abrazo de amor de El universo, la tierra (México), Yo, Diego y el señor Xolotl, "O abraço amoroso do Universo, da Terra (o México), eu, Diego e o Señor Xolotl" – óleo sobre tela (70 × 60,5 cm)

1950

Apuntes, "Anotações – caneta azul e sépia sobre papel (20 × 15 cm)

Autorretrato El Círculo, "Autorretrato O Círculo" – óleo sobre alumínio (15 cm de diâmetro)

Retrato de la Familia de Frida, "Retrato da família de Frida" (1950-54) – óleo sobre masonita (41 × 59 cm)

Autorretrato como niña, "Autorretrato como menina" – óleo sobre suporte desconhecido (15 × 8 cm)

1951

Paisaje (1), "Paisagem (1)" – aquarela sobre papel (12,5 × 17 cm)

Paisaje (2), "Paisagem (2)" – aquarela sobre papel (12 × 18 cm)

Paisaje (3), "Paisagem (3)" – aquarela sobre papel (12 × 18 cm)

Retrato de mi padre, "Retrato do meu pai" – óleo sobre masonita (60,5 × 46,5 cm)

Autorretrato con el retrato del Dr Farill o *Autorretrato con el Dr Juan Farill*, "Autorretrato com o retrato do dr. Farill *ou* Autorretrato com o dr. Juan Farill" – óleo sobre masonita (41,50 × 59 cm)

Naturaleza muerta con perico y bandera, "Natureza-morta com papagaio e bandeira"

Naturaleza muerta, "Natureza-morta" – óleo sobre tela (28,2 × 36 cm)

Miradas – Naturaleza muerta – Los Cocos, "Olhares – Natureza-morta – Os cocos" – óleo sobre masonita (39 × 65 cm)

Naturaleza muerta con "Viva la Vida", "Natureza-morta com 'Viva a Vida'" (1950-1954)

Naturaleza muerta con perico, "Natureza-morta com papagaio" – óleo sobre tela (25,5 × 28 cm)

Lágrimas de Coco, "Lágrimas de coco" – óleo sobre masonita (22,9 × 29, 8 cm)

1952

Congresso de los pueblos por la paz, "Congresso dos povos pela paz" – óleo sobre tela (dimensões não referenciadas)

Naturaleza muerta, "Natureza-morta" – óleo sobre tela (25,8 × 44 cm)

Naturaleza muerta, "Natureza-morta" (1952-54) – óleo sobre masonita (59,5 × 50,8 cm)

Naturaleza viva, "Natureza viva" – óleo sobre masonita (59,5 × 50,8 cm)

1953

La Risa, "O riso" – aquarela sobre papel (22,5 × 21 cm)

Señor Coyote, "Senhor Coiote" – aquarela e tinta sobre papel (23,5 × 15 cm)

Fruta de la vida, "Fruto da vida" – óleo sobre masonita (47 × 62 cm)

Naturaleza muerta con sandías, "Natureza-morta com melancias" – óleo sobre masonita (39 × 59 cm)

1954

Autorretrato, "Autorretrato" (inacabado) – óleo e pastel sobre tela (55 × 65 cm)

Autorretrato con Stalin o *Frida y Stalin*, "Autorretrato com Stálin *ou* Frida e Stálin" – óleo sobre masonita (59 × 39 cm)

El marxismo dará salud a los enfermos, "O marxismo curará os doentes" – óleo sobre masonita (76 × 61 cm)

Stalin, "Stálin" – óleo sobre painel aglomerado (61,7 × 46,7 cm)

Lors hornos de ladrillo, "Os fornos de tijolos" – óleo e terra sobre masonita (39 × 59,5 cm)

Autorretrato con el retrato de Diego en el pecho y María entre las cejas, "Autorretrato com o retrato de Diego no peito e Maria entre as sobrancelhas" – óleo sobre masonita (61 × 41 cm)

Autorretrato dentro de un girasol, "Autorretrato dentro de um girassol" – óleo sobre madeira (dimensões não referenciadas)

Naturaleza viva "Viva la Vida", "Natureza morta 'Viva a Vida'" óleo sobre terra sobre masonita (52 × 72 cm)

Referências bibliográficas

Laura Callaghan e Catherine Ingram. *À la recherche de Frida Kahlo* (coletivo). Paris: Centre Pompidou/MMA jeunesse, 2020. Livro infantil.

Tyto Alba, *La Casa Azul*. Paris: Vertige graphic, 2018. Desenho em quadrinhos.

Isabel Alcántara e Sandra Egnolff. *Frida Kahlo and Diego Rivera*. Londres: Prestel, 1999. Ensaio.

Javier Alonso López e Wuji House (texto), Ángel Coronado (ilustrações). *Frida Kahlo*: l'artista que pintava amb l'ànima. Barcelona: Shackleton Books, 2019. Livro infantil.

Graciela Anaya Davila Garibi. *Querido doctorcito Frida Kahlo y Leo Eloesser*. Nova York: Downtown Book Center, 2011. Correspondências.

Sandrine Andrews. *Comment parler de Frida Kahlo aux enfants*. Paris: Le Baron Perché, 2011. Livro infantil.

Laurence Anholt. *Frida Kahlo and the bravest girl in the world*. Londres: Frances Lincoln Children's Books, 2016. Livro infantil.

Gannit Ankori. *Imaging Her Selves: Frida Kahlo's poetics of Identity and Fragmentation*. Westport: Greenwood Press, 2002. Ensaio.

Timéo Arbakan. *Frida ou la quête insensée d'un romantique moderne*. Paris: Librinova, 2017. Ensaio.

Art d'Amérique latine 1911-1968. Paris: Musée national d'art moderne Centre Georges Pompidou, 1992-1993. Catálogo de exposição.

Dore Ashton. "Surrealism and Latin America". Em: *Latin American Artists of the Twentieth Century*. Nova York: Museum of Modern Art and Henry N. Abrams Inc., 1993. Ensaio.

Maria Baranda. *Frida Kahlo, una historia posible*. Madrid: Anaya Infantil y Juvenil, 2010. Livro infantil.

Ariana Bahr. *Die Stilleben von Frida Kahlo*. Kindle. Munique: Grin Verlag. Ensaio.

Nadia Bailey (texto), Susanna Harrison (ilustrações). *Frida A to Z: the life of an Icon from Activism*. Melbourne: Smith Street Books, 2020. Desenho em quadrinhos.

Tanya Barson e Emma Dexter. *Frida Kahlo*. Londres: Tate Modern, 2005. Catálogo de exposição.

Sarah Barthère (texto) e Aurélie Grand (ilustrações). *Frida Kahlo*. Paris: Éditions Mila, 2020. Livro infantil.

Claudia Bauer. *Frida Kahlo*. Munique: Prestel, 2005. Ensaio.

Peter Von Becker. *Frida Kahlo*. Com textos de Ingried Brugger, Salomon Grimberg, Cristina Kahlo, Arnaldo Kraus, Helga Prignitz-Poda, Francisco Reyes Palma, Florian Steininger, Jeannette Zwingenberger. Munique: Prestel, 2010. Catálogo de exposição.

Julian Beecroft. *Frida Kahlo*. Paris: Larousse, 2019. Monografia.

Heinz Berggruen, *J'étais mon meilleur client*. Paris: L'Arche, 1997. Memórias.

Lucienne Bloch. *Frida Kahlo par Lucienne Bloch*. Apresentação de Jérôme Godeau. Paris: Galerie de l'Instant, 2020. Catálogo de exposição.

Willi Blöss. *Frida Kahlo, Viva Mexico*. Paris: SD Éditions, 2015. Livro infantil.

Anita Brenner. *Idols Behind Altars*: The story of the Mexican spirit. Nova York: Payson & Clarke. Ensaio.

André Breton. *Mexique, Catalogue de l'exposition*. Paris: Galerie Renou & Colle, 1939. Ensaio.

___. *Le Surréalisme et la peinture*. Nouvelle édition revue et corrigée. Paris: Gallimard, 1965 (1. ed. 1928). Ensaio.

Anthony Browne. *Petite Frida*. Paris: Éditions Kaléidoscope, 2019. Livro infantil.

Monica Brown (texto) e John Parra (ilustrações). *Frida Kahlo et ses animaux*. Versant Sud, 2019. Livro infantil.

Lucy Brownridge. *Portrait of an artist Frida Kahlo*. Londres: Wide Eyed Editions, 2019. Livro infantil.

Ingried Brugger, Cristina Kahlo e Helga Prignitz-Poda. *Frida Kahlo: retrospective*. Munique: Prestel, 2010. Catálogo de exposição.

Christina Burrus. *Diego e Frida Kahlo*. Martigny: Fondation Pierre Gianadda, 1998. Catálogo de exposição.

___. *Je peins ma réalité*. Paris: Gallimard, 2007. Ensaio.

___. *Diego Rivera, Frida Kahlo, regards croisés*. Paris: Fondation Dina Vierny/Musée Maillol, 1998. Catálogo de exposição.

Romeo Flores Caballero. *El ropero de Frida*. Cidade do México: Museo Dolores Olmedo, Zweig Editoras, 2007. Ensaio.

Pino Cacucci. *Viva la Vida!* Paris: Christian Bourgois, 2013. Biografia.

Carnet d'expo, Frida Kahlo & Diego Rivera. Paris: Éditions du Chêne, 2013. Biografia.

Luis Cardoza y Aragón. "Frida Kahlo". Em: *México en la cultura*: Suplemento cultural de Novedades (Mexico City), 23 jan. 1958.

Elizabeth Carpenter. *Frida Kahlo*. Minneapolis: Walker Art Center; Filadélfia: Museum of Art; São Francisco: Museum of Modern Art, 2007. Catálogo de exposição.

Laban Carrick Hill, *Casa Azul, An Encounter with Frida Kahlo*, Format Kindle, Watson--Guptill, 2010. Livro infantil.

Angela Carter. *Images of Frida Kahlo*. Londres: Redstone Press, 1989. Ensaio.

Ariadna Castellarnau. *Frida Kahlo*: La artista que convirtió su obra en icono de la lucha femenina. Barcelona: rba Coleccionables, s.a.u., 2020. Biografia.

Vanna Cercenà. *Frida Kahlo*. Madrid: Ediciones Laberinto, 2007. Livro infantil.

Whitney Chadwick. *Women Artists and the Surrealist Movement*. Boston: Brown and Company, 1985.

Nicholas Chambers. *Frida Kahlo & Diego Rivera masterpieces from the Jacques and Natasha Gelman*. Sydney: Art Gallery of New South Wales, 2016. Monografia.

Jean Charlot, *The Mexican Mural Renaissance 1920-1925*. New Haven: Yale University Press, 1967. Ensaio.

Judy Chicago e Frances Borzello. *Frida Kahlo: Face to Face*. Munique: Prestel, 2010. Ensaio.

Pierre Clavilier. *Frida Kahlo:* Les ailes froissées. Paris: Éditions du Jasmin, 2006. Ensaio.

Laurie Collier Hillstrom. *Frida Kahlo, Mexican Portrait Artist*. Detroit: Lucent Books, 2008. Ensaio.

Sophie Collins, *Biographic:* Kahlo. Paris: J'ai Lu, 2019. Ensaio.

Teresa del Conde. *Vida de Frida Kahlo*. Cidade do México: Secretaria de la Presidencia, Departamento Editorial, 1976. Biografia.

___. *Frida Kahlo, la pintora y el mito*. Cidade do México: Universidad Nacional Autónoma de México, 1992. Ensaio.

___ com Charles Merewether. *The Art of Frida Kahlo*. Adelaide: Art Gallery of South Australia, 1990. Catálogo de exposição.

___ com Carlos Phillips Olmedo. *Querido doctorcito, Frida Kahlo-Leo Eloesser, correspondencia*. Cidade do México: dge Equilibrista, Consejo Nacional para la Cultura y las Artes, 2007. Correspondências.

___ com Magali Tercero. *Frida Kahlo, una mirada critica*. Cidade do México: Editorial Planeta México, 2009. Ensaio.

Marie-Pierre Colle Corcuera e Guadalupe Rivera Marín. *Las fiestas de Frida y Diego, Recuerdos y recetas*. Cidade do México: Ediciones Promexa, 2005.

___. *Les Noces de Frida et Diego, Souvenirs et recettes du Mexique*. Paris: Albin Michel, 1995. Álbum de fotos.

Marie-Pierre Colle e Tim Street-Porter (fotos). *L'Art de Vivre au Mexique*. Paris: Flammarion, 1990.

Marco Corona. *Frida Kahlo, une biographie surréelle*. Tradução Latino Imparato. Paris: Rackham, 2011. Desenho em quadrinhos.

Jean-Luc Cornette (roteiro) e Flore Balthazar (desenho e cor). *Frida Kahlo, pourquoi voudrais-je des pieds puisque j'ai des ailes pour voler?* Paris: Delcourt, Images, 2015. Desenho em quadrinhos.

Juan Rafael e Coronel Rivera. *Frida Kahlo*. Cidade do México: Instituto Nacional de Bellas Artes, Museo Mural Diego Rivera, 2004. Catálogo de exposição.

Gérard de Cortanze. *Frida Kahlo, la beauté terrible*. Paris: Albin Michel, 2011. Biografia.

___. *Gisèle Freund photographie Frida Kahlo*, Albin Michel, 2013. Álbum de fotos.

___. *Les Amants de Coyoacán*, Albin Michel, 2015; Le Livre de Poche, 2016. Romance.

___. *Frida et Léon*, dramatização radiofônica. Da série "Autant en emporte l'histoire" de Stéphanie Duncan, France Inter, 2018. Biografia.

___. *Un amour de Frida Kahlo*, peça montada no teatro de Chaville em set. 2020.

___. *L'Atelier intime*, Éditions du Rocher, 2006. Ensaio.

___. *Españas y Américas*, Éditions de la Différence, 1994. Ensaio.

___. *L'Art en fusion*, catálogo da exposição "Frida Kahlo et Diego Rivera", Musées nationaux, 2013. Ensaio.

___. *Moi, Tina Modotti, heureuse parce que libre*, Albin Michel, 2020. Romance.

___. *Frida Kahlo, le petit cerf blessé*, Libretto, 2020. Ensaio.

Bernadette Costa-Prades. *Frida Kahlo*. Paris: Libella/Maren Sell Éditions, 2007. Biografia.

Marie Danielle Croteau e Rachel Monnier. *La Poupée cassée, une carte sur Frida Kahlo*. Paris: 400 coups jeunesse, 2019. Livro infantil.

Nancy Deffebach. *María Izquierdo and Frida Kahlo:* Challenging Visions in Modern Mexican Art. Austin: University of Texas Press, 2015.

Emma Dexter e Tabya Barson. *Frida Kahlo*. [*S.l.*]: Tate, 2005. Monografia.

Día de los Muertos Frida Kahlo. [*S.l.*]: Independently published, [s.d]. Caderno de colorir para adultos.

Grace Divine. *Fille avec tresses 1 Fleurs dans ses cheveux, inspiré par Frida Kahlo*. CreateSpace Independent Publishing Platform, 2016. Caderno de colorir para crianças e adultos.

Baltasar Dromundo. *Mi Calle de San Ildefonso*. Asunción: Editorial Guarania, 1956. Romance.

Catherine de Duve. *La Belle Frida Kahlo et Diego Rivera*. Paris: Kate Art, 2013. Livro infantil.

Sandra Egnolff. *Frida Kahlo und Diego Rivera*. Munique: Prestel Publishing, 2007. Monografia.

Laura Esquivel. *Pintores de Siempre*: Frida Kahlo. Madri: Susaeta Ediciones SA, 2015. Monografia.

Gerardo Estrada Rodríguez e Pablo Ortiz Monasterio. *Frida Kahlo, ses photos*, Images en Manoeuvre, 2010. Álbum de fotos.

Isabel Sanchez Vegara (text), Gee Fan Eng (ilustração). *Frida Kahlo*. Paris: Kimane Éditions, 2019. Livro infantil.

Nadia Fink. *Frida Kahlo*. Asunción: Editorial Chirimbote, 2016. Livro infantil.

Raúl Flores Guerrero. *Cinco Pintores Mexicanos*. Cidade do México: Universidad Nacional Autónoma de México, 1957. Monografia.

Maria Teresa Franco. *Una visita al mundo de Frida Kahlo*. Cidade do México: Miguel Angel Porrua, 2007. Livro infantil.

Nancy Frazier. *Library of Famous Women: Frida Kahlo*. Farmington Hills: Blackbirch Press, 1992. Ensaio.

Gisèle Freund, "Imagen de Frida Kahlo". Em: *México en la cultura*: Suplemento cultural de Novedades (Mexico City), 10 jun. 1950.

Carlos Fuentes. *Frida Kahlo, homenaje nacional, 1907-2007*. Cidade do México: Museo Dolores Olmedo Patiño, Consejo Nacional para la Cultura y las Artes, Instituto Nacional de Bellas Artes. 2007. Catálogo de exposição.

Frida maestra, un reencuentro con los Fridos. Cidade do México: Museo Casa Estudio Diego Rivera y Frida Kahlo; Saltillo, Instituto Coahuilense de Cultura; Durango, Museo de Arte Contemporáneo; Cidade do México, Instituto Nacional de Bellas Artes, 2004-2005. Catálogo de exposição.

Rupert García. *Frida Kahlo:* A Bibliography. Berkeley: Chicano Studies Library Publication Séries n. 7, Berkeley, University of California, 1983.

Charles Gardou. *Pascal, Frida Kahlo et les autres... ou quand la vulnérabilité devient force*. Toulouse: Érès, 2014. Ensaio.

Jocelyne Godard. *Frida Kahlo, La volonté pour oublier*. Format Kindle. Grenoble: Les Éditions du 38, 2019. Ensaio.

Antonio González Reynoso. *Frida Kahlo, 1907-1954:* The Collection of Dolores Olmedo Patiño. Los Angeles: Plaza de la Raza. Catálogo de exposição.

Salomon Grimberg. *Frida Kahlo*. Dallas: Meadows Museum, 1989. Catálogo de exposição.

___. *I Will Never Forget You*: Unpublished Photographs and Letters from Frida Kahlo & Nickolas Muray. San Francisco: Chronicle Books, 2004. Correspondências.

___ com Hayden Herrera. *Frida Kahlo Confidences*. Paris: Éditions du Chêne, 2008. Memórias.

___ com Andrea Kettenmann e Helga Prignitz-Poda. *Frida Kahlo*: Das Gesamtwerk. Frankfurt: Verlag Neue Kritik, 1988. Ensaio.

Ernest Gruening. *Mexico and Its Heritage*. New York: Appleton-Century-Crofts, 1928. Ensaio.

Maud Guély e Rachel Viné-Krupa. *Un ruban autour d'une bombe*. Paris: Nada éd., 2013. Desenho em quadrinhos.

Francisco G. Haghenbeck. *Le Jour des morts*. Paris: L'Herne, 2012. Romance.

Terri Hardin. *Frida Kahlo*. Nova York: Todtri Book Publishers, 2000. Ensaio.

MacKinley Helm. *Modern Mexican Painters*. Mineola: Dover, 1968. Ensaio.

Grace Helmer. *Les Koalas de Frida Kahlo*. Paris: Palette, 2019. Livro infantil.

Hayden Herrera. *Frida Kahlo, Her Life, Her Art*. Tese de história da arte defendida no âmbito de um doutorado em filosofia de terceiro ciclo. New York University, 1981. Tese universitária.

___. *Frida: A Biography of Frida Kahlo*. Nova York: Harper 1 Row, 1983. Edição francesa: *Frida, Biographie de Frida Kahlo*, trad. Philippe Beaudoin, Anne Carrière, 1996. Paris: Le Livre de Poche, LGF, 2003. Biografia.

___. *Frida Kahlo, 1910-1954*. Chicago: Museum of Contemporary Art, 1978. Catálogo de exposição.

___. *Frida Kahlo The Paintings*. Nova York: HarperCollins, 1991. Ensaio.

___. "Beauty to His Beast: Frida Kahlo and Diego Rivera". Em: *Significant Others*: Creativity and Intimate Partnership. Dir. Whitney Chadwick e Isabelle de Courtivron. Londres: Thames & Hudson, 1993. Ensaio.

Andrés Henestrosa. *Una Alacena de Alacenas*. Cidade do México: Ediciones de Bellas Artes, 1970. Ensaio.

Jean Van Heijenoort. *De Prinkipo à Coyoacán, sept ans auprès de Léon Trotski*. Paris: Les Lettres Nouvelles/Maurice Nadeau, 1978. Memórias.

Maria Hesse. *Frida Kahlo, una biografia*. Cidade do México: Penguin Random House, 2016. Desenho em quadrinhos.

Magdalena Holzhey. *Frida Kahlo, une peinture de combat*. Paris: Palette, 2005.

___. *The artist in the Blue House*. Munique: Prestel, 2003. Ensaio.

___. *Homosexualité au Mexique:* Frida Kahlo, Nancy Cardenas, Luis Zapata, Chavela Vargas, Zona Rosa, Abraham Angel, Dean Phoenix (coletivo). Paris: Books LLC, 2010. Ensaio.

Margaret Hooks. *Tina Modotti: Photographer and Revolutionary*. New York: HarperCollins, 1993. Edição francesa: *Tina Modotti: Amour, Art et Révolution*. Tradução Béatrice Vierne. Paris: Anatolia Le Rocher, 1995. Ensaio.

___. Frida Kahlo. *Portraits of an Icon*. Nova York: Throckmorton Fine Art, 2002.

Renée Riese Hubert. "Portraiture and Revolution: Frida Kahlo and Diego Rivera". Em: *Magnifying Mirrors Women, Surrealism and Partnership*. Lincoln: University of Nebraska Press, 1994. Biografia.

Rainer Huhle e Gaby Franger. *Fridas Vater:* Der Fotograf Guillermo Kahlo. Munique: Schimmer/Mosel Verlag GmbH, 2009. Álbum de fotos.

Graciela Iturbide. *El baño de Frida*. Munique: RM Verlag, 2011. Ensaio.

Rauda Jamis, *Frida Kahlo*. Coleção Babel. Arles: Actes Sud, 2000. Biografia.

___. *Je suis Frida*. Paris: Librairies des Écoles, 2020. Livro infantil.

Jason. *Le Perroquet de Frida Kahlo*. Paris: Carabas, 2015. Desenho em quadrinhos.

Isolda P. Kahlo. *Frida íntima*. Bogotá: Ediciones y Distribuciones Dipon Ltda, 2019. Memórias.

Frida Kahlo. *Frida Kahlo par Frida Kahlo* – lettres 1922-1954. Seleção, prólogo e notas de Raquel Tibol, tradução do espanhol (mexicano) por Christilla Vasserot. Paris: Éditions du Seuil. Correspondências.

Frida Kahlo, Acompañada de Siete Pintoras. Cidade do México: Instituto Nacional de Bellas Artes, 1967. Catálogo de exposição.

Frida Kahlo, Exposición nacional de homenaje. Textos de Alejandro Gómez Arias e Teresa del Conde. Cidade do México: Instituto Nacional de Bellas Artes, 1977. Catálogo de exposição.

Frida Kahlo, Printemps Haussmann, Paris. Paris: Éditions du Cercle d'art, 1992. Catálogo de exposição.

Frida Kahlo, la Casa Azul. Bruxelas, Museum Paleis Lange Voorhout, Den Haag, Europalia Mexico, 1993. Catálogo de exposição.

Frida Kahlo Leo Matiz, un regard sur le Mexique des années 40. Textos de Camilo Racana, Chantal Duchêne-González, Sergio Uribe e Alejandra Matiz. Paris Musées, 2003. Catálogo de exposição.

Frida Kahlo, l'art en fusion. Paris, Musée d'Orsay e de l'Orangerie. Paris: Éditions Hazan, 2013-2014. Catálogo de exposição.

Frida Kahlo and Tina Modotti. Textos de Laura Mulvey e Peter Wollen. Cidade do México: Instituto Nacional de Bellas Artes, 1983. Catálogo de exposição.

"Frida Kahlo". Em: *Magazine des arts*. Paris: Entreprendre, Lafont-Presse, nov. 2013. Monografia.

"Frida Kahlo". Em: *Revue DADA*. Zurique: Arola, maio 2018. Monografia.

"Frida Kahlo". Em: *Le Journal de Frida Kahlo*. Introdução de Carlos Fuentes, tradução do espanhol por Rauda Jamis e do inglês por Olivier Meyer. Paris: Le Chêne, 1995. Diário.

Frida Kahlo Das Gesamtwerk. Frankfurt: Verlag Neue Kritik, 1988. Catálogo fundamentado.

Alexander Keilhau. *Meine eigene Frida Kahlo – Kunst Zim Ausmalen (monbijou)*. Hannover: Helmut Lingen Verlag Gmtt, 2016. Caderno de colorir para adultos.

Barbara Kingsolver. *Un autre monde*. Tradução do inglês por Martine Aubert. Paris: Rivages, 2010. Romance.

Andrea Kettenmann. *Frida Kahlo, 1907-1954, souffrance et passion*. Tradução Marie-Anne Trémeau-Böhm. Colônia: Taschen, 2003. Monografia.

Tutta Koether. *Kahlo*. Colônia: Taschen, 2019. Monografia.

Joyce Kozloff. "Frida Kahlo". Em: *Women's Studies* 6, 1978.

Carolyn Kreiter-Foronda. *The Embrace*: Diego Rivera and Frida Kahlo. São Francisco: San Francisco Bay Press, 2013. Poemas.

L'Art mexicain 1920-1960, Éloge du corps. Tradução de Neige Sinno. Madri: Ediciones el Viso, 2013. Catálogo de exposição.

Benjamin Lacombe e Sébastien Perez. *Frida*. Paris: Albin Michel, 2016. Livro infantil.

___. *Le Carnet Frida*. Paris: Albin Michel, 2015. Livro infantil.

Jean-Marie G. Le Clézio. *Diego et Frida*. Paris: Stock, 1993. Biografia.

Jill Laidlaw. *Frida Kahlo*. Chicago: Children's Press, 2003. Livro infantil.

Gregorio León, *L'Ultime secret de Frida K*. Paris: Éditions Les Escales, 2012. Romance.

Margaret A. Lindauer. *Devouring Frida The Art History and popular celebrity of Frida Kahlo*. Hanover: University Press of New England, 1999. Ensaio.

Luis-Martín Lozano. *Frida Kahlo, el circulo de los afectos, fotos y documentos inéditos*. Bogotá: Cangrejo Editores, 2007. Monografia.

___ com Juan Rafael Coronel Rivera, Rafael Doniz e Francisco Kochen. *Diego Rivera, toutes les oeuvres murales*. Colônia: Taschen, 2017. Monografia.

___ com Benedikt Taschen, *Frida Kahlo: tout l'oeuvre peint*. Colônia: Taschen, 2021. Monografia.

Sarah M. Lowe. *Frida Kahlo*. Nova York: Universe, 1991. Monografia.

Patrick Marnham. *Diego Rivera, Le rêveur éveillé*. Paris: Seuil, 2000. Biografia.

Mexique 1900-1950, Diego Rivera, Frida Kahlo, José Clemente Orozco et les avant-gardes. Paris: Grand Palais, 2016-2017. Catálogo de exposição.

Susana Martínez Vidal; *Frida Kahlo, Fashion as the Art of Being*. Nova York: Assouline, 2016. Álbum.

Patricia Mayayo. *Frida Kahlo, contra el mito*. Madri: Cátedra, 2008. Ensaio.

André François Meyer. *Deux couples mythiques, quatre destinées hors du commun:* Auguste Rodin-Camille Claudel, Frida Kahlo-Diego Rivera. Independently published, 2015. Ensaio.

Sarah M. Misemer. *Secular Saints:* Performing Frida Kahlo, Carlos Gardel, Eva Perón and Selena. Londres: Tamesis, 2008. Ensaio.

Ischiuchi Miyako, Hilda Trujillo, Gannit Ankori et. al. *Frida by Ishiuchi*. Nova York: First édition, 2013. Álbum de fotos.

Carlos Monsiváis. *Frida Kahlo: una vida, una obra*. Consejo Nacional para la Cultura y las Artes, 1992. Monografia.

___. *Frida Kahlo, un homenaje*, Cidade do México: Artes de México, Museo Dolores Olmedo Patiño, 2004. Catálogo de exposição.

José Moran (texto), Acacio Puig (ilustrações). *Frida Kahlo*. Madri: Susaeta, 2013. Livro infantil.

Jaime Moreno Villarreal. *Frida en Paris, 1939*. Madri: Turner Noena, 2022. Ensaio.

Laura Mulvey e Peter Wollen. *Frida Kahlo and Tina Modotti*. Londres: Whitechapel Art Gallery, 1982. Catálogo de exposição.

Aroa Moreno Duran. *Frida Kahlo: Viva la Vida*. Madri: Difusion Centro de Publicaciones de idiomas, S.L., 2011. Ensaio.

Fabian Negrin (texto e ilustrações). *Frida et Diego au pays des squelettes*. Tradução Marion Spengler. Paris: Seuil jeunesse, 2011. Desenho em quadrinhos.

Léna Oka (texto) e Zaü (ilustrações). Paris: *Le Singe de Frida Kahlo*. Paris: Sekoya jeunesse, 2018. Livro infantil.

James Oles. *Frida Kahlo, Diego Rivera and Mexican Modernism: from the Jacques and Natasha Gelman collection*. San Francisco: Museum of Modern Art. Miami: Museum of Contemporary Art, 1996. Catálogo de exposição.

___. *Lola Álvarez Bravo and the photography of an Era*. Cidade do México: RM Editorial, 1999. Álbum de fotos.

Carlos Phillips Olmedo, Denise Rosenzweig, Magdalena Rosenzweig *et. al. Self Portrait in a Velvet Dress:* The Fashion of Frida Kahlo. São Francisco: Chronicle Books, 2008. Ensaio.

Gloria Orenstein. "Frida Kahlo: Painting for Miracles". Em: *Feminist Art Journal*, outono de 1973. Ensaio.

Pablo Ortiz Monasterio. *Frida Kahlo: ses photos*. Paris: Images en manoeuvres Éditions, 2010. Álbum de fotos.

Octavio Paz. *Le Labyrinthe de la solitude, suivi de Critique de la pyramide*. Tradução Jean-Clarence Lambert, edição revista e ampliada. Paris: Gallimard, 1972. Ensaio.

Carlos Pellicer. *Museo Frida Kahlo*. Cidade do México: Universidad Nacional Autónoma de México, 1955. Monografia.

Marc Petitjean. *Le Coeur*: Frida Kahlo à Paris. Paris: Arléa, 2018. Relato.

Elena Poniatowska. *Tinísima*. Paris: L'Atinoir, 2014. Biografia.

___. *Dos voces única*. Barcelona: Seix Barral, 2016. Ensaio.

___. *Cher Diego, Quiela t'embrasse*. Paris: Babel, 2005. Romance.

___ com Carla Stellweg. *The camera Seduced*. Londres: Chatto & Windus, 1992. Tradução francesa: *Frida Kahlo: un portrait photographique*. Paris: Arthaud, 1993. Álbum de fotos.

Helga Prignitz-Poda. *Frida Kahlo*. Paris: Gallimard, 2003. Ensaio.

Diego Rivera e Gladys March. *My Art, My Life*: An Autobiography. Nova York: Dover Publications, 1991 (1. ed. 1960). Autobiografia.

Ida Rodríguez Prampolini. *El Surrealismo y el Arte Fantástico de México*. Cidade do México: Universidad Nacional Autónoma de México, 1969. Ensaio.

Yoamelis Rodríguez. Independently published, 2019. Álbum de colorir para adultos.

Mark Rosenthal. *Diego Rivera and Frida Kahlo in Detroit*. New Haven: Yale University Press, 2015. Ensaio.

Denise e Magdalena Rosenzweig. *Self Portrait in a Velvet Dress:* Frida's Wardrobe: Fashion from the Museo Frida Kahlo. São Francisco: Chronicle Books, 2008. Álbum.

Carol Sabbeth. *Frida Kahlo and Diego Rivera, their lives and ideas, 24 activities*. Chicago: Revue Press, 2005. Livro infantil.

Isabel Sánchez Vegara. *Frida Kahlo*. Barcelona: Alba Editorial, 2015. Livro infantil.

Laurence E. Schmeckebier. *Modern Mexican Art*. Minneapolis: University of Minnesota Press, 1939. Ensaio.

Sabrina Santagata e Roger Renaud. *Frida Kahlo, l'art d'être*: Essai pour une approche ethnologique de l'art. Paris: Publications universitaires Denis Diderot, 1998. Ensaio.

Diego Sileo. *Frida Kahlo beyond the myth*. Milão: 24 Ore Cultura, 2018. Ensaio.

Elsa Solal (texto), François Roca (ilustrações). *Frida Kahlo "non à la fatalité"*. Arles: Actes Sud, 2020. Livro infantil.

Gabriel Sanchez Sorondo. *Diego Rivera y Frida Kahlo*: el amor entre el elefante y la paloma. Kindle, Amazon Media, s.d. Ensaio.

Gerry Souter. *Frida Kahlo & Diego Rivera*. Londres: Parkstone Press, 2008. Ensaio.

Justyna Styszynska. *Idol. Frida Kahlo*. Madri: Ediciones del laberinto, 2010. Livro infantil.

Jane Strother. *Frida Kahlo at Home*. Londres: Frances Lincoln Publishers Ltd, 2016. Ensaio.

Edward Sullivan. *Women in Mexico/La Mujer en México*. Nova York: The National Academy of Design, 1990. Catálogo de exposição.

The Frida Kahlo Museum. Textos de Lola Olmedo de Oliveira, Diego Rivera e Juan O'Gorman. Comité organisateur des XIXe Jeux Olympiques, 1968. Catálogo de exposição.

Technical Committee of the Diego Rivera Trust. Cidade do México: Museo Frida Kahlo. Textos de Carlos Pellicer e Diego Rivera, 1958. Catálogo de exposição.

Isabel Thomas e Marianna Madriz. *Frida Kahlo*. Paris: Gallimard, 2018. Livro infantil.

Raquel Tibol. *Frida Kahlo, crónica, testimonios y aproximaciones*. Madri: Ediciones de Cultura Popular, 1977. Memórias.

___. *Frida Kahlo*. Frankfurt: Verlag Neue Kritik, 1980. Ensaio.

___. *Frida Kahlo: An open life*. University of Mexico Press, 2001. Ensaio.

Léon Trotski. *OEuvres*. Dir. Pierre Broué. Paris: Institut Léon Trotski, Études et Documentation internationales, vol. 8-22, 1982-1986. Ensaio.

José-Miguel Ullan e Ana Vázquez de Parga. *Frida Kahlo, 1917-1954*. Madri: Salas Pablo Ruiz Picasso, Ministerio de Cultura, 1985. Catálogo de exposição.

Dergio Vela. *Frida Kahlo*: National Homage, 1907-2007. Cidade do México: Editorial RM, 2008. Monografia.

Mike Venezia. *Frida Kahlo*. Londres: C.Press/F. Watts Trade, 2015. Livro infantil.

Vanna Vinci. *Frida Kahlo*: Petit journal intime illustré. Paris: Éditions du Chêne, 2017. Romance gráfico.

Rachel Viné-Krupa. *Frida Kahlo 1907-1954, Portrait d'une identité*. Paris: Hermann, 2013. Ensaio.

Keto von Waberer. *Frida Kahlo, chefs-d'oeuvre*. Munique: Schirmer-Mosel, 1992. Monografia.

Paul Westheim. *The Art of Ancient Mexico*. Nova York: Doubleday, 1965. Ensaio.

Vicente Wolf. *Frida Kahlo: photographs From the Vicente Wolf Collection*. Nova York: Pointed Leaf Press, 2010. Álbum de fotos.

Claire Wilcox. *Frida Kahlo making herself up*. Londres: V&A Publishing, 2018. Catálogo de exposição.
Bertram D. Wolfe. *Diego Rivera, His Life and Times*. Nova York: Knopf, 1939.
___. *La Vie fabuleuse de Diego Rivera*. Paris: Séguier, 1994 (1. ed. 1963). Biografia.
___ com ilustrações de Diego Rivera. *Portrait of Mexico*. Nova York: Covici Friede, 1937. Álbum.
Christopher Wynne. *Frida Kahlo*. Munique: Prestel, 2005. Monografia.
Martha Zamora. *Frida Kahlo*. Paris: Herscher, 1992. Monografia.
___. *Frida, el pincel de la angustia*, M. Zamora, 1987. Ensaio.
___. *The letters of Frida Kahlo: cartas apasionadas*. São Francisco: Chronicle Books, 1995.
Adriana Zavala. *Frida Kahlo's Garden*. Nova York: New York Botanical Garden, 2015. Monografia.

Filmografia

Paul Leduc. *Frida, Natureza viva*. México, 1983.
Julie Taymor. *Frida*. Canadá, México, Estados Unidos, 2002.